Elsemarie Maletzke

GEORGE ELIOT

Ihr Leben

Insel

Ich danke Klaus und Ida Schöffling, ohne die dieses Buch
nicht geschrieben worden wäre.
Ich danke meiner viktorianischen Gewährsfrau, Mara Mauermann,
die für mich übersetzt, nachgedacht, nachgeforscht und
ein paar tausend Schriftstücke in grüne Seide gebunden hat.
Ebenezer.

Erste Auflage 1993
© Insel Verlag Frankfurt am Main und Leipzig 1993
Alle Rechte vorbehalten
Satz: Hümmer, Waldbüttelbrunn
Druck: Freiburger Graphische Betriebe
Printed in Germany

INHALT

Epilog

Prolog

Die biographische Wahrheit ist nicht zu haben, und wenn man sie hätte, wäre sie nicht zu gebrauchen.

(Sigmund Freud)

Mary Anne Evans, die sich George Eliot nannte, war die erfolgreichste Autorin ihrer Zeit, hoch verehrt als die Äbtissin des viktorianischen Kulturbetriebs, ein literarischer Stern und eine moralische Instanz. Und doch wurde sie von den besseren Herrschaften nicht zum Abendessen eingeladen. Mary Anne Evans, die sich Mrs. Lewes nannte, war auch eine der meist geschmähten Figuren ihrer Zeit; nicht gesellschaftsfähig, da sie in wilder Ehe mit einem bereits verheirateten Mann lebte. »Ein weiblicher Shakespeare« – »eine Stinkbombe der Menschheit« – das waren die Lager, zwischen denen sich George Eliot in ihrer Doppelrolle einzurichten hatte.

Adam Bede, *Die Mühle am Floss*, *Middlemarch* und vier weitere Romane hatten sie berühmt, reich und ein bißchen einsam gemacht. Eine Einladung zu den Sonntags-Empfängen in der Priory, ihrem Haus am Regent's Park, war fast so begehrt wie eine Einlaßkarte zur Teeparty der Königin. Richard und Cosima Wagner waren da, Charles Dickens, Iwan Turgenjew, Henry James, Charles Darwin, T. H. Huxley, Robert Browning, die Präraffaeliten Rossetti und Burne-Jones. Sie wurde umschwärmt von verliebten Frauen, die ihr die Füße küßten, von Feministinnen, die sie irrtümlich für eine der ihren hielten, und unentschiedenen Herren, die bei ihren Müttern wohnten. Auf der Höhe ihres Ruhms wünschten sogar die Töchter der Königin Victoria ihr vorgestellt zu werden, und die Queen erbat ein Autogramm. Doch der Applaus war nur ein Trostpreis. Miss Evans konnte nicht heiraten.

Ihr »Ehemann« war George Henry Lewes, Autor, Journalist, Theaterkritiker, Hobby-Philosoph und -Wissenschaftler, der häßlichste Mann von London, aber auch einer der liebenswürdigsten, frechsten und geistreichsten. To L. I owe it – aus diesem Wörterklang soll ihr Pseudonym entstanden sein, und tatsächlich schuldete sie ihm ihre Autorenschaft. Lewes war – und wäre auch heute noch – eine außergewöhnliche Erscheinung, ein Mann, der seine Ambitionen zurückstellte, um sich der Karriere seiner Frau zu widmen. Für die ehrgeizige George Eliot, deren Psyche gleichwohl sehr der Pflege bedurfte, war Lewes eine glückliche Ergänzung. Bei erfolgreichen Herren nennt man einen solchen Glücks- und Komplementärfall »die Frau an seiner Seite«. Lewes spielte diese Rolle mit Talent und Hingabe. »Ich gackere über meinem ausgeschlüpften Küken«, schrieb er stolz an den Verleger, als sich Eliots literarischer Ruhm abzuzeichnen begann, »tun Sie es auch!«

Ein Denkmal zu Lebzeiten, begann George Eliots Ruhm nach ihrem Tod schnell zu bröckeln. Eine Schriftstellergeneration, die zu lange in ihrem Schatten gestanden hatte, empfand sie als eine Legende, die sich selbst überlebt hatte, pompös, moralisierend und von schwerhufigem Humor. Robert Louis Stevenson nannte sie eine »hohe, aber fügen wir ruhig hinzu, auch reichlich trockene Dame.« Edmund Gosse erschien sie von absurder Feierlichkeit, »eine mächtige Sibylle« mit einem lächerlichen Hut, und er verglich ihren sublimsten Roman, *Middlemarch*, mit einer rumpelnden Maschinerie, »ein großes Wasserrad, unter dem kein Wasser fließt.« George Meredith erinnerte sich der Jour fixe in der Priory als eines komischen Theaters mit dem flinken kleinen Schaubudenbesitzer und seiner launischen Prophetin auf dem Thron, der die Gläubigen zu Füßen lagen und sie als literarisches Idol und philosophisches Licht anbeteten.

Virginia Woolf war eine der ersten, die dieses Bild zurechtgerückt und Eliots Literatur der allgemeinen Wertschätzung wieder empfohlen hat: »Ich glaube, sie ist ein sehr weiblicher und anziehender Charakter – höchst impulsiv und unausgeglichen ... und ich wünschte nur, sie hätte heute gelebt, und ihr wäre so der ganze Unfug erspart geblieben. Ich meine diese Ernsthaftigkeit, dieses Ausgraben von Fossilien und dergleichen mehr ... Es war für sie ein unglücklicher Umstand, die erste Frau ihres Zeitalters zu sein. Aber sie schneidet eigentlich sehr gut dabei ab.«

Diese viktorianische Ära ist uns heute noch weiter entrückt, und George Eliot darin zu begreifen gelingt nur, wenn man sie so ernst nimmt, wie sie sich selbst nahm. Es war eine Zeit, in der man von Nation, Klasse, Familie und Religion ohne ironisches Zwinkern sprach und der Aktionsradius der Frauen so eng war wie ihre Korsetts. Das 19. Jahrhundert sah finstere Unterdrückung, aber auch die ersten Menschenrechtsbewegungen, die dem 20. Frauenstimmrecht, Schulpflicht und Tarifverträge gebracht haben. Es veränderte die Welt stärker als die Jahrhunderte vor ihm und leitete eine Entwicklung ein, die Eliot schon aus den Augenwinkeln im Anmarsch sah: den Verlust des traditionellen gesellschaftlichen Zusammenhalts und des rechten Maßes im Umgang mit Menschen und Natur. Die Viktorianer waren überzeugt, daß die Wissenschaften, Physik und Soziologie, und die Ingenieurkunst im Verein mit politischer Reform eine stabile Ordnung garantierten. Aufklärung war nur eine Sache der Technik. Darüber hinaus vertrauten sie auf ein gut eingespieltes soziales Nebeneinander. Die bedenkenlose Selbstverwirklichung, der Anspruch auf Glück wie auf ein eingeborenes Recht und auf zuvorkommende Behandlung waren nicht in Mode.

George Eliot glaubte weder an das unverdiente Glück noch an die belohnte Tugend, sondern allein an die Pflicht des Individuums gegen Familie und Gesellschaft. Man hatte Verzicht auf einen »eigensüchtigen« Weg zu üben, wenn ein höherer Zweck am Lebenshorizont aufschien, dem – kaum erstaunlich – die Frauen am talentvollsten zu dienen verstanden. Die Befreiung des Menschen aus seinem gesellschaftlichen Rahmen grenzte an den freien Fall in die Anarchie. Pflicht, Aufopferung und Verzicht, die schließlich ein innewohnendes Glück von der nüchternsten Sorte versprachen, sind Ansinnen, die ein aus den Fugen geratener Hedonismus des ausgehenden 20. Jahrhunderts als beleidigenden Anschlag auf die persönliche Freiheit zurückweist. Sein »alles geht« hätte Eliot Egoismus genannt, die schwerste Sünde gegen ein gedeihliches Zusammenleben.

In ihren Romanen schuf sie eine Reihe von starken, aber zahmen Heldinnen, die, selten gestreift von der Vision eines Lebens außerhalb ihrer »natürlichen Bestimmung«, erst durch die Verbindung mit einem Mann zu ganzen, wenn auch nicht unbedingt fröhlicheren Menschen werden. Das Maß an Glück, das diese Autorin ihren Frauenfiguren zuteilt, läßt sich in Fingerhüte abfüllen.

Wegen dieser Knauserigkeit und äußersten Zurückhaltung in Fragen der Suffrage war George Eliot für ihre kämpferischen Zeitgenossinnen bereits eine Enttäuschung. Feministinnen von heute werfen ihr vor, »die Revolution gelebt, aber nicht darüber geschrieben zu haben« (Kate Millet). Sie vergessen, daß Eliot diese Revolution nicht gewünscht hatte und daß sie sich als ästhetische und nicht als politische Lehrerin verstand. Zwar wirkte sie durch ihr Beispiel und ihren Erfolg ermutigend auf die Frauenbewegung, empfand aber selbst wenig Freundschaft für das eigene Geschlecht. Ihr schwankendes Selbstbewußtsein ließ sie auf schwächere Talente einteufeln und – von anderen kritisiert – unter Lewes Flügel kriechen, dem sie das Gackern und Picken überließ – eine Henne-Küken-Scharade, die sich mit den Jahren zu neurotischer Abhängigkeit auswuchs.

Einen frühen und wesentlichen Anteil an der Demontage der hohen Frau hatte John Walter Cross, den Eliot nach Lewes Tod heiratete, und der sie in bester Absicht, aber mit untauglichen Mitteln zu einer viktorianischen Säulenheiligen stilisierte. Aus Briefen und Tagebüchern schnitt er ihre *Autobio-*

graphie zu einem öden Monolog zusammen, der das Publikum, dem George Eliot zu Lebzeiten nicht einmal ihr Abbild hatte zeigen wollen, enttäuschte und in dem Freunde ihre Stimme nicht wiedererkannten. Cross riß ganze Tagebücher auseinander und redigierte, was ihm allzu irdisch, ironisch oder gegen die königliche Familie gerichtet erschien, bis Salz und Pfeffer gänzlich aus diesem Charakter entschwunden waren und eine Tante herausschaute, mit der man lieber nicht zum Tee verabredet war.

Der amerikanische Professor Gordon S. Haight, der wie kein anderer Eliots Leben und Korrespondenz erforscht hat, zitiert in seiner Ausgabe ihrer Briefe einige erheiternde Auslassungen des beflissenen Gatten. Schrieb Eliot zum Beispiel aus Genf: »Es regnet hier fürchterlich, es regnet blaue Teufel«, strich Cross die blauen Teufel. Spöttelte sie über eine *Orpheus*-Inszenierung in Berlin, die Schatten der Unterwelt sähen aus wie »Metzger im Nachthemd«, erschien ihm dies peinlich. Deleatur! Scherzte sie (und sie scherzte nicht oft: »Mir fallen die Haare aus, im April werde ich kahl sein und nicht einmal Geld für eine Perücke haben«, eliminierte er diesen stofflichen Vorgang und die Perspektive komplett.

Cross überging Beziehungen im Leben seiner Frau, die schmerzlich, unrühmlich oder zweifelhaft verlaufen waren, wie die zu ihrem unliebenswürdigen Vater, dem aufgeblasenen Dr. Brabant, oder zu John Chapman, Herausgeber der *Westminster Review* und möglichem Liebhaber, in dessen Haus Eliot als Redakteurin gewohnt hatte. Verdächtig war ihm Edith Simcox, deren Liebe zu der »süßen Mutter« die Grenzen der von der Gesellschaft tolerierten »romantischen Freundschaft« und Mr. Cross' Gefühl für Schicklichkeit bei weitem überstieg. Miss Simcox kommt nicht vor. Statt dessen breitet der Herausgeber eine von frommen Grillen vergiftete Jugend aus, als Mary Anne »eine Grünpflanze im Krankenzimmer« der Gesellschaft sein wollte, die heilige reine Luft verströmte – ein Zug, der schon von ihrer Familie als ausgesprochen ungesund empfunden wurde. Henry James Schwester Alice schüttelte sich nach der Lektüre: »Ist es ihr dumpfes, wehleidiges Gesicht, das den Leser durch das ganze Buch verfolgt? Auf mich macht sie jedenfalls den moralischen und physischen Eindruck von etwas Schimmeligem, eines krankhaften Gewächses, eines wulstigen Pilzes, etwas, das sich feucht anfühlt.«

Wer sich George Eliot heute nähert, begegnet einer schwierigen und widersprüchlichen Frau, die mehr als eine Doppelrolle spielte. Freiheit, Macht und Erfolg waren nicht weiblich. Ihr Wunsch, in der männlichen Geistes-Welt anerkannt zu werden, führte sie in den haltlosen Zustand zwischen den Geschlechtern. Schon bevor sie sich George nannte, schrieb sie von einem ausdrücklich männlichen Standpunkt. Ihr intellektuelles Kaliber und ihre literarische Autorität machten sie fast zu einer Vaterfigur. Zugleich wollte sie, die selbst keine Kinder hatte, ganz geneigt, ganz feminin sein, Mutter und Madonna, wie Lewes sie nannte, Trösterin und Beraterin ihrer ergebenen »Töchter«, randvoll mit dem Schicksal anderer Leute.

Mary Anne Evans versuchte das Unmögliche. Sie wollte eine gute Tochter und Schwester sein – und zugleich Partisanin bei den Freidenkern. Sie zog die Exkommunikation durch die Gesellschaft vor und beachtete ihre Regeln übergenau. Ihre »antagonistische Phase« galt ihr im Rückblick nur als ein jugendlicher Aufruhr der Gefühle, und je älter sie wurde, um so entschlossener kehrte sie zu den konservativen Werten ihres Vaters zurück. Sie war kämpferisch und konfliktscheu, selbstquälerisch und arrogant, sanftmütig und grausam, Künstlerin und Geschäftsfrau, Realistin und Romantikerin, eine Positivistin mit Sehnsucht nach dem Unbenennbaren. Und obwohl sie sich in viele unlösbare Konflikte begab, verlor sie nicht ihr Ziel aus den Augen: Ihre Bücher sollten zur Summe der Menschlichkeit und Toleranz beitragen, den Sinn der Leser für Pflicht und Verantwortung mehren – und natürlich sollten sie sich sehr gut verkaufen.

Mary Anne Evans, Mrs. Lewes, George Eliot, Mrs. Cross nahm viele Anläufe auf das, was ihr wünschenswert erschien und lief oft in die Irre. Ihre zartesten Gefühle verschwendete sie an Männer, die sie am wenigsten zu erwidern wußten. Ihre Karriere begann, als sie schon glaubte, die Sonne stehe ihr im Rücken. Sie ließ sich auf ein Piedestal komplimentieren, auf dem die Luft sehr dünn war. Und doch verstand sie wie kaum eine ihrer viktorianischen Schwestern, so glücklich und erfolgreich wie möglich zu werden und zum rechten Zeitpunkt zu sterben.

I

Zum Teufel mit meiner Familie! Großer Gott,
was für eine langweilige Gesellschaft! Ich kann
sie alle zusammen nicht ausstehen ... sie
richten mein Leben zugrunde.

(Katherine Mansfield)

Mary Anne Evans wurde am 22. November 1819 auf South
Farm bei Nuneaton in Warwickshire geboren. Sie war damit
Zeitgenossin von Charles Dickens (*1812), William M. Thackeray (*1811), den Schwestern Brontë und der Königin Victoria, die ein halbes Jahr vor ihr auf die Welt gekommen war.
George Sand war 15, Lord Byron 31 und Goethe 70 Jahre alt.
Es war die Zeit der Regentschaft George IV., dessen Vater,
George III. – als »Farmer George« schon kein Kirchenlicht –
im folgenden Jahr in geistiger Umnachtung starb. Der Prinzregent, ein vollkommen verantwortungsloser, prunk- und
prahlsüchtiger Herr, brachte das Ansehen des britischen Kö-
nigshauses auf den Nullpunkt. Die Zeit der Napoleonischen
Kriege und der Kontinentalsperre lag noch nicht lange zurück, die Schlacht von Waterloo gerade vier Jahre. Und die
Ideen der Französischen Revolution waren noch immer wirksam. 1811 hatten sich die Weber gegen die Einführung mecha-
nischer Webstühle erhoben, die Maschinen zerschlagen und
Fabriken gestürmt. Abgemusterte Soldaten trugen zum Heer
der Arbeitslosen bei. Im August 1819 versammelten sich
50000 Menschen, die in dem verknöcherten englischen Stän-
deparlament keine Vertretung hatten, bei Manchester auf dem
St. Peter's Field, um eine Petition an den Prinzregenten zur
Wahlrechtsreform zu beschließen. Die übriggebliebenen niederen Chargen des Herzogs von Wellington bereiteten ihnen
dort ihr »Peterloo«: Elf Menschen wurden getötet, vierhundert verletzt, als die Armee die Menge zusammenritt. Der
Prinzregent übermittelte dem Militär seine Glückwünsche.

Wenige Tage später flackerten die Unruhen in Nuneaton auf. Diesmal verhinderte der Magistrat das Schlimmste, als er die Kavallerie an der Stadtgrenze aufhielt.

Mary Annes Vater, Robert Evans, war Verwalter bei der adeligen Familie Newdigate auf Arbury Hall, einem neugotischen Monster, das man vom Oberstübchen seiner Farm zwischen Seerosenteichen und mächtigen alten Zedern liegen sah. Mr. Evans war von Natur und beruflichen Bindungen aus kein Freund progressiver Elemente.

»Nach meines Vaters Ansicht waren die herumkrakeelenden Verkünder revolutionärer Doktrinen, milde ausgedrückt, eine bunte Mischung aus Narren und Lumpen. Das Wohl der Nation lag in einer starken Regierung, die Ordnung halten konnte. Stets hörte ich ihn das Wort ›Regierung‹ in ehrfurchtsvollem Ton aussprechen, so daß es Teil meiner praktischen Religion wurde, im Gegensatz zu dem Wort ›Rebell‹, das den Makel des Bösen in seinen Silben zu tragen schien, verstärkt durch die Tatsache, daß Satan der erste Rebell war.«

Mary Anne hatte zwei Halbgeschwister, die bei ihrer Geburt schon fast erwachsen waren. Robert (17), der in diesem Jahr auszog, und Frances Lucy – »Fanny« (14) – beide aus der ersten Ehe ihres Vaters mit Harriet Poynton, die »eine Freundin und Dienerin der Familie auf Arbury Hall« war, wie ihr Gedenkstein in der nahen Astley Church verbürgt. 1813, vier Jahre nach Harriets Tod, hatte Robert Evans sich wieder verheiratet mit Christiana Pearson, Tochter eines reichen Freisassen. 1814 hatte sie ihm Christiana – »Chrissey« – geboren, 1816 Isaac. Auf Mary Anne folgten zwei Jahre später Zwillingsbrüder, die jedoch zehn Tage nach ihrer Geburt starben.

Im Gegensatz zum Vater hat die Mutter in Mary Annes Leben kaum eine Spur hinterlassen. Sie schien eine praktische, pünktliche, gut organisierte Frau gewesen zu sein. Nach der Überlieferung stand ihr Chrissey, das große, hübsche, adrette Töchterchen näher als die Kleine mit der großen Nase und dem widerborstigen dunklen Haar. In Eliots Literatur spielen die Mütter – wenn sie nicht zu Engeln des Hauses verkitscht oder schon in den ersten Kapiteln von der Autorin hingemordet werden – eine höchst ambivalente Rolle. Meist sind sie dumme oder kalte Frauen, die ihre Liebe ungerecht verteilen, ihre Töchter verschachern, ihre Söhne verstoßen oder ihnen den Tod wünschen. Mary Anne, die Vatertochter, hatte keine sehr hohe Meinung von den Talenten ihres Geschlechts und den Segnungen der Mutterschaft.

Robert Evans, von Haus aus Schreiner, hatte sich im Gemeinderegister von Nuneaton als »Landwirt« eingetragen, aber seine Tochter, stolz auf den Vater, der bei ihrer Geburt schon 46 und grauhaarig war, korrigierte später den Eindruck: »Mein Vater hat sich nicht selbst vom Handwerker zum Landwirt befördert. Er brachte es aus eigener Kraft vom Handwerker zu einem Mann, dessen Dienste wegen seiner ausgedehnten Kenntnisse auf vielen praktischen Gebieten in mehreren Grafschaften hoch geschätzt waren. Er kannte sich aus im Haus- und Bergbau, bei der Feldbestellung, in vielen Arten des Schätzens und der Vermessung – alles unerläßlich für die Verwaltung großer Güter.« Zweifellos war Mr. Evans eine tragende Säule der Gesellschaft; ein Autodidakt – jedoch ohne einen Anflug schöngeistiger Bildung. Seine Rechtschreibung war zeit seines Lebens seine Privatangelegenheit und ziemlich »terable«.

Mit ihrem Vater fuhr das kleine Mädchen im Einspänner, zwischen seinen Knien und den Zügelfäusten stehend, über Land. Wenn er in Arbury Hall mit dem Junker zu sprechen hatte, setzte er sie bei der Haushälterin ab, wo sie ein Glas Milch und einen Keks bekam und reichlich Gelegenheit, sich die Räumlichkeiten einzuprägen, die sie später in den *Scenes of Clerical Life* getreulich schildern sollte.

Der zweite Mann ihres Lebens war Isaac, ein langweiliger Wicht, den sie mit einer Inbrunst liebte, wie sie nur eine kleine

Schwester hervorbringen kann. Wenige Monate nach ihrer Geburt war die Familie nach Griff House umgezogen, ein paar Meilen östlich von South Farm an der Überlandstraße von Stamford nach Birmingham, ein stattliches rotes, von Efeu überwachsenes Backsteinhaus in einem großen Park voll alter Bäume. Hinter dem Haus erstreckten sich die Wirtschaftsgebäude mit Taubenschlag, Remise und Milchküche, der große Obstgarten und ein Teich. Das Haus steht noch heute, vom Efeu befreit, dafür von Autobahnauffahrten umzingelt, als Glied einer Restaurant-Kette. Nichts mehr erinnert in Griff an eine der größten englischen Schriftstellerinnen, die hier ihre ersten 21 Lebensjahre verbrachte. Nur in der ungenutzten Eingangshalle hinter den Toiletten ist der Boden noch mit den alten Sandsteinplatten gepflastert. Rechts davon befand sich das kleine Kontor des Vaters, links das Eßzimmer. Dort starb Isaac als alter Herr bei seinem Nikkerchen nach Tisch.

Bruder Isaac – ihre kindliche Beziehung hat George Eliot voll zarter und verzeihender Gedanken in ihren *Brother and Sister Sonnets* beschrieben, in Erinnerung an die Jahre, »als unser beider Leben wie zwei Knospen wuchs, die sich beim leichtesten Hauch eines Bienensummens küßten ... Er war der ältere und ein kleiner Mann von vierzig Zoll«, und sie das kleine Mädchen, das ihm wie ein Hündchen folgte. Nicht, daß Isaac ein besonders zärtlicher oder gescheiter Bruder gewesen wäre. So wie Tom in der *Mühle am Floss* zog er lieber mit Gleichaltrigen los, um Vogelnester auszunehmen, unschuldige Tiere zu belästigen und sein Taschenmesser vorzuzeigen, als darauf zu achten, daß die kleine Zottelliese – oder freundlicher: Polly als Kosename für Mary – beim Angeln nicht in den Kanal fiel. Sie liebte ihn unbeirrt, weil er ein Junge war, größer, stärker, wissender und mit einem natürlich verbrieften Recht auf den Löwenanteil an ihrem gemeinsamen Picknick.

Was zählten Märchen und Puppen gegen die verlockende Kameraderie der Jungenwelt? Isaac entwuchs rasch dieser

Kinderliebe. Als Erwachsene trennten Welten den herrischen, selbstzufriedenen Mann von seiner Schwester, aber Mary Anne dankte ihm trotzdem die kurzen Tage ihrer Menschwerdung, in denen ihr »die süße Gabe, zu lieben« geschenkt wurde, und sie schloß ihr elftes Sonett: »Aber sollte mir noch einmal eine Kindheit beschert sein, so möchte ich als kleine Schwester wiedergeboren werden.«

Doch die Kindheit, so schrieb sie später, kann niemals die glücklichste Zeit unseres Lebens sein. »Für das Kind ist sie voll großer unsäglicher Sorgen ... Angst vor Gespenstern, ganz zu schweigen von der Hölle und Satan und einer beleidigten Gottheit im Himmel, die erzürnte, wenn ich noch ein Stück Pflaumenkuchen wollte.« Mit 25 war sie glücklicher als mit sieben, und sie hoffte, sich mit 40 noch wohler zu befinden, und das tat sie dann auch.

Sie war kein Mädchen, das früh spezielle Talente zeigte. Viel lieber grub sie Löcher im Garten oder spielte mit Isaac Murmeln, als ihre ersten Buchstaben zu malen. Vielleicht war sie ein bißchen ernst für ihr Alter, und schon war ihre »Chamäleon-Natur« spürbar – schnell gekränkt, schnell in Tränen, und dann wieder zur allgemeinen Verblüffung aus einem Witze-Buch rezitierend – einem der wenigen belletristischen Werke neben der Bibel, Aesops Fabeln und Bunyans *Die Pilgerreise* in diesem aufs Praktische gerichteten Haushalt. Mit vier setzte sie sich ans Klavier und tat so, als spielte sie – um die Dienerschaft zu beeindrucken. Als sie neun war und auf einer Kindergesellschaft allein in einer Ecke saß, sprach die Gastgeberin sie an: Mein Liebes, du bist so still. Macht es dir keinen Spaß bei uns? – Nein, erwiderte Mary Anne, ich mag nicht mit Kindern spielen. Ich unterhalte mich lieber mit Erwachsenen.

Eine kurze Zeit verbrachten Bruder und Schwester noch zusammen in einer Kinderschule gegenüber den Toren von Griff House, dann trennten sich ihre Wege. Isaac ging auf eine Schule in der Nähe von Coventry, die kleine Polly folgte ihrer

Schwester Chrissey in ein Institut nach Attleborough, drei Meilen entfernt, wo eine Tante mütterlicherseits ein Auge auf die beiden hatte. Sie war erst fünf, als sie von zu Hause weggeschickt wurde, und litt unter Alpträumen. Allzu menschenfreundlich mühte man sich damals nicht um die Jüngsten. Mary Anne erinnerte sich später an die kalten Zimmer, in denen sich die größeren Mädchen um das Kaminfeuer scharten, während die kleinen, ausgeschlossen vom inneren Kreis, frierend ihre Arme in die Schürzen wickelten wie die Waisen von Lowood.

Die Ferien in Griff waren eine Enttäuschung. Isaac hatte ein Pony bekommen, das seinen Aktionsradius bedeutend erweiterte, während Mary Anne sich wieder mit ihren Puppen amüsieren durfte und ihre Blümchen alleine pflückte. Allerdings liebte sie den Garten und die Midlands, in die sie hineingeboren war, diese undramatische Landschaft aus Bächen und Weiden, über denen eine alte Eiche präsidierte, Holunder und Heckenrosen wuchsen und sanfte Kühe weideten.

Aber auch zu ihrer Zeit war Warwickshire keine grüne Idylle mehr. »Unser brauner Kanal« trug die Kohlenschiffe mit ihrer Fracht aus der Nachbarschaft; das Stampfen der Dampfmaschinen klang aus den nahen Steinbrüchen, und in Nuneaton ratterten die Webstühle in den Reihen der ärmlichen Häuser. In ihrer Erinnerung aber sah Mary Anne nur seine pastorale Seite: »Wiesen und Weiden, wo die Hecken noch in unbeschnittener Schönheit wachsen und die roten Früchte für die Vögel ausbreiten durften ... die vereinzelte Hütte mit der Berg- und Tallandschaft aus Moos auf dem uralten Strohdach, auf dem sich Licht und Schatten wunderbar abwechselten; im späteren Leben reisen wir weit, um so etwas zu sehen, und wir sehen es gewaltiger, nicht aber auch schöner«, schrieb sie in *Middlemarch*.

Mit neun Jahren wechselte sie auf Mrs. Wallingtons Internat in Nuneaton. Dort lernte sie tatsächlich auf dem Piano zu spielen und zwar, dank Talent und Strebsamkeit zu ihrer und Mrs. Wallingtons Freude. Und dort lernte sie auch ihre erste Freundin kennen – Maria Lewis – ihre Lehrerin, der erwachsene Mensch, mit dem sie sich unterhalten konnte. Miss Lewis kam aus Irland, eine junge Frau mit einem protestantischen Gewissen evangelikaler Prägung und einer entschiedenen Abneigung gegen die Frivolitäten dieser Welt. Sie lenkte Mary Annes »leidenschaftlich willige Seele« (*Middlemarch*) in eine strikte Frömmigkeit.

Miss Lewis schielte stark, und vielleicht war dieses Handikap mit ein Grund, daß sie sich zu ihrer Schülerin hingezogen fühlte. Mary Anne war niemals ein hübsches Kind gewesen und nun dabei, sich von einem unscheinbaren Entlein in einen noch reizloseren Vogel zu verwandeln. Sie hatte eine niedrige Stirn, kleine graue Augen, eine riesige hängende Nase und ein starkes Kinn. Ihre Stimme war angenehm, und ihr großer Mund versprach, daß in dieser Person auch Sinnlichkeit und der Wunsch zu lachen wohnten. Aber zu beidem gab es keinen Anlaß. Weder in dem Institut von Mrs. Wallington noch in dem etwas anspruchsvolleren der Damen Franklin in Coventry, das sie mit 13 Jahren besuchte, wurden junge Damen zur Lebensfreude ermuntert. In Coventry war Mary Anne allein; Chrissey hatte sich nach Hause verabschiedet, nun alt und gebildet genug, um auf dem Heiratsmarkt vorstellig zu werden und in der Zwischenzeit von ihrer Mutter die Haushaltsführung zu erlernen.

Es ist müßig zu spekulieren, welchen Weg Mary Anne eingeschlagen hätte, wenn sie etwas weniger christlichen Damen als Maria Lewis und den Töchtern des Baptisten-Pfarrers Franklin begegnet wäre. Bald hatte das junge Mädchen verstanden, daß es hinieden nicht zu seinem Vergnügen wandelte, sondern um Verzicht zu lernen, und daß die Religion eine Herausforderung und nicht zu seinem Trost geschaffen war. Von diesen unfrohen Lehren blieb sie ihr ganzes Leben lang durchdrungen. Ihre Jugend wurde von dem überspannten Streben nach Vollkommenheit vergiftet. Einem Freund erzählte sie später von diesen Jahren, als die Verzweiflung an sich selbst alle Lebensfreude aufgezehrt hatte und ihr der Sinn der Tortur abhanden gekommen war. »Viele durchnäßten ihre Kleider wie Mary Wollstonecraft (ehe sie den Tod im Wasser suchte) oder nahmen Anlauf für den letzten Sprung...« Auch Mary Anne? Da saß ein verwirrtes einsames Kind, das so tat, als spielte es auf dem Klavier die Ouvertüre zum Leben. Und keiner schaute zu. Und niemand war beeindruckt.

Mary Anne suchte ihr Heil in der Ansammlung von Wissen und in der Schärfung ihres Glaubens. Sie wurde eine Musterschülerin, die darauf achtete, ihren Kragen nicht zu zerknittern und sich im Spiel nicht zu echauffieren. Immer dann, wenn es galt, Besuchern die Vorzüglichkeit ihres Instituts zu demonstrieren, wurde die Kleine von den Damen Franklin vorgeführt, schlug das Piano schüchtern und stolz und quälte sich anschließend in ihrem Zimmer mit Vorwürfen: Sie hatte gut gespielt, sie hatte Stolz gefühlt und genossen. Zuzeiten trug sie eine unvorteilhafte Mütze als Zeichen der Buße für ihren obstinaten, weltzugewandten Ehrgeiz.

Sie las – außerhalb des Lehrplans – Shakespeare und Byron, Milton, Cowper und Southey und, wie Gordons S. Haight schreibt, eine Menge gereimten Mist, den sie in ihr Notizbuch übertrug. Sie schrieb auch ihre erste Geschichte, ein melodramatisches historisches Stück, das unvollendet blieb. Unter Miss Rebecca Franklins Anleitung legte sie den bäuerlichen Dialekt aus dem Hause Evans ab und lernte in druckreifen, gewundenen Sätzen zu sprechen – eine Gewohnheit, der sie treu blieb. Noch in ihren Romanen klingt gelegentlich das redundante Gedrechsel der Schulmeisterin durch. In ihrer Jugend fand Mary Anne es vollends schwierig, zur Sache zu kommen.

»Meine liebe Freundin«, schrieb sie einmal an Maria Lewis, »ich glaube, es ist das Privileg der Frauen, keine Gründe für ihre Handlungen anzugeben und gleichzeitig ihre Unterlassungen zu erörtern, aber ich will mich dieses Artikels unserer Charta nicht gegenüber meines gleichen Geschlechts bedienen. Ich will Ihnen mitteilen, daß der Grund für mein Schweigen zum Teil einer Überbelastung durch Arbeit zuzuschreiben ist, zum Teil einer Abwesenheit von zu Hause, und, auf dem Grunde dieses Dreiecks liegt ein wenig Faulheit, denn ich will nicht behaupten, daß es mir durch bessere Verwaltung unmöglich gewesen wäre, Ihnen zu schreiben...«

Ihr Vater findet für denselben Sachverhalt bündige Worte: »Nahm Mary Anne mit nach Attleborough zu Mrs. Evarard«, ihrer Tante.

Ihre Vorzüglichkeit machte Mary Anne bei ihren Mitschülerinnen nicht beliebter. Einige neideten ihr auch den Korb mit allerlei leckeren Sachen aus Griff, der jede Woche an der Schulpforte abgegeben wurde. Mary Anne war gerne ein bißchen sparsam, und wahrscheinlich reichten die frischen Eier nicht für alle. Aber sie war auch streng gegen sich und übertraf mit selbst auferlegten Regeln, was die Schlichtheit des Gewandes und den Verzicht auf kleine Freuden anging, die Damen Franklin bei weitem. In den Ferien zu Hause fand Isaac seine Polly doch recht verändert vor. »Ich lief herum wie eine Eule«, schrieb sie später, »zum größten Abscheu meines Bruders, dem ich versagen wollte, was ich heute als ganz legale Vergnügen betrachte.«

An Weihnachten 1835 ging Mary Anne zum erstenmal nach ihrer Konfirmation zum Abendmahl. Ihre Schulzeit war beendet. Sie wurde zu Hause gebraucht; ihre Mutter war an Krebs erkrankt. Von ihren Stiefkindern hatte Robert, der Älteste, vor 16 Jahren die Nachfolge seines Vaters als Verwalter auf einem Besitz der Newdigates in Kirk Hallam, zwischen Nottingham und Derby, übernommen. Seine Schwester Fanny war ihm als Haushälterin gefolgt und hatte sich später mit einem wohlhabenden Farmer, Henry Houghton, verheiratet. Die Familienbande waren seit Jahren eher lose, aber während Mrs. Evans letzter Krankheit versammelten sich die Kinder wieder in Griff House.

Christiana Evans schien seit der Geburt ihrer Zwillinge nie wieder ganz gesund gewesen zu sein. Im Sommer 1835 fuhr ihr Mann sie in einem vierrädrigen Wagen spazieren, da sie zu krank war, um den schwankenden Gig zu besteigen. Als Mary Anne in diesem Winter nach Hause zurückkehrte, erkannte sie, daß ihre Mutter dem Tod nahe war. Sie starb, 49 Jahre alt, am 3. Februar 1836, halb gelähmt und unter so großen Schmerzen, daß Robert Evans in sein Tagebuch schrieb, er sei schließlich glücklich gewesen, als sie ihren letzten Atemzug tat.

Was hatte Mary Anne sich nach ihrer Schulzeit vom Leben versprochen? Ein weiterführendes Institut? Eine Bildungsreise? Mit 16 sah sie sich nun in dieses Limbo gestoßen, von dem niemand ihr sagen konnte, wie lange und zu welchem Ende es dauern sollte: Hausfrau in Griff.

II

Ich befasse mich jetzt mit einer Menge von Lektüre, die ich gefräßig verschlinge. Drei Jahre sind es nun, daß ich nur Lateinisches schlucke... Ich werde gelehrt und traurig! Ja, ich führe ein verfluchtes Leben, und ich war mit so viel Gelüsten geboren, doch die verdammte Literatur hat sie mir alle in den Bauch zurückgedrängt.

(Gustave Flaubert)

In späteren Jahren, als George Eliot die Feder führte und die Klaviertasten schlug, waren Verehrer von ihren schönen Händen entzückt, bemerkten jedoch, daß die eine deutlich breiter sei, und Eliot informierte sie lächelnd, sie habe in ihrer Jugend so viel Butter und Käse bewegt, daß ihre Rechte noch immer die Spuren der Arbeit trüge. Dies war ein reizendes Bonmot der Autorin von *Adam Bede*, in dessen siebtem Kapitel die kokette Hetty in der Milchküche vor den Augen des jungen Squire mit ihren Grübchen-Händen die Butter so geschmeidig klopft und rollt, daß Arthur D. ganz sonderbar zumute wird.

Als Isaac die kleine Geschichte vernahm, dementierte er: Seine Schwester habe im Leben keinen Käse gerollt. Sie war eine junge Dame des Mittelstandes, der genügend Personal für derlei Handgriffe zu Gebote stand. An der Seite ihrer Schwester Chrissey lernte sie, den umfangreichen Gutshaushalt zu führen, und wenn ihr ein Brief an Maria Lewis unleserlich geriet, weil die Hand noch zitterte vom Johannisbeergelee-Einkochen, dann dürfte dies eine Ausnahme gewesen sein. Lieber kümmerte sie sich um die Belange ihres Vaters. Sie nähte ihm die Knöpfe an die Jacke und las ihm abends aus den Romanen von Walter Scott vor; ein bedeutender Autor, gewiß, und Vater schätzte ihn über alles, aber »der geistige Schlaf dieses Mannes ist erschreckend.«

Robert Evans war nun ein höchst erfolgreicher Manager von fünf Besitzungen verschiedener Herren und Isaac sein Juniorpartner. Sie fuhren zu den Pächtern, organisierten die Zahltage, kümmerten sich um Holzeinschlag, Straßenbau, Entwässerung der Felder und die Kohlentransporte auf dem Kanal. Mary Anne war wiederum auf den Käse, aufs Pflaumenmus und die Minzküchlein verwiesen. Am ärgerlichsten waren Isaacs Geburtstage, die Erntedank- und Michaelstag-Feste, wenn das Haus von Besuchern schwärmte, die Bier tranken und sich nicht alle tadellos benahmen. Dieses heidnische Treiben widerstrebte nicht nur ihren evangelikalen Grundsätzen, es forderte auch Pflichterfüllung auf einem Posten, für den sie – allen Beteiligten deutlich – überqualifiziert war. Robert Evans verstand, daß es ihr an intellektueller Ansprache mangelte, und da er stolz auf sein gescheites Mädchen war, durfte sie sich in Nuneaton jedes gewünschte Buch auf seine Rechnung besorgen. Sie versuchte es mit der Schönen Literatur – ein Fehlschlag. »Ich kann mir nicht vorstellen, daß die Abenteuer irgendeiner von der Phantasie heraufbeschworenen Gestalt interessanter sein könnten als die Werke realer, lebender Menschen. . . . Habe ich wirklich Zeit zu verschwenden an Dinge, die niemals existierten?« Dann doch lieber zurück zu Erzbischof Leightons Kommentar zum Heiligen Petrus. Es war noch ein langer Weg, bis sie die Gestalten ihrer eigenen Phantasie beschwor; und als es geschah, tat sie es mit dem heiligen Ernst ihrer Jugend. »Schlechte Literatur ist Gin für den Geist!«

Sie machte sich außerhalb von Griff nützlich, unterrichtete an der Sonntagsschule, die ihr Vater eingerichtet hatte, und beteiligte sich an den barmherzigen Werken der Junkers-Familie auf Arbury Hall. Aus der Liste der Bedürftigen suchte sie sich 42 Familien aus: arbeitslose Väter, kranke Mütter, sieche Alte, denen sie Trost zusprach – zweifellos mit Hinweis auf ein besseres Leben jenseits des Grabes – und Spenden aus dem Altkleider-Fonds überbrachte.

War sie wirklich erst 17? Hat sie manchmal dummes Zeug geredet, von jungen Männern geträumt, gesungen, wenn sie sich die Haare kämmte? Es sieht nicht danach aus. Ihr strahlendes Vorbild war Tante Elizabeth Evans, eine Methodisten-Predigerin, die in bescheidenen Verhältnissen ein geheiligtes Leben führte. Mit dieser Tante pflegte Mary Anne eine fundamentalistische Erweckungs-Korrespondenz, und von ihr hörte sie auch die Geschichte der Kindsmörderin, mit der Elizabeth Evans die Nacht vor der Hinrichtung im Kerker von Nottingham durchwacht hatte. Diese Geschichte war zu gut, um mit der Tante zu vergehen. George Eliot hat sie später in *Adam Bede* auf die arme Hetty, die ihr Neugeborenes sterben läßt, und ihre Trösterin im Gefängnis, die fromme Dinah, umgeschrieben.

Als dieser Roman 1859 erschien, erhob sich ein großes Rätselraten um den Autor und seine Quellen, und als Miss Evans unter dem Pseudonym hervorzuscheinen begann, suchten weniger Wohlmeinende ihre schriftstellerische Leistung zu verkleinern, indem sie kolportierten, »Base Mary Anne« habe als junges Mädchen die Predigten ihrer Tante abgeschrieben und sich auch sonst aus anderer Leute Erfahrungsfundus bedient. George Eliot, die das Manuskript »die Geschichte meiner Tante« nannte, ehe der Roman zu *Adam Bede* wurde, stritt die Nähe zum wirklichen Leben ab, obwohl sie Familien- und Ortsnamen nur dünn übertüncht hatte und sogar Isaac in der Figur des Titelhelden seinen Vater erkannte. »Es gibt darin kein einziges Porträt ... Der Charakter von Adam und ein, zwei Episoden waren von der Jugend meines Vaters inspiriert, aber Adam ist nicht mein Vater, so wenig wie Dinah meine Tante ist. Der ganze Lauf der Geschichte ... die Landschaft und die Häuser, die Charaktere, die Dialoge – alles ist aus weit verstreuten Elementen der Erfahrung gewoben.« Sie ging so weit, ihrem Verleger gegenüber zu beteuern, ihre Tante sei des Schreibens gar nicht mächtig gewesen; worin sie sich und andere selbstverständlich täuschte.

George Eliot entstammte einer großen Sippschaft, derer sie sich ungeniert bediente, dazu einer Menge frei flottierender Vikare, Bürger und Narren von Nuneaton und Coventry. Zu ihrer Zeit kursierten Listen mit den Namen des Romanpersonals und die Auflösung, die man angeblich in Warwickshire und dem Rest der Welt gefunden hatte – Listen, die zur Pein ihrer konsternierten Familie die Lektüre mit dem Kitzel eines Gesellschaftsspiels für Besserwisser verband. »Ich stehe auf den Zehenspitzen vor Erwartung, was Mary Anns neuen Roman angeht«, schrieb ihre vor Sorge und Neugier brennende Halbschwester Fanny später. »Heißt es, meine Hoffnungen zu hoch zu schrauben, daß kein Mitglied der Familie darin auftauchen wird?« Auch die Autorin bekam es mit beleidigten Überlebenden zu tun, die sie längst unter dem Rasen wähnte, und es half nicht immer, daß sie schwor, eine Ähnlichkeit sei nicht beabsichtigt gewesen und alles frei erfunden. Warwickshire blieb ihr Steinbruch der Erinnerung und ihre stärkste Quelle der Inspiration. Es war eher verwunderlich, daß es so lange dauerte, bis die Nachbarschaft sie als Autorin entdeckt hatte. So wie sie z. B. in *Mr. Gilfil's Love Story* Cheveral Manor als getreues Abbild von Arbury Hall beschreibt, konnte sie nur ein Mitglied der Familie sein – oder die enorm gescheite Miss Evans, der Mrs. Newdigate die Bibliothek zur freien Verfügung gestellt hatte.

Arbury Hall, ursprünglich ein elizabethanisches Herrenhaus und seit 1586 im Besitz der Familie Newdigate, war von einem Sir Roger im 18. Jahrhundert vollständig im neogotischen Stil umgebaut worden, vom »Häßlichen ins Schöne« transformiert.

Was schön und was häßlich ist, darüber gehen die Meinungen im Laufe der Jahrhunderte immer wieder auseinander. In Arbury Hall, in dem sich der lebenslange Gotik-Rausch Sir Rogers niedergeschlagen hat, fühlt man sich heute wie im Innern einer Torte. Weiße Fächersäulen füllen cremig die Ekken des Salons; Decken wie aus gefrorener Sahne scheinen auf den Betrachter herabzutropfen. Aus den Fenstern fällt der Blick auf den schwellenden Rasen und den Seerosenteich. Dort setzte Eliot zwei Damen mit ihrer Stickerei in den Abendsonnenschein, und der gute Pastor Gilfil nippte im Speisezimmer an seinem Claret und betrachtete die jüngere mit heißem Herzen.

Mary Anne, die diese Erzählung mit 36 schrieb, ohne Arbury Hall in den letzten 18 Jahren wiedergesehen zu haben, verfügte über ein exzellentes, nahezu fotografisches Gedächtnis. Sie schilderte nicht nur akkurat das Dekor und die Möbel, sondern auch das lebensgroße Bild Sir Rogers, das damals wie heute im Salon hängt. Dies alles ist um so erstaunlicher, da ihr mit 18 Jahren, als sie durch diese Räume schritt, der Sinn nach ganz anderen Gedankenspielen stand. Sie wollte eine Schautafel zur Kirchengeschichte anlegen und drucken lassen, ein Vorhaben, das sie ein gutes halbes Jahr beschäftigte, ehe ein gleichartiges Werk in den Buchhandlungen auftauchte und ihren Plan zunichte machte. Im *Christian Observer* erschien im Januar 1840 ihr erstes Gedicht, das ihr auf einem Abendspaziergang zugeflogen war, als sie der Worte eines der alten Märtyrer gedachte. Die Verse sind entsprechend erbarmungswürdig, aber sie waren ein Anfang. Eine Aufgabe? Schreiben galt wie Musizieren als damenhafte künstlerische Betätigung für die Mußestunden, die nicht mit Nadelarbeit ausgefüllt waren. Papier und Feder konnten jederzeit in der Schublade verschwinden, wenn die Frau zu ihren eigentlichen Aufgaben im Haushalt abgerufen wurde, und waren weniger aufdringlich als Leinwand, Farben und Terpentin, von größeren Instrumenten ganz zu schweigen.

Und Polly brauchte ein wenig Zerstreuung, wenn sie nicht vollends griesgrämig werden sollte. Eine Reise nach London, zu der Robert Evans sie und Isaac eingeladen hatte, geriet zum Desaster. In St. Paul's Cathedral konnte sie vor Ärger kaum der Predigt folgen, weil die Herren des Domkapitels ungerügt wie die Schulbuben miteinander kicherten. Während Isaac ins

Theater ging und durchs Westend bummelte, las sie in ihrem Zimmer *History of the Jews*. »Möge die Londoner Luft gesegnet sein, den Leib zu erfrischen, und mögen Sie den Frieden haben, den kein äußerer Tumult stören kann«, schrieb sie an Miss Lewis, als diese sich in das große Babel begab. Es war auf jeden Fall gesünder, dem Tumult fernzubleiben.

Griff House war einsam, wenn Vater und Isaac ihre Inspektionstouren unternahmen. Chrissey hatte nach Ablauf des Trauerjahrs für ihre Mutter im Mai 1837 den Arzt Dr. Edward Clarke geheiratet. Ihre Schwester zeichnete als Brautjungfer mit Mary Ann – ohne e, wie sie sich hinfort schreiben sollte. Dr. Clarke besaß eine kleine Praxis in Meriden, fünf Meilen nordwestlich von Coventry; ein sympathischer Herr aus guter Familie, wenngleich nur ein jüngerer Sohn, was bedeutete, daß er ohne Vermögen und ohne Aussicht auf ein solches war. Im Fall von Dr. Clarke kam hinzu, daß er ein schlechter Investor seiner wenigen Pfunde war, dafür ein um so beflissenerer Vater. Neun Schwangerschaften durchlebte Chrissey, Geburten und Fehlgeburten, an der Seite dieses als aufgeklärt geltenden Mannes.

Mary Ann beobachtete die Entwicklung mit Schrecken. Zum einen hatte sie grundsätzliche Bedenken gegen die Ehe. »Ich kann nur für diejenigen seufzen, die ihre irdischen Bande vervielfältigen – Bande, die stark genug sind, das Herz dem Himmel zu entfremden, und dabei so brüchig, daß jeder Lufthauch sie zerreißt.« Und sie sah mit an, wie Kinderreichtum, Krankheit, Enge und Geldsorgen ihre schöne große Schwester zugrunde richteten. Chrisseys Ehebande zerrissen 15 Jahre später mit dem Tod von Edward Clarke, der sie und die Kinder gänzlich unversorgt zurückließ und damit Isaacs Barmherzigkeit empfahl, die nicht sonderlich ausgeprägt war.

Welche Erwartungen stellte die jüngste Schwester an ihre Zukunft? Die Familie war wohlhabend genug, um sie zu erhalten, aber selbstverständlich hofften Vater und Bruder, daß sie einen geeigneten Kandidaten fände, der Bildung und Frömmigkeit zu würdigen verstände, da ein hübsches Gesicht nun einmal fehlte. Und wenn sich keiner meldete? Sollte sie als Gouvernante in Stellung gehen? In jedem Fall war es keine Fehlinvestition, Pollys außergewöhnlichen, fast beunruhigenden Wissensdrang zu erfüllen. Sie bildete sich in Mathematik, Geometrie, Astronomie, Insektenkunde, Chemie, Metaphysik und der populären Phrenologie, der Deutung des Charakters aus der Form des Schädels. Mit dem Pfarrer las sie Latein und Griechisch, für moderne Sprachen engagierte der Vater einen Herrn Joseph Brezzi, den es von Italien nach Coventry verschlagen hatte und der einmal in der Woche nach Griff herübergeritten kam. Von ihm lernte sie Italienisch und Deutsch und zwar auf die brachial-fortgeschrittene Weise, mit der man sich im 19. Jahrhundert Sprachen aneignete. Mary Ann begann mit *Wallenstein*. »Ich mag die Sprache außerordentlich«, verriet sie Maria Lewis und erklärte ihr nach der zweiten Lektion einige Ausspracheregeln:

»Schiller wie Shiller«, Goethe mit dem französischen Laut wie in peu, »Freischutz wie Frishutz«. Deutsch wurde ihre Lieblingssprache, auch wenn sie ihr manchmal so ermüdend schien wie ein Spaziergang über gepflügten Lehm, und sie zitierte sie unbekümmert und meistens falsch, wie den Vers aus *Wallensteins Lager* in einem Brief an die Freundin: »Auf das Unrecht folgt das Uebel / Wie Thränen auf den herben Schwiebel.«

Herrn Brezzi findet Mary Ann »alles andere als uninteressant, ganz äußere Anmut und geistige Kraft«, aber sie widersteht einem zweiten Blick. Ist Brezzi das »geliebte Objekt«, von dem im März 1840 in einem Brief an Maria Lewis einmal die Rede ist? Wenn ja, dann hat sie ihn sich schnell wieder aus dem Kopf geschlagen. »Laß ab von den Männern, ist in mein Amulett eingraviert«, schreibt sie und warnt vor Feind Cupido, dessen Pfeile es tapfer abzuwehren oder zu fliehen gelte.

Ihre Freundin darf sie in der Sprache der Blumen anreden – Clematis für »geistige Schönheit« – und wird von ihr Ehrenpreis für ihre Treue genannt, aber der Ton bleibt förmlich. Mary Ann will ihrer ehemaligen Lehrerin mit Wissen imponieren – sie womöglich überglänzen. Das häusliche Leben, die Familie, Chrisseys Babys erscheinen nur in Randbemerkungen. Einmal schleicht sich ein Satz über das Elend der arbeitslosen Weber in Nuneaton ein. Sonst theoretisiert man in abgeschmackten Metaphern über den beklagenswerten Zustand der Menschheit und der eigenen Seele. Wäre Krieg unter Umständen wünschenswert, diese schlimmste Geißel des göttlichen Zorns, als Ventil für Unreinheit und stürmische Leidenschaften, die sonst die ganze Erde in Mitleidenschaft zögen, wie das Land der Kanaaniter, das seine Bewohner ausgespien hat (Levitikus 18;25)? »Was halten Sie von der Entwicklung der Architektur als Thema für ein Gedicht?« Miss Lewis weiß es nicht.

Die »eiserne Disziplin«, die sich dieses buchgescheite, weltfremde junge Mädchen auferlegt, kann die Contenance nicht immer zusammenhalten. Auf einem Tanzfest wird ihr übel – angeblich von der gräßlichen Musik – sie bekommt Kopfschmerzen, wird hysterisch und benimmt sich daneben. Hinfort beschließt sie, »alle Einladungen von zweifelhaftem Charakter« abzulehnen. Aber zweifelhaft ist so vieles. Sogar die geistliche Musik. Mit Rebecca Franklin besucht sie im September 1838 ein Konzert in Coventry, in dem Haydns *Schöpfung*, Händels Oratorium *Jephtha* und Mendelssohns *Paulus* gegeben werden. Anschließend grübelt sie: »Kann es für ein menschliches Wesen wünschenswert sein, Zeit und Kraft zu verwenden . . . um Gewandtheit in Trillern und Kadenzen etc. zu erwerben?« Schließt die Vorsehung Musik als Luxus und Zerstreuung ein? Und wenn ja, wo verläuft die Grenze zum Opernballett, zum Pferderennen und schlimmerem, die, wenn sie uns denn geschickt wären, nicht durch Abstinenz verachtet werden dürften? Im November ist sie noch immer nicht darüber hinweg: »Es steht nicht in meiner Macht zu entscheiden, ob solche Zurschaustellung von Talent schicklich oder rechtens ist, denn ich habe kein Gefühl für Musik, aber ich betrachte es als nichts Geringeres als Blasphemie, wenn die Worte ›Wir sind also Gesandte an Christi Statt‹« (2. Korinther 5;20) »über die Lippen eines Mannes wie Braham (auch noch ein Jude!) kommen. Ich bin ein Mensch ohne Geschmack, aber ich würde es nicht im geringsten bedauern, wenn die einzige Musik, die in unserem Land zu hören wäre, sich strikt auf den Gottesdienst beschränkte.«

Jeden Morgen erhebt sich Mary Ann früh, betet und lernt beim Ankleiden Passagen von Miltons Ode an Christi Geburt auswendig. Gesungen hat sie also nicht. Und wenig gelacht. Nach der Arbeit liest sie Wordsworths Gedichte – ein zugestandener Genuß, doch wäre sie glücklicher, wenn darin weniger weltliche Themen und dafür ein »häufigeres Emporrichten des seelischen Auges« zu finden wären. Statt dessen muß sie ihr irdisches Augenmerk auf die Handwerker in Griff richten. Ihr Haus würde für die nächsten zwei Wochen schrecklich laut und unordentlich sein mit den Geräuschen und Gerüchen, dem Gerede und Getrampel von Maurern, Zimmerleuten und Anstreichern. »Sie wissen, wie verhaßt das alles meinem Geschmack und Gefühl ist.« Könnte das Werkeln nicht ein wenig rücksichtsvoller geschehen, wie einst beim Bau von Salomos Tempel, als »der jungfräuliche Marmor in feierlichem Schweigen aufgetürmt wurde?« Sie ist 19 und mit aller Welt über Kreuz. Und sie fühlt es: Eher steckten andere sich an ihrer Misanthropie an, als daß sie selbst rund und fröhlich würde. Ihre Gedanken sind »in Aufruhr und tragen nichts als Heckenrosen.« Höchste Zeit für eine Luftveränderung. Isaac verschafft sie ihr, als er beschließt, sich zu verheiraten.

Seine Zukünftige, Miss Sarah Rawlins, ist die Tochter eines Lederfabrikanten aus Birmingham, den eine längere Bekanntschaft mit Robert Evans verbindet. Sie ist mit 30 sechs

Jahre älter als Isaac, und es kann sich um keine sehr stürmische Affaire gehandelt haben, denn der junge Mann schwankt in seiner Entscheidung zum Schmerz seiner Braut und Verdruß beider Familien. Doch Anfang des Jahres 1841 ist alles in die Wege geleitet. Robert Evans würde Haus und Geschäfte seinem Sohn übergeben und sich zur Ruhe setzen. Nur für Polly muß noch ein Platz gefunden werden. Neben Isaacs Frau kann sie nicht die Herrin auf Griff spielen. Zu Chrissey nach Meriden will sie nicht ziehen; allein soll sie nicht bleiben. Robert Evans, der ursprünglich in ein Cottage bei Packington ziehen wollte, entschließt sich, in der Foleshill Road, damals in einem Vorort von Coventry, ein Haus zu kaufen – Bird Grove – und sich dort mit seiner Jüngsten niederzulassen. Mary Ann fühlt sich wie ein überflüssiges Möbel, das die Familie nur aus Pietät nicht auf die Straße stellt, und sie übt sich in stolzem Uneigennutz, dankbar, »daß mein lieber Vater dem Umzug befriedigt entgegensieht, was mich von meiner Hauptsorge erlöst.« Vorhänge und Teppiche werden vom Vormieter übernommen, Möbel, Küchengerät und eine Ladung Kohlen von Griff herübergeschafft, und am 17. März 1841 kutschiert Isaac seine Schwester im Gig nach Foleshill, damit sie alles behaglich gestalten kann vor dem Eintritt des Hausherrn. Im Juni feiern Isaac und Sarah Hochzeit. Der Vater des Bräutigams erscheint nicht, er hat »andere Dinge« zu tun und überläßt dem Ehepaar Edward und Chrissey Clarke seinen Wagen. Mr. Evans war kein sentimentaler Mensch; seine Tochter sollte das noch zu spüren bekommen.

In diesem Sommer verheiratet sich noch ein anderer Herr: der Literat George Henry Lewes mit Agnes Jervis. Er ist arm, amüsant und geistreich, sie die Tochter eines Parlamentsabgeordneten, klug und zauberhaft, und beide sind sehr verliebt. Mary Ann auf ihrer Insel in Coventry fühlt sich entwurzelt und sterbenstraurig. Es sollten noch zehn Jahre vergehen, ehe ihr Weg den des enttäuschten, einsamen Mr. Lewes kreuzte.

III

Freude aus Verunsicherung ziehn – wer hätte
uns das denn beigebracht?

(Christa Wolf)

Der stilisierte patriarchalische Vater, der Kontrolle und Selbstkontrolle fordert, soziale
Rationalisierung, Systematik, Planmäßigkeit,
Überschaubarkeit aller Lebensäußerung an-
strebt, der hat uns das nicht beigebracht.

(Christel Eckart)

Vater und Tochter teilen sich das große Haus in der Foleshill
Road – ein stattliches georgianisches Gebäude, eleganter als
Griff, mit einer von Säulen durchbrochenen Balustrade auf
dem Dach und alten Bäumen in der Auffahrt. Wozu ein solches Prachtstück? Mary Ann soll einen standesgemäßen Start
bekommen, unerläßlich bei der Suche nach einem Ehemann –
und sie ist schon 21. Der Bürgermeister von Coventry wohnt
nebenan, reiche Textilfabrikanten, der Herr Pfarrer. Mr.
Evans selbst wäre ganz zufrieden in seinem Cottage in Packington gewesen. Seine Tochter wird bei passender Gelegenheit gerne daran erinnert.

Über die Felder ist es ein kurzer Weg in die Stadt hinein.
Heute ist Foleshill dicht bebaut, deutlich weniger respektabel, und Bird Grove, in dem Robert Evans seine Tochter
vorzeigen wollte, halb zerstört und wohl jenseits aller Restau-
rierungsversuche.

1841 sieht er sich unversehens auf dem Altenteil. Mr.
Evans, so kompetent und nahezu unentbehrlich, vor dem die
Arbeiter die Mützen zogen, wenn er den Gig anhielt, um nach
dem Rechten zu sehen, hat nichts mehr zu tun. Politisch paßt
er nicht in die Landschaft des prosperierenden Mittelstands,
der sich im Stadtrat mit der Wohnungsnot des Industrieprole-
tariats, mit Schul- und Gesundheitsreformen zu befassen hat.

Bleibt die Kirche. An Sonntagen ist Mr. Evans für die Kollekte zuständig. Es füllt ihn nicht aus. Ungewohnt der Gesellschaft von Frauen und Enkelkindern – die arme Chrissey ist froh, wenn Tante Mary Ann die beiden Großen einmal zu sich nimmt – wird der alte Herr mit der Zeit etwas unleidlich.

Und Mary Ann? Erlöst vom Rühren in Butterfässern und Marmeladeeimern, hat sie nun genügend Zeit für ihre Studien. Sie besucht Chemie-Lektionen, liest weiter mit dem Pfarrer Latein, mit Herrn Brezzi Italienisch und Deutsch und lernt auf eigene Faust Hebräisch. Ihrer Freundin empfiehlt sie überraschend Thomas Carlyle zur Lektüre, dessen höchst persönliches, positives Christentum sie fasziniert: »Carlyles Seele ist ein Schrein hellster und reinster Philanthropie« – doch Vorsicht, der Mann ist »nicht orthodox«.

Die vom Vater vorgesehene bessere Gesellschaft meidet sie hingegen. Das Getue um Morgenvisiten und Gäste zum Tee, für die sie sich womöglich umziehen müßte, ist ihr lästig. Und: »Junge Damen sind die Tiere im menschlichen Zoo, die mich am wenigstens interessieren.« Sie hält sich an die Jungfern Franklin, denen sie seit ihrer Schulzeit treu geblieben ist. Diese führen sie bei der Familie Sibree ein. John Sibree senior ist Pfarrer, seine Frau eine milde Dame, und beide sind sehr ernsthafte Christen. John junior, 18 Jahre alt, Theologiestudent, hilft Mary Ann bei ihren Griechisch-Studien; sie revanchiert sich mit Deutschstunden für seine jüngere Schwester Mary. Man beginnt mit *Don Carlos*, und Mary ist ihrer »Führerin, Philosophin und Freundin« bald ganz erlegen.

In unmittelbarer Nachbarschaft wohnt Abija Pears, ein liberaler reicher Bänderfabrikant, mit seiner Frau Elizabeth geborene Bray. Mary Ann nennt sie ihre Freundin, aber sonst ist sie doch recht allein. Als sie Maria Lewis zu Weihnachten nach Foleshill einlädt, gesteht sie ihr, daß sie sonst keinen Menschen kennte, der ihre Freuden und Kümmernisse teilte, niemand, dem sie ihr Herz öffnen und mit dem sie über Anfechtungen sprechen könnte. Denn »meine Seele ist in letzter

Zeit ganz in eine höchst interessante Untersuchung vertieft, und zu welchem Ergebnis meine Gedanken führen werden, weiß ich noch nicht – es wird Sie möglicherweise überraschen, aber mein einziges Streben ist nach Wahrheit und meine einzige Furcht, an Fehlern festzuhalten... Können wir nicht ohne Umschweife reden?« bittet sie, als sei sie des höflichen Gedrechsels überdrüssig.

Aber ist Maria Lewis, die in London ihr Leben als Gouvernante fristet, wirklich die Richtige, bei der sich Mary Ann aussprechen kann? Seit einiger Zeit ächzt Maria ein wenig unter der geistigen Vorherrschaft ihrer ehemaligen Schülerin. Die Sprache der Blumen – ein Anflug von Jungmädchenschwärmerei – hat sie inzwischen fallengelassen. »Darf ich Sie Maria nennen?« Bitte sehr. Von nun an wird es ernst.

Es hatte wohl damit begonnen, daß Mary Ann das Neue Testament nun auf griechisch lesen konnte – neues Wissen, das Raum für neue Interpretationen öffnete. Dann folgte die erwähnte erregende »Untersuchung«, und im Herbst lernt Mary Ann Leute kennen, die sie vor Jahresfrist noch wie Pech und Schwefel gemieden hätte: Freidenker – Atheisten! Es sind Charles Bray und seine Frau Cara, denen Schwester Pears mit ihrer jungen Freundin Miss Evans im November 1841 einen Morgenbesuch abstattet. Mr. Bray, 30 in diesem Jahr, ist, wie viele reiche Leute in Coventry, Besitzer einer Fabrik, in der Bänder für Damenkleider und Hauben gewebt werden, ein für Moden und Krisen anfälliges Geschäft, aber zu Beginn der 40er Jahre ein recht profitables. Am Stadtrand besitzt er ein hübsches Haus mit Park – Rosehill – zu dem es, nach seinen Worten, jeden hinzieht, der mit einer sonderbaren Mission oder einem Spleen über Land reist. Im Sommer sitzt man zwanglos auf einem großen Bärenfell im Schatten einer alten Akazie, diskutiert über Politik und Philosophie, freie Liebe und Schwangerschaftsverhütung – Themen, die auf den Teekränzchen in Coventry ganz unerhört gewesen wären.

Mr. Bray ist weit über die Stadtgrenzen als unruhiger junger Mensch bekannt, der seine Nase gern in fremder Leute Angelegenheiten steckt. Als Mitglied des Rats streitet er für säkularisierte Grundschulen und erkiest sich damit den Klerus von Coventry zum Feind. Er setzt sich ein für Religions- und Pressefreiheit, sozialen Wohnungsbau, Gesundheits- und Wahlreform. Eine Schrebergarten-Kooperative und der erste Arbeiterclub mit Leseraum, Mittagstisch und alkoholfreier Bar verdanken ihre kurze Blüte dem Geld und dem Idealismus von Mr. Bray. Für ihn sind es teure Experimente, und wenn sie scheitern, liegt es am Boykott der Pfaffen und der Pfeffersäcke und nicht daran, daß Charles möglicherweise über das Ziel hinausgeschossen wäre. So steht er nach jedem Debakel wieder auf und übt sich in neuen philanthropischen Hobbys. Untermauert werden sie von Brays eigener, durch den Positivismus inspirierten *Philosophy of Necessity*, die er 1841 publiziert und die das »Gesetz von den Folgen, wie sie auf die geistigen, moralischen und sozialen Wissenschaften anwendbar sind«, erklären, wenn auch nicht seinen Mißerfolg.

Charles junge Frau Caroline – genannt Cara – ist eine hübsche, zierliche, sanfte Person, nicht ganz vom geistigen Kaliber des Gatten, dafür etwas beständiger und realitätszugewandter. Sie schreibt Schulbücher über Physiologie und Moral und gründet später eine Gesellschaft zum Schutz der Tiere. Die Brays führen eine etwas sonderbare Ehe. Nach kurzer, stürmischer Brautzeit hatte Cara sich 1836 an der Seite eines nahezu unbekannten Herrn wiedergefunden, der sie auf der Hochzeitsreise mit unerhörter Blasphemie erschreckte und erwartete, daß sie sich zum Atheismus bekehrte. (Er hatte sogar einschlägige Lektüre mitgenommen, damit die Braut sich nicht langweilte.) Sie war ein frommes Mädchen aus unitarischer Familie, und um sich besser gegen das verwerfliche Gedankengut ihres Gatten stemmen zu können, bat sie ihren Bruder Charles Christian Hennell um geistliche Unterstützung. Zwei Jahre lang arbeitete er sich durch die ganze Bibel –

nur um am Ende zu überraschend konträren Ansichten zu kommen.

1838 veröffentlicht Hennell *An Inquiry into the Origins of Christianity*, die auch bei Mary Ann zu einem Glaubensumschwung führt. In dieser Untersuchung trennt er die historische Aussage der Bibel von ihren Legenden. Das Christentum geht nicht auf eine göttliche Offenbarung zurück, schließt er. Christus war ein vorbildlicher Mensch, jedoch nicht Gottes Sohn. Die Kirche ist auf Sand gebaut. Der Mensch kann edel und gut sein auch ohne Glauben. – Die *Inquiry* ist kein großes Werk, aber sie schlägt ein wie eine Bombe.

Am Ende arrangieren sich die Brays in geistlichen Fragen, und Cara geht weiter zur Kirche. Auch für andere Unverträglichkeiten in der Ehe findet sich eine Lösung. Cara kann offenbar keine Kinder bekommen, und sie schätzt Charles als anregenden Gefährten eher außerhalb ihres Bettes. Beide geben sich schließlich das Versprechen, das Glück des anderen vorurteilsfrei zu befördern, ein diskretes Abkommen, über dessen Weiterungen nicht einmal die besten Freunde informiert sind.

Seit Jahren ist Cara mit einem Edward Henry Noel liiert, einem entfernten Verwandten von Lady Byron, der zwei Töchter und ein Haus auf Euböa sein eigen nennt, Europa bereist und Jean Pauls *Siebenkäs* ins Englische übersetzt hat. Mr. Bray heißt Mr. Noel als lieben und ausdauernden Gast auf Rosehill willkommen. Seine Seite des Abkommens kann er nonchalant einhalten. Cara sieht sich schwerwiegenderen Zumutungen ausgesetzt. Ihr Mann unterhält eine Beziehung zu einer jungen Frau namens Hannah Steane, die für eine Weile als Köchin auf Rosehill dient. Ihr erstes Kind, Elionor Mary – genannt Nelly – wird 1844 als Baby von den Brays adoptiert. Danach drängt Cara auf getrennte Verhältnisse. Charles mietet für Hannah eine Wohnung in Coventry, wo sie als Mrs. Gray, Frau eines reisenden Handelsvertreters, lebt und ihm fünf weitere Kinder schenkt.

In diesen Sündenpfuhl setzt die ahnungslose Mary Ann an einem Morgen im November ihren Fuß. Mrs. Pears hatte ihre ernste und fromme Freundin in der stillen Hoffnung mitgebracht, daß sie einen heilsamen Einfluß auf Bruder und Schwägerin ausüben möchte. Dieser schöne Plan trägt keine Früchte. Nicht nur sind die Brays bezaubert von der unscheinbaren Miss Evans, als sie erst einmal auf dem Sofa sitzt und den Mund aufmacht; auch Mary Ann fühlt sogleich, daß man sie versteht. Hier sind zwei mit gleichen Interessen, intellektuell, kultiviert und tolerant. Und nach all den gesetzten älteren Herrschaften, die Mary Ann zu ihrem Umgang gewählt hatte, trifft sie endlich Menschen ihrer Generation, deren Freundschaft sie in den nächsten Jahren am Leben erhält, deren Weltanschauung sie dauerhaft beeinflußt und deren Haus ihr wie ein Paradies erscheint nach dem Jammertal von Foleshill. Schon bei ihrem ersten Besuch findet Charles, daß ihr Geist »größerer gedanklicher und religiöser Freiheit zugewandt war«, als man nach den Preisungen von Schwester Pears erwartet hat, und man also ganz unbefangen über die *Inquiry* diskutieren kann – und bald über »jedes Thema zwischen Himmel und Erde.«

In den folgenden Monaten erweitert sich der Kreis auf Rosehill. Charles Christian Hennell kommt zu Besuch im Gefolge einer jungen Dame, Rufa Brabant, mit der er schon einmal versucht hatte, sich zu verloben. (Diesmal gelingt es.) Und es erscheint seine und Caras Schwester, Sara Hennell, sieben Jahre älter als Mary Ann und zur Zeit ihrer Begegnung Gouvernante bei den Töchtern der Familie Bonham Carter, Cousinen von Florence Nightingale.

In Sara erkennt Mary Ann einen verwandten Intellekt, an dem sie sich wetzen kann – eine ebenso ernsthaft wie vermischt Studierende mit einem Faible für metaphysische Gedankenspiele. Wahrscheinlich war Miss Hennell die einzige Frau, die damals immer kühnere und stolzere Papiere über Sein und Glauben zu publizieren wagte. Sara wird Mary

Anns wichtigste Freundin in den kommenden Jahren. Bald korrespondieren sie leidenschaftlich miteinander. Mary Ann nennt Sara auf deutsch »Geliebte«, »Gemahlinn« und »liebe Weib«, auch treuer »Achates«, wie den Gefährten des Äneas, und zeichnet selbst mit »Pollian«, ein Wortspiel aus den Namen Polly und Apollyon, der böse Feind, der in Bunyans *Pilgerreise* den wackeren Christen aufs Haupt schlägt.

Auf Frauen hat Mary Ann zeitlebens eine starke Anziehung ausgeübt; sie selbst fühlte nicht die leiseste homoerotische Neigung, aber sie war treu und sehr der Liebe bedürftig. »Es ist Deine Seele, der ich anverwandt bin«, schreibt sie an Sara. Auch die Ältere ergibt sich dieser Liebe mit keuschem Überschwang. Romantische Freundschaft unter Frauen war vor 150 Jahren, als der Umgang zwischen den Geschlechtern bedeutend restriktiver war, eine gesellschaftlich geduldete Form, zarte Gefühle in überschaubare Bahnen zu lenken, ohne daß die Beteiligten in den Verdacht ausschließlicher Zuneigung zum eigenen Geschlecht gerieten. Zur »Gemahlinn« gab es keine süffisanten Kommentare. Ihre Briefe standen zur allgemeinen Lektüre auf dem Kaminsims in Rosehill.

In Gesellschaft der Bray-Hennell-Clique scheint es Mary Ann, als verpuppe sich die Raupe endlich – nicht gerade zu einem Schmetterling, aber zu einem geflügelten Wesen, das lachen kann und herrlich boshaft sein, das, von Cara auf dem Klavier begleitet, mit Sara Duette singt und mit Charles, dem feschen Charles mit der Haartolle über der Stirn und dem großen schönen Mund, Arm in Arm über die Felder spaziert – »wie ein Liebespaar« bemerkt Miss Lewis säuerlich.

Das sind die beiden sicher nicht. Mary Ann ist ein gutes Mädchen und eine gute Freundin. Wie hätte sie Cara verletzen können, die dem vertrauten Gebändel ohne Eifersucht zusieht? Daß sie an ihrem Glauben zweifelt, heißt nicht, daß sie ihre moralischen Grundsätze über Bord geworfen und Libertinage auf ihre Fahnen geschrieben hätte. Weder war Sara ihre Gemahlin noch Charles Bray ihr Liebhaber. Für ihn war sie

»die reizendste Gefährtin, die ich je hatte«. Als alter Herr erinnerte er sich in seiner Autobiographie: »Ihr eignete das Temperament des Genies, das immer seine sonnigen und seine dunklen Seiten hat. Sie war oft sehr deprimiert – und oft sehr provozierend, so liebenswürdig sie auch sein konnte – und wir hatten heftige Auseinandersetzungen, die am nächsten Tag jedoch vergessen waren … Wir stimmten damals in vielen Dingen überein, und ich möchte behaupten, daß ich es war, der die Fundamente ihrer Philosophie legte, die sie später vertrat… George Eliot glaubte ebenso wie ich … daß es die heiligste Pflicht im Leben war, sich ohne Hader in das Unvermeidliche zu schicken.«

Diese Regel hatte Mary Ann nicht von Charles gelernt. Sie war ihr als Kind von den Franklins und Miss Lewis eingetrichtert worden; Bruder und Vater hatten sie verschärft. Der alte Glaube und die alten Gesetze ließen sich nicht mit der alten Hülle abstreifen. Sie blieben ihr bis ans Ende ihres Lebens erhalten.

An Weihnachten werden die Differenzen mit der ehemaligen Lehrerin offenbar. Arme Miss Lewis. Am Ende bekommt sie zu hören, sie möge sich bitte um ihre eigenen Angelegenheiten scheren. Sie wird noch einige Male in Foleshill gesichtet, bis es Weihnachten 1846 dann von Cara heißt: »Mary Ann hat eine dumme Miss Lewis zu Besuch, die sie zu Hause festhält.« Das ist dann wohl ihr letzter.

Als Mary Ann sich ihr in diesem Jahr mit ihren Zweifeln an Religion und Kirche offenbart, ist sie tief bestürzt, aber kein Argument und kein Gewissensappell vermögen die Jüngere umzustimmen. Kann sie unter diesen Umständen überhaupt noch zum Gottesdienst gehen? Sie läßt Weihnachten gütlich verstreichen, aber am 2. Januar eröffnet sie ihrem Vater, daß sie ihn künftig nicht mehr zur Kirche begleiten werde, da sie den Glauben verloren habe und es als unverzeihliche Heuchelei und elende Kriecherei vor dem Wohlwollen der Gesellschaft betrachte, an einer Veranstaltung teilzunehmen, die sie ablehne. »Dies – und allein dies werde ich nicht tun – alles andere, wie schmerzlich auch immer, will ich fröhlich auf mich nehmen, um Dir einen Augenblick der Freude zu bereiten«, schreibt sie ihm später. »Mein einziger Wunsch ist, aufrecht zu gehen.«

Doch Mary Anns aufrechter Gang ist Mr. Evans geringste Sorge. Viel wichtiger ist, was die Nachbarn denken. In seinem Tagebuch heißt es kurz: »Ging am Vormittag zur Trinity Church. Miss Lewis ging mit mir. M. A. ging nicht.« Das heißt: Wir sprechen uns noch!

Von nun an fühlt sich jeder in der Familie berufen, die Jüngste zu maßregeln. Isaac putzt sie herunter, Fanny rät zu weiblicher Strategie. »Mrs. Houghton ... eine gescheite Person ... hat die *Inquiry* gelesen und ist ganz begeistert davon«, schreibt Cara an ihre Schwester. »Aber der guten Dame käme es nicht in den Sinn, sich als originell oder anstößig darzustellen, indem sie ihre Meinung bekennt, und sie findet M. A. furchtbar dumm, daß sie die ihre nicht hübsch für sich behält.« Die Damen Franklin schicken eine Abordnung in Gestalt eines Baptistenpfarrers nach Bird Grove, der ebenso wie die weltlichen Vertreter unverrichteter Dinge abziehen muß. »Diese junge Dame hat den Teufel an ihrer Seite«, fürchtet er. »Es gab kein einziges Buch, das ich als Stütze christlicher Beweise anführte, das sie nicht auch gelesen hatte.« Und widerlegte.

Peinlich wird der Umgang mit der Familie Sibree. Die Tochter Mary erinnert sich später an die Diskussionen zwischen ihrem Vater und Mary Ann, die am Kamin steht, ihre Handarbeit in den zitternden Fingern, aber vor keinem Argument zurückweicht. Muß sie sich vor diesen Leuten rechtfertigen? Aufrecht und bis zu den Knöcheln in den Fettnäpfen von Coventry. »Die Wahl des Guten zu seinem eigenen Zweck, das ist mein Ideal.« Sie war doch noch immer dieselbe. Warum meinten alle, sie habe sich in eine Mißgeburt verwandelt?

John Sibree gehört zu der Sorte impertinenter Pfaffen, die

Mary Ann zu verachten lernt. »Sibreeanismus« definiert sie
später als eine Spielart des Egoismus, »der das ganze Brot und
die ganze Butter aufißt und vor Peinlichkeit und Verwirrung
sterben möchte, wenn er damit fertig ist.« Trotzdem setzt sie
die Deutschstunden mit Mary fort. Mrs. Sibree muß nicht
befüchten, daß sie ihre Tochter mit Häresie und leichtferti-
gem Geplauder über freie Liebe ansteckt.

Tatsächlich beginnt Mary Ann schon bald nach ihrem Be-
freiungsschlag die Stütze des Glaubens zu vermissen. »Mir
scheint, sie hat das Terrain gewechselt«, wähnt ihre Schülerin. »Sie sagt, daß sie Jesus Christus als die Verkörperung der
reinen Liebe betrachte.« Ein Rückzug vom Ideal des abstrak-
ten Guten? Im Oktober 1843 schreibt sie an Sara: »Wenn die
Seele gerade aus dem elenden Prokrustesbett der Dogmen
befreit ist, auf dem sie, seit sie denken konnte, gestreckt und
gefoltert wurde, herrscht ein Gefühl des Frohlockens und
große Hoffnung. Wir glauben, wir marschieren gut voran,
wenn wir den vollen Gebrauch unserer Glieder und die frische Luft der Unabhängigkeit genießen, und wir glauben, daß
wir bald etwas Positives gewinnen, das uns nicht nur mehr als
entschädigt für das, was wir zurückgewiesen haben, sondern
auch so gut sein wird, daß wir es anderen anbieten können... Aber ein, zwei Jahre des Nachdenkens und der Erfahrung unserer eigenen elenden Schwäche, die sich nicht einmal
leicht von den Krücken des Aberglaubens lösen will, müssen
wiederum einen Wechsel einleiten. Die Wahrheit erscheint
nur mehr als der Schatten individueller Ansichten... Sollten
wir nicht bei jeder Gelegenheit versuchen, unsere Gefühle
wenn auch nicht in Übereinstimmung, so doch in Harmonie
mit jenen zu bringen, die wohl nicht an Früchten der Erkenntnis, aber an denen des Glaubens reicher sind als wir?«

Im Frühling 1842 aber ist Mary Ann noch hingerissen vom
Schwung ihres furiosen Starts. Im Briefwechsel mit Jung-
Sibree, dem erstaunlichsten und funkelndsten, den diese
ernste Lady je geführt hat, wirft sie die Krücken des Aber-

glaubens in die Ecke. Freimütig kritisiert sie und fordert Widerspruch – »heilsam wie Salven von Schießpulver durch einen feuchten Kamin« – und manches fromme Huhn wird gerupft, das vor Jahresfrist noch sakrosankt in ihrem Gärtchen pickte. Die gottselige Dichterin Hannah More zum Beispiel, deren Briefe der jungen Mary Ann als Offenbarung galten, zählt nun zu den schrecklichsten aller Geschöpfe – »ein Blaustrumpf. So ein Monstrum kann es aber nur in dieser elendfalschen Gesellschaft geben, in der eine Frau mit ein paar Klecksen Bildung ... auf der gleichen Stufe steht wie singende Mäuse und kartenspielende Schweine.«

Auch diesen beiden Korrespondenten ist jedes Thema unter der Sonne recht, an dem sie sich wetzen können: Lavaters Physiognomie (»eigenartig«), Kunst und Rassentheorie (»die Neger sind mir tatsächlich ein Rätsel«), die Überlegenheit der orientalischen Völker (»ihre Gewänder sind so schön wie unsere scheußlich sind«) und die Minderwertigkeit der jüdischen Kultur (»alles außer ihrer Poesie«) – ein Urteil, das George Eliot in *Daniel Deronda* revidieren sollte. So geht es in hochgemutem Ton über alle Zäune. Wenn sie nach Rosehill hinüberspaziert, nimmt sie manchmal die Schute ab – ein schönes Gefühl, frei umherblicken zu können. Und keine Furcht mehr vor dem zornigen himmlischen Wesen zu haben, das ihr kein zweites Stück Pflaumenkuchen gönnte.

Aber da ist ja noch der irdische Vater. In Foleshill regnet es »kalte Blicke und harte Worte wie Hagelkörner«, gegen die sie sich fester in den Mantel des Widerstands hüllt. Am 28. Februar schreibt sie ihm, der ihr nicht mehr zuhört, einen langen Brief. Die Bibel sei für sie »eine Geschichte aus Wahrheit und Fiktion, und während ich viel von dem schätze und bewundere, das ich für die moralische Lehre Jesu halte, betrachte ich das System von Doktrinen, das auf den Tatsachen seines Lebens gründet ... als verderblich für das Glück des einzelnen und der Gesellschaft.« Isaac habe ihr deutlich zu verstehen gegeben, daß Bird Grove eine unnötige Ausgabe darstelle, da sie sich weigere, ihren Platz in der Gesellschaft einzunehmen. Sie sei froh, daß man ihr die Lage klar dargestellt habe, denn sie könne nicht wie ein Inkubus von seinem Geld leben.

»Ich wäre ebenso froh, mit Dir in Deinem Cottage in Packington oder wo auch immer zu leben, wenn ich damit auch nur das Geringste zu Deiner Bequemlichkeit beitragen könnte. Falls dies nicht der Fall sein kann, würde ich mich selbstverständlich auf meine eigenen Kräfte verlassen, so schwach sie auch sind« – nämlich als Gouvernante in Stellung gehen. »Ich fürchte nichts, als Dich freiwillig zu verlassen. Ich kann es allerdings frohgemut tun, wenn Du das wünschst, und ich werde voll tiefer Dankbarkeit für all die Zärtlichkeit und tiefe Freundlichkeit gehen, die Du niemals müde wurdest, mir zu erweisen. Weit davon entfernt, mich zu beschweren, werde ich mit Freuden auf mich nehmen – falls Du es als angemessene Strafe für den Schmerz, den ich Dir höchst unfreiwillig zugefügt habe, betrachtest –, daß Du die Mittel, die Du möglicherweise für meinen künftigen Unterhalt angelegt hast, nun unter Deinen übrigen Kindern ... verteilst. Als letzte Verteidigung einer, die keinen anderen hat, der für sie spricht, sei mir erlaubt zu sagen: Wenn ich Dich je geliebt habe, dann tue ich es jetzt; wenn ich jemals danach gestrebt habe, die Gesetze meines Schöpfers zu befolgen und der Pflicht zu gehorchen, wo immer sie mich hinführt, dann bin ich nun dazu entschlossen, und dieses Bewußtsein wird mich stützen, und sollte jedes Geschöpf auf dieser Erde über mich die Stirne runzeln.«

Demütige und stolze Worte – an Robert Evans sind sie verschwendet. Ihm ist es gleichgültig, ob Mary Ann mit Gott oder dem Teufel ringt, und er fühlt sich außerstande, mit dieser intellektuellen Tochter in einen weltanschaulichen Disput einzutreten. Sie hat die Formen verletzt und den unverzeihlichen Fehler begangen, ihn vor den Nachbarn bloßzustellen. Was soll er antworten, wenn man ihn fragt, warum sie sonntags nicht mehr mit ihm zur Kirche kommt? Tut mir leid,

Mary Ann ist mit den Zigeunern davon? . . . Und so ist es doch beinahe. Cara schreibt an Sara: »Bruder Isaac glaubt in echt brüderlicher Liebe, daß seine Schwester keine Gelegenheit hat, das einzig Nötige zu erlangen, nämlich einen Ehemann und ein Unterkommen, wenn sie nicht mehr in Gesellschaft geht, und er klagt, daß sie, seit sie uns kennt, kaum woanders war; daß Mr. Bray als Anführer eines Mobs sie lediglich mit Chartisten und Radikalen bekannt machte und daß nur solche sich in sie verlieben werden, wenn sie nicht mehr der Kirche angehörte.«

Robert Evans bleibt hart. Im März setzt er Mary Ann vor die Tür, weist seinen Makler an, Nachmieter für Bird Grove zu suchen, und sein Gefolge in Packington, das Cottage zu richten – allein für den Hausherrn. Es sind Isaac und Sarah, die Mary Ann in Griff zwar kein Heim aber ein Gästezimmer anbieten, und in einer konzertierten, aber einzeln vorgetragenen Aktion gelingt es Rebecca Franklin, Mrs. Pears (»mein Schutzengel«) und Schwägerin Sarah, den alten Bussard zum Einlenken zu bewegen. Er nimmt das Haus in Foleshill vom Immobilienmarkt, versäumt aber tückisch, Mary Ann davon zu unterrichten. Bis Ende April stehen sich die beiden unversöhnt gegenüber, dann willigt sie in seine Bedingungen ein, und er läßt sie zurückkommen. Vielleicht meint er, sie habe ihre Lektion gelernt. Vielleicht war er doch ein wenig zu hart?

Aber wer außer ihr braucht ihn eigentlich noch? Wer liest ihm vor, springt auf den leisesten Wink? Wer spiegelt seine Wichtigkeit? Ein Sohn hätte sich in dieser Lage verabschieden, sich auf Studium, Lehre und Beziehungen verlassen können. Mary Ann aber ist als ledige Tochter in erster Linie ihrem Vater verpflichtet, und sie nimmt sich diese Pflicht zu Herzen. Wie anders hätte sie geistig überleben sollen? Sich ohne Hader in das Unvermeidliche schicken. Doch hätte Mr. Evans noch zehn Jahre länger gelebt, wäre auch ihre Kraft verbraucht gewesen. Sie hätte wohl nie ein Buch geschrieben. Dazu bedurfte es einer anderen männlichen Stimulanz.

Mary Anns Verhältnis zu ihrem Vater ist von ihr später immer wieder literarisch formuliert worden, ohne daß ihr eine wirkliche Bewältigung, eine schamlose Kritik an seiner Person gelungen wäre. Seit sie ein kleines Mädchen war und stolz zwischen seinen Zügelfäusten im Gig stand, hatte sie ihn unbeirrt geliebt. Seine Anerkennung suchte sie auf einem »väterlichen« Gebiet zu erringen – nicht durch Pastetenbacken, sondern durch Fleiß, Disziplin und Selbststudien. »Mein Vater hat sich selbst befördert . . .« Sie tat es ihm nach. Von ihm lernte sie praktischen Sinn und das Zusammenhalten ihrer Groschen. Von ihm lernte sie auch, grob und starrköpfig zu sein, zu schweigen und Konflikten aus dem Weg zu gehen. Seine Minderbegabung, Freundlichkeit zu zeigen, lastete sich die Tochter an. War es nicht »Egoismus«, mehr Liebe zu ersehnen, als ihr nach den Maßen von »Vernunft und wahrer Demut« zustanden? Es schmerzte sie tiefer, ihren Vater betrübt zu haben, als von ihm gedemütigt worden zu sein. »Wieviel Unrecht liegt auf seiten der Jugend in ihrer Unwissenheit des Lebens und in der Arroganz ihrer intellektuellen Überlegenheit«, sagte sie später über das bittere Jahr 1842.

In ihren Romanen wendet sie das Vater-Tochter-Thema immer wieder von neuem. Die frühen Geschichten wie *Die Mühle am Floss* erzählen von einer wunderbaren Beziehung, in der der Vater sein kleines Mädchen verwöhnt und beschützt; in *Amos Barton* nimmt die Tochter die Rolle der Mutter ein; in *Silas Marner* und *Felix Holt* verläßt sie ihn nicht einmal eines Bräutigams wegen. Die Mütter sind beizeiten weggestorben, der Vater vervollständigt das häusliche Glück. In der Figur des *Adam Bede* erkannte sogar Isaac das Porträt des Alten. »Die Familie birgt oft tiefe Traurigkeit«, schreibt sie in dem Kapitel *Häusliche Kümmernisse*. »Die Natur, dieser große Tragödienschreiber, fügt uns zusammen durch Knochen und Muskeln und trennt uns durch das feinere Gewebe unseres Gehirns, vermischt Verlangen und Abneigung und bindet uns mit unseren Herzensfasern an diejenigen Wesen, die mit jeder Bewegung an unseren Nerven zerren ... Der Vater, dem wir unser bestes Erbe verdanken – den mechanischen Instinkt, das wache Empfinden für Harmonie, das unbewußte Geschick der modellierenden Hand –, verbittert und beschämt uns durch seine täglichen Fehler ...« Adam muß leiden, um zu lernen »nie wieder hart zu sein«. Robert Evans jedoch blieb mächtig und unbeschädigt.

Am heftigsten hat George Eliot ihren Konflikt in *Romola* behandelt, diesem schmerzlichen Buch der Väter, Ersatz- und Überväter, ein Roman, den sie »als junge Frau begann und als alte Frau beendete.« Im Verhältnis des Mädchens Romola und ihres blinden Vaters Bardo spiegelt sie noch einmal ihren eigenen »heiligen Krieg«. Auch Romola fügt sich der finsteren Autorität des alten Krampus. Auch diese Tochter gibt sich viel Mühe, dem Vater das Leben angenehm zu gestalten, aber sie ist ein ungenügend Ding – eine Frau. In *Middlemarch* findet Eliot dann zu einer wunderbaren Ironie in der Beschreibung der »papierfressenden Fledermaus« Casaubon und seiner töchterlichen Ehefrau Dorothea, eine Beziehung, die sie den Leser von Anfang an zu durchschauen lehrt. Im selben Roman aber tritt die Figur des wackeren, gütigen Verwalters Caleb Garth auf, der für den Vater steht, wie Mary Ann ihn bewahren wollte. Amos Barton, Silas Marner, Mr. Tulliver, Adam Bede und Mr. Garth sind irrende Geschöpfe, aber bei all ihren Fehlern sind sie liebesfähig. Ob Robert Evans es war, sei dahingestellt.

Am 15. Mai meldet sein Tagebuch: »Ging zur Trinity Church. M. A. ging mit mir« – an diesem und jedem Sonntag in den folgenden sieben Jahren. Sie nimmt sich die Freiheit, ihre Ohren zu verschließen und an die Decke zu starren. Ihm ist das gleich. Er hat gesiegt, und die Form bleibt hinfort gewahrt. Von einer Verständigung ist auf keiner Seite die Rede.

IV

Zu untersuchen und zu lehren: inwieweit Gott
aus der Welt erkannt werden kann – sehr
wenig: er könnte ein Stümper sein.

(Georg Christoph Lichtenberg)

»Er hat ihr Herz erobert«, meldet Cara ihrer Schwester, aber
wie die meisten Männer, an die Mary Ann es verlor, war auch
Dr. Robert Herbert Brabant letztlich eine unwürdige Figur.
Sie lernte ihn in London auf der Hochzeit seiner Tochter Rufa
mit Charles Christian Hennell kennen – jene Verbindung,
gegen die Dr. Brabant sich lange gesträubt hatte. Die Lunge
des Bräutigams war nicht gesund, und Charles Christian starb
sieben Jahre später an der Schwindsucht. Im November 1843
aber sind alle glücklich, daß die Liebe gesiegt hat.

Mary Ann begleitet die rotblonde Rufa als Brautjungfer. Zu
deren Rechten schreitet Dr. Brabant, Theologe und Mediziner, ein schmucker Herr von 62 mit weißem Haar und Bak-
kenbart. Die steifen Kragenspitzen reichen fast bis zu den
Mundwinkeln, sehr comme il faut. Trotz Charles und Caras
Einwänden nimmt sie seine Einladung an, ihn in sein Haus
nach Devizes in Wiltshire zu begleiten, als seine zweite Tochter – Deutera, wie er sie spaßhaft nennt – und Ersatz für die
erste und einzige, die Hennell ihm entführt hat.

Selbstverständlich gibt es dort auch eine Mrs. Brabant. Sie
ist blind und legt vielleicht deshalb Wert auf peinliche Genau-
igkeit, »spricht zierlich und ist ausgesucht höflich.« Mit im
Haus lebt ihre Schwester, Miss Hughes, auch sie ausgesprochen reizend. Und erst der Doktor, ein Universalgenie und
»Ausbund an Charme«! (schreibt Cara spitz). Er arbeitet an
einem epochalen Werk, das ein- und für allemal mit Aberglau-
ben und falschen Dogmen aufräumen wird. Weit ist es noch
nicht gediehen, eher eine umfangreiche Stoffsammlung, die
zu ordnen der Doktor . . . Aber es drängt ja nicht. Brabant hat

viel Zeit für Spaziergänge und Plaudereien im Garten. Deutsche Worte fließen ein, deren Sinn Außenstehenden verborgen bleiben muß; perlendes Gelächter zwischen den Stauden, das die Damen des Hauses wenig freut.

»Ich bin hier in einem kleinen Paradies, Dr. Brabant ist der Erzengel«, schreibt Mary Ann an Cara. »Die Zeit fehlt mir, alle seine charmanten Seiten aufzuzählen . . . ich werde seiner Gesellschaft niemals müde . . . werde hier verwöhnt und mit freundlichen Krümeln und hübschen Reden gefüttert, daß ich Gefahr laufe, noch eingebildeter als bisher zu werden. Es wird einen ganzen Monat der Demütigungen brauchen, bis ich wieder erträglich bin.« Dr. Brabant bittet sie, seine Bibliothek als ihr Refugium zu betrachten. Dort liest sie ihm stundenlang vor, manchmal von unerklärlicher Mattigkeit überwältigt, so daß der ärztliche Freund raten muß, auf dem Sofa zu ruhen.

Was immer der Doktor und seine Deutera sich bei dem traulichen Treiben dachten – und Mary Anns Briefe sprechen dafür, daß sie in aufrichtiger Anmaßung die Rolle der wiedergefundenen Tochter spielte –, es wurde von Miss Hughes, die Augen für zwei besaß, mit scharfer Mißbilligung verfolgt. »Dr. Brabant zieht mich allen vor, und die ›Trennung‹ von einem solchen Gefährten wird sehr schmerzlich sein. Er ist wirklich ein feinerer Charakter, als Du meinst, wunderbar ernst, gewissenhaft, gütig . . .« Wer spricht von Trennung? Miss Evans wollte doch sechs Wochen bleiben. Die Schwägerin empfiehlt jedoch schon nach vierzehn Tagen günstige Zugverbindungen nach Coventry. Miss Evans versteht die Winke nicht, aber der Doktor beginnt, den Schwanz einzuziehen. Sein Gast wird gebeten zu packen.

In *Middlemarch* hat George Eliot die Konstellation des ältlichen Gelehrten und seiner Deutera/Dorothea mit Ironie und zartem Verständnis entwickelt. Auch in diesem Fall macht sich eine junge Närrin zur Lampenträgerin unfruchtbarer, staubiger männlicher Gelehrsamkeit. Doch damit endet schon die Parallele zwischen Leben und Literatur. Denn obwohl Casaubon wie Brabant nicht über das Ordnen seiner Notizen zu einem eminenten Werk hinauskommt, liegen Welten zwischen der »papierfressenden Fledermaus« und dem Frauenfreund Robert Herbert Brabant. Dorothea wird von ihrer Autorin in ein ambivalentes Happy-End entlassen. In einer mittelmäßigen Welt sei für Heldinnen kein Platz, schreibt sie. Miss Evans aber schritt fort, wo die arme Dodo stehenbleiben mußte; und sie sorgte dafür, daß ihr Hunger nach Gelehrsamkeit und intellektuellen Großtaten mit der Erfüllung häuslichen Glücks Hand in Hand ging.

Anfang Dezember 1843 aber, nach nur vier Wochen in Devizes, macht sich eine geknickte Mary Ann auf den Heimweg nach Coventry. Rufa berichtete später von dem blamablen Abgang: »In der Schlichtheit ihres Herzens und ihrer Unwissenheit (oder Unfähigkeit), die nötige Form zu wahren, schenkte sie dem Doktor ihre ausgesuchte Aufmerksamkeit. Sie wurden sehr vertraut miteinander. Seine Schwägerin, Miss Susan Hughes, war aufs äußerste alarmiert, verursachte einen großen Aufruhr und weckte die Eifersucht von Mrs. Brabant. Miss Evans reiste ab. Mrs. Brabant schwor, Miss E. werde das Haus nie wieder betreten, andernfalls würde sie, Mrs. Brabant, auf der Stelle ausziehen... Dr. Brabant hat sich wenig edelmütig und schlimmer als das gegenüber Miss Evans verhalten, denn obwohl er Anlaß für diese Vorfälle war, benahm er sich ihr gegenüber, als ob der Fehler einzig bei ihr gelegen hätte.« – George Eliot kannte die Sorte, als sie in *Middlemarch* von diesem engherzigen Empfinden schrieb, das »wie ein fadendünnes Rinnsal durch das Flußbett der Beschäftigung mit sich selbst ... dahinzitterte.« Abgang Dr. B.

Mary Anns Kränkung weicht bald einem angemessenen Zorn. Als Brabant drei Jahre später anbietet, bei ihrer großen Übersetzung behilflich zu sein, weiß sie schon, daß sie nicht mehr als fliegende Blätter zu erwarten hat, und sie betrachtet die Wiederaufnahme ihrer Korrespondenz eher als einen Gefallen, den sie ihm erweist, als umgekehrt. »Ich habe ihn beweihräuchert, weil keine andere Gottheit präsent war«, scherzt sie nun ein wenig grimmig. Seine Einladung, mit Sara, Miss Hughes und ihm eine Deutschlandreise zu unternehmen, lehnt sie ab.

Sie hat sich nun selbst ein epochales Werk aufgeladen. Es ist die Übersetzung des *Leben Jesu* von David Friedrich Strauß, das seit seinem Erscheinen 1835 die Gemüter in Deutschland bewegt hatte. Der Abgeordnete Joseph Parkes, mit dem Miss Evans im späteren Leben noch zu tun bekommen sollte, regte eine englische Ausgabe an und ließ einen kompetenten Übersetzer suchen. Die erste Wahl fiel auf Sara Hennell, die nach kurzer Durchschau ablehnte: 1500 Seiten schwierigsten, theologischen Diskurses – sie hatte schließlich auch noch einen Beruf! Rufa Brabant wagte sich an die Aufgabe, übersetzte 250 Seiten, nahm sich dann einen Ehemann und hatte fortan Besseres zu tun. Die nächste Kandidatin bot sich geradezu an: Mary Ann las exzellent Deutsch, beherrschte Latein, Griechisch und Hebräisch. Im Jahr zuvor hatte sie aus dem Französischen Vinets *Liberté des Cultes* übersetzt. Schon damals hatte sie in aller Bescheidenheit gehofft, etwas zu publizieren, war jedoch enttäuscht worden. Bei der Aufgabe handelte es sich um das Manöver eines ebenso wohlmeinenden wie einfältigen Pfarrers, der Mary Ann mit dieser 400 Seiten starken Therapie von ihrer häuslichen Misere ablenken wollte und nicht im Traum daran dachte, einen Verleger für das fertige Manuskript zu suchen.

Strauß' *Das Leben Jesu* lag inzwischen in der vierten Auflage vor. Der Autor hatte unter dem Druck entrüsteter Ablehnung – (Clemens von Brentano, dem zwischen Abscheu und Anbetung wenige Zwischentöne zur Verfügung standen, nannte Strauß einen »Teufel in glacierten Handschuhen«) – seine gewagten Thesen in der dritten Auflage zurückgenommen. Er war kein Bilderstürmer, geschweige denn ein gefallener Engel, sondern wollte »den unendlichen Inhalt, welchen der Glaube in diesem Leben hat, theils vernichten, theils wankend machen – freilich nur, um ihn in höhrer Weise wieder herzustellen.« Die Wahrheit des Christentums sei nicht notwendig an die Person des historischen Jesus gebunden, sondern gründe in der Idee von der Göttlichkeit der menschlichen Natur. In der vierten Auflage war Strauß zu dieser Aussage zurückgekehrt, aber er selbst war kein überzeugter Christ mehr.

Mit diesem *Leben Jesu* bekommt es Mary Ann Evans nun zu tun. »Frisch zu!« schreibt sie an Sara, die sich bereit erklärt hat, als Korrektorin zu helfen. Mary Ann nimmt sich sechs Seiten pro Tag vor, und sie hält ihr Pensum durch, gegen die Ansprüche des Vaters, gegen Schmerzen in Kopf und Leib. Der erste Schwung ist bald verflogen, und sie möchte vor dieser Sisyphusarbeit verzagen. Jede Portion Text wird an Sara geschickt, die sie mit Korrekturen versieht. Nicht immer werden ihre Vorschläge gnädig aufgenommen. »Sei so gut und versichere Dich Deiner Deutschkenntnisse!« schreibt die Übersetzerin gereizt. An anderer Stelle aber heißt es: »Wenn ich Dein Interesse und Deine Ermutigung nicht hätte, wäre ich schon verzweifelt.« Die Vorworte auch noch? Alle vier? »Die Maul- und Klauenseuche über sie!«

Wenn sie ganz »Strauß-krank« ist, macht sie einen Spaziergang nach Rosehill, um sich von Cara und Charles aufrichten zu lassen. »Mary Ann sagt, es mache sie ganz elend, die schöne Geschichte der Kreuzigung in ihre Einzelteile zu zerlegen.« Auf ihrem Schreibtisch steht ein Gipsabguß von Thorwaldsens auferstandenem Christus, »und nur der Anblick ihrer Christus-Statue . . . hülfe ihr, diese Arbeit zu ertragen.«

Auf Rosehill trifft sie anregende Leute, den Sozialisten Robert Owen und den amerikanischen Philosophen Ralph Waldo Emerson, mit dem sie sich in ein langes Gespräch vertieft. »Der erste wirkliche Mann, den ich je traf«, sagt sie über ihn, und er über sie: »Diese junge Dame hat eine ernste und ruhige Seele.« Zusammen mit den Brays ist sie nach Atherstone Hall eingeladen, um dort die berühmte Schriftstellerin und Sozialreformerin Harriet Martineau beim Abendessen zu treffen. Ihr Gastgeber ist Charles Holte Bracebridge, ein Freund von Florence Nightingale und ein Meister überflüssigen Lärms, der Mary Ann als George Eliot viel Verdruß bereiten sollte. Martineau ist 45, Evans zwanzig Jahre jünger, und wahrscheinlich erführe sie gern, wie man eine erfolgreiche Publizistin wird, aber die große Dame ist schwer zu sprechen, da sie nahezu taub und mit einem trompetenartigen Hörrohr ausgestattet ist, das sie ihren Gesprächspartnern unter die Nase stößt. Dennoch findet Mary Ann die Martineau »sehr charmant«, nicht ahnend, daß auch diese Bekanntschaft in Groll und Gemeinheit enden sollte.

Mit Charles Bray teilt Martineau radikale Ansichten über Arbeiterbildung, Gewerkschaftsbewegung, Scheidung und Geburtenkontrolle, und es steht zu vermuten, daß man im Tischgespräch kein Blatt vor den Mund nimmt. Auf dem Heimweg äußert sich Mr. Bray erstaunt, wie solch ein kleiner, gewöhnlicher Schädel so viele wunderbare Ideen hervorbringen konnte. Mr. Bray hat nämlich ein neues Hobby, die Phrenologie. Die Auffassung, daß der Charakter des Menschen an den Ausformungen seines Schädels ablesbar sei, hat im 20. Jahrhundert im Namen der Rassenkunde furchtbares Unheil angerichtet, aber vor 150 Jahren stand sie im Ruch der Wissenschaftlichkeit. George Combe, der königliche Hof-Phrenologe, dessen Bücher Charles leidenschaftlich studiert hat, um sofort selbst zum Experten anzuwachsen, wird sein Guru und ein häufiger Besucher auf Rosehill. Der Jünger findet sich in Combes Diagnose seines Charakters vollauf bestätigt: »Mr. Bray ... von ausgezeichnetem Intellekt, reizbarem, nervösem, etwas blutlosem, heiterem Temperament; vorzügliche Scheitelregion, aber große Kampf- und Zerstörungslust und mangelnde Konzentrationsfähigkeit.« Charles läßt in London einen Abguß seines eigenen Schädels anfertigen und überredet Mary Ann, ebenfalls einen Abguß machen zu lassen – die Firma hat ein Verfahren entwickelt, das dem Probanden einen radikalen Haarschnitt erspart – und Mary Ann willfährt.

Der Hof-Phrenologe ist erstaunt von der Größe des Gipsschädels. Er mißt 22 1/4 Zoll, 67 Zentimeter im Umfang, und Combe hält ihn für den eines Mannes, was wenig über den Charakter von Mary Ann aussagt, aber viel über die Ungereimtheiten Mr. Combes und seiner Wissenschaft.

Ungeachtet dessen wird das phrenologische Gutachten, das Charles Bray nach der Vermessung von Mary Anns Hirnlappen abgibt, von Biographen immer wieder zur Deutung ihres Charakters herangezogen.

Bray hat es erst als alter Herr und in hinreichender Kenntnis ihres Werdegangs in seiner Autobiographie formuliert. Es liest sich wie das Jahreshoroskop in einer glatten, gut riechenden Illustrierten, und es hat, wie dieses, auch immer ein bißchen recht: Obacht, wenn Sie bei Rot über die Kreuzung gehen!

»In der Entwicklung ihres Gehirns dominierte stark der Intellekt... Bei den Gefühlen waren die sinnliche und die moralische Seite ausgewogen; die moralische stark genug, um die sinnliche zu kontrollieren und im nötigen Zaum zu halten, jedoch nicht spontan aktiv. Die sozialen Gefühle waren sehr ausgeprägt, besonders die Anhänglichkeit. Sie war von sehr liebevoller Natur und brauchte immer einen anderen Menschen zum Anlehnen; dabei bevorzugte sie, was man bisher das starke Geschlecht nannte, im Gegensatz zu dem anderen, mehr empfänglichen. Sie war nicht gerüstet, allein zu stehen.«

Wer ist das schon, Mr. Bray? Und handelt es sich um einen wünschenswerten Zustand? Er hatte einen Kreis gescheiter Damen, einen Haufen politischer Feinde und sechs Sprößlinge, die sein Ego pflegten. Sie stand allein auf dem Seil.

»Mr. Bray verfügt über eine schreckliche Gleichgültigkeit Ge-

fühlen gegenüber, die nicht ihn zum Gegenstand haben.«
Diese Einsicht stammt nicht von George Combe, sondern von
seiner Freundin Mary Ann.

In diesem Sommer 1844 plagt sie sich mit ihrer Übersetzung, bedient den schwierigen, kränkelnden Vater (»Er
schaut mich an, als wünschte er, daß ich ihm vorlese, so farewell, meine Liebe«) und sieht nur gelegentlich das Licht,
wenn die Brays sie zu einem Ausflug einladen, nach Malvern
oder Tenby in die Sommerfrische oder zu einer Rundreise
durch Schottland, auf der sie, wild vor Aufregung und Entzücken, die Stätten der Waverley-Romane besichtigt. In Edinburgh wird sie jedoch von einem Brief Isaacs zurückgepfiffen:
Vater hat sich ein Bein gebrochen, und Mary Ann wird dringend zu Hause gebraucht. Keines seiner anderen Kinder fühlt
sich in der Lage, Polly zu vertreten.

Isaacs ganze Sorge gilt einem Ehekandidaten für die Schwester. Zeitweise versucht er, den Vater zu einem Umzug
nach Meriden zu überreden, damit Mary Ann, dem Mob von
Rosehill entfremdet, unter Chrisseys Aufsicht zur Vernunft
gebracht werden könnte. »Mary Ann ist sicher, daß kein eigennütziges Motiv im Spiel ist, sondern alles aus reinem
Bemühen um ihr Wohlergehen geschehe.« (Cara) Im März
1845 ist Schwester Fanny an der Reihe. Sie lädt Mary Ann
nach Baginton ein und stellt sie dort einem jungen Maler und
Restaurator vor. Und das Unwahrscheinliche geschieht. Cara
an Sara: »Sie fand, er sei der interessanteste junge Mann, dem
sie je begegnet wäre, und der gesamten Menschheit überlegen. Am dritten Morgen hielt er durch ihren Schwager, Mr.
Houghton, um ihre Hand an und erklärte, sie sei das faszinierendste Geschöpf, dem er je begegnet sei, und daß er, falls
seine Hoffnung nicht zu vermessen sei usw. usw. – ein Mensch
von solcher Vorzüglichkeit und überragenden intellektuellen
Gaben usw. – kurzum, er schien hoffnungslos entbrannt und
bat um die Erlaubnis, ihr zu schreiben. Sie gewährte sie ihm
und kam zu uns, randvoll mit ihrem Glück – obwohl sie sagte,

sie sei noch nicht in ihn verliebt, aber daß sie seinen Charakter so sehr bewundere, daß sie es gewiß bald sein werde. Das einzige Hindernis scheint sein Beruf zu sein – ein Bilder-Restaurator, weder lukrativ noch besonders ehrenvoll. Wir mochten seine Briefe an sie außerordentlich – einfach, ernsthaft, ungekünstelt. Sie wollte keine Verlobung nach so kurzer Bekanntschaft eingehen, würde ihn aber mit Vergnügen als Freund wiedersehen usw. Also kam er letzten Mittwochabend zu Besuch – aber weil er so schrecklich aufgeregt war – oder so jung – oder etwas dergleichen – erschien er ihr nur noch halb so interessant wie zuvor, und am nächsten Tag beschloß sie, daß sie ihn niemals genug lieben und respektieren könne, um ihn zu heiraten, und daß dies ein zu großes Opfer ihres Intellekts im Hinblick auf ihre Ziele bedeute. Sie bat ihn, Schluß zu machen – und das ist nun der Stand der Dinge. Armes Ding, es war eine anstrengende, aufregende Woche für sie, heute morgen scheint sie ganz deprimiert zu sein; und wir kommen nicht umhin zu fühlen, daß sie übereilt aufgegeben hat. Und doch – und doch – man weiß nicht, was man raten soll.«

Mary Ann bedarf sehr ihres eigenen Rates. Nach dem ersten heilsamen Schrecken reut es sie, die Gefühle des jungen Mannes verletzt zu haben. Ganz sicher würde sie bei einem erneuten Treffen anders handeln, aber sie wünscht keine Vermittlung, weder durch die Brays noch durch die Houghtons. »Nun, liebe Sara«, heißt es am Ende der Affaire, »bin ich wieder Deine treue ›Gemahlinn‹. Es bedeutet, daß ich keine anderen neben den intellektuellen und religiösen Lieben habe, die Du mit mir teilst.«

Im Juni 1846 erscheint nach zweieinhalb Jahren »seelentötender Arbeit« *The Life of Jesus* bei Chapman & Brothers in London. Der Empfang des Buches durch das gelehrte Publikum ist lau, die Kritik lobt die Klarheit der Sprache. Als Herausgeber zeichnet Joseph Parkes MP, Mary Anns Name erscheint nirgendwo. Sie erhält 20 Pfund für ihre Mühen, ein lächerlicher Preis, aber sie hat sich eine wichtige Reverenz erschrieben.

Und sie ist wieder zu Scherzen aufgelegt. Für die Freunde schreibt sie eine kleine Fiktion über einen deutschen Professor namens Bücherwurm von der Modrig Universität, einen Kerl, dessen Zähne so schwarz sind wie sein Hemdkragen und der nach England gekommen ist, um 20 seiner unsäglichen Schwarten übersetzen zu lassen. Zu diesem Zweck sucht er eine möglichst fähige, möglichst häßliche junge Frau, die dazu reich genug ist, die Publikation zu finanzieren und für sein tägliches Quantum Tabak und »Schwarzbier« aufzukommen. Professor Bücherwurm wird umgehend an Miss Evans in Coventry verwiesen, bei der er seine überraschende Aufwartung macht. Sie scheint seine anspruchsvollsten Wünsche zu erfüllen, und nachdem sie die Alternative verworfen hat, die Flucht oder den Schürhaken zu ergreifen, ist sie bereit, sich mit ihm – dem einzigen und möglicherweise letzten Kandidaten – zu verloben – unter der Bedingung, daß der Professor sie nach der Hochzeit aus England mit seinem verdrießlichen Wetter und seinen noch verdrießlicheren Einwohnern hinausführe. – In diesem ungewaschenen »vielbändigen Gelehrten«, der eine Frau sucht, um sein »System der Metaphysik« zu vollenden, steckt vielleicht eher ein Würzelchen des Bücherwurms Casaubon und seines »Schlüssels zu allen Mythologien« als in dem feschen Dr. Brabant.

Im März 1848 beherrscht die Französische Revolution die Schlagzeilen. Mary Ann ist hell entflammt in sonderbar religiös-radikalem Feuer. »Ich würde ein Jahr meines Lebens hergeben«, schreibt sie an Sibree junior, »wenn ich dafür auf den Barrikaden sein dürfte und sehen, wie sich die Männer vor dem Bild Christi neigen, der die Menschen als erster Brüderlichkeit gelehrt hat. ... Ich habe wenig Geduld mit Leuten, die Zeit finden, Louis Philippe und seine schnurrbärtigen Söhne zu bemitleiden. Eins ist sicher: Unsere vermoderten Könige sollten auf Rente geschickt werden. Wir sollten ein

Hospital einrichten, eine Art Zoo, wo diese abgewrackten Schwindelexistenzen aufbewahrt werden. Es ist nur fair, daß wir sie erhalten; schließlich haben wir sie für jede Art von ehrenwertem Beruf verdorben und verzogen. Laßt sie auf weichen Kissen sitzen und ihr Essen regelmäßig serviert bekommen, aber der Himmel bewahre mich davor, mich wegen eines verwöhnten alten Mannes zu betrüben, da es auf Erden Millionen hungriger Leiber und Seelen gibt.«

Im Jahr zuvor hatte in London der Bund der Kommunisten die Losung »Proletarier aller Länder, vereinigt euch!« herausgegeben. Im Februar war das *Kommunistische Manifest* erschienen. Doch davon war nichts an Miss Evans Ohren gedrungen. Mit ganzem Herzen verfolgt sie die Aufstände in Wien, Berlin und Brüssel, und mit halbem wünscht sie einen ähnlichen Aufruhr in England herbei. »Unsere Arbeiterklasse taugt bei weitem nicht so viel wie die Masse des französischen Volks.« Die Engländer seien von eigensüchtigem Radikalismus statt von wahrem Eifer für soziale Reformen erfüllt. »Eine revolutionäre Bewegung wäre eher destruktiv als konstruktiv. Außerdem würde sie niedergeschlagen. Unser Militär neigt nicht zu Verbrüderungen ... außerdem befindet es sich fest in der Hand des Adels. Unser kleines Windei von Königin ist erträglicher als der Rest ihrer Rasse, da sie ritterliche Gefühle zu wecken imstande ist, und nach unserer Verfassung steht nichts dem allmählichen Prozeß politischer Reformen entgegen. Das ist alles, wozu wir im Moment taugen ... Wir Engländer sind langsame Kriecher.«

Im Zusammenleben mit ihrem Vater erfüllt Mary Ann die geschriebenen und ungeschriebenen Bedingungen. Sie geht weiterhin mit ihm zur Kirche, sie amüsiert und pflegt ihn, als er langsam hinfällig wird. Der Arzt verbietet ihm das Treppensteigen, und Mary Ann richtet ein Krankenbett im Parterre-Eßzimmer. Sie selbst schläft auf dem Sofa, um im Notfall präsent zu sein. »Das arme Ding ist so dünn wie ein Schürhaken«, schreibt Cara in kaum verhehltem Zorn.

Im Mai fahren Vater und Tochter zur Erholung nach St. Leonard's an die See. Es ist der gespenstische Ausflug zweier Menschen, die, exklusiv aufeinander angewiesen, nur noch die Regeln der Konvention zu erfüllen wissen: Arm in Arm über die Promenade, Mr. Evans 75, kurzatmig und mit schmerzenden Beinen, Mary Ann, 28, selbst elend und krank und voll bitterer Gefühle, Schritt für Schritt keine Erlösung. Was hatten sie sich wohl zu erzählen? Daß es für die Jahreszeit entschieden zu kühl sei. Polly hätte ihre Pelzpelerine mitnehmen sollen. Unerhört, wie diese Weibsbilder auf der Promenade herumscharwenzelten. Der Mann, der die Pferde vor die Bademaschinen spannte, war ein Vieh, aber mußte sie deshalb ein Bad in der Kabine nehmen? Ihre kalten Füße würden dadurch nur noch kälter, und sie hatte ihn den halben Vormittag alleine gelassen . . .

Was tun bei Regen? Vorlesen, bis die Augen schwimmen. Ein Roman von Walter Scott ist immer dabei. »Er unternimmt nicht die leiseste Anstrengung, sich selbst zu unterhalten, so daß ich nicht einmal eine Stunde lang meinen eigenen Neigungen folgen mag«, beklagt sie sich schüchtern bei Cara. In diesen grauen, windigen Tagen, unter Ansprüchen und Beschwerden, tausend trivialen Vorgängen, die den Tag endlos und klebrig erscheinen lassen, fühlt sie eine »Art Wahnsinn« in sich wachsen, das Gefühl, auf einen Punkt zusammenzuschrumpfen, der keine Berührung mehr mit der Welt dort draußen hat. Alle Poesie ist aus ihrem Leben gewichen – sogar die Poesie der süßen Pflichterfüllung. Sie fühlt sich gallig – aber niemals darf Vater schlechte Laune oder gar Verzweiflung zu spüren bekommen.

Wenn er eingenickt ist und sie tatsächlich wagt, ihren Neigungen zu folgen, geht sie rasch über die Promenade, nimmt ein Bad oder liest: Charlotte Brontës *Jane Eyre*. Darin verwahrt ein viriler Mr. Rochester seine wahnsinnige, gewalttätige Ehefrau auf dem Dachboden des Schlosses und hofft auf Erlösung durch die reine Liebe zu Jane, der Gouvernante. »Alle Selbstaufopferung ist gut – aber man sähe sie lieber auf einen etwas edleren Fall angewandt als auf ein teuflisches Gesetz, das Körper und Seele eines Mannes an ein verfaulendes Gerippe bindet«, schreibt sie an Charles. Ihre Aufopferung für Vater ist zweifellos ein edler Fall. Das Gesetz der Natur kann nicht teuflisch sein, aber das Gefühl, an einen siechen Egozentriker gebunden zu sein, läßt sich in diesen dunklen Tagen nicht abweisen. »Manchmal bin ich zu traurig, um zu schreiben«, manchmal weiß sie nicht, wie sie die letzte Woche überlebt hat. Als ihr über einem Brief des Rosehill-Trios ein Lachen entfährt, schreckt Vater zusammen. Es ist ein ganz ungewohntes, krächzendes Geräusch.

Im September dieses Jahres verschlechtert sich sein Zustand. Cara: »Die Ärzte erwarten einen plötzlichen Tod durch Ansammlung von Wasser in der Brust, und die arme Mary Ann ist allein mit ihm, hat die ganze Arbeit und Plage einer Pflege rund um die Uhr, ständig in dieser Erwartung. Sie hält sich wunderbar, aber sie sieht aus wie ein Gespenst. Es ist ein Trost, daß er sich über seinen Zustand im klaren ist; er war keineswegs erschüttert, als Isaac ihm sagte, daß er plötzlich sterben könnte . . . Und nun sagt er Mary Ann bei jeder Gelegenheit etwas Nettes – ganz gegen seine Gewohnheit. Armes Mädchen, wie selten das ist, zeigt sich an der Dankbarkeit, mit der sie den gewöhnlichsten Ausdruck von Freundlichkeit erwidert.«

Robert Evans macht sein Testament, aber er lebt noch weitere fünf Monate – mit Mary Ann. »Beurteile selbst, Liebes, ob Du ertragen kannst, Vater zu sehen«, rät sie Fanny, jeder faulen Ausrede Vorschub leistend. Sie schafft es alleine und verliert vor der anrückenden Familie die Nerven. Schriftliche Entschuldigung. »Mein Leben ist ein Alptraum«, schreibt sie. Je schwächer der alte Evans wird, um so demütiger ergibt sich ihm seine Tochter. »Er zeigt mir mit tausend kleinen Gesten, daß er meine Liebe versteht und sie erwidert . . . mein Stuhl an Vaters Bett ist ein gesegneter Platz.« Sie hatte ihre Lektion für immer gelernt: Die heiligste Pflicht ist, sich ohne Hader in das Unvermeidliche zu schicken. Offenbar bleibt keine Zeit, sich ein Leben in Freiheit vorzustellen. Frei wozu? Sie wollte nicht frei sein, nicht ohne Bindungen, ohne Aufgabe, ohne Prüfungen. »Seltsam, aber ich fühle, daß dies die glücklichsten Tage meines Lebens sind. Die eine und einzige tiefe Liebe, die ich je kannte, findet nun ihren höchsten Ausdruck und ihren vollkommensten Lohn. Die Anbetung des Schmerzes ist dem Menschen angemessen.«

In der Nacht, in der ihr Vater stirbt, schreibt sie an die Freunde in Rosehill: »Was werde ich ohne meinen Vater sein? Es scheint, als ob ein Teil meiner moralischen Natur stürbe. Ich hatte eine grauenhafte Vision meiner selbst letzte Nacht, daß ich irdisch-sinnlich und teuflisch würde, wenn mir dieser reinigende, bezähmende Einfluß fehlt.«

Robert Evans stirbt am 31. Mai 1849, 76 Jahre alt. Seine Farm in Kirk Hallam erbt sein ältester Sohn Robert, seinen Besitz in Warwickshire sein Sohn Isaac. Seine Töchter Fanny und Chrissey, die bei ihrer Eheschließung je tausend Pfund als Mitgift erhalten hatten, erben weitere tausend, Mary Ann ihren gesamten Anteil von zweitausend Pfund. Chrissey erbt die silbernen Löffel ihrer Mutter und die Bibel, Fanny die Gabeln und die Waverley-Romane. Mary Ann erhält statt eines Familienstücks hundert Pfund aus der Haushaltsauflösung. Von den Zinsen aus ihrem Erbe – alles in allem 120 Pfund im Jahr – könnte ein armer Kurat leben, aber keine junge Dame von Stand. Robert Evans machte seine Söhne zu wohlhabenden Landbesitzern und verließ seine Jüngste schäbig und ohne Dank. Nicht einmal die Bücher, die sie ihm vorlas, hatte er ihr vererbt.

V

Von einem gewissen Punkt an gibt es keine Rückkehr mehr. Dieser Punkt ist zu erreichen.

(Franz Kafka)

Mary Ann hat nicht viel Zeit, ihre Habseligkeiten einzupakken – die Enzyclopaedia Britannica, die Globen, die Noten, die Bücher, die Kleider – alles. Isaac geht schon mit Schätzerblick durch das Haus in Foleshill. Diese unnütze Ausgabe würde er als erstes abstoßen. Polly mochte sehen, wo sie unterkam. In dieser schwankenden Lage ergreift Charles Bray die Hand seiner Freundin. Sind sie nicht zu dritt ein erprobtes Reisegespann? Wollten sie nicht schon lange einmal auf den Kontinent fahren? Paris – Avignon – die Riviera – Mailand – der Lago Maggiore? Sie kann ihre Sachen in Rosehill einlagern, und fünf Tage nach Robert Evans Beerdigung – am 11. Juni 1849 – sind Charles, Cara und Mary Ann schon auf der Bahn nach London.

Die Idee ist gut, aber der Zeitpunkt schlecht gewählt. Mary Ann, noch von Nachtwachen zermürbt, ihrer Aufgabe beraubt, ihrer Zukunft ungewiß und allein mit ihrem Verlust, ist keine einfache Reisegenossin. Sie steht an der Reling und weint, sie starrt aus dem Coupéfenster, unansprechbar. Paris ist ihr zu laut, die Dörfer an der Rhône sind ihr zu dreckig, in Nizza ist es ihr zu heiß, die Treppen in Genua sind zu steil, und zwischen Mailand und Como ist sie wieder in Tränen. Die Alpen können ihr gestohlen bleiben. Zu Pferd geht es über den Simplon, und daß ihr Damensattel nicht richtig festzuzurren ist und sie droht in den Abgrund zu rutschen, das fehlt noch, um das Maß vollzumachen. Cara übt sich in Nachsicht, aber sie hatte sich nettere Ferien vorgestellt. Am 21. Juli treffen sie in Vevey am Genfer See ein, und hier, schon halb wieder heimwärts gewandt, ist für Mary Ann die Reise zu Ende. Sie kann nicht weiter, und sie kann nicht zurück. »Oh, das Glück, eine hohe Dachstube auf dem Kontinent zu bewohnen, vielleicht in Genf!«, hatte sie den jungen Sibree beneidet, als er zum Studium nach Deutschland ging. Kein Getue um Morgenvisiten, sondern eifriges Lernen und eine neue, klare Perspektive gewinnen! Sie beschließt zu bleiben. Die hundert Pfund, die sie aus der Haushaltsauflösung bekommen hatte, würden über den Winter reichen. Danach ist Zeit für weitere Pläne. Charles begleitet sie nach Genf und logiert sie in einer hübschen, respektablen Pension in Plongeon ein, etwas außerhalb und am See gelegen, kehrt zu Sara zurück, die in Lausanne auf ihn gewartet hat, und zusammen treten sie die Heimreise an – wahrscheinlich mit einem Gefühl der Erleichterung, das sie nicht voreinander verbergen.

Mary Ann ist allein. Sie wappnet sich mit Contenance und wartet auf den Rosenschimmer am Horizont. »Was mir an irdischer Behaglichkeit wünschenswert erscheint, habe ich hier alles zur Verfügung«, einschließlich einer Bütte zum Kaltbaden. »Ich habe Ruhe und Bequemlichkeit – was brauche ich mehr, um mich wieder in ein gesundes, vernunftbegabtes Geschöpf zu verwandeln? Ich komme keinem Freund mehr nahe, bis ich nicht wieder Frieden und Freude im Herzen und im Gesicht trage«, verspricht sie. »Madame de Vallière, die Pensionswirtin, ist in Empfinden und Sprache eine wirkliche Dame, ganz augenscheinlich an den Verkehr mit Leuten von Stand gewöhnt.« Ihre Gäste sehen sich bald dem Adlerauge der schweigsamen jungen Lady an der table d'hôte ausgesetzt. »Ich gehe jetzt zum Tee runter, um zu gaffen«, teilt sie den Freunden in Coventry mit. Mit ihren Lebensgeistern erwacht auch erneut ihr Sinn für Bosheit. Sie beginnt Tagebuch zu führen, und die Tatsache, daß ihr späterer Ehemann, Mr. Cross die erste Hälfte vernichtet hat, spricht für seinen hohen Unterhaltungswert. So bleiben als Zeugnisse die Briefe an die Brays. Zwei Amerikanerinnen sind da, die Mutter »freundlich, aber albern«, die Tochter »albern, aber nicht freundlich, und beide plappern das grauenvollste Französisch mit erstaunlicher Zungenfertigkeit und Selbstzufriedenheit. Sie sind sehr reich, sehr smart und sehr vulgär.« Sie befreundet sich mit einer älteren Engländerin, Mrs. Locke, und läßt sich ein wenig von ihr bemuttern. Mrs. Locke würde gern nach Bex weiterreisen, weil es dort billiger sein soll, aber leider gibt es dort keinen englischen Pastor, und so bleibt sie Mary Ann vorläufig erhalten. »Seht Ihr, zu irgend etwas sind diese steifleinenen Hohlköpfe doch noch gut.«

Eine Marquise de St. Germain, nett, aber »mit der Stimme eines Marktweibs«, nimmt sich ihrer äußeren Erscheinung an. Bisher trug Mary Ann das Haar glatt in der Mitte gescheitelt und mit Schillerlocken von den Ohren bis zu den Schultern; unmöglich – so konnte sie vielleicht auf den Feldwegen in Warwickshire herumlaufen! »Ihr würdet mich nicht wiedererkennen. Die Marquise hat sich meiner als Kammerzofe angenommen und meine Haare neu frisiert. Sie hat alle meine Locken niedergemacht und zwei Dinger neben meinem Kopf geformt, wie sie bei der Sphinx herausgucken. Alle sagen, daß ich nun wesentlich besser aussehe, also füge ich mich, obwohl ich finde, daß ich womöglich noch häßlicher geworden bin.«

Kein Vergleich allerdings mit Mrs. Wood, »einer überaus unansehnlichen, aber damenhaften kleinen Frau, die in einem Wahn lebt, was ihre Hauben angeht; sie trägt stets das hellste Rosa und das stärkste Blau – zu einem Teint von der Farbe eines schmutzigen primelgelben Handschuhs.« Im August treffen zwei junge Herren ein – Preußen – »der ältere abscheulich, ewig mit einem dümmlichen Grinsen um einen Mund von sehr zweifelhafter Reinlichkeit. Er spricht sehr wenig Französisch und hat eine erbärmliche Art zu reden. Er zischelt, grunzt und schnaubt, daß sich das Hirn zu winden beginnt, und man fühlt sich versucht, aus dem Zimmer zu stürzen. Sein Bruder schaut finster drein, anstatt zu grinsen, und ist daher erträglicher.«

Auf liebenswürdigerem Fuß steht sie mit dem jungen Monsieur de Herder, einem Enkel des Dichters und Goethe-

Freunds (zweifellos eine Empfehlung für ihn), »sehr verträglich, wenn auch ein höchst entschiedener Feind aller Galanterie. Ich glaube, er ist Kommunist, aber anscheinend wurde er von Madame de Vallière und den anderen so lange wegen seiner Gesinnung gehänselt, daß er sich entschlossen hat, über solche Themen ein stolzes Schweigen zu bewahren.« Sie »stiehlt« seine Bücher, während er in den Alpen herumkraxelt, und lästert mit ihm über die anderen Gäste.

Bald fühlt sie sich ganz zu Hause, rudert auf dem See, bis sie ihre Arme vor Muskelkater kaum noch spürt. Wasser und Berge, »der gute alte Mont Blanc in seinem Hermelin«, wirken pfleglich auf ihre geschundene Seele. »Diese immer gegenwärtige Schönheit hat eine fast hypnotische Wirkung ... manchmal fühle ich mich in einen angenehmen Zustand der Betäubung sinken, bis an den Rand der Bewußtlosigkeit.« Was ihr zur vollkommenen Behaglichkeit fehlte, wäre ein Brief von zu Hause. Aber während die Brays die Fäden nicht abreißen lassen – ihr Bücherkisten nachschicken und allmählich auch den Muff und die Pelerine –, läßt sich die Familie bitten. Es wird September, bis Fanny sich zu einem Brief entschließen kann – »zu krank, zu elend oder zu gleichgültig?« fragt Mary Ann. Eher möchte Mrs. Houghton wohl beizeiten den Eindruck zerstören, die Jüngste sei nach ihrer Rückkehr bei ihr willkommen.

Chrissey schreibt, daß ihre kleine Tochter Clara gestorben sei und die übrigen sechs Kinder mit Scharlach darniederlägen. Aber Tante Polly eilt nicht zu Hilfe, »denn im Augenblick bin ich zu gar nichts zu gebrauchen, und ich fühle, daß meine künftige Gesundheit und mein Handeln vollständig davon abhängen, daß ich meine geistige und körperliche Kraft wiedergewinne.«

Wenig förderlich ist dabei ein Besuch von Pastor Sibree, mit dem die Beziehungen seit ihrer Desertation aus der Kirche gespannt sind. Als Sibree junior sein Theologie-Studium aufgesteckt hatte und nach Deutschland ging, um Hegel zu übersetzen, lastete die Familie diesen beklagenswerten Umschwung dem Einfluß von Miss Evans an. Der Tochter Mary wurde verboten, mit ihrer »Führerin« zu korrespondieren. Das junge Mädchen schlägt vor, den Briefwechsel über Rosehill laufen zu lassen, aber Mary Ann lehnt stolz ab. Nun empfängt sie Mr. Sibree im Garten, »sehr höflich, mit meiner üblichen Heuchelei, bat ihn, Platz zu nehmen usw. Er sagte, daß die Jura-Berge aussähen wie – er fände kein passenderes Wort – wie eine große Wolke; daß beim Reisen drei Dinge nötig wären, von denen er eins jedoch vergessen hatte; daß er nur gebrochen Französisch spräche – und noch so allerlei Themen, die es wirklich wert waren, daß man deswegen von Genf hergelaufen kam.«

Miss Evans, die sich im späteren Leben nicht stark genug fühlte, allein in die British Library zu gehen oder ohne den stützenden Arm von Mr. Lewes einem Vortrag beizuwohnen, bewährte sich mit 30 Jahren prächtig allein im fremden Land. Wenn Sara sie doch bitte nicht für einen Einfaltspinsel halten wollte! »Ich brauche eher Ermutigung als Warnungen und Verweise ... die Leute tun das Beste für mich, wenn sie mir – im Rahmen der Wahrheit – möglichst nette Sachen sagen.«

Für den Winter plant sie, nach Paris überzusiedeln, Plongeon sei dann nur noch ein Platz für Siebenschläfer, aber es scheitert schließlich an den Kosten – und auch ein wenig an der Schicklichkeit, auf deren Mangel sie erst die gereiften Damen in der Pension aufmerksam machen müssen. Für eine Reise allein sei sie wirklich noch zu jung. »Ich wage hier nicht die Hälfte von dem zu tun und zu sagen, was ich in England tue. Solange die Leute ein Mademoiselle vor dem Namen tragen, genießen sie auf dem Kontinent weit weniger Freiheit als in England.«

Zur selben Zeit reisen zwei junge Engländerinnen, Barbara Leigh Smith und Bessie Parkes, ohne männliche Bewachung durch Belgien, die Schweiz, Österreich und Deutschland. Der Gesundheit und der Lebensfreude wegen haben sie ihre

Korsetts zurückgelassen (das ideale Taillenmaß lag bei 18 inches – 45 Zentimeter – und erlaubte kaum, daß sich eine Dame über ihren Teller beugte). Miss Leigh Smith kleidet ihre stolzen Formen in lose wallende Gewänder, trägt einen großen Hut, einen Skizzenblock und eine Brille mit blaugetönten Gläsern. In einem österreichischen Dorf verursachen sie und ihre Freundin einen Aufstand.

Miss Evans, die im Winter in ihrer Pension von aller Welt abgeschnitten wäre, plant, wenn schon nicht nach Paris, dann nach Genf zu ziehen. Die liebe Mrs. Locke verabschiedet sich: »Paß auf dich auf, Kind, sieh zu, daß du deinen eigenen Tee bekommst – du wirst ein anderer Mensch sein, wenn du bei klugen Leuten ein- und ausgehen kannst. In Plongeon findest du keine Gleichgesinnten.« Aber in Genf. Ihr Zimmer bei Monsieur und Madame d'Albert Durade in der Rue Lanoines (heute Rue de la Pélisserie) ist ein wahrer Glückstreffer: 150 Franken (6 Pfund) Vollpension im Monat, Licht inklusive. Da bleibt sogar noch ein Rest, um ein Piano zu mieten. Und in Gesellschaft dieses Paars – beide Maler, Mitte 40, heiter, musikalisch und mit einem großen Freundeskreis – erwacht Mary Ann aus ihrer heilsamen Träumerei zu neuer Aktivität. Bald wird sie eher wie ein lieber Gast als eine Pensionärin behandelt. Sogar Jeanie, das Hausmädchen, erkundigt sich jeden Morgen, ob Mademoiselle gut geschlafen habe, und heizt jeden Abend den Fußwärmer fürs Bett. Schön hat sie es getroffen, »ohne kalten Luftzug durch Eingangshallen … wie in einem dauigen Nest, hoch oben in einem alten Baum.« Madame d'Albert Durade, von der sie wie ein kleines Mädchen geküßt wird, ist bald »Maman«; Monsieur wird wie ein Bruder geliebt.

François d'Albert Durade ist verkrüppelt, nur 1,20 Meter groß, mit einem klugen, hageren Gesicht, von Beruf Porträtmaler, betreibt aber auch ein Fotostudio. Madame ist auf Blumen spezialisiert. In ihrer Gegenwart hält Mary Ann sich mit ihren ketzerischen Ansichten zurück, denn die beiden sind konservative, evangelikal eingestellte Menschen – was sie nicht daran hindert, jeden Montag Soiree zu halten. Freunde kommen, man rezitiert, spielt sogar Komödie, und Monsieur singt selbstkomponierte Scherzlieder am Klavier. Mademoiselle Mary Ann – oder Marianne – oder Minie, wie ihre Gastgeber sie nennen, wird dabei als Bereicherung empfunden. Sie geht ins Theater, sieht eine »fette italienische Sirene«, liest Voltaire und besucht gegen eventuelle »Hirnerweichung« Kurse in Mathematik und experimenteller Physik. Auf Monsieurs Wunsch sitzt sie ihm für ihr Porträt. Das Bild zeigt sie mit rotblonden Haaren – sehr kleidsam à la Sphinx –, hellbraunen Augen und einem angedeuteten Lächeln. Es ist das hübscheste, das je von ihr gemalt wurde, und man ist geneigt, zu glauben, daß sie im Februar 1850 wirklich dieses heitere, gelassene, blühende Geschöpf war und nicht die ernste Rätseltante, als die sie sich später so gut gefiel.

Lediglich der kalte Winter und ein kleiner fühlbarer Geldmangel beeinträchtigen das allgemeine bien-être. Mit Schaudern denkt sie an die Rückkehr nach England, »das Land der Schwermut, der Seichtheit und des Verdrusses – aber in seiner Mitte liegt das Land der Liebe und der Pflicht, und die einzige heiße Hoffnung, die ich für mein zukünftiges Leben hege, ist, daß mir eine frauliche Pflicht auferlegt werde.«

Es geht ihr also wieder besser. »Ich habe ein bißchen ›Heimweh‹.« Sie wartet nun darauf, daß die Alpen passierbar werden. (Man munkelt sogar von Wölfen.) Bruder und Schwestern verheißen ihr ein herzliches Willkommen zu Hause. Aber es ist Charles, den sie um einen Vorschuß für ihre Reisekasse bittet. »Ein Päckchen von so geringem Wert wird sicher wohlbehalten durchkommen.« Monsieur d'Albert Durade macht sich erbötig, sie bis nach Paris zu begleiten, aber sie kann seine Kosten nicht auch noch bestreiten, und so eskortiert sie der ritterliche kleine Herr auf eigene Rechnung – im Schlitten über die Pässe, durch Frankreich bis nach London.

Nach neun Monaten in der Fremde trifft sie am 25. März in Coventry ein und eilt nach Rosehill. »Drei Tage ohne Pause erzählen« – welche Wonne! Dann erst beginnt sie die Runde von Griff über Meriden nach Baginton zu drehen. Das Willkommensversprechen war nicht ganz so ernst gemeint. Fanny hatte sogar vergessen, ihre Post nachzusenden. Einzig Chrissey nimmt sie herzlich auf. Aber sie ist so sehr in Anspruch genommen von ihren Kindern, und Dr. Clarke ist ganz unübersehbar in finanziellen Schwierigkeiten. Bei ihnen kann Mary Ann nicht unterschlüpfen. »Oh, das gräßliche Wetter und das gräßliche Land und die gräßlichen Leute! Welcher Teufel hat mich über den Jura getrieben zu Menschen, die mich nicht haben wollen? Wie auch immer, ich bin entschlossen, alle meine Besitztümer zu verkaufen und nur mit Reisetasche und Portemanteau ... eine Wanderin und Fremde auf dieser Erde zu sein.«

Wieder sind es Charles und Cara, die der Wanderin ihr Haus öffnen. Die Bandweberei geht schlecht, aber Charles ist zu sehr Philosoph und Philanthrop, um ungastlich und besorgt zu erscheinen. Im Mai besucht sie Monsieur d'Albert Durade bei den Freunden, ehe er sich wieder auf den langen Heimweg macht.

Sieben Monate lebt sie auf Rosehill; Zeit für eine neue Verpuppung. Sie nennt sich nun Marian und durchmustert ihre Möglichkeiten. Von den Zinsen ihres Erbes kann sie kaum leben. Isaac ist einer der beiden Treuhänder, der ihr zweimal im Jahr ihr Einkommen überweist, und es ist ihm ein pädagogisches Anliegen, diese Zahlungen hinauszuschieben, wenn Schwester Polly sich wieder einmal aus dem Gehege seiner Vorstellungen hinausbegeben hat. Er spielt nun das Familienoberhaupt, und er bestimmt die Regeln. Sie muß um ihr eigenes Geld bitten – in netter Form!

Zur Gouvernante besitzt sie weder Talent noch Neigung. Übersetzen? Einen Text von Spinoza hat sie gerade erst beiseite gelegt. Zeitungsarbeit? Vor vier Jahren hatte Charles

Bray den *Coventry Herald* als Gegenstimme zur etablierten konservativen Lokalzeitung gekauft (wiederum ein kostspieliges Hobby), zu dem Marian eine Kolumne beigetragen, die sie »Lyrik und Prosa aus dem Notizbuch eines Exzentrikers« genannt hatte – nichts Aufsehenerregendes, eher Fingerübungen, die ihr nun helfen, sich größeren Aufgaben gewachsen zu fühlen.

Sie präsentieren sich in Gestalt des Verlegers John Chapman, der bereits *The Life of Jesus* publiziert und schändlich honoriert hatte. Er besucht Rosehill im Oktober in Begleitung des Philosophen Robert William Mackay. Nach Tisch diskutiert man lange über dessen neues Buch *The Progress of the Intellect*. Mackay ist so beeindruckt von der jungen Dame, die seine positivistische Einstellung teilt, daß er eine Rezension des Werks in ihre Hände legt, und John Chapman erklärt sich bereit, sie bei der *Westminster Review*, der führenden Vierteljahresschrift in Sachen Philosophie und Wissenschaft, unterzubringen. Im November fährt Marian selbst nach London, um den Artikel abzuliefern. Sie hätte ihn natürlich auch mit der Post schicken können, aber offenbar ist sie entschlossen, neues Terrain auszukundschaften, und Mr. Chapman ist einer seiner interessanteren Bewohner.

Mitten in London, 142 Strand, einem sechsstöckigen Kasten, der einmal als Hotel gebaut worden war, betreibt er seinen Verlag mit Buchhandlung. Die Zimmer in den oberen Stockwerken vermietet seine Frau an Pensionsgäste, und dort läßt sich Marian Evans für zwei Wochen nieder. Mr. Chapman ist ein großer, wohlgestalteter Herr, zwei Jahre jünger als der neue Hausgast, charmant und eloquent. Seine Freunde nennen ihn Byron, wahrscheinlich nicht nur seiner literarischen Interessen wegen. Er hatte sich bereits als Uhrmacher in Australien versucht, als Medizinstudent und Autor, ehe er mit dem Geld seiner Frau ein Verlagshaus gründete. Nun nennt er sich Doktor und wird später, als finanzielle Verpflichtungen zu drückend werden, seine Praxis in Paris ansiedeln und mit einem Eisbeutelverfahren deformierte Brüste, Diabetes, Cholera und Frauenleiden zu heilen vorgeben. Chapman ist der Prototyp des unbesiegbaren Nichtskönners und die taubste Nuß, an die Marian Evans ihr Herz verlor.

In dem großen Haus am Strand lebt er mit seiner 14 Jahre älteren Frau Susannah und einer Dame namens Elisabeth Tilley, die vordergründig die Gouvernante für seine beiden Kinder darstellt und außerhalb ihrer Pflichten Chapmans Bett teilt. In seinem Salon finden jeden Freitag gesellige Abende statt, an denen auch Sara und Charles Christian Hennell schon teilgenommen haben und zu denen sich – wie in Rosehill – allerlei interessante und gefährliche Leute einfinden: Zeitungsschreiber, Literaten, politische Emigranten, die die 48er Revolution aus ihren Heimatländern vertrieben hat, und fortschrittliche Damen, wie Miss Martineau, die sich nonchalant eine Zigarette anzündet, ohne daß sich eine Augenbraue erhöbe.

Auch eine Miss Lynn verkehrt dort, die mit Miss Evans mehr gemein hat, als beide bei ihrem ersten Treffen ahnen. Eliza Lynn hatte – nach Deutera – als lieber Dauergast bei Dr. Brabant geweilt, sich aber offenbar dezenter als Mary Ann geführt. Vor ihr war sie Untermieterin in 142 Strand und eine Blume in Chapmans Damenkranz. Drei Jahre jünger als Miss Evans, hatte sie bereits mit nettem Erfolg zwei historische Romane veröffentlicht und war Mitarbeiterin bei Zeitschriften, von denen sie anständige Honorare verlangte und auch bekam.

»Miss Lynn war gestern abend da«, berichtet Marian den Brays. »Sie sagt, sie sei noch nie von einer Frau so angetan gewesen wie von mir. Ich sei so eine ›liebenswerte Person‹. Sie ist so ganz anders, als ich sie mir vorgestellt hatte; ich war richtig überrascht. Mit Brille! Ganz Dame der Literatur.«

In der biographischen Eliot-Literatur fährt Eliza Lynn vorwiegend als »das Biest«, die eifersüchtige Kollegin aus der zweiten Reihe, gehässig, prüde, schrill, eine erklärte Feindin des eigenen Geschlechts. Tatsächlich hatte Miss Lynn Gift für zwei, und sie war von Miss Evans nicht sonderlich beeindruckt. So kommt ihr im Chor der Bewunderer, der zu Marians Ruhmeszeiten zu peinlich-hymnischer Einstimmigkeit anschwoll, die Rolle des kleinen Plärrers zu: Guckt doch, die Kaiserin ist ja nackt! – George Eliot trug ihre schimmernden Kleider wohlverdient, aber darunter war sie auch nur ein Mensch. Diese stoffliche Erscheinung beschrie Eliza Lynn, das Biest, mit unziemlicher, aber erhellender Schärfe.

An diesem Freitagabend bei John Chapman ist sie jedoch ganz Holdseligkeit und Komplimente – und merkt sich für später: »Sie hatte keine gute Kinderstube und war provinziell. Ich... war eher abgestoßen von ihren ungeschickten Manieren als angetan von ihrer Bildung. Sie hielt Arme und Hände wie ein Känguruh, war schlecht angezogen, machte einen ungewaschenen, ungekämmten Eindruck und nahm sich mir gegenüber einen hochfahrenden Ton heraus, den ihre unzweifelhafte Überlegenheit rechtfertigte, derer ich damals jedoch nicht gewärtig war.«

Sie bekommt ihn an einem der folgenden Tage noch einmal zu hören, als Chapman und Miss Evans bei ihr aufkreuzen, um ihre Einwände gegen gewisse »Stellen« in Lynns Roman *Realities* vorzutragen. Miss Evans hatte die Korrekturfahnen gelesen und war mit dem Verleger einer Meinung, daß die Liebesszenen »geeignet seien, die Sinnlichkeit der Leser zu entfachen, und daher schädlich.« Intellektueller Nonkonformismus, wie er aus dem Hause Chapman & Brothers an die Öffentlichkeit trat, wurde dort leicht mit moralischer Verrottung gleichgesetzt, und Mr. Chap war daher »überaus vorsichtig, was die moralische Tendenz all dessen, was ich verlege, angeht.« Ihm und dieser Dame, deren Status die Autorin nicht recht einzuschätzen vermag, gelingt es jedoch nur, sie zum Streichen weniger Zeilen zu bewegen. Miss Lynn und Miss Evans stehen damit am Anfang einer wundersamen Feindschaft.

Als Marian nach Coventry zurückfährt, weiß sie, daß sie nur in London auf einen grünen Zweig kommen kann. Nach Weihnachten 1850 packt sie Reisetasche und Portemanteau, küßt ihre Lieben und fährt wieder in die Metropole; Adresse: 142 Strand. Sie bezieht eines der billigeren Pensionszimmer, ein dunkles Loch am Ende eines langen Flurs mit einem schwachen Feuerschein aus dem Kamin und einem kleinen Ausschnitt Himmel durch die Luke, aber trotzdem »reizend und bequem«, jedenfalls in den ersten Wochen.

Der Strand zwischen City und Westend, Lincoln's Inn Fields und der Themse war schon damals ein hochbetriebsames Stück London, respektabel zur Hauptstraße hin, eng und verkommen in den hinteren Quartieren, mit Mietskasernen, die wie Klippen über dem schmierigen Pflaster hingen. Von Clare Market drang der Gestank der Kuhställe und Schlachthäuser, von Fisch und verrottetem Gemüse herüber. Miss Evans hat sich später oft über die »Backsteinwildnis« der großen Stadt beklagt, dieser Vorhölle aus Staub, Krach und gelbem Nebel, die so unvorteilhaft gegen das pastorale Warwickshire abstach. Dabei reichte ihr schon die gutbürgerliche Seite Londons. In seine Slums hat sie nie einen Fuß gesetzt.

Georg Weerth, den es ebenfalls um die Jahrhundertmitte durch London wirbelte, sah die City so, wie sie um 142 Strand brandete. »Der ernste Handelsherr mit dem Paletot auf dem Arm, den Regenschirm in der Faust . . . – der Soldat, der nach dem Hafen stürzt, um sich in alle Welt zu begeben . . . – der Matrose, der aus dem Schiffe kriecht, um auf bloßen Füßen den Ort aller Wunder zu durchwandern . . . – der Polizeidiener, der einen armen Sünder mit Stößen und Püffen durch die Gassen schleift – der Totengräber, der seine Leichen im gestreckten Galopp nach dem Kirchhof kutschiert – der Hausknecht, der eine Schildkröte spazierenführt, auf deren Rükken geschrieben steht, wann und in welchem Gasthaus sie nächstens geschlachtet wird – Weiber und Kinder, die vor Hunger sterben wollen . . . – ein Mensch, der dir Brillen und

Bleistifte anbietet und dir bei Gelegenheit das Sacktuch aus der Tasche zieht – Straßenjungen, die deinen Hund fangen und ihn schnell wie der Blitz in die nächste Seitenstraße transportieren – der Lord, der in der geschlossenen Karosse an dir vorüberdonnert . . . alles stürzt und rennt und lacht und weint und brummt und flucht und betet und boxt sich in ein und derselben Minute an dir vorüber . . . «

In diesem Zirkus wird nun auch Miss Evans Mitglied. Als erstes wird ein Piano gemietet und in das Zimmer am Ende des Flurs gewuchtet. Schon am nächsten Morgen findet sich der Hausherr bei ihr ein, und sie spielt für ihn »eine Mosart-Messe mit großem Ausdruck«. Neben Mosart entdeckt Mr. Chapman auch ein bisher unbeachtetes Interesse an der deutschen Sprache. Seine Untermieterin ist gern bereit, auch zu unorthodoxen Zeiten Stunden zu erteilen. In seiner Begleitung besucht sie eine Vorlesung von Faraday über »Die Anziehungskraft des Sauerstoffs«, eine streng wissenschaftliche Veranstaltung selbstverständlich, aber es ist auch schick, sich dort sehen zu lassen, selbst wenn man nichts von der Materie versteht und die Augen langsam verglasen. Chapman besorgt ihr eine Karte für die Geometrie-Kurse am Ladies-College, führt sie in Galerien und Ausstellungen wie in das Laterna-magica-Spektakel mit Musik »Großes bewegliches Panorama von Lissabon mit Erdbeben von 1775«. Sie sieht die Weltausstellung und findet: »Shakespeare, unsere Marine und der Kristallpalast sind höchst ›eigenthümliche‹ Dinge, die wir hervorgebracht haben.« Wann wird eigentlich gearbeitet?

Mr. Mackay ist ebenfalls zur Stelle, ein freundlicher, schusseliger Junggeselle, der seine Flanell-Weste gelegentlich über dem Gehrock trägt. Er lädt sie und Chapman zum Dinner ein und läßt sie vorsorglich wissen, daß sein Klavier für die Unterhaltung nach Tisch frisch gestimmt sei. Sogar Dr. Brabant taucht auf. Er darf Deutera – nein, Marian bitte! – ins Theater führen. Nun ja, »er wird langsam einfältig«, findet sie. Dennoch ist ein kleiner Kreis von Kavalieren recht nützlich. Bisher hat sie noch nichts verdient, und teure Eintrittskarten gingen zu Lasten weißer Handschuhe und sauberer Kragen.

Mr. Chapman bemüht sich sehr, Artikel und Rezensionen bei renommierten Zeitschriften unterzubringen. Dabei stellt er sie einem Herausgeber als Mann vor, wie Marian stolz bemerkt, aber der Einstieg will nicht so recht gelingen.

Dieser beflissene Umgang trägt Zwietracht in Mr. Chapmans Hausgemeinschaft. Frau Susannah und Geliebte Elisabeth, die bisher in einer Art Burgfrieden in ihrer Ménage à trois verharrten, machen gemeinsam Front gegen die vierte im Bunde. Elisabeth hat John und Miss Evans Hand in Hand überrascht! und »beide glauben, daß wir ganz und gar ineinander verliebt seien«. (Chapmans Tagebuch) Es kommt zu Auftritten am Frühstückstisch. Elisabeth »häufte Verdacht und Schmähungen auf mich, die ich in keiner Weise verdiente. Ich war sehr ernst und brüsk, sagte Dinge, die mir später leid taten …« Eine Aussprache zwischen Susannah Chapman und Miss Evans endet unbefriedigend, »wegen M.'s hochfahrendem Ton.« M. ist nicht mehr Deutera in ihrer Herzensschlichtheit. Wenn sie nun die Formen verletzt, tut sie es wissentlich. Gegen Tränen und Geschrei setzt sie ihr arrogantes Gesicht auf und formuliert druckreife Beiträge, die die Krise verschärfen. Chapman scheint den unwürdigen Wettbewerb zu genießen. Unter dem Vorwand, Frieden stiften zu wollen, zeigt er Susannah Marians Briefe und Marian die Elisabeths und hofft, »daß sie nun Freundinnen werden«.

Die Kernfrage, die nicht nur Susannah und Elisabeth, sondern auch die Eliot-Biographen umtreibt, ist natürlich: Hatten die Damen Grund für ihre Anschuldigungen, oder verdienten John und Marian sie »in keiner Weise«? Wo hätten sie einander treffen können? Nicht in Miss Evans Zimmer, da Frau oder Geliebte stets hereinplatzen konnten – und sei es unter dem lächerlichen Vorwand, am Deutschunterricht teilnehmen zu wollen. Eine war immer auf dem Posten… Doch Chapman, der allem nachstellte, was Röcke trug, wird Mittel und Wege gefunden haben; wenn nicht in London, dann später auf dem Land. In seinem Tagebuch notierte er Elisabeths Monatsregel mit einem kleinen +. Elf Tage nach ihrer Ankunft findet sich dort auch Marians Initial und der Eintrag »unpäßlich«. Schwer vorstellbar, daß ihm lediglich ein medizinisches Interesse zugrunde lag. Und welcher Herr hätte sich einer Dame gegenüber zu einer solchen Frage erkühnt?

Viele Jahre später spazierte Mr. Chap mit einem Freund an der alten Adresse vorbei, und als dieser auf George Eliot zu sprechen kam, drückte jener vielsagend seinen Arm und flüsterte: »Wissen Sie, sie hat mich einmal außerordentlich gemocht.« Ach ja? Oho!

Im März ist Marians Gastspiel am Strand erst einmal zu Ende.

Sie hatte viele interessante Menschen kennengelernt, aber die großen Aufträge waren ausgeblieben. Den vereinten weiblichen Kräften und einem Schlawiner, der das emotionale Chaos noch schürte, hielt sie letzten Endes nicht stand. Chapman bringt sie zur Bahn nach Euston Station. »Sie war sehr traurig und machte mich ebenfalls traurig«, schreibt er. »Sie drängte mich, meine Gefühle ihr gegenüber zu erklären. Ich sagte ihr, daß ich große Zuneigung zu ihr empfände, daß ich S. und E. aber ebenfalls liebte – jede auf eine andere Weise. Nach dieser Erklärung brach sie in Tränen aus. Ich versuchte sie zu trösten und erinnerte sie an die lieben Freunde und das schöne Heim, in das sie zurückkehrte, aber der Zug brauste mit ihr davon, wie sie war – sehr, sehr traurig.«

Damit ist das Kapitel jedoch nicht abgeschlossen. Chapman findet bald einen Grund, mit Marian zu korrespondieren. Er, der ständig in finanziellen Schwierigkeiten steckt, wünscht sich einen Katalog der Publikationen seines Hauses mit Inhaltsangaben und kritischer Würdigung. Und er weiß auch schon, wer diesen Katalog für liebe Worte statt für gutes Geld schreiben wird. Er sollte sich nicht täuschen.

Im Mai startet der unverdrossene Mann ein weiteres Projekt. Er kauft die *Westminster Review*. Diese Vierteljahres-schrift, 1824 von James Mill gegründet, war ein kleines, in Intellektuellenkreisen einflußreiches Blatt. Ihre Blüte erlebte sie um 1840 unter der Leitung von John Stuart Mill als Sprachrohr der Progressiven, doch war ihre Auflage mit rund tausend Exemplaren für heutige Verhältnisse lächerlich gering. Als Chapman das Blatt 1851 erwarb, war es für 300 Pfund zu haben.

Abgesehen von den wenigen Anzeigenkunden war die *W. R.* auf Sponsoren angewiesen, und die machte sich John Chapman auf zu suchen. Das erste und wichtigste war ein gutes Konzept, in dem die ernsten Absichten ebenso wie der zu erwartende ökonomische Erfolg griffig formuliert waren. Dieser Aufgabe fühlte sich Mr. Chap allein nicht gewachsen. Eine Reise nach Coventry schien unerläßlich.

Miss Evans empfängt ihn »schüchtern, still und liebevoll«. Ihre Korrespondenz in Sachen Verlagskatalog war bisher betont geschäftsmäßig. Sie wünschte, als Mitarbeiterin ernst genommen zu werden. »Seien Sie bitte offen, das ist das erste, zweite und dritte, das ich fordere, obwohl ich eine Frau bin und launisch erscheine. Sie müssen mir auch gestatten, Ihre Kritik zu kritisieren.« Immer war ihr bewußt, daß zwei weitere Augenpaare Einsicht nahmen. Daher lagen ihren offiziellen Verlautbarungen kleine Zettel bei, die Mr. Chapman »unaussprechlich entzücken«, und die er schnell verschwinden ließ – so »lebendig, intelligent und überfließend von Liebe und Zärtlichkeit« waren sie. »Ich fühle, sie foltert meine Seele«.

Die berufliche Seite ihrer Beziehung hatte Marian bald durchschaut. Chapman war nicht sehr gedankenreich, und das Wenige wußte er nicht zu formulieren. Doch war er selbstkritisch genug einzusehen, daß er die *Westminster Review* nicht allein herausgeben konnte. Er brauchte eine Stütze, die ein Gespür für Themen hatte, Autoren ansprechen, gescheit redigieren und selbst eine literarische Kolumne schreiben konnte

– umfassend gebildet, unendlich fleißig, unsäglich anspruchs-
los – und ihn die Meriten einstreichen ließ. Er brauchte Marian Evans. Aber auch sie konnte ohne ihn nichts werden. Es
war ihre letzte Chance für eine Karriere, und sie trat sie ohne
Gehalt an – für Vollpension und Mr. Chapmans leuchtende
Gegenwart.

Als erstes schreibt sie das Konzept um, mit dem er nach
Coventry gekommen ist. Die *W. R.* war ein »radikales« Blatt
in den Grenzen des vor 150 Jahren Vorstellbaren. Die Revolution der Arbeiterklasse gehörte zum Beispiel nicht dazu. Was
langsam gewachsen war, konnte sich nur langsam zum Besseren verändern. Mit diesem bodenständigen Konzept paßten
die Tochter von Robert Evans und die *Westminster Review* gut
zueinander. Das Blatt sei dem »Gesetz des Fortschritts« verpflichtet, formulierte sie in dem neuen Prospekt, »modifiziert
durch die Erfahrungen der Vergangenheit und die Bedingungen der Gegenwart.« Im »unbeirrbaren Glauben an den Sieg
der Wahrheit« unterstützte die *W. R.* die »schrittweise Aus-
weitung des Wahlrechts ... sowie nationale Regierungen in
den Kolonien zur Festigung des Empires.« Die Religion –
damals ein so wichtiges Thema wie heute Politik und Soziales
– würde »im Geist ehrerbietiger Sympathie« behandelt. »Die
Elemente kirchlicher Autorität und kirchlichen Dogmas«
müßten hingegen einer furchtlosen Prüfung standhalten.

George Combe, der Chef-Phrenologe, der in diesen Tagen
die Brays besucht und sich als Sponsor für die *Westminster
Review* anwerben läßt, rät Chapman »bei allem Respekt ...
Miss Evans Takt und Urteilsvermögen zu Ihrer Unterstützung einzuberufen. Gewisse Organe sind in ihrem Gehirn
weiter entwickelt als in dem Ihren, und sie wird genauer beurteilen können, welchen Einfluß Ihr Handeln und Schreiben
auf andere hat.«

Auf der geschäftsabgewandten Seite ihrer Beziehung gelingt es Mr. Chap jedoch immer wieder, Marian aus der
Fassung zu bringen. Die zwei Wochen auf Rosehill sind »un-

aussprechlich entzückend«. Niemand nimmt Anstoß an ihrer Zweisamkeit, niemand schleicht über den Flur oder steht unvermutet in der Tür. Aber wie wenig zartfühlend der flotte Herr aus London sein kann, zeigt sich bei einem Ausflug zur Ruine Kenilworth. Dort schwätzt er gedankenlos über die Schönheit der Natur und die Schönheit des Menschen, ihren Zauber und ihr unergründliches Geheimnis. »Meine Worte verletzten sie, und es war vorbei mit ihrer Fröhlichkeit – vielleicht weil ihr bewußt wurde, daß sie selbst nicht schön war.« Marian bricht in Tränen aus. Nicht immer wohnt in den wohlgestalteten Hüllen eine entsprechende Seele.

Ein Zufall führt in diesem Sommer noch zwei Gäste nach Rosehill: Thornton Leigh Hunt und seine Frau Kate aus der großen Künstlerfamilie Gliddon. Der 40jährige Thornton, Sohn des Schriftstellers und Byron-Adlatus Leigh Hunt, war Nachkomme einer alten Kolonistenfamilie aus Barbados. Sein olivefarbener Teint und sein »Äffchengesicht« ließen ihn den Damen interessant erscheinen. Zusammen mit seinem Freund George Henry Lewes hatte Hunt gerade das radikale Wochenblatt *The Leader* gegründet. Auch privat teilte man Leidenschaften und Interessen. Mrs. Hunt erwartete im kommenden Winter ein Kind von Thornton, Mrs. Lewes desgleichen. Die Hunts lebten mit verheirateten und ledigen Gliddon-Schwestern in einer großen Wohngemeinschaft in Bayswater, einem »Phalansterium« nach dem Konzept des französischen Frühsozialisten Charles Fourier, der in einer zukünftigen Gesellschaft Männer und Frauen gleichberechtigt ihren Fähigkeiten und Trieben folgen sah. Arbeit und Vergnügen würden einander die Waage halten, die Ehe wäre abgeschafft. Frauen erhielten mit 18 Jahren ihre »Liebesvolljährigkeit« und dürften danach jeden Mann wählen, der ihnen gefiele. Weniger gründlich durchdacht war die Organisation des Haushalts und die Sache mit den Kindern, die als eine Art gemeinsames Guthaben geführt werden sollten. (In Fouriers Schriften ist wiederholt die Rede von der Knechtschaft der

Männer im Haushalt – wobei die Mühen der Überwachung und nicht die tatsächlichen Handgriffe gemeint waren. Im Bayswater-Phalansterium wurden die niederen Arbeiten jedenfalls den unverheirateten Gliddon-Schwestern aufgehalst.)

George Henry Lewes und seine blumenschöne Frau Agnes bereicherten diesen Zirkel. Man traf sich abends, diskutierte, sang und spielte Scharaden. Es war bestimmt sehr amüsant dort und gar nicht orthodox, allerdings versagte die Utopie, als es ans gleichberechtigte Teilen der Guthaben ging, und der Geleimte war am Ende der »liebe Bruder George«.

Von derlei schockierenden Vorgängen ist im Mai auf Rosehill nicht die Rede. Marian findet Kate Hunt und ihren Gatten sehr liebenswürdig, aber eigentlich ist sie mit ihren Gedanken in London und bei der *Westminster Review*. Welcher Autor käme für welchen Artikel in Frage? Wäre Miss Martineau wirklich befähigt, einen Abriß über die Ideen des Philosophen Comte zu schreiben? Eine bewundernswerte Frau, sicherlich, aber nicht unbedingt ein Name für die Titelseite. Man mußte sich ja nicht gleich mit der ersten Nummer die Finger verbrennen. Mr. Chap tut, wie ihm geheißen; er schreibt Briefe an Autoren und Geldgeber nach Marians Notizen.

Außerdem ist er beschäftigt, Susannah und Elisabeth auf seine neue Assistentin vorzubereiten. Als er und Marian sich im Mai verabschiedet hatten, lagen offenbar zwei bedenkenlose Wochen hinter ihnen, denn sie hatten einander schuldbewußt einen heiligen Eid geschworen, »der uns hinfort band, das Rechte zu tun«. Auch seinen beiden Frauen in London schwört Chapman hoch und heilig, von Miss Evans abzulassen. Als sie im Oktober 1851 zum zweitenmal in 142 Strand einzieht, rührt sich kein Widerstand. »Sie ist ein edles Geschöpf«, schreibt Chapman erleichtert. Und ein nüchternes. Marian Evans nimmt auch den halben Himmel, wenn sie nur endlich eine neue wunderbare Aufgabe erfüllen kann.

VI

Ein plötzlicher Gedanke über die Beziehung zwischen ›Liebenden‹. Wir sind weder männlich noch weiblich. Wir sind eine Mischung von beidem. Ich wähle den Mann, der das männliche Prinzip in mir entwickelt und erweitert; er wählt mich, damit ich das weibliche Prinzip in ihm entwickle. Damit wir ›ganz‹ werden... Und warum ich einen Mann dafür wähle und nicht viele, geschieht der Sicherheit wegen. Wir binden uns mit einem Ring, und dieser Ring ist sozusagen eine Mauer gegen die Außenwelt. Er ist unsere Zuflucht, unser Schutz. Hier gibt es keine Tricks. Hier ist Sicherheit, damit wir wachsen können. Was, ich rede wie ein Kind!

(Katherine Mansfield)

Marian Evans mochte eine Landpomeranze sein, die sich unmöglich anzog und auch sonst nicht comme il faut war, aber wenn sie die Worte setzte, zuckte keiner zurück, wie vielleicht vor Eliza Lynn mit den kieselblauen Augen und der Stimme, die sich in ungeahnte Höhen schwang und gar nicht wieder abzusetzen schien. »Eine böse Frau aus der Schwesternschaft der Zänkerinnen«, wie man so hörte. Oder vor Harriet Martineau, ihrem tückischen Sinn und tauben Gepolter. Oder vor Charlotte Brontë, die ein ungezogenes Buch geschrieben hatte und eine dermaßen humorlose alte Jungfer sein sollte...

Marian Evans war da ganz anders. Sie ließ die Männer glänzen. »Je kultivierter eine Frau – wie auch ein Mann – ist, um so schlichter gibt sie sich, und um so unaufdringlicher ist ihre Bildung ... Weder deklamiert sie Gedichte, noch zitiert sie Cicero beim geringsten Anlaß; nicht nur weil sie glaubt, daß den Vorurteilen der Männer ein Opfer gebracht werden muß, sondern weil ihr diese Art, ihr Gedächtnis und ihre Lateinkenntnisse zu demonstrieren, weder erbaulich noch angebracht erscheint. Sie schreibt keine Bücher, um Philosophen in Erstaunen zu setzen; vielleicht weil sie Bücher schreiben kann, die sie entzücken. Im Gespräch ist sie alles andere als furchteinflößend, weil sie dich versteht und dir nicht das Gefühl gibt, daß du sie unmöglich verstehen kannst.«

Männer machten ihr einfach mehr Spaß als die unvermeidlichen Ladies. Eine Gesellschaft bei Miss Swanwick – »zwölf Damen und zweieinhalb Herren« – das war kein gelungener Abend. »Ich wünschte, ich könnte andere Frauen so herzlich lieben wie Dich und Cara«, gesteht sie Sara, »aber irgendwie stellen die Männerfreundschaften die Frauen immer in den Schatten.«

Mit den Herren plaudert sie furchtlos und wirbt die begehrenswertesten gleich als Mitarbeiter an. Zu Chapmans Soireen kommen Charles Dickens und William M. Thackeray, die politischen Exilanten Louis Blanc und Giuseppe Mazzini. Ferdinand Freiligrath macht sich bekannt. Er besucht Karl Marx. Auch Marx kennt Chapman; seine Redakteurin hat er jedoch nie getroffen. Welch ein Gespann wären sie gewesen, dort auf dem Sofa am Kamin...

Florence Nightingale, die gerade von den Diakonissen in Kaiserswerth zurückkommt, wird Miss Evans vorgestellt. Aus der Redaktion des *Economist* von gegenüber erscheint Herbert Spencer, Gründervater der Soziologie. Joseph Parkes, der radikale Abgeordnete aus Birmingham, der die Übersetzung des *Leben Jesu* in die Wege geleitet hatte, bringt seine Tochter Elizabeth – »Bessie« – mit, die Gedichte schreibt und für die Rechte der Frauen streitet. Darf Miss Parkes hoffen, in Miss Evans eine Gleichgesinnte gefunden zu haben? Miss Evans zieht ein wenig den Atem ein. Sie ist für allerlei Gedankenspiele zu haben, aber dieses reiche junge Mädchen, das sich im Leben noch keine Sorgen um die Miete machen mußte, kommt ihr doch ein wenig – nun – unerfahren vor.

John Stuart Mill hatte bereits 1851 in der *Westminster Review* das Wahlrecht auch für Frauen gefordert, aber Marian Evans war zufrieden mit dem schleichenden Fortgang der Bemühungen diverser Komitees. »Die Frauen verdienen noch kein besseres Los, als die Männer ihnen geben.« Bessie ist da entschieden anderer Meinung. »Miss Parkes ist ein liebes, eifriges, aufrechtes Geschöpf, und ich hoffe, daß wir gute Freundinnen werden.« Doch eigentlich bedarf Marian ihrer nicht. »Chère enfant« nennt sie die zehn Jahre Jüngere.

»Ich weiß nicht, ob Du Miss Evans mögen wirst«, teilt Bessie im Gegenzug ihrer Freundin Barbara Leigh Smith mit, »zumindest wirst Du ihren weiten, vorurteilsfreien Verstand schätzen, ihre vollständige Überlegenheit gegenüber den meisten Frauen. Aber ob Du und ich sie jemals als Freundin lieben werden, kann ich ganz und gar nicht sagen. Da ist bisher noch kein hohes moralisches Ziel sichtbar, das allein die Liebe weckt. Ich meine, sie wird sich noch ändern. Große Engel brauchen lange, um ihre Flügel zu entfalten, aber wenn sie es tun, steigen sie auf und entschwinden aus unserem Gesichtskreis. Miss Evans hat entweder keine Flügel, oder – was ich eher glaube – sie sprießen erst.«

Barbara Leigh Smith zu lieben, findet Miss Evans viel weniger anstrengend. Sie kommt aus einer »mit Tabu belegten« Familie. Ihr Vater, Benjamin Leigh Smith, war Reformpolitiker und ein höchst unkonventioneller Erziehungsberechtigter. Er hatte als betagter Junggeselle eine hübsche 17jährige Miss Longden aufgelesen, eine Modistin, die er zu sich nahm und zur Mutter von fünf Kindern machte, die er sämtlich nicht zur Schule schickte, sondern an seinen philosophischen und politischen Debatten teilnehmen ließ, sobald sie einen zusammenhängenden Satz äußern konnten. Seine Kutsche ließ er zu einem Omnibus ausbauen, mit dem die Familie über Land zockelte. Mr. Leigh Smith war überzeugt, daß das Reisen bilde. Barbara war seine Älteste. Sie trug den Makel ihrer unehelichen Geburt mit Gelassenheit. Es kränkte sie nicht, daß Base Florence Nightingale ihre Gesellschaft mied. Statt dessen zog sie mit Bessie, »die genau so einen Sparren hat wie ich«, durch Europa. Dante Gabriel Rossetti war begeistert von ihrer unkonventionellen Erscheinung: »... gesegnet mit jeder Menge Zaster, Fett, Enthusiasmus und blondem Haar, die es völlig in Ordnung findet, in Hosen einen Berg zu besteigen und ohne dieselben einen Fluß zu durchwaten ... Sie hat uns alle zum Lunch eingeladen, und vielleicht werde ich gehen, denn sie ist einfach ein prima Kerl.«

Auch Barbara Leigh Smith war eine Tochter, die sich um Miete und Nebenkosten keine Sorgen machen mußte – ihr Vater stattete sie mit einem runden Jahreseinkommen von 300 Pfund aus – aber dank ihrer Außenseiterstellung entwickelte sie ein waches Bewußtsein für gesellschaftliche Ungerechtigkeiten und verschaffte sich in Kampagnen für Frauenstimmrecht, Gesetzes- und Bildungsreform Gehör.

Acht Jahre jünger als Marian, wurde Barbara ihre beste, vielleicht einzige Freundin, nachdem die Verbindung zu Cara und Sara gerissen war. Sie durchdrang ohne Zimperlichkeit Lewes vorgeschobene Deckung gegen die konträre Welt; sie war liebevoll und aufrichtig, eine begabte Malerin, ein unabhängiger Geist und eine mutige Frau. Das Wesentliche ihrer Freundschaft aber war, daß Barbara sich nicht in den Kreis der »Töchter« hineinziehen ließ, die Marian um sich scharte. Dieser strahlende Blick, dieser ausdrucksvolle Mund, dieser furchtlose Auftritt in der Welt der Männer weckte in vielen Jüngeren schwärmerische Hingabe. »Oh, es ist so süß von ihr, daß sie erduldet, von mir geliebt zu werden«, seufzte Edith Simcox später. Eine junge Amerikanerin, die sie nie gesehen hatte, schrieb ihr: »Ich liebe es, Dich zu lieben. Du bist so liebenswert... aber dieses Wissen darf Dich nicht mit dem Gewicht eines Rosenblatts belasten.« Marian nahm diese unerwiderbaren Gefühle mit der Distanz einer mütterlichen Domina entgegen. Barbara hingegen war ihrer Überlegenheit nicht bedürftig; im Gegenteil. Sie war »der Sonnenstrahl, der auf den welken Kohl fiel« – Marians Worte. Die eine, dunkel, schmal und introvertiert, »war voll edler Gedanken«, die andere, blond, üppig und überschwenglich, »voll edler Werke«, schrieb Barbaras Biographin.

Im Februar 1853 meldet Bessie Barbara einen vermeintlichen Erfolg: »Marian Evans hat sich endlich entschlossen, mich zu lieben. Kürzlich ließ sie mich an ihrer Seite sitzen, sah mir gerade in die Augen und sagte: ›Als ich dich kennenlernte, dachte ich, du hättest ein gerüttelt Maß an Selbstbewußtsein von der Sorte, die die eigene Meinung immer in den Vordergrund stellt. Aber ich habe diesen Eindruck ganz verloren. Ich glaube, wenn wir einen Menschen lieben, verlieren wir das Bewußtsein für seine Fehler.‹« Und Bessie, anstatt konsterniert zu antworten: Meine Liebe, Ihnen fehlt es ja wohl auch nicht an Meinungsstärke, ist »unaussprechlich berührt. Ich weinte fast. Diese merkwürdige Mischung aus Wahrheit und Liebenswürdigkeit ist so groß in Marian. Sie erspart dir nichts, sie spricht ihre Meinung, ob gut oder schlecht, mit unnachgiebiger Deutlichkeit aus. Sie sieht deine Fehler und verliert dennoch nicht ihre Zärtlichkeit.«

Aber Marian Evans eigentliches Anliegen ist nicht die Zurechtweisung junger Damen, sondern die *Westminster Review* und wie sie wieder flottzumachen sei. Zehn Ausgaben, vom Januar 1852 bis zum Januar 1854, erscheinen unter ihrer Federführung. Carlyle, der schreckliche Mensch, hat sich entschlossen, für die Konkurrenz zu schreiben, obwohl sie ihm einen so schmeichelhaften Brief geschrieben und drei schöne Themen angeboten hat. (Der schottische Philosoph, Historiker und »Weise von Chelsea« schreibt nicht für die *W. R.*, weil sie ihm dreißig Prozent weniger Honorar von dem bietet, wofür er sich schon vor zwanzig Jahren für die *Edinburgh Review* geweigert hat zu schreiben.) Der Artikel von George Combe ist völlig verstiegen, um die Hälfte zu lang und muß mit äußerster Delikatesse gekürzt werden. Combe ist einer der Geldgeber für die *W. R.* und glaubt daher, in unangemessener Breite über eine Gefängnisreform auf der Basis der Phrenologie schreiben zu können. »Ich bin nur eine Frau und etwas weniger als eine halbe Redakteurin...«, entschuldigt sie sich für den Schlamassel, den John Chapman unter den Autoren anrichtet. Nicht nur gibt er Artikel in Auftrag bei Leuten, die zwar eine opportune politische Haltung auszeichnet, denen jedoch kein gerader Satz gelingt; Evans muß ihn auch davon abbringen, selbst als Verfasser aktiv zu werden. Er möge doch seine Würde als Herausgeber nicht schmälern... Mit Geduld und Geschick. Und doch: Glühende Spieße möchte sie durch den Autor stechen, der auch nach der dritten Fassung noch nicht begriffen hat, worauf es ankommt. Nach einigen Monaten werden die Ressourcen knapp. Es ist zweifelhaft, ob Chapman die 250 Pfund Honorar für die nächste Nummer aufbringen kann. Er stopft Löcher und reißt neue auf. Harriet Martineau springt mit einem Kredit ein. Dr. Brabant stattet ihm einen schmerzlichen Besuch ab. Er will die 800 Pfund, die er ihm geliehen hat, nach zwei Jahren zurückhaben. Mr. Chap verspricht alles und hält wenig. Trotzdem: »Die Nummer 3 wird kapital! Durch und durch lesbar – ohne Windbeutelei!« triumphiert Marian.

Diese *Westminster Review*, dieses ganze Pressewesen um die Mitte des letzten Jahrhunderts, muß uns Heutigen, die wir mit großen Bildern und kurzen Texten überschwemmt werden, fremdartig, ja sträflich in seinem Bemühen vorkommen, rein gar nichts zur Steigerung der Auflage zu unternehmen. Artikel zogen sich über 30, 40 Seiten ohne eine einzige Illustration; aus rezensierten Büchern – an die hundert pro Ausgabe – wurden halbe Kapitel zitiert. Die *W.R.* war eine Bleiwüste vom Anfangsinitial bis zum Schlußpunkt. Wer die Januar-Nummer kaufte, hatte bis April genug zu lesen. Aktualität konnte dabei notgedrungen keine Rolle spielen, aber auch prominente Namen waren kein Pfund, mit dem die Redaktion wucherte. Zeitungen warben nicht mit ihren Autoren, alle Artikel erschienen anonym. Das Publikum durfte raten, ob nun John Stuart Mill, Herbert Spencer, George Henry Lewes, Harriet Martineau oder T.H. Huxley aus der

Deckung scharf auf ihre Widersacher schossen. Natürlich wäre es aus heutiger Sicht gescheiter gewesen, Martineaus umstrittenen Namen auf den Titel zu setzen. Natürlich war es ein Fehler, Charlotte Brontë nicht um einen Beitrag zur zeitgenössischen Literatur zu bitten, da sie sich als eine der Vorzüglichsten nicht selbst besprechen konnte. Und welch krause Idee war es, ein Goethe-Zitat – auf deutsch und falsch geschrieben – auf den Titel zu setzen (und einen Tobsuchtsanfall gegen den Korrektor zu erleiden)!

Manchmal ist die Welt sehr häßlich; die Arbeit zum Erstikken, das dunkle Zimmer »wie ein Platz im Schornstein«, und die Füße werden nicht mehr warm. »Aus den Tiefen von Elend und blauen Teufeln« muß sie einfach nach Coventry fahren, Cara und Charles umarmen, »einmal über die Hügel schnaufen« und zurück. Der unberechenbare und faule Mr. Chap, der jammernd in seinem Büro sitzt, kann nicht lange allein gelassen werden. »Heute morgen geht es mir besser, nachdem ich mich ausgeheult habe«, schreibt sie an Cara. Besucher finden die Redakteurin in unkonventioneller Haltung, den Sessel schräg zum Feuer gerückt, ihre Füße über der Armlehne, das Haar über den Schultern und mit einem Stoß Manuskripte oder Korrekturfahnen im Schoß.

Meist trägt sie schwarzen Samt, ein Stoff, der eigentlich verheirateten Frauen vorbehalten ist; und so erinnert sich auch Bessie an sie, wie sie am Arm ihres Vaters die Treppe des Hauses in Savile Row herabschreitet, die einzige Dame außer Mrs. Parkes im Kreis von Politikern und Literaten. »Sie lachte leise und schaute respektvoll in Vaters Gesicht auf, während das Licht der Vorhallenlampe auf die wogende Masse ihres Haares fiel und auf die schwarzen Samtfalten, die ihre Füße umspielten.« Miss Evans ist gesellschaftsfähig geworden. Sie kann sich ihre Unterhaltung aussuchen. Ein Ball bei Miss Parkes? – Leider habe sie keine passende Garderobe, nur das Schwarze. In Abendgesellschaft fiele es nicht groß auf, wenn sie wie ein Zausel mit am Tisch säße, aber auf einem Ball wolle sie nicht wie ein welker Kohlkopf in einem Blumengarten erscheinen. (Außerdem steht zu erwarten, daß sowieso nur dummes Zeug geschwätzt wird.)

Ein lieber Kollege, der sie öfter in die Oper oder ins Theater führt, ist Herbert Spencer; beim *Economist* zwar nicht für das Feuilleton zuständig, aber dennoch oft mit Freikarten beschenkt. In Covent Garden sehen sie das königliche Paar in seiner Loge. »Ich habe mich in Prinz Albert verliebt«, berichtet sie keß. »Er ist ein Mann, auf den man stolz sein kann. Die Queen ist beklagenswert, furchtbarer, je länger man sie anschaut – so unglaublich gewöhnlich in Gestalt und Ausdruck.«

Mr. Spencer steht »schon eine ganze Weile auf vertrautem Fuß« mit Miss Evans, schreibt er im April 1852. »Ich bin recht oft bei Chapman«, und die Tiefe ihres Intellekts, verbunden mit einem gewissen weiblichen Charme ließen ihn den größten Teil des Abends an ihrer Seite verweilen. Herbert Spencer, der 1850 sein erstes Buch *Social Statics* bei Chapman veröffentlicht hatte, galt neben John Stuart Mill als der bedeutendste Philosoph des viktorianischen Zeitalters und Begründer der Soziologie. Er war ein überaus wunderlicher Mann, eine Denkmaschine ohne das geringste Einfühlungsvermögen in andere Menschen und ein Hypochonder von großen Gnaden. Der Erfinder der »synthetischen Philosophie« führte alle Vorgänge (einschließlich der zwischenmenschlichen) auf ein einziges Gesetz, das der Fortwirkung der Kraft, zurück. Erscheinungen, die sich dieser Sichtweise entgegenstemmten, wurden von Mr. Spencer so lange bearbeitet, bis sie sich seinem vorgefaßten Entschluß anbequemten. Er hatte »allerlei Theorien über Pflanzen«, und Marian begleitet ihn auf einer »wissenschaftlichen Expedition« nach Kew Garden, die man, wie sie schreibt, »eher eine Jagd nach Beweisen« nennen konnte. »Wenn sich die Blumen nicht in die Theorien fügten – tant pis pour les fleurs.« Doch sie schätzte zunehmend seine Gespräche und war bereit, über seine Schrullen hinwegzusehen.

Spencer, 1820 geboren, war ein einsames, tagträumendes Kind von erstaunlicher physischer Energie gewesen. Aus der Schule seines Onkels in Bath, wo es ihm nicht gefiel, war er nach Hause marschiert, 115 Meilen Landstraße, ehe er am dritten Tag von einer Kutsche aufgelesen wurde, die den halbverhungerten Knaben heim nach Derby brachte. Er wurde Eisenbahningenieur, ein begabter Erfinder technischer Vorrichtungen, aber geplagt von der täglichen Routine. Nicht alle seine Berechnungen erzielten indessen wünschenswerte Ergebnisse. Ein Wägelchen ohne Bremsen, das er an den Schnellzug nach London gehängt hatte und von dem er sich an einer bestimmten Stelle abzukoppeln gedachte, um mit dem Restschwung friedlich in seinen Heimatbahnhof einzulaufen, brauste mit 50 Sachen durch die Station und blieb schließlich viele Meilen außerhalb auf offener Strecke liegen. Ein Bahnwärter half ihm, den Anhänger auf ein Nebengleis zu schieben, und Herbert Spencer machte sich wieder einmal zu Fuß auf den Rückweg.

Von der »London & Birmingham Railway« schließlich und zu seiner Erleichterung entlassen, nahm er einen Posten als Redakteur an, der ihm Zeit ließ, seine großen Gedankengebäude zu errichten, in denen er, unter dem Einfluß von Comte, Philosophie und Naturwissenschaften vereint wohnen ließ. Jahre vor Darwin verfiel er auf die Gesetze der Evolution und prägte das Wort vom »Überleben der Tauglichsten«. Die Sozialforscherin Beatrice Webb, in deren Elternhaus Spencer verkehrte, beschrieb den Philosophen in seinen mittleren Jahren:

»Ein fein modellierter Kopf, vor der Zeit kahl, lange bewegliche Oberlippe und mächtiges Kinn, eigensinnig zusammengepreßter Mund, kleine funkelnde Augen, eine starke römische Nase – im ganzen ein bedeutender Kopf auf einem langen, schmalen, feingliedrigen Körper, der in winzigen Füßen und Händen endete. Die sehr förmlichen Manieren und die genau klare Redeweise des Philosophen hatten, wie seine übermäßig sorgfältigen, aber schrullig unkonventionellen Gewänder, Distinktion, sogar eine gewisse Eleganz ... Aber den tiefsten Eindruck ... hinterließ eine Verwandlungsszene: sanftes Wohlwollen, glatte Stirn – der normale Ausdruck im Angesicht von Kindern und Schwachen – veränderten sich immer dann zu zitternder Empörung, zornigen Augen und einer Stimme, die so schrill wurde, daß man ihren Ton nur noch Keifen nennen konnte, wenn er ›dafürhielt‹, daß seine eigenen oder eines anderen Menschen persönliche Rechte verletzt würden.«

Mit den Jahren wurde Spencer immer sonderbarer. Seine Unfähigkeit, von sich abzusehen, führte zu einer neurotischen Besorgtheit um die eigene Person und zu unbedachtem Rauschgiftkonsum. Für die zerebrale Hygiene erfand er ein Paar elastische Ohrenschützer aus Samt, die er immer dann überstülpte, wenn eine in das Spencersche Weltbild nicht passende Meinung geäußert wurde. Aus dem gleichen Grund maß er auch regelmäßig seinen Puls, und wenn zu befürchten stand, daß eine Situation ihn zu stark erregte, verließ er ohne Umstände die Gesellschaft oder ließ seine Kutsche wenden und nach Hause fahren.

Bei aller Wehleidigkeit muß Spencer ein hartgesottener Bursche gewesen sein. Wie anders hätte er sonst 20 Jahre Opium-Mißbrauch und die selbstverordneten zerstörerischen Kuren überstehen können? Um die zerebralen Strömungen auch nachts im Flusse zu halten, tauchte er zum Beispiel seinen Kopf in Salzwasser, zog eine wasserdichte Kappe über und legte sich so zu Bett. Sein Herzflimmern, das er sich angeblich bei anstrengenden Touren in den Alpen zugezogen hatte, hinderte ihn nicht, mit seinem Freund Lewes exzessiv über Land zu schweifen. Es trat gewöhnlich auch nur dann auf, wenn unliebsame Vorgänge trotz der Ohrenschützer in sein Bewußtsein drangen, etwa der Vorschlag, sein Heil in der Ehe zu suchen. Er war erklärtermaßen ein Wrack, blieb aber 84 Jahre lang schlecht und recht über Wasser. »Wenn Pessimismus heißt, daß man lieber nicht gelebt hätte, dann bin ich Pessimist«, sagte er wenige Tage vor seinem Tod.

Dieses arme verschrumpelte Herz versucht nun die liebenswerte Marian Evans zu erwecken. Sie sähen sich täglich, schreibt sie, und hätten eine reizende »Cameraderie« entwickelt. »Ohne ihn wäre mein Leben einfach schrecklich; der arme Mr. Chap ist so beschäftigt und betrübt.« Auch Spencer fühlt sich ungewöhnlich belebt. Gewiß ist Miss Evans die bewunderungswürdigste Frau, der er je begegnet ist – intellektuell. Er darf sie bei ihrem »teuflischen« Kosenamen – Apollyon/a Polly Ann – rufen. Aber schon baut er vor, um sich vor ihrem emotionalen Zugriff zu schützen. Offenbar in ähnlich freimütiger Manier wie Mr. Chapman spricht er von der Schönheit und wie unabdingbar sie ihm bei der Wahl einer Lebensgefährtin sei, selbst wenn die geistigen und emotionalen Qualitäten von der ersten Sorte sein sollten. »Meine Wahl ist begrenzt . . . ich bin schwer zufriedenzustellen . . . Seit ich ein Junge war, habe ich mich danach gesehnt, daß meine Gefühle geweckt würden. Immer fühlte ich mich nur halb am Leben, und ich habe immer gehofft, eines Tages wirklich zu leben. Aber . . . meine verstörende Art denjenigen gegenüber, die mich nicht kümmern, meine Gewohnheit zu streiten und Andersgesinnte in respektloser Weise zu beleidigen, waren nur einige der vielen Schwierigkeiten auf meinem Weg.«

Tatsächlich war Herbert Spencer gar nicht fähig, einen anderen Menschen neben sich wahrzunehmen, geschweige denn zu lieben. Theoretisch ganz auf der Höhe, schrieb er: »Gleichheit kennt keine Geschlechter«, aber praktisch flößte ihm die unbegreifliche Körperlichkeit der Frauen einen tiefen Schrecken ein. Er fand im Leben kein passendes Gespons. Seine letzten 26 Jahre verbrachte er in einer Londoner Pension in Gesellschaft zweier alter Damen, die ihn wegen des Bildes von George Eliot, das in seinem Schlafzimmer hing, zu necken pflegten. »Was hatte sie für eine lange Nase!« gickelten sie. »Es muß schwer gewesen sein, sie zu küssen.« Und zu ihrem innigsten Vergnügen deutete Mr. Spencer an, diese Nase sei nicht nur theoretisch beim Küssen im Weg gewesen, sondern habe auch ein unübersteigbares Hindernis bezüglich einer Eheschließung dargestellt. Er, der sein Leben lang auf die Erlösung durch eine Prinzessin wartete, schien niemals zu bemerken, daß er selbst nur die Seele eines Froschs besaß.

In diesem Sommer 1852 munkelt man in London, der Philosoph und die Dame von der *Westminster Review* seien miteinander verlobt. Spencer beeilt sich, auch vor Marian, die Dinge klarzustellen. Sie seien übereingekommen, daß sie nicht ineinander verliebt seien, läßt Marian die Brays wissen (Herberts Idee), aber es gäbe keinen Grund, warum sie dennoch nicht so viel voneinander haben sollten, wie es ihnen paßte (Marians Idee). Sie versuchte einmal mehr, mit dem halben Himmel zu leben.

Von den Menschen, die Marian wirklich zugetan waren, schien keiner an ihrer Pferdenasigkeit Anstoß genommen zu haben. Bessie schrieb, daß »ihre blauen Augen und der obere Teil des Gesichts großen Liebreiz hatten. Die untere Hälfte war überproportional lang. Üppiges braunes Haar rahmte ein Gesicht, das in keiner Weise unschön war, vielmehr edel in der Kontur, sehr zart und freundlich im Ausdruck. Sie war recht groß...« (für ihre Zeit. Ihr Kleid im Museum von Nuneaton scheint für eine kleine, zierliche Person gemacht)... »ihre Figur außerordentlich biegsam; manchmal hatte sie eine fast schlangengleiche Eleganz.«

Im Juli 1852 beschließt Marian, daß Mr. Chapman zwei Monate ohne sie auskommen muß. Sie braucht dringend Ferien und fährt nach Broadstairs an die See – allein! Sie will mit niemandem über ihre Gefühle reden, sondern Muscheln sammeln, Blumen pflücken und Aristoteles lesen. Und sich natürlich aus der Ferne um Mr. Chap und die *W. R.* sorgen. »Wirst du dir jemals einen Redakteur leisten können?« seufzt sie. »Wenn ja, stell ihn sofort ein und laß mich meiner Wege ziehen.«

Spencer, wie immer auf seinen guten Ruf bedacht, besucht sie zweimal unter Aufbietung strengster Sicherheitsvorkehrungen. Trotzdem kommt es zu einem Auftritt zwischen den beiden, der Herberts Gesundheit erschüttert und ihn zur sofortigen Flucht veranlaßt. Eine sehr traurige, sehr ergebene Marian schreibt ihm nach London hinterher:

»Ich weiß, daß Dich dieser Brief sehr ärgerlich über mich machen wird, aber warte ab und sage nichts, so lange Du ärgerlich bist. Ich verspreche, ein solcher Sündenfall soll nicht wieder vorkommen... Ich möchte wissen, ob Du mir versprechen kannst, mich nicht zu verlassen; ob Du immer so oft wie möglich mit mir zusammen sein kannst und Deine Gedanken und Gefühle mit mir teilst. Falls Du Dich mit einer anderen verbinden solltest, muß ich sterben, aber bis dahin kann ich Mut fassen, arbeiten und mein Leben lebenswert machen... Ich verlange keine Opfer von Dir – ich wäre sehr artig und fröhlich und würde Dir nicht lästig sein. Aber ich finde es unmöglich, das Leben unter anderen Bedingungen weiterzuführen... Ich habe gekämpft, ja, das habe ich, allem zu entsagen und ganz und gar selbstlos zu sein, aber ich finde, daß ich es nicht kann; es ist mir zutiefst unmöglich. Diejenigen, die mich am besten kennen, haben immer behauptet, daß sich, wenn ich einmal liebte, mein ganzes Leben um dieses Gefühl drehen würde, und ich glaube, sie haben recht. Du verwünschst das Schicksal, das Dich zu der Person gemacht hat, auf die sich dieses Gefühl richtet – aber Du mußt nur Geduld haben, und dann wirst Du es nicht mehr verwünschen. Du wirst sehen, daß ich mit sehr wenig zufrieden sein kann, wenn ich keine Angst haben muß, es zu verlieren. Wahrscheinlich hat noch nie eine Frau einen solchen Brief geschrieben – aber ich schäme mich seiner nicht, denn ich weiß, daß ich im Licht der Vernunft und wahrer Kultur Deines Respekts und Deines Zartgefühls würdig bin, was immer dumme Männer und vulgäre Frauen von mir denken sollten.«

Damit ist auch diese Beziehung beendet. Tant pis pour Herbert Spencer.

Dennoch verloren sie einander nicht aus den Augen. Der alte Leguan kreuzte hinfort immer wieder einmal ihre Bahn, oft verdrossen und unerträglich, aber Marian betrachtete ihn mit Erbarmen und Ironie. Seine Gespräche verscheuchten ihre Gäste, die Wahl seiner Beinkleider war unglücklich, um das mindeste zu sagen, aber sie vergab: »Was einem Menschen nicht bewußt ist, dafür muß er nicht geradestehen.« Spencer vertraute John Cross später an, sie sei für ihn die »ideale Frau« gewesen.

Es fällt Marian um so leichter, Herbert zu verwinden, da ihr gekränktes Herz eine Stütze gefunden hat. Schon wenige Wochen nach ihrer Ankunft hatte Chapman ihr in einem Buchladen einen etwas zerzausten, spillerigen Herrn vorgestellt, von dem Marian bereits viel gehört hatte und dessen Erscheinung sie heimlich lächeln läßt. Das also war George Henry Lewes? Der Freund Thornton Hunts, der Schauspieler, Theaterkritiker, Journalist und Romancier? Autor einer populärwissenschaftlichen Geschichte der Philosophie, eines Buchs über den französischen Positivisten Comte und eines schlechten Theaterstücks namens *The Noble Heart*? Ein Westentaschen-Mirabeau, nicht wahr? Offenbar denkt sie an die Worte, die Thomas Carlyle in seiner *Französischen Revolution* für den schwerleibigen Adeligen gefunden hatte: Mirabeau, »mit seinen zottigen, überhängenden Augenbrauen, dem ungeschliffenen, gefurchten Gesicht voller Furunkel, seiner angeborenen Häßlichkeit, Pockennarben, Unkeuschheit, Bankrott – und dem Feuer des Genies.«

Lewes war in der Tat von beunruhigender Häßlichkeit, die sich zusammen mit seinem Ruf als Schwerenöter und Atheist zu einer interessanten Aura verdichtete. Eliza Lynn verabscheute ihn, mußte aber trotzdem immerfort in seine Richtung starren: »Er hatte einen engen Kiefer und eingezogene Wangen... helle, lebhafte, schön geformte Augen, eine

Menge hellbraunes Haar und einen sehr feuchten Mund, der immer in Bewegung war ... offen sinnlich, unverstellt genußsüchtig; sogar Herren fanden seine Gespräche nach Tisch widerlich, aber wo immer er ging, war ein Fleck von intellektuellem Sonnenschein im Zimmer.« Die Carlyles, die ihn gut leiden konnten, nannten ihn einfach »den Affen«.

Miss Evans, die unruhige Geister und untreue Herren zur Genüge kannte, war nicht beeindruckt. Aber Spencer brachte ihn immer häufiger zu den Soireen mit, und im Laufe der Monate verstand Mr. Lewes sich angenehm zu machen. In ihren Briefen taucht er als das Körnchen Salz auf, das fade Opernaufführungen und die betrüblichen Geschäfte des Chapmantums würzt. »Kaum hatte ich mich wieder hingesetzt, im Glauben, nun zwei ungestörte Stunden bis zum Dinner vor mir zu haben – rums an der Tür –: Mr. Lewes, der sich – natürlich – hinhockt und redet bis zum zweiten Läuten der Tischglocke.«

Mr. Bray, der diese neue Bekanntschaft Pollys nach Rosehill einladen will, wird gebremst: »Nicht, daß ich ihn nicht leiden könnte – au contraire – aber ich mag nicht so etwas Londonhaft/Großstädtisches um mich haben, wenn ich mich aufmache, um Felder und Hecken und ganz besonders eine über zehn Jahre gewachsene Freundschaft zu genießen.«

Wer war dieser Dandy aus der Großstadt, dieser geistreiche Zeitvertreiber, der sich still auf Miss Evans Fährte begeben hatte und deswegen sogar die Freundschaft von Mr. Bray suchte? Alles, was Marian nach Rosehill schreibt, findet durch geheimnisvolle Kanäle seinen Weg zu Mr. Lewes. »Er kann dir den Stand deiner häuslichen Geschäfte erzählen, natürlich mit Zugaben, wenn nicht gar Verbesserungen durch den Redakteur«, beschwert sie sich.

Geboren wurde George Henry Lewes 1817 in London als Enkel eines Komödianten und Sohn von John Lee Lewes, der bereits eine Familie verlassen und mit der hübschen, spitznasigen Elizabeth Ashweek eine zweite gegründet hatte, allerdings ohne sie zu heiraten. Nachdem sie ihm drei Söhne geschenkt hatte – George war der jüngste – löste er auch diese Familienbande und wanderte auf die Bermudas aus, wo er als Zollbeamter, Sklaven-Registrator und Heimatdichter wirkte, ehe er 1831 nach Liverpool zurückkehrte und dort starb. Elizabeth zog es vor, diesen unzuverlässigen Charakter beizeiten für tot erklären zu lassen, und ehelichte den schon älteren Kapitän John Gurens Willim, der bald von seiner neuen Familie, einschließlich Mrs. Willim, gehaßt wurde und den niemand vermißte, als er 40 Jahre später, unerträglich und hochbetagt, das Zeitliche segnete. Sein Enkel Thornton kommentierte den Abgang: »Der Kapitän ist also vom Schlitten gesprungen? Ich dachte schon, er würde ewig leben. Hat da vielleicht jemand die Treppe eingeseift?«

Die Familie des jungen George Henry führte ein unübersichtliches Wanderleben, tauchte mal in Nantes und Boulogne, mal auf der Insel Jersey auf. Als Guthaben aus dieser Zeit blieb George eine Liebe zum Theater – das in Frankreich sogar am heiligen Sonntag spielte –, ein tadelloser Akzent und eine Gebärdensprache, die einen späteren distinguierten Gast in der Priory an einen französischen Friseur denken ließ. Nach der Schule versuchte sich Lewes als Schreiber bei Geschäftsleuten und nahm dann das Medizinstudium auf; das heißt, er trieb sich in den Londoner Krankenhäusern herum. Die Kunst der Chirurgen war damals eher dem Handwerk der Barbiere und Feldscherer verwandt als einer akademischen Disziplin. Der junge George merkte jedenfalls sehr bald, daß er nicht geschaffen war, eine blutige Schürze zu tragen (bei niederen Kreaturen war er später weniger empfindlich), und er verlegte sich auf die Geisteswissenschaften. Er war ein Mann ohne Beziehungen, ohne Geld, ohne nennenswerte Familie oder Aussicht auf ein Universitätsstudium, und er machte das Beste daraus: Zeit seines Lebens forschte und publizierte er als ehrgeiziger Amateur, dem der akademische Betrieb und die promovierten Kollegen immer als kleiner, wohl verborgener Stachel in der Seite steckten.

Sein Studium begann im Hinterzimmer einer Kneipe am Red Lion Square in Holborn, in dem ein philosophischer Debattierclub aus jungen Intellektuellen und Leuten des Viertels tagte: Buchhändler, Schuster und ein wandernder Uhrmacher namens Cohn, der Lewes mit den Ideen Spinozas vertraut machte und auf dessen Gestalt George Eliot in *Daniel Deronda* zurückgreifen sollte.

Mittelpunkt der Londoner Bohème war in den 30er Jahren James Henry Leigh Hunt, eine vielfach gescheiterte, aber unverdrossen wirkende Existenz, Schriftsteller und Herausgeber des radikalen *Examiner* – er hatte zwei Jahre wegen Majestätsbeleidigung im Gefängnis gesessen – und Schrecken seines Nachbarn Thomas Carlyle (»eine unvernünftige Natur ganz und gar«). Hunt hatte eine große, geräuschvolle Familie – Söhnchen Thornton war der Älteste von sechs – und lebte in chronischer Geldnot in einem »unbeschreiblichen, traumhaften Haushalt« in Chelsea. Carlyle pflegte für ihn zwei Sovereignstücke auf seinem Kaminsims zu deponieren, weil er es nicht ertrug, ständig von ihm angepumpt zu werden. Leigh Hunt war in den 20er Jahren samt seinem »Hottentotten-Kral« (Byron) dem Lord und seinem Dichter-Freund Shelley nach Italien gefolgt. Eine gemeinsame Zeitschrift scheiterte jedoch nach Shelleys Tod, und Hunt blieb als unwillkommener Gast in Byrons Palazzo. Der Dichter verabscheute seinen Adlatus und verbot den Hunt-Kindern (»was nicht von ihrem Schmutz zerstört wird, verderben ihre Hände«) den Eintritt in seine Gemächer. »Laß die Cockneys nicht hinein!« befahl er seiner Bulldogge. Hunt schlug sich wieder nach England durch und führte hinfort auch Shelleys Witwe Mary in der Liste seiner Kreditgeber.

Für Lewes, der sich mit dem Gedanken einer Biographie des Dichter-Philosophen trug, war Hunt eine erste Adresse. Das Werk materialisierte sich nicht, aber Hunt verhalf dem vielversprechenden jungen Mann zu einem Entrée bei Carlyle und stattete ihn mit einem Empfehlungsschreiben an Varnhagen von Ense aus. Denn Lewes, begierig, die deutsche Philosophie an ihren Wurzeln zu studieren, reiste 1838 nach Deutschland. In Berlin traf er den jungen Iwan Turgenjew und zierte die Ränder in Varnhagens Salon, ein junger Herr im kurzen Zweireiher der Studenten, mit langer Tabakspfeife und langen Locken. Lewes lernte offenbar mühelos Deutsch, betrieb Goethe-Studien und las den *Faust* im Original. Er besuchte Dresden und Wien, machte sich dort mit Franz Liszt bekannt und lebte von der Hand in den Mund, das heißt, er schrieb für Londoner Blätter über das deutsche Geistesleben.

1841, zurück in England, wurde er Hauslehrer bei dem Abgeordneten Swynfen Jervis, und schon wenige Monate später heiratete er dessen 19jährige Tochter Agnes, eine englische Rose, blond und gerade erst erblüht. Das junge Paar bezog eine kleine Wohnung in Kensington. Agnes übersetzte Artikel aus französischen und spanischen Zeitungen, und George verkaufte sie an englische Journale. Er selbst rühmte sich – »außer bei dem verdammten alten *Quarterly*« –, bei jeder Redaktion seine Geschichten unterbringen zu können. Not macht vielseitig.

Er konnte seriös schreiben – über Philosophie; kompetent – über Theater, profund – über spanische, deutsche und französische Literatur, dabei immer ein wenig provozierend, engagiert und kurzweilig. Eine gewisse Distanzlosigkeit half ihm, die Bekanntschaft der Leute zu machen, auf die er es abgesehen hatte, aber da »kein Funken Falsch, Verdrießlichkeit oder Neid« (Jane Carlyle) in ihm steckte, fiel es den meisten leicht, über seine Dreistigkeit hinwegzusehen. Er hatte allerdings eine Art, durch den ganzen Salon zu krähen und sich neben den Ellenbogen der Damen auf der Sessellehne niederzulassen, die keinen ungeteilten Beifall fand. »Lewes ist hier eine ungeheure Sensation«, berichtet die Schriftstellerin Geraldine Jewsbury ihrer Freundin Jane Carlyle aus Manchester über den Vortragsreisenden. »Nur seine Barttracht hat den allgemeinen Sinn für Schicklichkeit verletzt . . ., er hätte einen Harem mitbringen können und weniger Skandal erregt.« Die Frauenrechtlerin Margaret Fuller, nach Edith Sitwells Worten »eine keusche, leidenschaftliche und von hohen Grundsätzen erfüllte Frau«, traf auf einer Dinnerparty bei den Carlyles diesen »geistreichen, irgendwie französischen, kecken Mann . . . Autor einer *Geschichte der Philosophie* und jetzt dabei, ein Leben Goethes zu schreiben, eine Aufgabe, für die er durch seine Irreligiosität und funkelnde Oberflächlichkeit denkbar ungeeignet ist. Aber er erzählt herrliche Geschichten und durfte Mr. Carlyle manchmal ein wenig unterbrechen, worüber man ganz froh war.«

Lewes schrieb mit leichter Hand, nur manchmal, wenn das Haushaltsgeld knapp wurde und er glaubte, ein Bestseller könne ihn sanieren, schrammte er hart am Abgrund von Grub Street, der elenden Zeilenschinderei, entlang. Zweieinhalb Romane – *Rose, Blanche and Violet*, *Ranthorpe* und *The Apprenticeship of Life* (frei nach *Wilhelm Meister*) sind Zeugnisse seines literarischen Ehrgeizes, die seinem Kritikerauge niemals standgehalten hätten. Über *Rose, Blanche . . .* sagte Jane Carlyle, nicht einmal dem Affen hätte sie ein derart blödes Buch zugetraut. Er selbst hat es 35 Jahre später noch einmal gelesen und dabei »ein sehr peinliches Gefühl« davongetragen.

Da das Londoner Westend nach immer neuen Stücken verlangte, die sich schnell verbrauchten, und man sich über Autorenrechte noch keine weiterführenden Gedanken machte, adaptierte Lewes französische Stücke für die englische Bühne, schrieb auch selbst ein fürchterliches Drama – und das alles in rauschender Geschwindigkeit und Zungenfertigkeit, den dritten Akt noch formulierend, während der erste schon geprobt wurde, wobei er sich gelegentlich den gesonderten Spaß erlaubte, nach der Premiere das von ihm zugerichtete Stück in seiner Zeitungskolumne zu zausen.

Die kleine Familie Lewes wuchs rasch. Charles Lee, der verläßliche Knabe, wurde 1842, ein Jahr nach der Hochzeit, geboren. Thornton Arnott, der naseweise, 1844, Herbert Arthur, der langsame, 1846 und St. Vincent Arthy, der nur zwei Jahre alt wurde und an Keuchhusten starb, 1848.

Es muß, trotz Geldsorgen – man versuchte, von 20 Pfund im Monat zu leben – und beengter Behausung, eine Zeit ehelichen Glücks gewesen sein. Carlyle, den George und Agnes in seinem Haus in der Cheyne Row besuchten, sah sie »munter wie zwei Turteltäubchen« durch die Straßen von Chelsea spazieren. Eine Zeichnung Thackerays aus diesen Jahren zeigt sie in ihrer guten Stube: Agnes – von hinten – am Piano, mit anmutig freiem Nacken und langen Locken über den Ohren; Lewes singend und taktschlagend an ihrer Seite, die Linke auf der Stuhllehne, und hinter ihnen, die Daumen in den Armlöchern seiner Weste, Thornton Leigh Hunt, der Freund, Kollege und »liebe Bruder«.

Wann Thornton und Agnes in diesem ungleichen Dreieck zusammenrückten, entzieht sich der Recherche. Das Ehepaar hatte einander Freiheiten gestattet – unter der Bedingung, daß keine unehelichen Kinder die Beziehung aus dem Gleichgewicht brachten. In den Kreisen des Phalansteriums war man über Praktiken zur Empfängnisverhütung informiert. Schon im 18. Jahrhundert gab es in London Kondomläden, in denen Gebilde aus Schafsdarm zur Mehrfachverwendung erhältlich waren, und seit 1844, als Mr. Goodyear seine segensreiche Erfindung auf den Markt brachte, auch der Einweg-Gummipräser. Dennoch geschah das Malheur. Von Bessie Parkes wissen wir, daß Mrs. Gaskell, diese herzliche und tolerante Dame, Pflegeeltern für ein Baby suchte, mit dem George das Hausmädchen unglücklich gemacht hatte. Bessie konnte Lewes ihr Leben lang nicht ausstehen; und Mrs. Gaskell, obwohl sie zugab, Lewes habe auch seine guten Seiten, fand ihn »schmutzig«. »Wie kam sie (Miss Evans) nur dazu, Mr. Lewes zu mögen?« fragte sie ihren Verleger, George Smith.

Es ist die aufmerksame Jane Carlyle, die im Frühjahr 1849 einen neuen Ton in der Beziehung der beiden Täubchen – »immer zusammengeschmiegt auf demselben Stengel« – heraushört. Die kleine Henne »ist offenbar auf Distanz gehüpft und beäugt nun kritisch ihren strubbeligen kleinen Hahn.« Lewes war in diesem Jahr oft und lange unterwegs – als Schauspieler in Charles Dickens' Amateurtheater-Truppe, als Autor auf Lesereise mit seiner *Biographical History of Philosophy* und auf der Suche nach Geldgebern für eine von ihm und Hunt konzipierte Zeitung.

Bei einer Rückkehr aus Manchester oder Liverpool mußte Agnes es ihm dann gestanden haben: Sie erwartete ein Kind von Thornton. Edmund Alfred wurde im April 1850 geboren (zwei Wochen nach dem Tod seines kleinen Halbbruders St. Vincent Arthy), und Lewes ließ den Knaben unter seinem Namen registrieren.

Die freundschaftliche Beziehung schien durch diese neue Existenz kaum irritiert, denn auch die beiden Männer hatten einen gemeinsamen Sproß gezeugt, dessen Erscheinen ihnen ungleich wichtiger schien als die Geburt des Kindes: *The Leader* – »führend im Kampf für fortschrittliche Ansichten und Maßnahmen«. Hunt besorgte den politischen Teil, Lewes war für die Kultur zuständig – das heißt, er schrieb vier, fünf Zeitungsseiten wöchentlich allein voll. Carlyle, den man schwerlich radikaler Tendenzen bezichtigen konnte, nannte den *Leader* dennoch »eine sehr gute Zeitung ... ediert von Leigh Hunts ältestem Sohn, einem wirklich klugen, kleinen, braunen Mann ... und einem gewissen Dramatiker, G. H. Lewes, einem munteren Wesen mit losem Mundwerk und fröhlichem Herzen, mehr Segel als Ballast.« George Bernard Shaw zählte Lewes, nächst seiner eigenen kompetenten Erscheinung, zu den fähigsten Theaterkritikern der Epoche.

Der *Leader*, wie die *Westminster Review*, geriet allerdings bald in schweres Wetter. Beide wurden mit mehr Enthusiasmus als kaufmännischem Geschick geleitet, und beide zeichnete bei aller intellektuellen Weitläufigkeit eine Vorliebe für privates Gewurstel aus, das in Rätseln zu seinen Lesern sprach. So wie Miss Evans ein Goethe-Zitat im Original auf den Titel setzte, so gefiel sich Mr. Lewes in seiner Rolle als plaudernder Kolumnist »Vivian« im Verreißen eigener Theaterstücke oder in Mitteilungen aus seiner häuslichen Welt. Seine Familie, so verriet er den geneigten Lesern, die das sicher interessierte, bestehe aus vier Knaben und ihrer Mutter, einer Rose in menschlicher Gestalt.

Doch als im Oktober 1851 ein weiteres Kind mit zart olivefarbenem Teint – Rose Agnes – geboren wird, gibt Lewes ihm zwar wiederum seinen Namen, aber er betrachtet seine Ehe als beendet. An eine Scheidung ist allerdings nicht zu denken. Sie war nur durch die Kirche oder einen Parlamentsbeschluß und ausschließlich wegen Ehebruchs zu erwirken. Das sechs- bis siebenhundert Pfund teure Verfahren konnte Lewes sich nicht nur seiner Armut wegen nicht leisten; er hatte den Ehebruch seiner Frau ja auch sanktioniert. So bleibt er bei seiner Familie, arbeitet weiterhin mit Thornton in derselben Redaktion, schweigt sich aus zum Thema Liebesvolljährigkeit und zahlt für Agnes und all die Gören, die noch kommen sollten, aber das tätige, inspirierte Leben zu dritt ist ihm zu »einer finsteren, vergeudeten Zeit« geronnen.

Der unwahrscheinlichste Gefährte, dem er sich in diesen Tagen anschließt, ist Herbert Spencer – auch er eine halbe Existenz mit viel Zeit für Gespräche und Spaziergänge. Selbstverständlich behelligen sich die Herren nicht gegenseitig mit ihrer Trübsal. Vertraulichkeiten wären an Herberts Ohrenschützern abgeprallt, aber man bietet einander heilsame Ablenkung. Beide sind leidenschaftliche Theoretisierer; beide hatten ihren Weg durch die Philosophie als Autodidakten gemacht und sind nun bei Comte angelangt. »Ich schulde Spencer großen Dank«, schrieb Lewes später. »In jenen mit Elend randvollen Tagen erweckte sein beweglicher Geist auf unseren langen Spaziergängen meine Lebensgeister und rührte meine schlummernde Liebe für die Wissenschaft.« Und noch einen größeren Dank schuldet er ihm. »Er war es, durch den ich Marian kennenlernte. Sie kennenzulernen hieß, sie zu lieben – und seitdem war mein Leben neu geboren. Ihr verdanke ich all mein Wohlergehen und all mein Glück. Gott segne sie!«

Dies also ist Mr. Lewes, der Marian Evans im September 1851 in Jeff's Bookshop vorgestellt wird, »ein Mann mit Herz und Gewissen hinter einer Maske der Frivolität«, wie sie bald zu entdecken glaubt. Er ist wohl auch bedeutend amüsanter als Herbert Spencer, aufmerksamer, zugewandter, ein Mann schneller Bewegungen, dessen volle Lippen unter dem wüsten Bart sehr rot erscheinen; im Sommer ohne Weste und mit windschiefer Krawatte am Scheibtisch. Er kennt George Sand, die sie beide verehren; hatte sie in Paris besucht und von ihr gehört, er sei »fort aimable et plus français qu'anglais par le caractère.« In Paris hatte er mit Comte gesprochen und in Berlin mit Schelling, Tieck, Fanny Lewald und Bettine von Arnim. Als Literaturkritiker war er an der Dinnertafel des Verlegers George Smith der Bestseller-Autorin Currer Bell vorgestellt worden, die in Wirklichkeit Charlotte Brontë hieß, und hatte die kleine Dame sehr erzürnt, als er ihre *Jane Eyre* ein »ungezogenes Buch« nannte. Sie war »eine unscheinbare, kränklich aussehende alte Jungfer«, zitiert Marian seine Worte, »und doch, welche Leidenschaft, welches Feuer! Ganz ähnlich wie George Sand, nur sind die Gewänder wohl nicht so üppig.«

Es macht großen Spaß, mit George ins Theater zu gehen – nicht im Parkett zu sitzen, sondern hinter der Bühne, und wenn der Vorhang gefallen ist, zwischen den Kulissen herumzustreifen, mit den Schauspielern zu reden – George kennt aber auch jeden! – und die ganze staubige falsche Pracht zu bestaunen. Oh doch, Mr. Lewes ist freundlich und aufmerksam »und hat völlig meine Wertschätzung gewonnen, nachdem ihm zuvor ein gerüttelt Maß meiner Läster-Lust zuteil wurde.« Kennt sie schon seinen häuslichen Gram?

Im Dezember 1852 holt sie erst einmal das eigene familiäre Unglück ein. Dr. Edward Clarke stirbt und läßt Chrissey mit sechs Kindern in Armut zurück. Marian eilt nach Meriden und versucht zu helfen, aber was können ihre Hände schon tun, außer den Kleinsten die Nasen zu putzen und sie für eine Weile von ihrer Mama fernzuhalten? Nach der Beerdigung beschließt sie, nach London zurückzukehren und die Schwester mit ihren erschriebenen Honoraren zu unterstützen, statt in Meriden die drangvolle Enge zu vergrößern. »Isaac war jedoch sehr entrüstet, als er herausfand, daß ich zurückfahren wollte, ohne ihn zu befragen. Er bekam einen Wutanfall und steigerte sich so weit hinein, daß er sagte, er wünsche, daß ich ihn nie wieder um einen Gefallen bitten sollte.« Unnötige Aufregung! Sie hatte schon vor zehn Jahren aufgehört, mit seiner Brüderlichkeit zu rechnen. »Ich zweifle nicht, daß er freundlich zu Chrissey sein wird – wenn auch nicht in besonders großzügigem Maße.«

Sie hatte ihn richtig eingeschätzt. Isaac Evans, den sein Vater zum Erben von Griff House gemacht hatte, überließ seiner Schwester und ihren Kindern ein Cottage zur freien Wohnung, »ein häßliches kleines Haus«, zum Ersticken eng und laut, das einmal den Clarkes gehört hatte, ehe sie es an Isaac verpfänden mußten. Mit diesem Akt glaubte er, den familiären Verpflichtungen Genüge getan zu haben. Man hört nichts von seinem Eingreifen, als die Kleinsten ins Waisenhaus gesteckt werden sollen, sondern nur, daß Marian es verhinderte, indem sie dafür sorgte, daß die Älteren aus dem Haus und auf eine Schule gehen und ein großer Sohn schließlich nach Australien emigriert.

Ihre Lage in 142 Strand ist mißlich. Sie fühlt sich eingeengt, jederzeit abrufbar, wenn Mr. Chap die Rockschöße brennen – und sei es nur, daß ihn ein Packer in der Verlagsauslieferung im Stich gelassen hat. Aber seitdem ihre Begeisterung für

John Chapman abgeklungen ist, schwindet auch ihre Bereitschaft, sich unentgeltlich aufzuopfern, und ihr Ton wird erstaunlich schnippisch. Honorar erhält sie nur für eigens geschriebene Beiträge. Lewes lebt auf diese Art von der Hand in den Mund, Spencer desgleichen, warum sollte sie es nicht auch schaffen?

Sie teilt Chapman mit, daß sie zunächst noch die Redaktionsarbeit erledigen, jedoch aus der 142 ausziehen werde. Der Herausgeber ist bestürzt und erwirkt einen Aufschub. Sie bereut ihn schnell. »Manchmal finde ich es einfacher zu weinen, als sonstwas zu tun«, gesteht sie Cara. Oft überkommt sie die Lust, einfach wegzulaufen. »Ich könnte mir die Haare ausreißen vor Enttäuschung über die nächste Nummer!« Da werden Honorare für unbrauchbare Artikel gezahlt, die nicht erscheinen können. Die Kolumne über die zeitgenössische englische Literatur ist schlechter denn je; auch Mr. Lewes hat sich mit seiner Rezension von Gaskells *Ruth* und Brontës *Villette* nicht sonderlich angestrengt. Die Inkompetenz anderer, die ihren Mangel nicht fühlen, drückt Miss Evans aufs Gewissen. »Ich bin eine schlechte Redakteurin.«

Sie spürt Sehnsucht nach den alten Freunden und nach dem Platz auf dem Bärenfell unter der Akazie, aber statt nach Rosehill fährt sie in den Sommerferien nach St. Leonard's, das kleine Seebad, wo sie vor fünf Jahren mit ihrem Vater so unglücklich war. Doch diesmal klingt alles ganz anders. Die wundersamsten und wildesten Briefe erreichen die Brays, in denen sich ihre strenge Freundin des selbstsüchtigsten Hedonismus anklagt. Sie sei glücklich und dumm wie eine wohlgenährte Kuh, betrachte das Meer und die friedlichen Schiffe mit einem ganz sinnlichen bien-être. Außerdem trinke sie Bier, was sich vortrefflich auf ihr Wiedererstarken auswirke. Kurzum: »Ich finde das Leben glorios und bin selbst eine besonders glückliche Diabolessa.« Ein solcher Übermut rührt schwerlich vom Biertrinken und Schiffebeobachten allein. »Mr. Goethe gehört hier zu meiner Gesellschaft«, teilt sie en passant mit, und allmählich wird auch den Freunden ein Licht aufgegangen sein: Marian hatte sich dem Goethe-Experten, dem unsäglichen Mr. Lewes ergeben.

Diese Mischung aus Frechheit und Charme, aus erotischem Flair und unvermuteter Trauer in seinen Augen, zuletzt die Entdeckung einer tiefen Kränkung, die er unter der Tarnkappe des Luftikus verbarg, hatten Marian besiegt. Sie ist 34 und fest entschlossen, ihr Glück diesmal gegen jede Anfechtung festzuhalten.

Im Oktober wird Agnes und Thornton Hunts drittes Kind – Ethel Isabella Lewes – geboren. Fünf Wochen später bringt Kate Hunt ebenfalls eine Tochter zur Welt. In guter Gesellschaft schüttelt man den Kopf, aber von heiliger Empörung ist nichts zu spüren. (... Es bleibt unter uns, meine Liebe, ich nenne keine Namen, aber beachten Sie, wen ich anblicke – tzt!) In Jane Carlyles Sprachgebrauch wird aus dem »Affen« der »arme Lewes«.

Erst als Marian und George ihre Verbindung nicht mehr verheimlichen, ist die Entrüstung laut, allgemein und tief empfunden. Eliza Lynn, die die Umstände wohl nicht restlos durchschaut, bedauert den armen Hunt, »diesen treuen und liebevollen Mann, diesen loyalen, ergebenen Freund«, der an den Pranger gestellt würde, während das erlauchte Paar, diese beiden Aufschneider und Schwindler, die Verehrung der Welt entgegennähmen. Ganz so ist es nicht.

Marian Evans war nach diesem Schritt nie wieder gesellschaftsfähig. »Ich ziehe die Exkommunikation vor«, schrieb sie trotzig. »Es gibt kein irdisch Ding, an dem mir liegt und das ich gewönne, wenn ich mich der Aufmerksamkeit anderer Menschen stellte. Aber es gibt viel, das ich verlöre, nämlich meine Freiheit von unwichtigen weltlichen Dingen – in der Regel Vergnügen genannt.« Lewes Karriere erlitt indessen keinen Knick. Er führte weiter das schöne, extrovertierte Leben eines Mannes von Welt, verkehrte – ohne seine Gefährtin – weiter bei den Carlyles, besuchte – allein – Vorträge, Konzerte, Bälle und Dinnergesellschaften, während nur die trotzigsten oder um ihren Ruf unbesorgten Damen Miss Evans zu Hause besuchten.

Hunts Beziehung zu Agnes dauerte bis zur Geburt von Mildred Jane Lewes, 1857, dann trennten sich ihre Wege. Hunt hatte zu Hause eine zehnköpfige Kinderschar und sah sich außerstande, auch noch für seine außerehelichen Nachkommen zu sorgen. So blieb die Verpflichtung an dem Mann hängen, der ihnen seinen Namen gegeben hatte, und der Frau, die bald die Brötchen für alle verdiente.

Als Marian im Herbst nach London zurückkehrt, setzt sie ihren Entschluß in die Tat um. Sie bezieht zwei möblierte Zimmer mit eigenem Eingang in der Cambridge Street am Hyde Park Square bei einer Wirtin, die sie auch bekocht, und in sicherem Abstand zum Chapmantum am Strand. Der Herausgeber hat mehr Sorgen als gewöhnlich und macht sogar einen etwas überarbeiteten Eindruck, seit seine Redakteurin ausgezogen ist. »Er sieht zu Tode erschöpft aus«, da er eines Tages im November auch noch einem Dieb, der kaltblütig mit seinem besten Porzellan aus der Nummer 142 hinausspaziert war, auf die Straße nachrennen, ihn niederwerfen und würgen muß. Unter diesen Umständen überwiegt das Gefühl, entkommen zu sein, den Gewissensbeschwerden, Mr. Chap in seinem Schlamassel sitzengelassen zu haben. Ein verlegerischer Entschluß erleichtert ihr schließlich auch den Ausstieg aus der Redaktion. Chapman kündigt die Übersetzung von Ludwig Feuerbachs *Das Wesen des Christentums* in seiner neuen Reihe von Vierteljahresschriften an, ein Text, über den er sich mit Marian nur unverbindlich verständigt hatte, aber nun nimmt sie ihn beim Wort. Feuerbach übersetzen und die *Westminster Review* redigieren – das ist eine Aufgabe zuviel. Sie entscheidet sich für die Übersetzung und verläßt die *W.R.* zum 1. Januar 1854.

»Mit Feuerbachs Ideen bin ich rundum einverstanden«, schreibt sie an Sara und bittet sie, noch einmal mit dem Bleistift durch den fertigen Text zu gehen. Die Liebe ist Gott selbst, und außer ihr ist kein Gott. Dieses Evangelium steht ganz im Einklang mit ihrem Lebensgefühl. Lewes kündigt in seiner Zeitung *The Essence of Christianity* enthusiastisch an: »Eine Bombe im Lager der Orthodoxen«, aber die Explosion bleibt aus. Mr. Chapman zahlt Marian 50 Pfund und fügt seinen Verlusten einen weiteren hinzu. Im Frühling ist seine Lage so prekär, daß er das große Haus am Strand aufgibt und eine bescheidenere Adresse am Blandford Square eröffnet. Noch einmal versucht er, Marian zu überreden, Haus und Arbeit mit ihm zu teilen, aber sie bleibt hart. Sie möchte sich frei fühlen, vielleicht auf den Kontinent fahren oder zwanzig andere Dinge tun. Mr. Chap muß sich nun selbst helfen. Mit 9000 Pfund Schulden und einem lecken Flaggschiff segelt er aus ihrem Gesichtskreis.

In der Zweisamkeit der Cambridge Street wächst zwischen Lewes und Marian Evans der Plan einer gemeinsamen langen Reise. George möchte mit erneuter Energie sein *Life of Goethe* fortsetzen; ein Aufenthalt in Deutschland wäre dabei von Nutzen. Man soll dort billig leben können. Zudem erregte ein unverheiratetes Paar auf dem Kontinent weniger Skandal als in England. Doch im April werden alle schönen Pläne zunichte. George ist krank, leidet unter Kopf- und Zahnschmerzen, einem unablässigen Pfeifen im Ohr und sieht sich genötigt, seine Gedankengeschäfte niederzulegen. Es ist ein Vorgeschmack dessen, was dieses wenig robuste Paar noch miteinander auszustehen hatte. George, so hört man immer wieder, war ein maßvoller Genießer – wenig fette Speisen, wenig Wein. Nun ja, die Zigarre vor dem Frühstück... Vielleicht lag es am Londoner Gestank und dem schmutzigen Nebel, daß beide so oft leidend waren, an ungelüfteten Zimmern und dem kalten Zug aus dem Treppenhaus. Vielleicht war das Kerzenlicht, bei dem man arbeitete, schuld an den ewigen Kopfschmerzen. Oder fehlte einfach nur die richtige Brille? Stunden, in denen George sich übers Mikroskop beugte und Marian über ihre Schreibunterlage auf den Knien, sorgten für ein »troublesome eingeweide«. Möglicherweise waren Chinin und Stahl, Blausäure und Quecksilber auch nicht die richtige Arznei gegen Migräne, Zahnschmerzen und Verdauungsbeschwerden. Marian hatte niedrigen Blutdruck, George einen schwachen Magen. Die werte Gesundheit – vielmehr ihre Abwesenheit – ist ein Thema, das in keinem Brief zu kurz kommt, von der kleinen Unpäßlichkeit, die als überwunden gemeldet werden kann, bis zu den wochenlangen Attacken von Rheuma oder Nierensteinen, die man demütig ertrug. Dieses abwechselnde Pflegen und Gepflegtwerden war ein stabiles Element ihrer Beziehung. »Ließ Polly ein heißes Bad ein, brachte sie ins Bett, schrieb Briefe und plauderte mit ihr.« Das klingt nicht nach einem verschwendeten Abend. Manchmal half schon ein Spaziergang im Zoo, eher noch ein Ausflug ans Meer, oft eine Reise ins Bad oder in den Süden, »um die alten Boote wieder zu flicken und seefest zu machen.«

Lewes versucht es diesmal mit einer Wasserkur in Malvern. Dort hat sein »ausgezeichneter Freund, Dr. Balbirnie« ein hydropathisches Verfahren entwickelt, das entfernt an Herbert Spencers Methoden zur zerebralen Ertüchtigung erinnert. Die Patienten werden in nasse Tücher gewickelt oder verharren in kalten Sitzbädern, bis sie blau anlaufen. Damit meint Dr. Balbirnie sowohl Tuberkulose als auch Skrofulose in die Schranken zu weisen. (Vielleicht weil es sich so schön reimt.) Merkwürdigerweise fühlt Lewes sich von den Anwendungen gestärkt. Er nimmt seine Kolumnisten-Tätigkeit wieder auf (die Marian für ihn mit erledigt hatte), und Dr. Balbirnie darf sich freuen, von Vivian im *Leader* für seine Eisenbart-Kuren gelobt zu werden.

Im Juni reist Marian noch einmal nach Rosehill. Es ist ein etwas gezwungenes Treffen. Charles, ihr »liebster, ältester, dümmster, lästigster, entzückendster und niemals-zu-vergessen-werdenster Freund« hat Geldsorgen. Drei Jahre später wird er Rosehill aufgeben müssen und mit Cara in ein benachbartes Cottage ziehen, in dem bereits Sara mit ihrer Mutter lebt.

Marian bringt es nicht übers Herz, ihren Freundinnen von Mr. Lewes und der Reise auf den Kontinent zu erzählen. Charles, der sie in der Cambridge Street besucht hatte und dort den Spazierstock von Mr. Lewes an der Garderobe lehnen sah, ist über alles im Bilde. Er sollte ihr Bankier und Mittelsmann zu Isaac und den Geldquellen sein. Sicher hoffte sie, er werde Cara und Sara schonend beibringen, was sie selbst nicht über die Lippen brachte: daß sie gedachte, in aller Offenheit mit einem verheirateten Mann zu leben. Mit den Zigeunern fort... Sie selbst spricht in Rätseln. Labassecour? So heißt doch Belgien in *Villette*, nicht wahr? Und was suchte Marian dort?

Drei Wochen später kommt ihr Abschiedsgruß: »Liebe Freunde, alle drei, es bleibt mir nur Zeit, auf Wiedersehen zu sagen und Gott segne Euch! Postlagernd Weimar für die nächsten sechs Wochen, danach Berlin. Immer Eure liebende und dankbare Marian.«

VII

Laß dich, Geliebte, nicht reu'n, daß du mir so schnell
dich ergeben!
Glaub' es, ich denke nicht frech, denke nicht niedrig
von dir.

(Johann Wolfgang von Goethe)

Am Morgen des 20. Juli 1854 nimmt Marian eine Droschke zum St. Katharinen-Kai und geht an Bord der *Ravensbourne*; natürlich viel zu früh. George ist noch nicht da. Es bleibt ihr eine halbe Stunde im Fegefeuer, bis sie sein Gesicht über die Schulter eines Gepäckträgers nach ihr Ausschau halten sieht, »und alles war gut.« Zumindest ist alles entschieden, als der Dampfer seinen Bug themseabwärts richtet. Von nun an kann sie nicht mehr zurück. Aber wie würde sie heimkehren? Wenn sich die Reise als Fiasko herausstellte, konnte George leicht auf seinen Platz zurückkehren, eine Feder mehr am Hut. Sie aber hätte sich unmöglich gemacht, auch wenn sich dieser Ausflug nicht bis nach Coventry durchsprechen sollte – was eher unwahrscheinlich ist. Cara und Sara mögen in dem Glauben gelassen werden, sie reise studienhalber auf den Kontinent, und Mr. Lewes, der in Weimar Recherchen für seine Goethe-Biographie betreiben wolle, begleite sie ein Stück des Wegs. Charles Bray aber wußte vom Stand der Dinge, John Chapman ebenso – zwei Herren, zu deren starken Seiten die Diskretion nicht gehörte. Das übrige literarische London hat wenig Anlaß, sich über die Abwesenheit von Mr. Lewes zu wundern. Er verschwindet öfter einmal. Und wer ist Miss Evans? Eine Dame, die ihre Freunde für zu klug und charakterfest erachten, um mit einem verheirateten Mann durchzubrennen.

Im Sommer 1854 kannte die Londoner Gesellschaft ein prominenteres Paar, über dessen Angelegenheiten sie sich das Mundwerk zerriß. Effie Ruskin war ihrem Mann, dem Kunsttheoretiker John Ruskin, entflohen und betrieb ihre Scheidung vor einem Kirchengericht – die einzige Institution, außer dem Parlament, die zu einer Trennung verhelfen konnte, indem sie die Heirat für rechtsungültig erklärte. Effie, die sich den Tatbestand von einem Arzt bestätigen ließ, war nach sechs Jahren Ehe noch immer jungfräulich. Die Ruskins wurden geschieden wegen »unheilbarer Impotenz« des Gatten, ein Spruch, den John Ruskin zurückwies. Er machte sich erbötig, wie auch immer, seine Virilität vor Gericht zu beweisen, und sorgte damit auf seine weltferne Art für eine weitere Beschämung der Beteiligten.

Und noch ein ernsteres Thema erregte die Nation. Im März hatten England und Frankreich an der Seite der Türkei Rußland den Krieg erklärt, und allmählich sickerte trotz des offiziösen Geschmetters um »unsere tapferen Jungs« durch, daß es mit der britischen Armee auf der Krim nicht sehr glorios stand. Ein seniler Oberkommandierender – Lord Raglan –, der seit den Napoleonischen Kriegen nicht mehr im Feld gestanden hatte, sorgte für interne Verheerungen, weil er die Franzosen obstinat als Feinde betrachtete. Und während die französischen Verbündeten über ein funktionierendes System von Ambulanzen und Fertigunterkünften (made in England) verfügten, ihre Verwundeten von katholischen Schwestern versorgt wurden, blieben die britischen Soldaten ihrem Schicksal überlassen. Schlamperei und Kompetenzgerangel innerhalb der Militärbürokratie verhinderten, daß auch nur das Überlebensnotwendigste geschah. Der Horror des Hospitals von Skutari – vier Meilen Betten in ungelüfteten, schmutzstarrenden Sälen, Ungeziefer und ekler Fraß, überlaufende Latrinen, Mangel an Laken, Medikamenten und Verbandszeug sowie die Abwesenheit von Pflegepersonal wurde dem lesenden Publikum durch den ersten Kriegskorrespondenten der britischen Armee – William Howard Russell – Ehre seinem Namen – in der *Times* nahegebracht und erregte einen landesweiten Aufschrei der Empörung. Der Maler John

Everett Millais, der in die Affaire Ruskin verwickelt war, behielt recht, als er meinte: »Eine große Schlacht mit den Russen wird das bißchen Gerede erst einmal wegschwemmen.« (Ein Jahr später waren er und Effie verheiratet.)

Im November dieses Jahres reiste eine Bekannte von Miss Evans und Cousine von Barbara Leigh Smith mit 38 professionell ausgebildeten Krankenschwestern in Richtung Konstantinopel, um den Augiasstall auszumisten. Florence Nightingale, diese zarte junge Frau mit der Entschlossenheit eines Panzernashorns, war eine erklärte Feindin feministischer Umtriebe, aber sie brachte die Frauen in ihrem Kampf um Gleichberechtigung ein gutes Stück weiter als sämtliche Nummern von Bessie Parkes *Englishwoman's Journal*.

Krankenschwestern waren – bis der Krim-Krieg sie forderte – in der Regel unreinliche alte Vetteln, denen man einen Hang zu Gin und unerlaubten Handgriffen nachsagte. Noch 1860 befand eine Hospital-Verwaltung, Pflegerinnen seien nicht besser als Dienstmädchen und bedürften keiner geregelten Ausbildung, wie Florence Nightingale sie forderte und in einer eigenen Schule betrieb. Doch ihre Berufstätigkeit und das gestiegene Ansehen der Schwestern waren der erste Einbruch in die männliche Zitadelle der höheren Bildung. Barbara Leigh Smith gehörte zu dem Kreis, der einige Jahre später Girton, das erste Frauen-College, das zur Universitätsreife führte, gründete. 1854, als ihre Freundin Marian nach Deutschland reiste, hatte sie gerade die erste nichtkonfessionelle Grundschule für Mädchen und Jungen eröffnet, ein Institut, in dem nicht geprügelt und neben den Grundfächern Physiologie und Hygiene, Zeichnen, Musik und Französisch, aber keinerlei Religion gelehrt wurde. Garibaldis kleiner Sohn saß dort neben Barbaras Nichten und den Kindern von unitarischen Geistlichen und jüdischen Kaufleuten.

Das Paar, das Arm in Arm über das Deck der *Ravensbourne* wandelt, fühlt sich dem Londoner Treiben entrückt. Sie sind dorthin unterwegs, wo niemand sie kennt. Noch muß Lewes nicht die Melderegister in den Hotels nach Leuten durchforsten, die ihnen lästig fallen könnten, ehe er seinen Namen unleserlich dazukrakelt. Und doch wird Marian ein kleiner Schreck widerfahren sein, als ihnen auf dem Dampfer ein alter Bekannter entgegenkommt: Robert Noel, Cousin von Lady Byron und Bruder von Caras Hausfreund Edward Noel – ein weitgereister Herr mit fortschrittlichen Ansichten, der sich diskret nach ihren Plänen erkundigt. Ah, Weimar! Sehr hübsch! Das Athen des Nordens. Er würde sie Goethes Schwiegertochter Ottilie empfehlen, einer bezaubernden Dame (und ehemaligen Flamme – doch dies unter uns, Mr. Lewes).

Haben sie keine Kabine? Ist es ihre Anfälligkeit für Seekrankheit oder die Aufregung, die sie wachhält? Sie bleiben die ganze Nacht an Deck und sehen am nächsten Morgen die Sonne über der belgischen Küste, über Pappelalleen, Kirchtürmen und Bauernhäusern aufgehen. In Antwerpen trennen sie sich von Mr. Noel und beginnen pflichtschuldig ihr Besichtigungsprogramm.

Marian und George sollten ein reiseerprobtes Paar werden, und seit der Zeit ihrer Flitterwochen auf dem Kontinent waren sie strikte Individual-Touristen. Niemals begaben sie sich in die Hände von Thomas Cook, der 1841 die Pauschalreise erfunden hatte und seitdem eine wachsende Anzahl scheuer Briten, die zwar auf Abenteuer an den Rhein ziehen, die Bettdecken aber trotzdem ordentlich festgestopft haben wollten, durchs feindliche Ausland geleitete. Die Lewes' hielten sich betont von solchen Gruppen fern. »Ich verreise, um fremde Dinge zu sehen, nicht um englische Ansichten darüber zu hören«, schrieb Marian. Sie vertrauten alten Freunden und guten Beziehungen, die ihnen zeigen würden, was zu sehen würdig war. Für ein Paar von ihrer wackeligen Konstitution waren ihre Reisevorbereitungen erstaunlich leichtfertig. Selten wurden Zimmer vorbestellt; man erlitt tagelange Kutschfahrten mit kalten Füßen und Schlittenpartien über die Alpen ohne Schlaf und Proviant, nur um am Ende vor besetzten Logis zu stehen. Doch stets übertraf die Freude an der Fortbewegung und dem noch nie Geschauten den Verdruß über schaukelnde Schiffe und widerspenstige Wirtinnen. Man sprach Französisch, Italienisch und notfalls auch Deutsch. Und wenn der Rinder- und Hammelbraten in ausländischen Hotels auch von beklagenswerter Qualität war und der Tabaksqualm in deutschen Wirtshäusern eine Plage, so würdigte man andererseits Gemüse, Früchte und Soßen, die man in dieser riskanten Zusammenstellung noch nicht gekostet hatte. Beide waren beherzte Spaziergänger. Kaum in ihrer Unterkunft installiert und mit Tee oder Bouillon erfrischt, brachen sie für gewöhnlich schon wieder zum Besichtigungsprogramm auf.

In Antwerpen bewundern sie die Werke von Rubens. In Brüssel wandeln sie in der Julihitze auf den Spuren von Charlotte Brontës Roman *Villette* – »mit schmerzenden Beinen und dahinschmelzenden Leibern« – in Liège ist die Kirche St. Jacques »vielleicht das Schönste, was wir auf der Reise sahen.« Alles ist neu, vieles ist bezaubernd, und alles ist gut an Georges Seite.

Welcher Teufel führt dann auf der Bahnfahrt nach Köln einen weiteren alten Bekannten in ihr Abteil? Dr. Brabant, entzückt und hoch animiert, schwätzt bis zum Rhein durch. Kein Wunder, daß der erste Eindruck – wie üblich bei Marian – miserabel ist, eine elende Stadt, die sich erst nach einem Spaziergang im sanften Abendlicht ein wenig erträglicher darstellt. Dr. Brabant ist gottlob in einem anderen Hotel abgestiegen, jedoch nicht abgeschüttelt. Beim Abendessen erscheint er wieder, strahlend vor Bedeutsamkeit. David Friedrich Strauß, den er das Privileg habe zu seinen Freunden zu zählen, weile ebenfalls in der Domstadt, und er rechne es sich zur Ehre, den Philosophen und seine Übersetzerin einander vorzustellen. Am nächsten Morgen treffen die beiden Herren nach dem Frühstück im *Hôtel de Hollande* ein.

Wir wissen nicht, mit welchen Erwartungen Marian diesem Termin entgegensah. Ihre Übersetzung des *Leben Jesu* lag nun fast zehn Jahre zurück. Geblieben war die Erinnerung an die Schinderei.

Nun steht der 46 Jahre alte Autor vor ihr, »ein Mann, für den das Leben jeden Reiz verloren hat.« Er spricht kein Englisch, ihr Deutsch taugt nicht zu belanglosem Geplauder. Auch Strauß war längst von seinem Buch abgerückt und wünscht nun das Ende des vermaledeiten Treffens herbei, zu dem ihn dieser Doktor Wichtig überredet hatte. Den anderen Herrn, der ebenso unermüdlich schnattert – offenbar ein Theaterkritiker und Hans Dampf in den populäreren Straßen der Philosophie –, macht er glücklich mit einem Empfehlungsschreiben an Schöll in Weimar. Dann Gott befohlen und hinfort! Am Ende schreibt Marian an Charles Bray: »Es war ziemlich melancholisch. Strauß sieht so merkwürdig und niedergedrückt aus, und mein mangelhaftes Deutsch verhinderte, daß wir mehr voneinander erfuhren als unsere äußere Erscheinung, die in beiden Fällen besser der Vorstellungskraft überlassen geblieben wäre.«

Sie nehmen das Schiff über Koblenz nach Mainz und reisen weiter nach Frankfurt. Dort beziehen sie Logis im Gasthof *Zum Weidenbusch* am Steinweg. (Teile des Hauses und das Portal stehen noch), nur ein paar Schritte vom Goethehaus entfernt, das sie zweimal besuchen. Die Geburtsstadt des Dichters ist nahezu unverändert, seitdem dieser sich aus dieser »Spelunke und leidig Loch ... Gott helf aus diesem Elend, Amen« nach Weimar verabschiedet hatte. Lewes aber ist angetan von der glücklichen Mischung aus Vergangenheit und Gegenwart, Geist und Kommerz. Die Störche auf den Giebeln »blickten hinunter auf das Messe-Gewimmel des modernen Handels in den alten Straßen.«

Auf dem Programm stehen das Städelsche Kunstinstitut und der Garten des Bankiers von Bethmann, in dem damals Danneckers *Ariadne auf dem Panther* lagerte. Marian, bezau-

bert von der Nonchalance der Kreterin, schwärmt von der
»Schöpferkraft des Schönen«. Ein Spaziergang führt sie an
den Rand der Altstadt zur Synagoge und in die Judengasse.
Von dem Ghetto, das den Frankfurtern bereits vor 150 Jahren
als Schandfleck, den Reisenden jedoch als pittoreske Elends-
Einrichtung ins Auge stach, ist Marian nachhaltig berührt.
1872, zwei Jahre bevor man mit dem Abriß begann, hat sie es
noch einmal, auf der Suche nach Eindrücken für ihren Helden
Daniel Deronda, besichtigt. Deronda, der von seiner jüdischen Abkunft nichts weiß, treibt es in die halbmondförmige
Gasse, in der sich Gehäuse auf Gehäuse in drangvoller Enge
türmt, Lumpen und Kram auf heruntergeklappten Schirn-
Läden feilgeboten werden. Halb abgestoßen, halb fasziniert
von den Gestalten in langen Mänteln und steifen Hüten, dem
»Juden-Dialekt« und dem Gottesdienst in der »Rabbinischen
Schule« läßt er sich – erkannt als englischer Gentleman – in
einem Antiquariat bereitwillig übers Ohr hauen.

Nach fünf Tagen in Frankfurt reist das Paar nach Weimar
weiter – zehn Stunden in der Eisenbahn. Hinter Marburg
zieht es sich. Marian erwacht erst wieder im Bahnhof von
Weimar. »Kein Schwips macht unempfänglicher für Vorhal-
tungen als jener, den man vom Eindämmern und Aufwachen
auf einer nächtlichen Eisenbahnreise davonträgt. Zur Abscheu deines wachgebliebenen Begleiters bist du dir der Existenz deines Schirms gänzlich ungewärtig, ebenso der Tatsache, daß deine Reisetasche unter dem Sitz verstaut ist und die
von ihm entliehenen Bücher hinter die Kissen gestopft wurden. ›Was macht das schon, solange man schlafen kann‹, lautet
deine philosophische Formel, und nicht eher erinnerst du dich
wieder pflichtschuldig deines Besitzes und der Notwendigkeit, ihn im Griff zu behalten, bis du auf dem Bahnsteig in der
kühlen Morgenbrise zu bibbern anfängst . . . «

Dann die Fahrt in die Stadt hinein: Die Zeilen wackeliger
Häuser werden hier und da von Bäumen unterbrochen, die
aus kleinen Gärten hervorsehen. Viele Straßen sind ungepfla-

stert und funzelig. Nachts hängen die Bewohner ein paar Öllampen vor die Fenster. Und die Geschäftsleute halten es nicht einmal für nötig, ihre Namen über die Türen zu schreiben. Hübsch? Hier? Athen des Nordens? Der Ort, den Goethe und Schiller mit ihrer Präsenz geweiht haben, wo Wieland und Herder, Bach und Lucas Cranach, Charlotte von Stein und Johanna Schopenhauer wirkten, enttäuscht sie auf den ersten Blick. »Wie konnte Goethe hier leben – in diesem langweiligen, leblosen Nest?«

Das hatte Goethe sich natürlich auch gefragt. Er entzog sich der provinziellen Enge durch kleine oder größere Fluchten und: »Man rief das Weltall zu sich« (Madame de Staël) – so wie Marian und George es später in London taten. Doch schon als gänzlich Unprominente erfahren sie, daß man in Weimar nur ein wenig abwarten muß, bis sich die richtigen Leute einstellen. Sie quartieren sich für die Nacht im Hotel *Zum Erbprinzen* am Marktplatz ein, »ein Gasthaus von langer Tradition«, aber offenbar über dem Reisebudget, denn am nächsten Tag suchen sie schon ein preiswerteres Quartier und finden es in der Kaufgasse 62 a bei der Konditorswitwe Münderloh. Stamm-Essen gibt es im *Erbprinzen* am table d'hôte, und am Ende blicken sie befriedigt auf die Bilanz: Pro Woche hatten sie, Wein und Wäsche eingeschlossen, 2 Pfund 65 Schillinge ausgegeben.

So günstig konnte man später erst wieder in der DDR logieren, die noch 1989 den ehrwürdigen *Erbprinzen* abreißen ließ. Schiller war hier eingkehrt, Johann Gottfried Seume, Wilhelm von Humboldt, später Wagner, Hebbel, und an einem Abend speist auch Franz Liszt mit diesem etwas wunderlichen Paar dort. Ihn hatte Lewes 1839 in Wien kennengelernt, als die ganze Stadt diesem Herrn zu Füßen lag und Damen sich Armbänder aus Klaviersaiten knüpften, die der Maestro hatte zerspringen lassen. Gemeinsam mokieren sie sich nun in glattem Französisch und mit entschieden kontinentalen Gesten über die Weimarer Pumpernickel, während Marian ganz gesammelt, ganz geneigt dabeisitzt, als wolle sie ihn abmalen. Sie findet Liszt göttlich-häßlich, genau wie sie es bei Männern liebt.

Liszt bekleidet seit sechs Jahren die Stelle des Hoftheater-Direktors und Hofkapellmeisters. Er ist bei seinem Fürsten ein wenig in Ungnade gefallen, seit er in der Altenburg mit der Prinzessin Caroline Elisabeth von Sayn-Wittgenstein, die ihren russischen Ehemann verlassen hat, in schöner Ungeniertheit zusammenlebt. »Sie ist praktisch seine Frau«, teilt Marian Charles bedeutsam mit.

Der Maestro lädt sie zum Frühstück in seinen Garten ein. Man trifft sich unter dem Blätterdach wie in einem grünen Salon. Liebenswürdige und interessante Menschen sind zugegen: Hoffmann von Fallersleben, der Dichter-Komponist Peter Cornelius, ein französischer Verseschmied, gelehrte Herren und ein süßes Mädchen von 17, Marie, die Tochter der Prinzessin. Die Erscheinung der 35jährigen Caroline Elisabeth Iwanowska überrascht Marian, die sich eine stattliche, elegante Dame vorgestellt hatte. »Aber sie ist klein und hat einen wenig schmeichelhaften Embonpoint. Auf den ersten Blick ist ihr Gesicht unangenehm, besonders das Profil ist hart und barbarisch, aber das dunkle glänzende Haar und die Augen vermitteln einen Eindruck von Lebhaftigkeit und Energie. Ihre Zähne sind bedauerlicherweise ebenfalls schwärzlich.«

Zu dem kleinen Morgenfest trägt Madame ein weißes Kleid aus transparentem Stoff, orange abgesetzt, dazu eine schwarze Spitzenjacke und ein pikantes, violett geputztes Käppchen auf ihrem Kamm. Nach dem Frühstück werden Zigarren für die Herren gereicht, und Hoffmann von Fallersleben deklamiert ein bacchantisches Gedicht. Dem folgt der französische Dichter mit eigenen »ganz hübschen Sentimentalitäten«, dann wieder Hoffmann, und Marian, die zwischen der Gouvernante von Prinzessin Marie und dem Maestro sitzt, fühlt langsam die Kohlen unter sich erglühen. Dafür war sie nicht gekommen! Doch dann ist es endlich soweit. Ein Regenschauer scheucht die Gesellschaft ins Haus, und dort öffnet Liszt den Flügel. Marian rückt ganz in seine Nähe, um Gesicht und Hände beobachten zu können, und »zum erstenmal in meinem Leben erblickte ich wahre Inspiration. Zum erstenmal hörte ich den wahren Klang des Klaviers. Er spielte eine seiner eigenen Kompositionen – eine aus einer Serie religiöser Phantasien. In seinem Gebaren lag nichts Absonderliches oder Exzessives. Er handhabte das Instrument ruhig und leicht, und sein Gesicht war einfach großartig – die Lippen zusammengepreßt und der Kopf ein wenig nach hinten geworfen. Wenn die Musik stilles Entzücken oder Hingabe ausdrückte, flog ein süßes Lächeln über seine Züge; wenn sie triumphierte, weiteten sich die Nasenflügel.«

Friedrich Hebbel, der drei Jahre später in der Altenburg zu Gast war, geriet ebenfalls in den Genuß einer Privatvorstellung:

»Abends auf der Altenburg große Gesellschaft, wo Liszt spielte – Zigeunerrhapsodien. Am Klavier ist er ein Heros; hinter ihm in polnisch-russischer Nationaltracht mit Halbdiadem und goldenen Troddeln die Prinzessin, die ihm die Blätter umschlug und ihm dabei zuweilen durch die langen, in der Hitze des Spiels wild flatternden Haare fuhr. Traumhaft – phantastisch!«

Liszt stellt Marian und George einen jungen russischen Komponisten vor, Anton Rubinstein, der später nach Lewes Aussage in *Daniel Deronda* die Folie für Herrn Klesmer abgeben sollte – eine Nebenrolle nur auf 700 Seiten, aber welch ein Auftritt! Der schreckliche Klesmer, diese Perle im Schweinerüssel des englischen Landadels, »Pole oder Tscheche, oder etwas von dieser unruhigen Sorte« und ein Pianist von großen Gnaden! Er brüskiert die Gentlemen mit »Possen, die als ziemlich beleidigend und polnisch« empfunden werden, und die Damen mit Hosenbeinen, »die um die Knie herum nach englischem Gefühl zu wünschen übrig ließen.« Doch seine machtvolle Musik und seine Empfindsamkeit gewinnen das Herz der vielbegehrten Erbin, die vom Deck ihres steuerlosen Lebensschiffs in seine Arme springt wie in ein Rettungsboot.

In Klesmer, dessen Name auf die osteuropäischen wandernden jüdischen Musiker – die Klesmorim – hinweist, steckt aber auch ein wenig Erinnerung an Liszt, an die Räusche am Klavier und seine herrliche Erscheinung als Dirigent bei der Premiere von Verdis *Ernani*, als sein Profil und sein wallendes Haupthaar als Schattenriß vor dem zischenden weißen Gaslicht der Bühnenlampen erscheinen.

Marian und George besuchen auch die Wagner-Opern *Lohengrin*, *Tannhäuser* und *Der fliegende Holländer*, aber George wird schon nach dem zweiten Akt zappelig, »und auch ich war müde«. Sie gehen vorzeitig. »Wir sind zu der Einsicht gelangt, daß Wagners Musik nichts für uns ist. Das ist eine Sprache, die wir nicht verstehen.«

Auch andere bedeutende Menschen kreuzen ihren Weg. Da ist Gustav Schöll, Direktor des Kunst-Instituts und Herausgeber von Goethe-Briefen, bei dem Strauß' Empfehlungsschreiben ein Entrée verschafft. Ihn zu kennen, bedeutet in hofnahe Kreise aufzurücken. Lewes wird dem Großherzog vorgestellt, der ihn recht leutselig begrüßt, und außer daß er ihn »Königliche Hoheit« nennt, benimmt sich der englische Besucher so ungezwungen wie im Hause eines x-beliebigen Gentlemans, berichtet er seinen Söhnen nach Hause. Schöll zeigt ihnen die Stadt, deren geistige Stätten alle nur ein paar hundert Schritte voneinander entfernt liegen. Im August unternehmen sie gemeinsam eine Landpartie nach Tiefurth, der Sommerresidenz der Herzogin-Mutter Anna Amalia, ein »kleines Paradies« an der Ilm mit einem »drolligen Schlößchen« voller Rokoko-Nippes. Schöll liest im Grünen aus Goethes *Jahrmarktsfest in Plundersweilern*. Zum anschließenden Frühstück wird Sauermilch gereicht; leider kein vergleichbarer Genuß.

(Köstlicher sind die Pflaumen an der Chaussee nach Bercka,

die man in aller Unschuld pflückt und dabei vom Feldschütz erwischt wird: 10 Groschen Bußgeld.)

Eine weitere Pilgerfahrt führt sie zur Ettersburg, ein Weg, der rund 150 Jahre später nichts mehr von dem Zauber des heißen blauen Sommertags hat, als Marian und George mit einem Picknickkorb und Keats Gedichten dorthin aufbrechen. Kirschbäume und Ebereschen im Schmuck ihrer korallenroten Beeren säumen die Chaussee. Im Park gedenken sie der Goetheschen Lustpartien, der Theaterinszenierungen und Gartenfeste, im sicheren Glauben, daß der Geist der Schönheit und der Kunst an einem Ort wie diesem für immer über die Barbarei gesiegt habe. 80 Jahre später errichteten die Nazis das Konzentrationslager Buchenwald auf dem Ettersberg, und kein Mensch kann hier mehr heiter sein.

Auch nach Ilmenau fährt man hinaus und besteigt den 861 Meter hohen Kickelhahn – »ich mit müden Beinen.« Goethe hatte dort in seinem Häuschen *Wanderers Nachtlied* neben das Fenster auf die Wand geschrieben, und die beiden englischen Literatur-Touristen finden nichts dabei, ihre Namen dort gleichfalls zu verewigen.

George arbeitet fleißig an seiner Goethe-Biographie. Seit 1838, als er Varnhagen von Ense in Berlin kennengelernt hatte, trug er sie in Gedanken und hatte bereits eine erste Fassung geschrieben. Lewes Affinität zu Goethe rührte aus einem verwandten Wesen, »das sich in sich selbst getrennt«; etwas weniger olympisch, aber von ähnlicher Vielseitigkeit: Autor, Naturforscher und enthusiastischer Amateur auf vielen Gebieten. Goethe begeisterte sich für Geologie, Anatomie und Botanik, Lewes später für Meeresbiologie und Physiologie. Beide waren Freidenker und beide erotische Herren.

Über Goethe waren nach 1832 allerlei Studien und biographische Skizzen erschienen, vorwiegend in deutschen Literaturzeitschriften und Intelligenzblättern, aber noch keine gesamte Würdigung seines Lebens und Werks. Heinrich Viehoff, der zwischen 1847 und 1854 eine vierbändige Biographie vorlegte und der von Lewes Vorhaben Wind bekommen hatte, beeilte sich sonderlich, da er durch die englische Konkurrenz die Ehre der deutschen Literaturwissenschaft auf dem Spiele stehen sah. Alle Autoren (und auch sein englischer Biograph) stützten sich auf bereits publizierte Quellen und natürlich auf Goethes *Dichtung und Wahrheit*.

Journalist Lewes aber, der sich, wo er kein Empfehlungsschreiben besitzt, auch selbst bekannt macht, geht als erster, 22 Jahre nach Goethes Tod, den noch lebenden Zeitzeugen nach. Er trifft den alten Eckermann – »interessant anzuschauen, aber zerrüttet an Körper und Geist« (er stirbt im Dezember dieses Jahres), Theodor Kräuter, den letzten Sekretär des Geheimrats, den Schauspieler Winterberger, der ihm versichert, keine der Goethe-Abbildungen oder Büsten zeige mehr als eine entfernte Ähnlichkeit mit dem Original, und er interviewt eine Hofdame, die 16 war, als Goethe in Weimar auftauchte, und nun so alt ist, daß Liszt sie als »presque monumentale« bezeichnet. Auch die Prinzessin Sayn-Wittgenstein gibt ihren Kommentar zu Goethe ab, obwohl sie ihm kaum begegnet sein dürfte: »ein Egoist!«

Im Haus am Frauenplan, in dem seit 1844 Fremde wohnen, sind lediglich Goethes Sammlungen (Marian: »vollkommen belanglos«) einmal in der Woche geöffnet. Bibliothek, Arbeits- und Schlafzimmer erschließen sich den Lewes' nur mit Erlaubnis von Ottilie von Goethe; ein rares Privileg. Robert Noels Name wird geholfen haben. Sie beschreibt die »tiefe Rührung«, die beide beim Eintritt in Goethes Studierstube ergreift: ein dämmriger Raum mit »zwei kleinen Fenstern – deutschen Fenstern«, schlichten Möbeln und dem hohen Korbgestell neben seinem Stuhl, in dem er sein Taschentuch abzulegen pflegte. An der Wand »hängt das Nadelkissen, so wie er es zurückgelassen hat, mit den Besucherkarten an Fäden und anderen Kleinigkeiten, die Größe und Tod geheiligt haben . . . Zwischen solchen Erinnerungsstücken atmet man tief, und die Tränen steigen in die Augen.«

Lewes enthält sich gefühlvoller Töne. In seinem Buch durchbricht er die Biographen-Regel, die bis ins 20. Jahrhundert bestand, nichts Respektloses und Genierliches über den Gegenstand der Forschung zu schreiben. Freimütig bespricht er Goethes Verhältnis zu Frauen und seine Kälte Menschen gegenüber, deren Einfluß oder Zuneigung er entwachsen war. Und dennoch: »Er hatte nicht seinesgleichen – kein anderer hat seine Anmut, Schönheit, Ironie, Klarheit und vor allem – seine Weisheit. Goethe war Künstler.« – Sein Biograph aber war der glücklichere Mann, der sich einen Seitenhieb, den ihm die eigene Befindlichkeit diktiert, nicht versagen kann: »Er wußte wenig von der köstlichen Kameradschaft zweier Seelen, die begierig und in liebender Rivalität danach streben, weiser und besser zu werden, die einander lehren aufzusteigen.« Marian Evans waren also endlich Flügel gewachsen, und Lewes flog mit.

Mit *The Life of Goethe* gewann der Autor literarische und gesellschaftliche Meriten. Englische Kritiker bemängelten zwar seine unentschuldbare Toleranz Goethes »Unmoral« gegenüber, aber dies schmälerte nicht seinen Erfolg. Als *The Life* 1855 erschien, wurden allein in den ersten drei Monaten tausend Stück davon verkauft, und es erlebte bis ins 20. Jahrhundert zahllose Auflagen (18 davon auf deutsch). *Goethes Leben und Schriften* öffnete Lewes später in München und Berlin alle Türen. Es wird von dem Goethe-Biographen Richard Friedenthal noch heute als ein »respektables Unternehmen« gewürdigt.

Neben dem Goethehaus ist in Weimar ein zweiter Ort unvermeidlich. »Als wir durch die Schillerstraße gingen, hat mich die Vorstellung: Hier wohnte Schiller, elektrisiert. Hochinteressant war es, sein Arbeitszimmer zu besichtigen, das glücklicherweise im ursprünglichen Zustand erhalten ist. Dort sahen wir zum erstenmal seinen Totenschädel und waren überrascht, wie klein der intellektuelle Teil ausgebildet war.« (Hier spukte noch immer George Combe mit seiner Phrenologie durch den Evansschen Schädel.) »Es gibt eine hochinteressante Skizze von Schiller auf dem Totenbett... aber die ganze Freude beim Betrachten seiner Porträts und der Büste (von Dannecker) ist für mich dahin, seit ich weiß, wie unwahrhaftig sie sind.« Der Bildhauer Rauch erzählt ihnen später in Berlin, »daß er eine miserable Stirne hatte, einen Hals wie eine Gans und einen Gang wie ein Kamel.« Nicht jede Häßlichkeit erschien Marian Evans göttlich.

Es ist ihr Sommer vor der Londoner Dunkelheit. Aus den geplanten sechs Wochen werden drei Monate in Weimar, erfüllt »von immer gleichen Genüssen, die man ebensowenig zu ändern oder abzukürzen wünscht wie die süße Gleichheit langer Sommertage.« An Charles schreibt sie: »Mir ist, als habe das Leben noch einmal neu begonnen. Ich bin ganz gesund und stark und habe die Kraft zum Lernen wiedergewonnen, trotz meines Alters und der grauen Haare.« (Marian ist 35.) Und an Chapman: »Jeden Tag bin ich glücklicher und empfinde meine Häuslichkeit als zunehmend köstlich und segensreich. Zuneigung, Respekt und geistige Sympathie vertiefen sich, und zum erstenmal in meinem Leben kann ich zu den Augenblicken sagen: Verweilen sie, sie sind so schön.«

Allerdings wird das Geld knapp. Evans lebt von den 50 Pfund, die Charles Bray ihr vorgeschossen hatte, eine Anzahlung auf ihr halbjährliches Einkommen. Lewes hat sich verpflichtet, Agnes und die Kinder monatlich mit 20 Pfund zu unterstützen. Beide bemühen sich um Auftragsarbeiten. So schreibt Marian für die *Westminster Review* einen Essay mit dem Titel *Woman in France: Madame de Sablé*, über die Blüte weiblichen künstlerischen Talents in den französischen Salons des 17. Jahrhunderts. Es ist ein flotter, kenntnisreicher, aber auch denunziatorischer und engherziger Artikel. Selbstverständlich anonym (von Sara dennoch als ihre »Schreibe« erkannt), nimmt Marian einen dezidiert männlichen Standpunkt ein. (Indem sie das Verschwinden der Gesprächskultur beklagt, setzt sie sich in Pose: »Wir laden unsere Freunde ein, nur um ihnen ein Buch in die Hand zu drücken, und von den Damen glauben wir ohnehin, daß sie ausschließlich ihre eigenen Angelegenheiten besprechen wollen, damit wir in Ruhe mit der *Times* rascheln können.«)

Sie preist die »entzückenden französischen Frauen«, deren Stil »immer elegant und graziös, oft geistreich und manchmal klug« war und die nicht beweisen wollten, daß Frauen ebenso gut wie Männer schreiben könnten, und spottet über die Produkte ihrer englischen Zeitgenossinnen, die sich absurd gebärdeten wie schlechte Schauspielerinnen in Hosenrollen. (Eine detaillierte Attacke zu diesem Thema sollte folgen.) »Es ist ein Fehler zu glauben, Literatur sei geschlechtslos.« Frauen hätten zur Kunst ein spezifisch weibliches Element beizusteuern, nämlich – das mütterliche Fühlen. Diese Spezialbegabung spielt in den Schriften der französischen »precieuses« allerdings keine Rolle. Als hätte sie der Umgang mit Herren wie Bray, Brabant, Chapman und Spencer nicht eines Besseren belehrt, schreibt sie: »Frauen mit großen Fähigkeiten können sich selten über die reine Aufnahme von Gedanken erheben... Trugbilder großer Ideen geistern durch das Gehirn der Frau, aber sie hat nicht die Zauberkraft, sie zu binden und ihnen eine feste Form zu geben. Wir glauben, daß hauptsächlich aus diesem Grund... die Frauen bisher noch keine neue Form zur Kunst, keine wissenschaftliche Entdeckung, keine tiefgründige Forschung zur Philosophie beigesteuert haben. Sie verfügen nicht über die notwendige physiologische Ausstattung.«

Madame de Sablé, mit allen Privilegien und legitimen Empfindlichkeiten einer Marquise ausgestattet, handelte demnach ihrer Natur gemäß, als sie männliches Talent und männlichen Verstand als Muse und Ratgeberin unterstützte – »der beste Dienst, den weibliche Intelligenz für den kulturellen Fortschritt geleistet hat.«

Wie viele intellektuelle Frauen im 19. Jahrhundert begriff sich Marian Evans als Ausnahme und Außenseiterin ihres eigenen Geschlechts. Unbelästigt von »ungünstigen äußeren Umständen« wie Haushalt, Kindern und sozialen Verpflichtungen, konnte sie sich den Kopf für Betrachtungen freihalten. Sie hatte sich anbequemt, das, was andere Frauen hervorbrachten, bei aller Originalität als Afterkunst zu sehen: Der Morgentau, der in der Mittagssonne verdampfen muß. Nun fordert sie kühn, den Frauen das große Feld männlichen Wissens zu eröffnen – auf dem sie, bei ihrer Konstitution, keinen großen Schaden anrichten konnten. Dies sei »die Grundbedingung für wahre weibliche Kultur und wahren sozialen Frieden. Und in einer Volte, die wieder einmal nur die entzückend-dilettierenden adeligen Damen umfaßt, die von männlicher Schmeichelei, männlicher Gesprächskultur und der Macht des Eros inspiriert waren, schlägt sie (wie Lewes) den Bogen zur eigenen Erfahrung: »Der Himmel verhüte, daß wir hier französische Moral verteidigen, vor allem in Bezug auf die Ehe. Aber es ist unbestreitbar, daß die Beziehungen, die in der Reife der Gedanken und Gefühle geschlossen wurden und die allein auf der eigenen Sittlichkeit und gegenseitiger Zuneigung beruhen, die Frauen zu größerer intellektueller Anteilnahme mit Männern bringen und ihren Anteil am politischen Drama einbinden und stärken.«

John Chapman zahlt für diesen Artikel, da er ihn nun einmal bestellt hat, 15 Pfund, ohne das übliche lobende Wort mitzusenden, und enthält sich künftiger Aufträge. Derart kühne Thesen mußten seine Geldgeber verprellen – vor allem, wenn sich herumsprechen sollte, aus welcher Feder sie stammten. Mr. Chapman, krank und wieder einmal fast pleite, geht in Deckung.

Marian hat auch ohne ihn genug zu tun. Die Bücher, aus denen sie und George sich abends vorlesen, sind ebenso Plaisir wie Stoff für die intellektuellen Vorratsschränke: Shakespeares Dramen im Vergleich mit der deutschen Übersetzung (Hamlet – schwach!), Lessings *Laokoon*, »das undeutscheste aller deutschen Bücher... der Stil ist stark, klar und lebhaft, die Gedanken scharf und prägnant.« Dagegen *Emilia Galotti* – »ein elender Mißgriff.« Von Heines *Geständnissen* ist sie stark erheitert, aber nach den ersten fünfzig Seiten ebbe der Witz merklich ab, und »der Mangel an Prinzip und Vorsatz« ermüdeten. Dennoch schreibt sie für die *W. R.* einen langen Essay über Heinrich Heine, in dem er als wahre Lichtgestalt unter den Lehmpflügern der deutschen Prosa erscheint. Zwei Jahre vor seinem Tod hört das englische Publikum so zum erstenmal von dem »German Wit« in der Pariser Matratzengruft.

Die deutsche Rasse, so schreibt sie, sei die einzige, die bis ins gegenwärtige Jahrhundert nichts Klassisches zum europäischen Humor-Fundus beigetragen habe, wobei sie Lessing als annehmbar, Jean Paul als ermüdend entläßt, von Hoffmann und Lichtenberg offenbar noch nichts gehört hat. Nun aber Heine: ein vorzüglicher Lyriker, ein bezaubernder Humorist, unwiderstehlich und geistreich, seine Lieder ganz Musik und Gefühl, seine Prosa vollkommener als die Goethes. Und doch – da ist etwas Ordinäres in seiner Satire, etwas Unverschämtes und Mephistofelisches im Herunterputzen geheiligter Gefühle, das Evans nicht entschuldigen kann, und sei der arme Mann noch so krank. Zum Schutze ungefestigter Gemüter, so schreibt sie, sollte in Heines Werken »die freundliche Schere eines gestrengen Zensors« walten.

Von Heine ist es nicht weit zu einer grundsätzlichen Betrachtung über Ironie und tiefere Bedeutung. Deutscher Humor, so teilt sie ihr wohlerworbenes neues Wissen den englischen Lesern mit, sei in der Regel ziellos und täppisch wie die Possen eines Leviathan und so endlos wie ein Tag in Lappland, in dessen Verlauf man jede Hoffnung verliere, daß Frieden und die Sterne doch noch heraufzögen. In ihrem Tagebuch vermerkt sie, daß sie in den sieben Monaten in Deutschland keinen einzigen geistreichen Scherz gehört habe. Ihr Essay erklärt auch, warum das so sein muß:

»Dem typischen deutschen Vetter Michel ist es gleichgültig, ob seine Türe schließt oder nicht, ob seine Teetasse gut einen Zoll dick ist, ob alle Seiten in seinen Büchern richtig zusammengebunden sind, ob sein Gespräch mit dem Nachbarn in Geschrei ausartet, ob er b wie p und t wie d ausspricht, ob die Zähne seiner Allerliebsten komplett oder lückenhaft sind... Wir haben Deutsche das Wort Langeweile aussprechen hören, die Entsprechung von ›ennui‹, und wir haben uns im Geheimen gewundert, was es denn sein könnte, das ennui in einem Deutschen hervorruft. Gewiß nicht die längste aller Tragödien, denn wir haben gehört, daß er sie als ›höchst fesselnd‹ (so enchaining!) empfand, nicht das schwerste aller schweren Bücher, denn es entzückte ihn als ›gründlich‹ (deep, sir, deep!), nicht die langsamste aller Reisen im Postwagen, denn je langsamer die Pferde laufen, um so mehr Zigarren kann er vor dem Ende seiner Reise rauchen. Deutscher ennui muß etwas ganz Vortreffliches sein, vergleichbar mit Barclays Dreifach-Bräu, das mit dem ungewöhnlich hohen Anteil an Dösigkeit, möchten wir einmal annehmen.«

Goethes Werke werden natürlich mit besonderem Fleiß gelesen: Der *Götz*, *Die Wahlverwandtschaften*, *Dichtung und Wahrheit.* »Schauten in die *Xenien* und amüsierten uns über ihre Sinnlosigkeit ... *Wilhelm Meisters Wanderjahre* – à mourir d'ennui«, wenn auch von großer Toleranz gegenüber dem Weben und Streben der irrenden Menschheit erfüllt.

Die Lesestunden, die morgendliche Idylle der gemeinsamen Arbeit in dem langen schmalen Wohnzimmer der Witwe Münderloh, die Spaziergänge im rosig durchsonnten Spätsommerdunst an der Ilm, die Konzerte und Besuche werden bald empfindlich gestört. Es treffen Briefe aus London ein. Dort beginnt man sich Gedanken über die Natur der langen Reise von Mr. Lewes mit Miss Evans zu machen, und eine Anteilnahme regt sich – offenbar genährt von dem undichten Chapman – über deren Tendenz sie sich bald keinen Illusionen mehr hingeben. »Ein schmerzlicher Brief« von Carlyle »bescherte uns beiden eine böse Nacht.« Der radikale Abgeordnete Joseph Parkes steigert sich in eine weiße Wut gegen die beiden hinein, daß ihn der Schlag zu treffen droht. Lewes und Evans hätten durch ihren Lebenswandel der gemeinsamen politischen Sache unendlichen Schaden zugefügt. Diese »widerliche Geschichte« würde, falls vom Rest der Menschheit nachgeahmt, die Gesellschaft in eine Herde Vieh verwandeln. Parkes verbietet seiner Tochter Bessie den Umgang mit dem Paar; wie auch Benjamin Leigh Smith der seinen Zurückhaltung empfiehlt. Keinem der Herren dämmert die milde Schizophrenie ihrer Empörung. Joseph Parkes hielt selbst eine Geliebte aus, Leigh Smith hatte mit Anna Longden fünf Kinder gezeugt, ohne sie zu heiraten.

Gentlemen – solange sie sich diskret verhielten – wurde eine »widerliche Geschichte« nachgesehen. Allein die Frauen traf der gesellschaftliche Bannstrahl. Wilkie Collins hatte eine Geliebte, Thomas Carlyle pflegte eine romantische Beziehung zu Lady Harriet Ashburton. Edward Bulwer Lytton, dem Lewes nie fein genug war, hatte seine aufsässige Ehefrau in eine Irrenanstalt sperren lassen und zog den Umgang mit wechselnden Geliebten vor. Charles Dickens, dessen Frau Kate ihm in 16 Jahren 13 Kinder geboren hatte und die er wegen einer jungen Dame aus seiner Amateur-Theatertruppe verlassen hatte, meinte sogar, dem Publikum seine Ehe-Misere in der *Times* darstellen zu müssen. Die schlagfertige Jane Carlyle prägte in dieser Zeit ein neues Wort für Männer, die wie der große Schriftsteller mit ihren Frauen umsprangen: Sie spielten »the dickens«, den Teufel, mit ihnen.

Bessie Parkes fährt dennoch fort, mit Marian zu korrespondieren, und Barbara Leigh Smith spendet laut Beifall. Nur wenige teilen ihre Gefühle. Harriet Martineau, stocktaub, aber immer im Bilde, beruft eine Versammlung von Damen der Gesellschaft ein, um den Fall zu besprechen und zweifellos ein wenig Gift in die Ohren zu träufeln. »Viele der Anwesenden waren sehr streng.« Hatte Chapman getratscht? »Ich habe lediglich eine Andeutung gemacht, weil ich der Ansicht bin, daß die Schuld nicht allein bei Lewes liegt… Nun kann ich nur gegen besseres Hoffen darum beten, daß er zu ihr steht. Andernfalls ist sie zutiefst verloren«, schreibt er besorgt an einen anderen Herrn. Was Martineaus Charakter betreffe, so stehe er wohl unter Halluzinationen, entsetzt sich Marian Evans. »Zu ihren Talenten können wir gewiß nicht den Eifer rechnen, anderer Leute guten Ruf zu verbreiten. Mit Sicherheit wird sie jede Information zur Erheiterung des Nächstbesten, dem sie ihr Hörrohr zuwendet, verdrehen.«

Miss Martineau gehörte zu der Sorte, die heftig austeilen, aber nichts einstecken konnte. War einmal ein Lewesscher Witz, der sie zum Gegenstand hatte, durch dieses Hörrohr gedrungen? Zweifel an ihrer Fähigkeit, den Philosophen Comte zu interpretieren? Drei Jahre zuvor hatte Lewes ihre *Letters of the Laws of Man's Nature and Development* unter der Überschrift *Erfahrungen einer tauben Person* im *Leader* verrissen. Diese Geschmacklosigkeit hatte Miss Martineau nicht vergessen. Ein Versuch Marians, Frieden zu stiften, war fehlgeschlagen.

Evans selbst unterhielt ein ambivalentes Verhältnis zu der fortschrittlichen Kollegin und Befürworterin so mancher guter Sache. Ihr erster Besuch am Strand war bereits ein zweischneidiger Auftakt. »Miss Martineau zeigte sich sehr freundlich, herzlich, blieb aber leider nicht lange genug, um den Eindruck von Vulgarität ... zu zerstreuen ... Ich ehre Harriet Martineau für ihre Fähigkeiten und ihren Fleiß ... Ich bezweifle nicht, daß sie bei näherer Bekanntschaft – im Gespräch – faszinierend ist.«

Die Faszination hielt sich jedoch auch bei näherer Bekanntschaft in Grenzen. Als Redakteurin schätzte Marian Miss M. als »ein As«, eine erstklassige Stilistin. Leider wurde sie nicht jedem Thema gerecht, vor allem, wenn es sich mit Mr. Lewes Interessenlage überschnitt. »Harriet Martineau höhnt in unverständlicher Ignoranz, daß Lewes die Psychologie als Wissenschaft in seinen Text über Comte eingefügt hat. Wie denn – Comte selbst hält die Psychologie für ein notwendiges Glied in der Kette der Wissenschaften. Lewes schlägt lediglich eine andere Reihenfolge vor. Entre nous«, vertraut sie Sara an, »sie schreibt dummes Zeug zu diesem Thema.« Bei einem Besuch in Ambleside zeigte sich Martineau von ihrer charmantesten Seite, küßte ihren Gast und versicherte ihm, wie glücklich sie über Marians Gesellschaft sei. Aber die Mustersiedlung, die Martineau für Arbeiter errichtet hatte und durch die man bei strömendem Regen trottete, hinterließ keinen bleibenden Eindruck. »Miss Martineau zu Besuch«, notierte Evans nach ihrem Umzug in die Cambridge Street, »fetter denn je.«

Dennoch war sie bemüht, der älteren Kollegin, die sie nach ihrer Deutschland-Reise nie wieder aufsuchte, Fairness widerfahren zu lassen. Möglicherweise kannte sie den letzten Pfeil nicht, den Martineau für sie reserviert hatte (und der – das Leben macht gern dumme Witze – ins Schwarze traf). »Haben Sie gehört, daß Lewes sozusagen im Sterben liegt?« schrieb sie nach Jahren unversöhnt an eine Freundin. »Was wird sie dann machen? Sich einen Nachfolger nehmen, vermute ich.« Möglicherweise war Harriet Martineau nicht nur ein journalistisches As und eine Kämpferin für den Fortschritt, sondern auch eine einsame Dame, die, nachdem ihr Verlobter in geistiger Umnachtung gestorben war, keinen Nachfolger gefunden hatte.

Der Fall Lewes/Evans zieht seine Kreise. George Combe, der sich zutiefst »getäuscht und gedemütigt« sieht, fragt bei Charles Bray an, ob ihm das Auftreten von Wahnsinn in Miss Evans Familie bekannt sei. Offenbar hatte der Chef-Phrenologe einen entscheidenden Höcker auf ihrer Hirnschale vernachlässigt. So wie sie sich benehme, schließe er auf eine krankhafte Verwirrung, und er rät Bray dringend, die Beziehung, die sich im höchsten Grade erniedrigend auf die Damen seines Hauses auswirken könne, abzubrechen. Bray, schwankend zwischen Loyalität zu seiner alten Freundin und Respekt vor der Koryphäe, kann eingedenk seiner eigenen außerehelichen Verwirrung nur bedauern, daß Miss Evans so etwas

»Unvorsichtiges« getan habe, das ihr nun eine schlechte Presse einträgt.

Die öffentliche Meinung ist auf Agnes Seite, und man zeigt sich bei der Parteinahme nicht zimperlich. »Haben Sie von diesen beiden literarischen Lumpen Lewes und Thornton Hunt gehört?« schreibt der Bildhauer Thomas Woolner an einen Bekannten. »Sie scheinen ihre Ehefrauen nach dem Brauch der alten Britannier miteinander geteilt zu haben. Nun ist der Schuft Lewes mit einer – – – durchgebrannt und lebt mit ihr in Deutschland. Ich fürchte, es ist heutzutage riskant, etwas über jemanden zu schreiben, deshalb will ich den Mantel nicht weiter lüften, um den Dreck und die Besudelung dieser abscheulichen Lüstlinge und grinsenden Moralisten zu enthüllen – dieser Aufwärter beim Lustmahl – dieser Mormonen, mit anderen Worten – dieser Stinkbomben der Menschheit.«

Eliza Lynn formulierte ihren Tadel mit spitzerem Mündchen, aber deshalb nicht weniger vernichtend: »Sie tat keiner anderen Frau persönlich Unrecht, aber sie gab ein Beispiel für gesellschaftlichen Ungehorsam.« Offenbar stand das Empire auf dem Spiel.

Mit welchen Zukunftsplänen auch immer das Paar über den Kanal gedampft waren – und »Umstände« sprechen dafür, daß George sich erst in Weimar entschieden hatte –, das Wetter, das sich in London über ihnen zusammenbraut, läßt sie unverbrüchlich zusammenrücken.

In George hatte Marian endlich ihr Pendant gefunden; einen gleichberechtigten Gefährten, einen Intellektuellen, der wie sie unorthodox und autodidaktisch gebildet und voll unstillbarer Neugierde auf die Vorgänge des Lebens war; ein munteres Wesen, mehr Segel als Ballast, das diese oft schwermütige Fregatte mit sich zog, und ein erfahrener Liebhaber, der sie, ob nun jungfräulich oder nicht, zum erstenmal glücklich machte. Seine etwas windstoßartige, effiminierte Erscheinung – ein Gentleman selbstverständlich, aber auch ein ganz klein wenig gewöhnlich – paßte wie ein fehlender Puzzlestein zu Marians leicht maskulinem Bild. Auch unter ihren wohlerworbenen Manieren und der polierten Sprechweise zuckte bisweilen ein derber Nerv. Seine erotischen Eskapaden hatte er ihr gebeichtet, damit war es nun vorbei, aber, oh George, könnten wir das nicht auch einmal probieren, du hier herum, ich dort hinauf ...?

Als Miss Evans und Mr. Lewes waren sie losgezogen, als Mr. und Mrs. Lewes sollten sie zurückkehren, zusammengeknüpft durch ihr eigenes »heiliges Band«.

George antwortet Carlyle mit seinem Ehrenwort: »Der Skandal entbehrt... jeder Grundlage. Meine Trennung war in keiner Weise von der genannten Dame verursacht... Der Bruch war der Sache lange innewohnend, lange angedroht.« Carlyle, der volles Verständnis für die Auflösung der Lewesschen Ehe hat, schreibt gleichwohl skeptisch an den Rand: »Genauso könnte er mir versichern, daß ihre Strümpfe dieselbe Farbe hätten.«

Marian nimmt sich den Kollegen Chapman vor: »Diesem Gerücht, das Mr. Lewes betrifft, bitte ich zu widersprechen, wann immer es Dir gegenüber ausgesprochen wird; nämlich daß er seiner Frau und Familie davongelaufen sei. Dies ist weit entfernt von der Wahrheit; vielmehr steht er in ständigem Briefwechsel mit seiner Frau und sorgt für sie nach besten Kräften. Kein Mann kann sich darüber hinaus besorgter um das Wohl seiner Kinder zeigen. Sein Verhalten als Ehemann war im höchsten Maße nobel und voller Selbstaufopferung. Seitdem wir hier sind, haben Umstände (an denen ich keinen Anteil habe) zu seinem Entschluß geführt, sich zu trennen.«

Hatte Mrs. Lewes geschrieben, daß sie erneut schwanger sei? Carlyle notiert in diesem Jahr, Agnes wäre dabei, ein weiteres »schmutziges, ruß-gesichtiges Kind, dessen Vater Thornton Hunt ist«, in die Welt zu setzen.

Marian fährt fort: »Du fragst mich, welche Antwort Du auf Anfragen geben sollst. Ich habe nichts zu leugnen oder zu verbergen. Ich habe auch nichts getan, das einem anderen das Recht gäbe, Einspruch zu erheben ... Ich wußte, was dieser Schritt mich kosten würde, und ich bin bereit, die Zurückweisung durch meine Freunde ohne Groll und Bitterkeit zu tragen. Ich habe mich in dem Menschen, an den ich mich gebunden habe, nicht getäuscht. Er ist das Opfer wert, das ich auf mich genommen habe, und meine einzige Sorge ist, daß er gerecht beurteilt wird.«

John Chapman konnte sie mit stolzen Worten vielleicht beeindrucken. Bei Cara und Sara verfehlten sie ihre Wirkung. Unbegabt für jede Art von Konfliktbewältigung, hatte Marian es Charles Bray überlassen, den Freundinnen ihre Gründe für die Reise auf den Kontinent zu erklären. Beide sind tief verletzt und geben dies in einem Brief zu verstehen.

Diskretion, auch unter Freunden, hatte damals einen weitaus höheren Stellenwert, als in unserem geschwätzigen Jahrhundert. Offensichtlich sprach man nicht über Caras Beziehung zu Edward Noel und Charles Beziehung zu Hannah Steane. Und man gab es sich erst recht nicht schriftlich. In ihrer gesamten Korrespondenz verbittet Marian sich, daß sowohl ihre Bücher als auch ihre Herzensangelegenheiten besprochen werden, und ihre Tagebücher lesen sich wie Regierungsbulletins. Sie zeigen das Bild, das sie zu zeigen bereit war, und wenig von ihren ambivalenten Gefühlen. Keiner ihrer Briefe an Lewes ist erhalten; die seinen hat sie mit ins Grab genommen. Auf die Nachwelt sind ihre pompösen Episteln gekommen, aufbewahrt von Korrespondenten, die diesen Ton schätzten. »Sie war eine geistreiche, witzige Person«, sagt die Schriftstellerin Antonia S. Byatt, »aber sie hat das sehr für sich behalten.« Was sie und George tatsächlich miteinander ausstanden, steht in keinem Brief und auf keiner überlieferten Tagebuchseite.

Daß aber Cara, die Marian in der Krise mit ihrem Vater unterstützt, und Sara, die sich Marians keusche »Gemahlinn« genannt hatte, so viel weniger Vertrauen verdienten als Charles in allen Gassen, können sie der Freundin nicht verzeihen. Cara stellt die Korrespondenz ein. Sie sollten sich sechs Jahre lang nicht sehen, und es gelang Marian nur schwer, den Bruch zu kitten. Sara, die sich nicht so schnell geschlagen gab, wurde weder als treuer Achates noch als intellektuelle Stütze mehr gebraucht. Auf ihren entrüsteten Brief erhält sie eine scharfe Zurechtweisung: »Es kann Dir doch nicht unverständlich sein, daß ich davor zurückschrecke, ausführlich über private Gefühle und Umstände zu schreiben. Ich habe es wirklich als Einschränkung empfunden, daß ich Dir nicht über alles andere, das uns beide gleichermaßen interessiert, schreiben konnte...« Also der übliche Kulturaustausch, der in der ungeklärten Situation zwischen Coventry und Weimar unterblieben war. Und wie erschrocken über diesen Schlag ins Gesicht, schickt sie gleich die Versöhnung hinterher: »Cara, Du und meine Schwester sind die drei Frauen, die mit Fäden an mein Herz geknüpft sind, die niemals zerreißen können und deren Zug ich unaufhörlich spüre. Meine Liebe für Euch beruht auf einer Vergangenheit, die keine Zukunft umkehren kann... Ich liebe Dich und Cara mit unveränderter Zuneigung, und so ich Deine Freundschaft behalte, bewahre ich das Beste, das das Leben mir gegeben hat – neben der tiefsten und ernstesten Freude, die der menschlichen Erfahrung vergönnt ist.«

Sara läßt sich trösten und weiter von Büchern und Menschen, Bildern und Stadtansichten erzählen, aber sie schreibt: »Ich habe das merkwürdige Gefühl, daß ich an eine Gestalt aus einem Buch schreibe und nicht an die Marian, die wir so viele Jahre lang gekannt und geliebt haben.« Das Tiefere und Freudvollere, das Marian in George gefunden hatte, ließ sich weder mitteilen noch ersetzen. Ihre Freundschaft – von Sara noch oft geltend gemacht, von Marian noch oft wortreich beschworen – war zu Ende.

Am 2. November, während George seinen Abschiedsbesuch bei Hofe absolviert, kommt Liszt mit Grüßen und einer

Tüte Bonbons für unterwegs von seiner Prinzessin. Das »liebe Weimar« sollten sie später nur noch einmal auf der Durchreise sehen, und erst in dem weniger lieben und bedeutend kostspieligeren Berlin bemerken, wie teuer ihnen das Städtchen und die Freunde geworden waren. Am nächsten Morgen treffen sie in der preußischen Hauptstadt ein, steigen im *Hôtel de l'Europe* in der Taubenstraße (zwischenzeitlich Johann-Dieckmann-Straße) am Platz der Akademie ab und ziehen am Tag darauf in ein Privatquartier in der Dorotheengasse, eine Viertelstunde Fußmarsch entfernt. Wie auch in Weimar gehen sie jeden Nachmittag zum table d'hôte ins Hotel, aber die Gesellschaft dort ist so langweilig und die Kellner so saumselig, daß sie ihre Bücher mitnehmen und zwischen den Gängen lesen.

Als sie am nächsten Vormittag Unter den Linden promenieren, tritt ein älterer Herr mit einem Orden um den Hals und einem Spazierstock mit goldenem Knauf auf sie zu: »Ist's möglich!?« Es ist Varnhagen von Ense, der Lewes als den Studenten im braunen Rock wiedererkennt. Von Ense, dessen Frau Rahel bereits 1833 gestorben war, führt die beiden in den Salon des Fräuleins von Solmar ein, und Marian, immer darauf bedacht, den guten Ruf Georges zu mehren, berichtet den Brays, daß sie nun »in der besten Gesellschaft Berlins« verkehrten und Mr. Lewes noch keine Zeit gefunden habe, auch nur die Hälfte seiner alten Freunde zu besuchen.

Zu ihnen gehört Professor Otto Gruppe, der »Typ des deutschen Gelehrten. Er hat Bücher über alles mögliche geschrieben ... ist Professor für Philosophie«, Erfinder eines Verfahrens zum Papierfärben, ein Dichter und begeisterter Wildschweinjäger. Marian ist entzückt von »der Schlichtheit, mit der diese Leute ihre Freunde empfangen. Keine Umstände mit der Garderobe, keine großartigen Mahlzeiten, statt dessen Herzlichkeit und Klugheit ... Wenn wir ihn abends besuchen, ist er stets in einen mottenzerfressenen grauen Mantel gehüllt, einstmals ein gutes Stück mit Pelerine, umgeschnitten in einen ›schlafrock‹ und mit einer Mütze auf dem

Kopf.« So gerüstet deklamiert der Professor im hohen Ton seine Gedichte vor den Gästen.

Ein weiterer Bekannter ist der Kunstkritiker Adolf Stahr, der seit neun Jahren mit der Schriftstellerin Fanny Lewald verbunden ist, ein Paar, dessen Geschichte Marian naturgemäß interessiert – zumal ihr und Fannys Leben Parallelen aufweisen. Auch Fräulein Lewald war mit Anfang 30 allein in die große Stadt – Berlin – gezogen, erhalten nur von dem Nadelgeld, das der Vater ihr gewährte, und mit der Hoffnung, ihren Unterhalt mit Schreiben zu verdienen. Sie fand Anschluß an die Kreise des Jungen Deutschland und lernte auf einer Italienreise den Kunstprofessor Stahr kennen, der 1852 Frau und fünf Kinder verließ, um offen mit ihr zu leben. Die preußischen Scheidungsgesetze erlaubten schließlich, daß aus Fanny Madame Stahr wurde, »was beide glücklicher machte«, schreibt Marian, die es mit den englischen Gesetzen weniger gut getroffen hat.

Deutschland blieb für sie bei aller Zuneigung ein fremder Kontinent, bewohnt von gemütlichen, aber etwas peinlichen Wurzelzwergen, die zu laut redeten, keinen Esprit hatten und außerstande waren, Shakespeare zu verstehen. Wie gut, daß George immer den richtigen Ton traf! In seiner Gesellschaft wurde nicht gegähnt, und wenn er scherzte, gab es keine Peinlichkeit. Oder? Dankbar vermerkt sie, als Lewes bei Fräulein von Solmar den Shylock deklamiert – eine Rolle, in der er in Manchester auf der Bühne gestanden hatte –, daß der alte General Pfuel immer an den richtigen Stellen zustimmend grunzt – inmitten einer versteinerten Abendgesellschaft, die hofft, daß der englische Herr nun bald zum Ende kommen möge.

Es ist »erheiternd zu sehen, wie behaglich es die Deutschen ohne so manches haben, das in England als unverzichtbarer Sicherheitsstandard gilt. Die Deutschen essen vergnügt ihre ›Bratwurst und Küchen‹ . . . sind im Gegensatz zu uns zwar außerordentlich minderwertig, was den schöpferischen Intellekt und ihre Lebensart angeht, aber sie verstehen es besser, in dieser ihrer beschränkten Art, das Leben zu genießen. Überall erlebt man, was in England höchst selten ist: vollkommenes bien-être, Abwesenheit nagender Sorge und verzehrenden Ehrgeizes, dafür Zufriedenheit an wohlfeilem Vergnügen, und niemals ist der Verdacht im Spiel, Glück sei ein Laster, das wir nicht nur uns selbst versagen, sondern auch unseren Nachbarn beschneiden müssen. Es gibt selbstverständlich auch Nachteile. Die Deutschen achten weder auf ihre Tür-schlösser noch auf ihre Wagen ... und sie glauben, ein Zim-mer sei schon eingerichtet, wenn es Spiegel und Schreibtisch enthält. Sie lecken das Messer ab, schreiben unaussitzbare Komödien und unlesbare Bücher, aber sie sind entschieden die glücklicheren Tiere ... «

Der Winter in Berlin ist eisig, und da sie keine Lust haben, in der »häßlichen Stadt« zu bummeln, bleiben sie in ihren Räumlichkeiten bei »Kaffee, ›pfefferkuchen and semmels‹«. Marian übersetzt für Georges *Life*... Passagen aus Goethes Werk und daneben Spinozas *Ethik*, ein Auftrag, der von Lewes Verleger an ihn ergangen war und den er weitergereicht hatte. Was George ihr offenbar verschweigt, ist, daß er sich mit dem Auftraggeber überworfen und auf der Suche nach einem neuen Verleger seine Karten überreizt hat. Marians »big book«, Frucht monatelanger Arbeit, ist nie erschienen, und kein Wort der Erbitterung oder Enttäuschung ist zu diesem Vorgang überliefert. In Berlin aber ist das Übersetzen noch lust- und sinnvoll. »Wir beide fühlen, daß das Leben neu be-gonnen hat – mit neuen Zielen und neuen Kräften ... Können zwei Menschen glücklicher miteinander sein als wir?«

Diese Euphorie würden sie in England noch sehr benöti-gen. Ihre letzten Tage in Berlin sind mit einem hastigen Be-sichtigungsprogramm ausgefüllt. Pflichtschuldig »paddeln« sie durch den schmelzenden Schnee zu Museen und Galerien, ehe sie Anfang März ihre Reisekisten packen. Georges Plaid wird dabei versehentlich zurückgelassen, so daß sie mit kalten

Füßen über Köln und Brüssel nach Hause fahren müssen. Am 14. März treffen sie in Dover ein. Endlich!

»Englische Hammelkeule, englische Kaminfeuer und englische Betten wurden hoch geschätzt von Wesen, die acht Monate lang in Deutschland waren mit seinen fragwürdigen Braten, seinen ofengeheizten Stuben und Bettdecken, die man nicht feststecken konnte. Der Geschmack und die Ruhe in einem erstklassigen englischen Hotel standen ebenfalls in lebhaftem Kontrast zu dem schweren Dekor, dem Krach und dem rücksichtslosen Qualm in deutschen Gasthäusern. Aber alles in allem: Es ist kein schlechter Ort zum Leben, und die Deutschen – um ihren Mangel an Geschmack und Höflichkeit aufzuwiegen – sind wenigstens frei von der Bigotterie und Unnahbarkeit ihrer distinguierteren Vettern.« London, here we come.

VIII

. . . and that singular anomaly, the lady novelist
Well, I don't think she'll be missed,
I'm sure she'll not be missed.
Chorus: He's got them on the list . . .

(Gilbert & Sullivan)

George bildet die Vorhut. Er quartiert Marian in Dover ein
und eilt in Geschäften nach London. Es gilt, eine Wohnung zu
finden und künftige Aufträge zu sichern. Chapman bietet Marian die Kolumne der Belles Lettres in der *Westminster Review*
für 50 Pfund im Jahr an – pro Ausgabe wären da zwanzig bis
dreißig Bücher zu rezensieren –, und sie akzeptiert mit Freuden. Außerdem muß George alte Schulden bezahlen. Agnes,
so stellt er erbittert fest, lebt über ihre Verhältnisse, und
Thornton hält sich nicht an die Vereinbarungen.

Die fünf Wochen, die Marian ohne ihn in Dover verbringt,
zählen zu ihren trübsten Tagen. Nie wieder sollten sie so lange
voneinander getrennt sein. Seine Briefe können ihre Stimmung nicht lange aufhellen. Mit Bessie korrespondiert sie
über die Adresse 142 Strand – ein Manöver, das sie im Fall von
Mary Sibree noch abgelehnt hatte. Aber nun sind die Freunde
weniger geworden. »Schenke keinem Glauben, der über mich
redet«, schreibt sie ihr. »Niemand kann die Wahrheit über
mich sagen.« Und niemand weiß, wie unsicher und verlassen
sie sich fühlt. »Ich erfreue mich sogar meiner Einsamkeit – es
geht mir gut, und ich empfinde ein stilles Glück, fühle mich
stärker und klarer nach diesen acht Monaten«, klingt ein wenig wie Pfeifen im dunklen Wald. Ihr Tagebuch erwähnt
dagegen einen »schmerzlichen Brief«, der ihr den Schlaf
raubt, und lange Spaziergänge, auf denen sie Zweifel und
Ungeduld zu meistern sucht. George war mit dem Auftrag
weggefahren, von Agnes – da eine Scheidung nun einmal
nicht zu bewerkstelligen war – eine Erklärung zu erlangen,
daß auch sie ihre Ehe für beendet ansah. Damit scheint Agnes

sich Zeit zu lassen, und Marian wird nervös. Warum blieb er so lange fort? Was trieb er im großen Babylon?

Der Tag geht hin mit ihrer Spinoza-Übersetzung. Abends sucht sie Zerstreuung bei Shakespeare, dem Nibelungenlied und Spencers *The Genesis of Science*. Am 23. März fängt es an zu schneien, und sie rührt sich nicht mehr aus ihrer möblierten Behausung. An Charles schreibt sie: »Der Krim-Krieg und die ungewöhnliche Strenge des Winters müssen wirklich schlimm für die Geschäfte in Coventry sein. Und da das Wetter nicht besser werden will, können die Damen auch ihre verschossenen Hauben noch nicht ablegen.« Tatsächlich geht es mit der Bandweberei und dem Wohlstand der Brays bergab. Im folgenden Frühjahr ziehen Charles und Cara in das bescheidene Ivy Cottage, in dem bereits Sara und ihre Mutter wohnen. Neue Eigentümerin von Rosehill wird eine Mrs. Cash, geborene Mary Sibree, Marians ehemalige Schülerin. Miss Evans sollte nie wieder auf dem Bärenfell unter der Akazie sitzen.

Mitte April kommt George sie endlich abholen. Ihr erstes Logis im Vorort East Sheen in der Nähe der Kew Gardens beziehen sie als Mr. und Mrs. Lewes. Es ist ein stiller Winkel, und Marian sorgt sich, daß die Nachbarschaft und ihre ausgezeichnete Vermieterin durch widersprüchliche Angaben verwirrt werden könnten. Fragt nach Mrs. Lewes! schärft sie den wenigen Freunden ein, die sie besuchen kommen: John Chapman, Charles Bray und Rufa Hennell. »Wir finden es unerläßlich für unser Wohlbefinden, daß ich Mr. Lewes' Namen trage.« Bessie Parkes, die wohl aus ideologischen Gründen besonders obstinat ist, wird bei passender Gelegenheit angezischt: »Nenn mich nie wieder Miss Evans!«

Eine der ersten, die sich über die gesellschaftlichen Konventionen hinwegsetzt, ist erstaunlicherweise Eliza Lynn. Es ist ein selten gelungenes Treffen der beiden Frauen. »Der Schein ihrer jungen Liebe umglänzte sie«, schreibt Eliza neidlos. »Da war noch nichts von dem Getue um eine geheiligte

Verbindung, wie das später der Fall war ... Sie war offen, freundlich, natürlich und randvoll mit ihrem Glück. Das Bewußtsein, daß sie schließlich ihre Wahl getroffen hatte und die Würfel, die ihr Schicksal bestimmten, gefallen waren, gaben ihr Größe und Noblesse, die sie nicht hatte, als ich sie kennenlernte ... Ich fühlte ihre Überlegenheit und erkannte sie rückhaltlos an. Wäre sie so geblieben, sie wäre die größte Frau ihres Zeitalters geworden.«

Als Frau, die in einem der weiblichen Selbstbestimmung wenig förderlichen Zeitalter auf eigenen Beinen stehen mußte, unterzeichnet Marian Evans eine Petition, die Barbara Leigh Smith herumschickt, und reicht die Unterschriftenliste an Cara und Sara weiter. Es geht, wie sie erläutert, um »das Ersuchen, daß verheiratete Frauen ein Recht auf ihre eigenen Einkünfte haben sollen.« Vor ihr haben schon Mrs. Gaskell, Elizabeth Barrett Browning und Harriet Martineau unterschrieben. Zwei Jahre zuvor hatte Barbara die Broschüre *Eine kurze Zusammenfassung in einfacher Sprache der wichtigsten Gesetze in England, die die Frauen betreffen* drucken lassen. Es war kein großer propagandistischer Erfolg, aber eine erste Ausstellung des skandalösen Tatbestands, daß verheiratete Frauen mit allen beweglichen und unbeweglichen Gütern das Eigentum ihrer Männer waren. Außerhalb der Familie hatten sie denselben Rechtsstatus wie Kinder und Geisteskranke; innerhalb konnte der Ehemann nach Belieben mit ihnen verfahren; sie prügeln, mißbrauchen und ihr Geld zum Fenster hinauswerfen. Der aktuelle Scheidungsprozeß der Schriftstellerin Caroline Norton, die das Sorgerecht für ihre Kinder, das Erbe ihrer Mutter und die Einkünfte aus ihrer Arbeit an ihren Ehemann verloren hatte, machte nun eine zweite Auflage der Broschüre notwendig und in den Augen empörter Frauen eine Petition zwingend.

»Ich fordere meine Rechte nicht ein«, hatte Mrs. Norton sarkastisch an die Queen geschrieben, »ich habe keine Rechte, sondern nur Unrechte.« 60000 Unterschriften trägt die Petition, die Barbara Leigh Smiths Komitee im März 1856 dem Parlament vorlegt. Sie trifft nicht nur dort auf entschlossenen Widerstand. Margaret Oliphant schreibt in *Blackwood's Magazine*, die geltenden Ehegesetze spiegelten die göttliche Ordnung wider, und es wäre töricht, die Mißstände einiger zu beheben, indem man ein Gesetz für alle erließe. Hier würde Unfrieden zwischen den Geschlechtern gesät und Frevelhand an die gesellschaftlichen Fundamente gelegt.

Miss Evans, immer vorsichtig, wenn es um die Belange der Frauen geht, ahnt: Da liegt noch viel vor uns, aber »mit den notwendigen Vorbehalten und Sicherheitsklauseln würde das vorgeschlagene Gesetz helfen, die Stellung und den Charakter der Frauen zu heben.« Im Jahr darauf wird die Petition niedergestimmt. Anstelle des von ihr geforderten Gesetzes zur Sicherung des Besitzstandes verheirateter Frauen tritt ein reformiertes Ehegesetz in Kraft, das Scheidungen zwar weniger kompliziert und kostspielig macht, aber keine neuen Gründe zuläßt. Eine Ehe konnte weiterhin nur wegen einfachen Ehebruchs der Frau und »verschärften« Ehebruchs des Mannes geschieden werden.

Unberührt von solchen Formalitäten ziehen Mr. und Mrs. Lewes Anfang Oktober nach Richmond – Parkshot Nr. 8, ein kleines georgianisches Haus, in dessen zweitem Stock sie ein Zimmer mieten. Hier sollten sie die nächsten dreieinhalb Jahre zubringen. Während der Londoner »Saison« ist in Richmond gar nichts los, und im Sommer ist es »heiß, laut und von Cockneys heimgesucht.« Aber der große Park für kleine Fluchten aus der möblierten Enge liegt ganz in der Nähe. Die Stille um Marian vertieft sich; unterbrochen nur vom Kratzen der Federn an zwei Tischen. (Georges heftige und muntere Arbeitsgeräusche enervierten sie stark, gesteht sie später, als man sich getrennte Zimmer leisten kann.) Seine Verpflichtungen Agnes und den Kindern gegenüber sind überwältigend; beider Einkommen bescheiden. Marian verdient im Jahr 1855 rund 120 Pfund, George über 300, von denen er Agnes' Schulden bezahlt und ihren Unterhalt in Höhe von 250 Pfund. Auch Chrissey wird aus der Haushaltskasse unterstützt und erhält Pakete mit abgelegten Kleidern. Mit ein bißchen Wenden hier und da können die großen Mädchen sie noch tragen. »Ich teile das Geld mit den Gewissensqualen eines Geizhalses aus«, schreibt Marian. Abends nährt man sich von Marmite-Toast statt von Braten. Wohlfeil aber ist die Nach-Tisch-Unterhaltung. »Wir delektieren uns an Ruskins drittem Band ... Nach dem Dinner lese ich daraus vor – alsdann wechseln wir zu den Alten Dramatikern, die wiederum Mr. Lewes mir vorliest, solange seine Stimme aushält... Das sind so unsere noctes ... gelegentlich zur Kurzweil variiert durch hochdramatisches Absingen von Passagen aus *Figaro* etc. – ein Vorgang, der ›jenen braven Mann, den Geistlichen‹, der unter uns haust, recht verstören muß.«

Am 1. November 1855 erscheint Lewes »big book«, seine Goethe-Biographie. Von diesem Honorar läßt sich eine Weile zehren, und die finanziellen Sorgen sind erst einmal in die Schranken gewiesen. Evans schreibt fleißig für die *Westminster Review*. Chapman weiß sie als Mitarbeiterin zu schätzen. Essays und Rezensionen kann er auch noch kurz vor Redaktionsschluß bei ihr in Auftrag und anschließend unbesehen in Satz geben. Mit seinen eigenen Erzeugnissen fährt er nicht ganz so glücklich. Einen Artikel, den er seiner ehemaligen Redakteurin vorlegt, haut sie ihm in reizender Form um die Ohren: »Das ist wässeriger Unfug, der durch Verdampfen reduziert werden sollte.« Sie rügt seine »fragwürdigen Metaphern« und die »zusammengeleimten Sätze« in diesem – alles in allem – »hochinteressanten Artikel... Ich habe offen heraus geschrieben, so wie ich es seit den alten Zeiten gewöhnt bin, und weil ich glaube, daß Du es so am liebsten magst.« In einem weiteren Brief wird der Chefpublizist wieder aufgerichtet. »Du hast gewaltige Fortschritte gemacht ... Dein Stil ist frei von Untugenden, obwohl Du wahrscheinlich nie vollkommene, glückliche Sicherheit erlangen wirst.«

Rätselvolle Marian Evans! Sie, die sich ihres glücklichen Stils so sicher war und später keine Verleger-Korrekturen an ihren Manuskripten duldete, drohte zusammenzubrechen und das Handwerk aufzustecken, wenn sie einen Hauch von Unzufriedenheit verspürte. »Offen heraus« durfte nicht einmal Lewes mit ihr sprechen. Er mußte ihr vertrauen und den Rücken stärken. In der Regel trog sie ihr Instinkt nicht. Lewes' literarische Interventionen, in die sie sich später wider besseres Wissen schickte, führten regelmäßig in die Katastrophe.

Doch vorläufig kritisiert sie ihrerseits die literarische Welt in den Belles Lettres der *Westminster Review*. In den heiligen Ernst, mit dem sie die Sünder wider Reimgesetz und Syntax verfolgt, mischen sich bisweilen rachsüchtige, unfeine Töne. Einer Mrs. Caroline Phillipson, die es gewagt hatte, einen Gedichtband mit dem Titel *Lonely Hours* vorzulegen und das Vorsatzblatt mit ihrem Bild zu schmücken, tönt es aus der Kolumne entgegen: »Dieses Porträt vermittelt einen tiefen Eindruck ihrer Reize – Reize, die wir als Ausgleich der Natur für den Schwachsinn ihrer Verskunst interpretieren.« Mrs. Phillipson, die glaubt, Lewes habe sie verrissen, wehrt sich patzig: »Westminster Rezensent! – Barde! – Dramatiker! – Schauspieler (beziehungsweise Provinz-Schauspieler)! – Biograph! – Philosoph!« – was weder intelligent noch zutreffend ist – und die Kutsche kommt auch umgehend retour: »Wir sind nichts dergleichen. Niemand soll hier erleiden, stellvertretend angespritzt zu werden.« Die Anonymität konnte eben auch ein rechter Segen sein.

Im Oktober 1855 erscheint in der *W. R.* ein Essay über den populären Prediger Dr. John Cumming, der zahlreiche Bücher zum Thema biblische Prophezeiungen geschrieben hatte und dessen finstere Tiraden gegen die Ungläubigen Marian Evans zu einem lodernden Gegenschlag veranlassen. Sie nennt den frommen Mann einen mediocren, engstirnigen, gleisnerischen und unverantwortlichen Schwätzer von widerspruchsdichter Bigotterie, einen Lügner und geistigen Schattenboxer. – Die Bibel sei ein Buch ohne wissenschaftliche Fehler? Da ist Dr. C. bei Miss E. natürlich an der richtigen Adresse. Satz für Satz widerlegt sie seine falsch zitierten Quellen, hängt ihn an seinen eigenen Widersprüchen auf und straft den Hoffärtigen: »Auf keiner Seite finden wir einen schlichten, offenen, mitfühlenden Gedanken, der von Verständnis für eine aufrechte Seele zeugte. Überall sieht er den Zweifler als verhärtet, hochmütig und seine Augen wissentlich dem Licht verschließend – ein Narr, der die passende Erwiderung auf seine Torheit verdient – nämlich: fixe Antworten, zusammengeschustert aus heillosen Behauptungen, zweifelhaften Anekdoten und, wenn andere Quellen versiegen, Schmähungen und Beschuldigungen.« Es ist ein schöner Artikel und absolut tödlich.

»Du hast also herausgefunden, wer den ›Cumming‹ geschrieben hat«, antwortet sie Charles. »Ja, er ist von mir, aber ich bitte Dich, es niemand gegenüber zu erwähnen, der es eventuell nach London weitertragen könnte, denn wir halten die Autorenschaft geheim. Der Artikel scheint Furore gemacht zu habem, und sein Eindruck wäre verwirkt, wenn durchsickerte, daß eine Frau ihn geschrieben hat.«

Charles ist der einzige aus dem alten Freundes-Trio, der sie in Richmond besucht, dem ein Abendessen und ein Gästebett angeboten werden und der bei Gelegenheit mit Lewes über Phrenologie streitet. Sara, die nach einem Jahr den Schritt unangemeldet wagt, steht vor verschlossener Tür. Miss Evans? Hier wohnt keine Miss Evans. Mr. und Mrs. Lewes sind bei einem Bootsausflug auf der Themse.

Nach Monaten des Schweigens und offenbar im Zuge eines Großreinemachens meldet Cara sich und bittet um Auskunft, was mit den Laken und Kopfkissenbezügen geschehen solle, die Marian noch in Rosehill in den Schubladen liegen hat. Marian nutzt das Zeichen, um der alten Freundin noch einmal ihren Standpunkt darzulegen. »Ich versichere Dir, ein Gebiet, auf dem mir jegliche Leichtfertigkeit fernliegt, ist jenes der Ehe und der Beziehung der Geschlechter. Eine Handlung oder Beziehung meines Lebens, die ich immer zutiefst ernst nehme und nahm, ist mein Verhältnis zu Mr. Lewes.

... Unverbindliche und leicht gelöste Bande kann ich weder theoretisch gutheißen, noch könnte ich unter solchen Umständen leben. Frauen, die sich mit solchen Banden begnügen, tun nicht, was ich getan habe – sie bekommen, was sie wollen, und werden trotzdem noch zum Abendessen eingeladen.« Noch einmal wirbt sie, die von der Welt nichts anderes als Verdammung erwartet hat, um Caras Verständnis, die ihr bisher so viel Liebe und Geduld erwiesen hat. Keine ihrer freundlichen Gesten sei vergessen, und ach, »die schrecklichen Laken und Bezüge. Gib sie fort, wenn Du sie nicht behalten magst, denn ich will sie nicht und kann keinen Hausstand damit aufbauen.«

Danach scheint Cara diese wilde und unverbrüchliche Ehe akzeptiert zu haben. Man wechselt hinfort sorgfältig formulierte Briefe, aber es sollten noch einmal vier Jahre vergehen, bis sich die beiden wieder gegenübersaßen. Als Marian ihre Schwester Chrissey zu Weihnachten 1855 in Meriden besucht, schlägt sie eine Einladung Charles, in Rosehill vorbeizuschauen, empfindlich aus. Cara hatte versäumt, sich den Worten des Gatten anzuschließen.

»Wenn Du zweimal nachgedacht hättest, wäre Dir klar, daß ich kaum eine doppelt so lange Reise wie nötig unternehmen und durch ganz Coventry laufen würde, um einen Besuch zu machen, zu dem ich nur die Einladung des Hausherrn habe.«

Auch Halbschwester Fanny kann sich ihre Einladung an den Hut stecken. Sie hatten sich fünf Jahre lang nicht gesehen, aber Mrs. Houghton, die als Frau eines reichen Farmers sicherlich über Pferd und Wagen verfügte, fühlte sich außerstande, einen Besuch bei den Habenichtsen in Meriden abzustatten; Polly möge statt dessen zu ihr kommen. Sie lehnt ab.

Auch Isaac scheint in seinem Bau geblieben zu sein. So fährt Marian nach den Feiertagen expreß und ohne auszusteigen, in zweieinhalb Stunden nach London und zu Mr. Lewes zurück.

»Das Kapital von uns armen Schreiberlingen ist ihre Gesundheit«, hatte Marian im Sommer bemerkt, als sie sich für zwei Wochen mit George nach Worthing zurückgezogen hatte, »auf der Suche nach Polypen und Gesundheit.« Beide waren ausgelaugt, und Lewes litt noch immer, oder wieder, an diesem enervierenden Pfeifen im Ohr. Er, den der Forscher T. H. Huxley ein wenig abwertend einen »Buch-Gelehrten« genannt hatte, war dabei, ein neues wissenschaftliches Hobby für sich zu entdecken: die Physiologie, und er hoffte, im Studium der Mollusken mit Mikroskop und Skalpell neue Bausteine für die Lehre von den Lebensvorgängen zu finden.

So rüsten sich die beiden im Mai 1856 zu einem längeren meeresbiologischen Ausflug nach Devon – mit Sack und Pack und einem Deckelkorb voll leerer Einmachgläser, die, wie sich später herausstellt, als Meeres-Vivarium völlig untauglich sind. Mit der Bahn geht es über Bristol nach Exeter, am nächsten Tag wieder hinauf nach Barnstable und das letzte Stück zur Küste mit der Postkutsche. Marian, von Kopfschmerzen geplagt, hat einen Platz im Innern, George thront außen bei den klappernden Glastöpfen mit wehender Krawatte und festgedrücktem Schlapphut. So laufen sie in Ilfracombe ein, finden dort eine halbe Villa für eine Guinee pro Woche und ziehen noch vor dem Auspacken los, um das Meer zu schauen. Der Weg führt durch drei in die Felsen gesprengte Tunnels, die sich auf eine gewaltige Steilküste öffnen. »Wir waren auf den ersten Blick völlig hingerissen.«

Marian hat sich Arbeit mitgenommen, eine Rezension der ersten beiden Bände von Wilhelm Heinrich Riehls *Die Naturgeschichte des Volkes als Grundlage einer deutschen Sozialpolitik*, aber es bleibt genügend Zeit, mit George und ihrem neuen Bekannten, dem netten kleinen Kuraten Tugwell, einem Experten der lokalen Meeresfauna, am Strand entlangzustapfen. George: »Die Dame trägt ein Netz und Röcke, ›die nicht zu schade‹ sind. Wir sind folgendermaßen ausstaffiert: Hut, alter Mantel mit zahlreichen Taschen an unerwarteten Stellen, über den Tugwell eine Ledertasche geschwungen hat, die Hammer, Meißel, Austernmesser und Brieföffner enthält, außerdem Hosen, die garantiert für nichts mehr zu schade sind, und über den Hosen dicke Wollstrümpfe, über die schwere Lederstiefel gezogen sind . . . Nun ja, diese Stiefel mit den rausguckenden Socken sind nicht besonders ästhetisch anzusehen . . . Doch was schadet schon mangelnde Eleganz: Schön ist, was schön handelt. In diesem Aufzug betören wir die Nixen.«

Vor allen Dingen schaffen sie Unordnung in der Meeresbiologie, der sie mit Brecheisen und Meißel auf die zarte Pelle rücken, ein Weg, den die Feldforschung heute nicht mehr beschreiten würde. Zudem muß sich das Auge erst einmal an die Objekte gewöhnen, die es erspähen soll. Die Suche nach Seeanemonen verläuft zunächst ergebnislos; jubelnd wird die erste kleine rote Mesembrianthemum begrüßt – und später wegen ihres reichen Vorkommens wie eine Nessel verachtet.

»Als wir nun unsere Anemonen in die gläsernen Verliese setzten, trieben sie kopfüberkopfunter im Wasser und machten einen durchaus jammervollen Eindruck. Immer wieder durfte ich meinen Ärmel aufkrempeln und den Arm bis zum Ellenbogen eintauchen, um die Ordnung wiederherzustellen.« Die »abgrundtiefen Glasbehälter«, die sie eigens aus London mitgeschleppt hatten, sind zur Aufbewahrung von Aktinien gänzlich ungeeignet. Da wird der Küchenschrank geplündert. »Du würdest lachen, wenn Du unser Zimmer sehen könntest«, schreibt sie an Charles, »über und über garniert mit Auflaufschüsseln, einer Fußbadewanne, Glaskruken und Fläschchen, allesamt voller Zoophyten, Mollusken und Ringelwürmern – und mehr noch angesichts des eifrigen Interesses, mit dem wir morgens zu unserem ›Eingemachten‹ stürzen, um zu sehen, ob sich in der Nacht irgendwelche Sterbefälle ereignet haben.«

Das wäre traurig, bevor Mr. Lewes zur Tat schreiten könnte. Selbst ein erklärter Freund aller Vierbeiner, sezierte er die stumme Kreatur mit wachsender Begeisterung, um neue Erkenntnisse über ihr Nervensystem zu gewinnen. Marian, das Mädel vom Lande, assistierte ihm ohne Zimperlichkeit. Schon in Weimar hatte sie kleine Papierpäckchen für die Raupen gefaltet, die Mr. Lewes auf Spaziergängen auseinanderschnitt und zu Forschungszwecken nach Hause trug. Am Ende des folgenden Jahres schreibt er in sein Tagebuch: »Habe eine enorme Anzahl von Tieren seziert und das Mikroskop fleißig benutzt. Etliche nicht unwichtige Entdeckungen haben diesen Fleiß gekrönt.«

Fern des Londoner Klatsches und der Besorgnis um den guten Ruf, genießen die beiden das gesunde, billige Leben. Der Kopfschmerz lichtet sich, das Weben und Streben der Mollusken, Riehls Beschreibung des deutschen Landvolks und Ruskins erregende Betrachtungen zur Natur bilden endlosen Gesprächsstoff. Und manchmal ist es auch köstlich, nur still beieinander zu sitzen. »Ermüdet vom Hämmern, Kraxeln und Bücken in dieser glühenden Sonne eines Sommermittages, lassen wir uns auf einem bequemen Felsen nieder«, schreibt Lewes später in seinen *Seaside Studies*. »Meine Begleitung, mit den Füßen in einem flachen Tümpel paddelnd, bringt eine Feldflasche mit Sherry und eine Tüte Kekse zum Vorschein. Dieser ›Mahlzeit sprechen wir eifrig zu‹ (wie abscheuliche Schreiberlinge es unweigerlich und in unfehlbarer Einmütigkeit auszudrücken belieben, wenn's sich um Essen und Trinken handelt). Bald zieht die träge blaue Rauchfahne einer milden Havanna in die warme Luft empor und macht die Behaglichkeit wunschlos-vollkommen.«

Als Marian am 17. Juni ihre Riehl-Rezension beendet und nach London expediert hat, fühlt sie sich auch für längere

Spaziergänge ins Landesinnere aufgelegt. In ihrem *Ilfracombe Journal* schildert sie die Heckenwege, die gelbe Glut des Ginsters, die rieselnden Wasser unter dem Farn und die windige Bergeshöhe, von der Mr. Lewes einen Lustschrei schickt. Das genaue Hinsehen und das korrekte Bezeichnen der Dinge wird Teil ihrer Philosophie des Schreibens. Angeregt von Ruskins Forderung nach Realismus in der Bildenden Kunst, dem das demütige und getreuliche Studium der Natur vorausgehen und der Licht und Schatten, Edles und Minderwertiges gleichberechtigt zeigen sollte, formt Marian Evans ihre Konzeption vom Realismus in der Schönen Literatur. »Der Wunsch ... die Namen der Dinge zu kennen ... ist Teil einer Neigung, die nun beständig in mir wächst, jeder Art von Unbestimmtheit und Ungenauigkeit ins Tageslicht deutlicher, lebendiger Gedanken zu entkommen.«

Ruskin verabscheute die »Ästhetik der Friseure«, die nur gerade Nasen und ideale Lockenköpfe gelten ließ. Zu ähnlichen Schlüssen kommt auch Evans bei ihrer Besprechung von Riehls Studien der bürgerlichen und ländlichen Gesellschaft. Bei ihm findet sie Bestätigung für ihre Verachtung des pastoralen Schmonzes, der im viktorianischen Roman über den Landmann im Gange war. Es sei eine moralische Pflicht, die Bauern so zu beschreiben, wie sie sind. »Die Kunst ist dem Leben verschwistert. Sie ist eine Art, Erfahrungen darzustellen und Beziehungen zu den Mitmenschen über unser eigenes Schicksal hinweg zu erweitern. Um so heiliger ist die Aufgabe des Künstlers, wenn er sich anschickt, das Leben des Volks zu malen.«

Charles Dickens und William M. Thackeray hatten ihr bürgerliches Publikum bereits mit den Gepflogenheiten der »lower orders« unterhalten, aber George Eliot fügte ihren Drolligkeiten und Manierismen Ernst und psychologisches Verständnis bei. »Es ist ein Trugschluß, daß hohe Moral und kultiviertes Gefühl aus harten sozialen Bedingungen, Unwissenheit und Not erwachsen.« Auch Ehrlichkeit und Integrität wohnten nicht unter den Armen, geschweige denn Humor. Indem Eliot die Leser mit dem »wahren« Charakter und den »wahren« Umständen der kleinen Leute bekannt machte, hoffte sie auf ein wachsendes Verständnis und eine evolutionäre Verbesserung dieser Welt. Ihre Perspektive ist freilich noch immer die der Hausfrau und Tochter auf Griff – Miss Evans, die die Armen mit guten Worten und abgelegten Kleidern versorgt und als authentische und kompetente Auskunftspersonen in den Belangen der Arbeiter und Bauern »die Guts- und Mühlenbesitzer, Pfarrer und Bergwerksverwalter« nennt. Eine unmittelbarere Form der Realismus-Recherche erschien ihr unvorstellbar. Als Lady durfte sie ja nicht einmal eine Kneipe betreten.

Dennoch glaubte sie, »ihre Leute« gut zu kennen. »Keiner, der pflügende Bauern erlebt hat, wird sie lustig finden. Der langsame Blick, in dem kein Sinn für Schönheit leuchtet, . . . die langsame Sprechweise und der schwere täppische Gang erinnern eher an dieses melancholische Tier, das Kamel, als an den strammen Landmann mit gestreiften Socken, roter Weste und keckem Hut, wie ihn die Tradition malt . . . Und das, was wir Spaß nennen, findet bei ihm keine Entsprechung, es sei denn in beschwipstem Krakeel. Der einzige Hort der Phantasie und der Imagination liegt für den englischen Provinzler auf dem Grund seines dritten Viertelliters.«

Interessanterweise stellt sie dem verlogenen »Poesiealbum-Stil« die Bilder des spanischen Malers Murillo als Muster der »Wahrhaftigkeit« gegenüber, dessen zerlumpte Gassenbuben man heute schwerlich als getreue Repräsentanten von Armut, Hunger, moralischer Verrottung und böser Pfiffigkeit bezeichnen würde. Evans Kunstgeschmack war bodenständig. Zwar sind keine Abbildungen von dem überliefert, was sie bewunderte, aber ihre Inhaltsangaben – »Barmherzige Schwester mit krankem Kind« – »schelmisches Bauernmädchen beim Festknöpfen der brüderlichen Hosenträger« – lassen eher auf narrative Salonmalerei als auf Werke der Avantgarde schließen. Rossetti und Burne-Jones fanden Gnade vor ihren Augen; Whistler hat sie offenbar nicht wahrgenommen. Die Bilder von William Turner hingen in der Privatsammlung eines Stellmachers in Tottenham, wo Evans sie an einem Dienstag im März 1851 besichtigte, ohne daß sie einen bleibenden Eindruck hinterlassen hätten.

So ist es nicht verwunderlich, daß George Eliot neben einer Fülle gelungener und authentischer Figuren auf der Ebene der Tanten und der Töchter auch rührende Rotbäckchen und sentimentale Tugendmäuse in eben diesem Poesiealbum-Stil schuf, den sie an anderer Stelle so heftig geißelte und den das Publikum so liebte. (Es heißt, sogar gestandene Männer, veritable Salonlöwen, hätten über den Tod der engelreinen Milly Barton in den *Scenes of Clerical Life* geweint.) Auch Eliots gern geübtes Mittel, im Text zurückzutreten und dem Leser eine Predigt zu halten über Nutz und Frommen dieser oder jener von der Autorin soeben eingeleiteten Heimsuchung, ist ein dem Realismus zuwiderlaufender Kniff und entspricht eher ihrem Credo, daß die Literatur ein geeignetes Mittel zur intellektuellen, sozialen und moralischen Verbesserung der Menschheit sei.

Die Mitte des 19. Jahrhunderts sah einen wahren Boom an unterhaltender Literatur. In einer Zeit vorwiegend hausgemachter Zerstreuung spielte sie eine ähnliche Rolle wie für die Heutigen eine populäre Fernsehserie, und Autoren, die ihre Romane in Forsetzungen publizierten, lauschten genau auf Volkes Stimme. Dickens und Trollope willfuhren ihrem Publikum so weit, daß sie mißliebige Romanfiguren in der nächsten Folge umbrachten. Die Schriftstellerei war auch eine der wenigen Möglichkeiten für eine Dame, Geld zu verdienen, ohne ihren Klassenstatus aufzugeben und zu den Lohnempfängern abzusteigen. Berufs- und Hobby-Autorinnen beschickten einen ununterbrochenen Strom leichter Literatur für das große, überwiegend weibliche Publikum, und selbstverständlich wurde – wie nicht anders zu erwarten – eine Menge Tinneff gedruckt. »Ernste Bücher«, in denen die Liebesgeschichte von untergeordneter Bedeutung war, verkauften sich schlecht.

Daß Frauen Zeilen schindeten, um ihre Familie zu ernähren, ließ die professionelle Miss Evans als Argument nicht gelten. In ihrem Essay mit dem trefflichen Titel *Silly Novels by Lady Novelists*, den sie in diesem Sommer an der Küste schreibt, rechnet sie mit den Damen ab, »die keinen Respekt vor der Kunst des Schreibens haben.« Ihr Artikel sollte »ein paar gesunde Wahrheiten und auch ein bißchen Spaß« zur Diskussion beitragen. Tatsächlich ist er »Schießpulver durch einen feuchten Kamin« und kompromißlos bis zur üblen Nachrede. Den eitlen Dilettantinnen mit ihrem zimperlichen Boudoir-Stil sollte ebenso der Mund verboten und das Handwerk gelegt werden wie den unverantwortlichen Romanschaffenden vom Schlage Eliza Lynns mit ihrem schmutzigen Naturalismus der *Realities*.

»Nimm den Kopf einer Frau, füll ihn mit ein paar kleingehackten Zitaten aus Philosophie und Literatur und mit ein paar altbackenen Ideen über die Gesellschaft, laß ihn täglich drei, vier Stunden über einem Schreibtisch hängen und serviere heiß in schlechtem Englisch, wonach niemand gelüstet.«

Von den sechs Romanen aus dem Genre »Bildung und Hutmoden«, »Adel und Schönheit«, »Bäffchen der Oberklasse«, »Orakel« und »Historie«, die Evans sich vorknöpft, waren drei anonym erschienen, aber sie zweifelt nicht, daß sie ebenfalls das Werk überflüssiger Damen sind, die ihre Grenzen nicht wahrnehmen. Offenbar hatte die Literaturkritik versagt. Das Lob der Rezensenten töne erstaunlicherweise am lautesten über den dümmsten Romanen und den talentlosesten Autorinnen. Wirklich vorzügliche Schriftstellerinnen wie Harriet Martineau, Charlotte Brontë und Elizabeth Gaskell würden jedoch herrisch wie nur irgendein Autor kritisiert.

Vielleicht hätte Evans an dieser Stelle innehalten sollen. Hatte Lewes nicht Charlotte Brontës *Shirley* auf herrische Art rezensiert, nämlich nicht als das Werk einer Künstlerin, sondern einer Frau, der die Natur nicht die Schriftstellerei, sondern die Mutterschaft zugewiesen habe?

Auch Marian Evans hält es für ihre »ritterliche Pflicht«, ihre weniger vorzüglichen Schwestern vom Schreiben abzuschrecken. »Schlechte Literatur ist Schnaps für den Geist.« Aber unter dem Vorwand, der Wahrheit eine Gasse zu bahnen, schmäht sie nicht den Schnaps, sondern die armseligen Giftmischer, was zweifellos amüsanter ist. Als sie später selbst unter die Schriftstellerinnen ging, bestand sie dennoch auf einem Einzeltisch. Die anderen, das waren Frauen, deren Bücher nur von Romanlesern gelesen wurden, »und nicht von hochkultivierten Leuten.«

Doch zurück nach Ilfracombe, zu den Seeanemonen, den grünen Heckenwegen, der sommerlich prangenden Natur. Die schönen Ferien dauern an. Wahre Beobachtung, Humor und Leidenschaft seien die Elemente, aus denen Literatur entstehen könne, schreibt sie in den *Silly Novels*.... In diesem Sommer in Devon versichert sie sich dieser Elemente. Ihr *Ilfracombe Journal* bewahrt detailfreudige Naturstudien und literarisiert einen überstandenen Schrecken:

»Als wir uns dem Cottage näherten, wurden wir von einem schwarzen Schwein erspäht, wahrscheinlich eines von der freundlichen, geselligen Art. Da unsere Kenntnisse schweinischer Physiognomie jedoch leider nicht ausreichen, um letzte Schlüsse zu ziehen, fühlten wir nur ein gemischtes Vergnügen, als wir bemerkten, daß Schweinchen sich entschlossen hatte, uns auf unserem Spaziergang zu begleiten, ohne sich angemessen vorzustellen. Deshalb ließ G. mich vorgehen und machte Schweinchen Andeutungen, daß seine Gesellschaft unerwünscht sei; und obwohl es ziemlich schwer von capee war, drehte es schließlich um, und wir bogen auf den Pfad zwischen den Büschen ein – nicht ohne Befürchtungen meinerseits, daß unser selbsternannter Gefährte wieder auftauchen möchte. Sogleich versicherte uns ein Grunzen, daß er auf unserer Spur war. G. versuchte es mit Zischen – vergebens – und endlich, angeblich von mir angestiftet, warf er einen Stein, der Schweinchen an der Schnauze traf. Dies war endgültig. Es trabte quiekend davon, so schnell es seine Beine trugen. Meine Vorstellung war jedoch so vollständig erfüllt von wilden Schweinen und ihrer bissigen Tücke, daß ich mich erst beruhigen konnte, als wir schon ziemlich weit außerhalb des Gatters waren, das uns von Schweinchens Jagdgründen trennte. G. wiederum reute, daß er die Wange eines offenbar freundlichen Tiers verletzt hatte, und das Bewußtsein seiner Untat umwölkte ihn mehrere Tage.

Ich beruhigte mein Gewissen, indem ich mir sagte, dieses Schwein hat durch den Zusammenprall an Lebensart gewonnen, die ihm in Zukunft raten wird, abzuwarten, daß es vorgestellt wird.«

Ende Juni ist die Küste bei Ilfracombe durchgekämmt, und die beiden reisen weiter auf die andere Seite des Bristol Channels, nach Tenby in Wales, wo sie weitere fünf Wochen bleiben, Mollusken sammeln und ihre Zweisamkeit pflegen. Barbara Leigh Smith besucht sie dort – um zu zeichnen, Seeluft zu schnuppern und wohl auch um sich einer Schicksals-Schwester mitzuteilen. Ihre brünhildenhafte Erscheinung verbarg eine zarte Gesundheit und eine verletzliche Seele. Im Winter 1855 hatte sie einen Zusammenbruch erlitten und erscheint ihrer Freundin nun »soviel älter und trauriger« als bei ihrem letzten Treffen in London. »Ich verstehe Deinen Kummer und Deinen Verzicht«, hatte Marian ihr geschrieben. Sie wußte, wovon sie sprach.

Barbara hatte sich zwei Jahre zuvor in John Chapman verliebt, ein aussichtsloses Unternehmen, das dieser extravagante und hoch verschuldete Courschneider auf gewohnte Weise zu regeln gedachte. Während er mit seiner Frau Susannah eine »nominelle« Ehe führte, wollte er sich in »freier

Liebe« Miss Leigh Smith angeloben, deren offensichtlicher Wohlstand seine Gefühle wesentlich befeuert zu haben schien. In seinen Briefen erkundigte er sich freimütig nach ihrem Kontostand (»Du verfügst also über weniger Geld... als Du mich hast annehmen lassen«), erteilte praktische medizinische Winke (Sitzbäder und Roßhaarsocken zur Regulierung des Monatsflusses) und schwor kongeniale Liebe. Sobald sie erst einen gemeinsamen Hausstand gegründet hätten, sollte Barbara sich auf Mutterfreuden gefaßt machen. Mr. Leigh Smith werde, wenn Barbara ihn von den Vorzügen ihrer offenen Beziehung überzeugt habe, seinen Segen gewiß nicht verweigern. Chapman selbst sah sich außerstande, dem Vater zu begegnen oder einen Brief zu schreiben, in dem er sich zu seiner Verantwortlichkeit bekannte. Mr. Leigh Smith, der die Vorzüge der freien Liebe selbst gekostet hatte, war gleichwohl entrüstet, als sich seine Tochter ihm schließlich anvertraute, und verbot ihr den Umgang mit diesem schrecklichen Menschen. Barbara begrub ihre Liebe und sprach nie wieder davon. Sie wandte ihre Kraft und Zeit der Kampagne für das Gesetz zum Schutz des Eigentums verheirateter Frauen zu, aber unerklärliche Betrübnis und eine schwache Lunge bewogen ihre Familie, sie nach Rom zu schicken und im Herbst 1856 nach Algier, einer modischen Zuflucht nebelgeschädigter reicher Engländer. Dort lernte sie den französischen Arzt Dr. Eugène Bodichon kennen, einen großen, dunklen, interessanten Herrn, 17 Jahre älter als sie, der unter Berbern und Arabern praktizierte. Er war aktiv in der Anti-Sklaverei-Bewegung, entwickelte Theorien über den Zusammenhang von Klima und menschlichem Verhalten und empfahl die Anpflanzung von Eukalyptus-Bäumen gegen die grassierende Malaria. Für Barbara war er »das Abbild des Caractacus«, des alten Keltenkönigs, und »der bestaussehende Mann, der je geschaffen wurde.« Seine Ansichten und Gewohnheiten harmonierten vorzüglich mit den ihren. Sie würden einander Gleichheit und Unabhängigkeit zugestehen. Die Familie in

London war nicht begeistert von ihrer Wahl. So ein fremder, exzentrischer Mensch, der kaum Englisch sprach und in einen Burnus gehüllt im Wald meditierte! Ihre Freundinnen fanden ihn »häßlich und furchtbar.« Die beiden heirateten im Juli 1857. Auf der Hochzeitsreise nach Amerika mieteten sie sich in New Orleans zwei möblierte Zimmer, und während Barbara malte und sich über die Sklaverei kundig machte, führte der Doktor den Haushalt und »kochte wunderschön.« Hatte man dergleichen je gehört? Auch Mr. und Mrs. Lewes nahmen die Eheschließung als »nicht ganz zufriedenstellend« auf. Nach einem ersten Besuch erschien der Doktor immerhin als ehrenwerte Person, deren Englisch sich jedoch entschieden verbessern müßte, aber ganz geheuer war Monsieur Bodichon ihnen nie. Auf Londoner Partys erschien er mit seinen Freunden, den Berbern, in nordafrikanischen Prachtgewändern, und auf Barbaras Landsitz lief er in bretonischen Bauernblusen umher. Marian beglückwünschte Cara, daß sie die »Toleranz« aufbrachte, die Schriften des Doktors zu lesen.

Im Juni 1856 in Tenby aber ist Barbara noch sehr melancholisch. Chapman hatte sich erstaunlich widerstandslos von Leigh Smith in die Flucht schlagen lassen. Marian versucht sie zu trösten. Ihre Freundschaft, die vor drei Jahren begonnen hatte, vertieft sich. Ein »edler Brief« Barbaras, in dem sie ihr versicherte, daß sie durch alle Widrigkeiten zu ihr halten würde, hatte Marian damals aufgerichtet, als sich halb London über das Paar erzürnte. In Tenby lernt sie nun auch Mr. Lewes kennen, gegen den Freundin Bessie eine unüberwindliche Abneigung hegt. »Ich wünschte, meine Liebe, Du würdest Deine Meinung revidieren«, schreibt Barbara ihr. »Ich habe es jedenfalls getan. Wie Du hielt ich ihn für einen furchtbaren Lüstling. Marian erzählt mir, daß er in ihrer ehelichen Beziehung nichts Lüsternes hat, sondern außerordentlich rücksichtsvoll ist. Seine Art ihr gegenüber ist reizend. Es ist offensichtlich, daß er sie überaus glücklich macht.« Von Barbara weiß Bessie – und von ihr die Welt –, daß die beiden

Empfängnisverhütung praktizierten, um nicht noch ein »mit Tabu belegtes« Kind in die Welt zu setzen.

In diesem Klima der Behaglichkeit und der durchfärbenden Erotik beginnt Marian ihre literarischen Federn zu spreizen. Mit Plänen für einen Roman hatte sie sich seit Jahren getragen. Herbert Spencer reklamierte später, derjenige gewesen zu sein, der ihr einen Versuch empfahl. Allerdings war Herbert nicht der Mann, mit dem eine Frau ein solches Ei hätte ausbrüten können. In Berlin hatte Marian George einen Entwurf vorgelesen: die Schilderung ländlichen Lebens in Stafford-shire. George hatte ihr Talent zur Beschreibung bewundert, aber beide waren nicht sicher, ob Marian auch dramatische Situationen und Dialoge entwickeln könnte. Die Sache wuchs sich zum Tagtraum aus. Sie war nun 37 Jahre alt und in vielen Sätteln gewandt. Würde sie ihren eigenen Maßstäben genügen? Wovon könnte sie kompetent erzählen? Es reizte sie sehr ... bis George energisch wurde: Versuch es! Und dann, eines Morgens in Tenby, »als ich im Bett lag und überlegte, worüber ich eine Geschichte schreiben könnte, sank ich in einen träumerischen Halbschlaf und stellte mir vor, daß ich eine Geschichte mit dem Titel *Das traurige Schicksal des Reverend Amos Barton* schreiben würde. Im Augenblick war ich hellwach und erzählte es G. Er sagte: ›ganz famoser Titel!‹ Und von da an hatte ich bei mir beschlossen, daß dies meine erste Geschichte sein sollte.«

Auch 1856 war dies kein Titel, der das Publikum von den Stühlen gerissen hätte, aber famos oder nicht, Lewes hatte das rechte Wort gefunden, daß seine Liebste sich nun endlich hinsetzte und es mit der Schönen Literatur selbst versuchte. Sie wartete noch, bis sie wieder zu Hause in Richmond, ihre letzte Kolumne für die Belles Lettres abgeschlossen und George aus dem Haus war. Kein Federkratzen sollte sie stören.

Lewes, der sich um seine Knaben Charles (14), Thornton (12) und Herbert (10) sorgte, die er wohl nicht mehr länger im

Stande der Unschuld über seine häuslichen Verhältnisse halten konnte, hatte beschlossen, die beiden Großen auf eine Schule in der Schweiz zu schicken: Hofwyl bei Bern, 1806 von Pestalozzi gegründet, ein Institut, von dem der Vater hoffte, daß sie dort gesund und fröhlich zu unabhängigen Geistern heranwachsen möchten. Er eskortiert Charles und Thornie selbst auf den Kontinent, und alle Beteiligten scheinen zufrieden. »Jungs nicht traurig, als ich abreiste«, notiert Lewes. In Richmond hat Marian indessen begonnen: »Die Kirche von Shepperton war vor 25 Jahren noch ein ganz anderer Bau als heute ...« Es gibt erregendere erste Sätze, aber es sollte noch besser kommen.

IX

›An wen‹, fragte sie, die Augen auf die wirbeln-
den Wolken richtend, die Hände ringend, während sie auf dem Fenstersims kniete und dabei
aussah wie das Inbild flehender Weiblichkeit,
›kann ich mich anlehnen?‹

(Virginia Woolf)

An einem Abend im Herbst 1856 ist Marian an einem entscheidenden Punkt ihrer Geschichte vom traurigen Schicksal
des Reverend Amos Barton angekommen. George nimmt seinen Hut und fährt nach London, damit sie in Ruhe arbeiten
kann. Als er spät zurückkehrt, liest sie ihm vor, was sie geschrieben hat: Milly Bartons Todesszene. Beide sind in Tränen. George steht schließlich auf, küßt sie und sagt: »Deine
rührenden Stellen finde ich noch besser als die spaßigen.«

Ein paar Tage später bietet er *Amos Barton* als den ersten Teil
einer geplanten Reihe von *Skizzen aus dem Leben der Geistlichkeit*
dem Verleger John Blackwood in Edinburgh für sein Monats-
magazin an. Der Verfasser, so schreibt er, sei ein Freund, der
sich zum erstenmal an einer Erzählung versuche. »Ich gestehe, daß ich, ehe ich das Manuskript gelesen hatte, beträchtliche Zweifel an seinem schriftstellerischen Talent hegte, aber
nach der Lektüre wandelten sich diese Zweifel in höchste
Bewunderung. Ich weiß nicht, was Sie von der Geschichte
halten, aber meiner Ansicht nach hat es seit dem *Vikar von
Wakefield* nichts Vergleichbares gegeben, was Humor, Pathos,
lebhafte Zeichnung und reizende Beobachtung angeht.« Die
geplante Serie befasse sich mit dem Leben des ländlichen Klerus vor einem viertel Jahrhundert, aber ausschließlich »unter
menschlichen, keinesfalls unter theologischen Aspekten«,
und der Ton sei durchweg wohlwollend und keinesfalls ant-
agonistisch.

Dies war nun allerdings eine sonderbare literarische und
ideologische Wende. Gab es für Marian kein erregenderes

Thema als ausgerechnet die Geistlichkeit? Vor 15 Jahren hatte sie sich von der Kirche abgewandt; ihre Kritik an Strauß und Feuerbach geschärft. Noch vor einigen Monaten hatte der gleisnerische Dr. Cumming ihren Sarkasmus geschmeckt, ein Pfaffe, der wie der Reverend Sibree zur Kategorie der »Hohlköpfe« und zahmen »Mantel-Tiere« zählte. Und nun pries Lewes ihren wohlwollenden Ton... Die Religion war für die Viktorianer ein so populäres Thema wie ein Jahrhundert später die Selbstverwirklichung; eine »antagonistische« Erzählung aber wäre von dem reputierlichen *Blackwood's Magazine* abgelehnt worden. Hatten die beiden Kreide gefressen?

Tatsächlich befand sich Marian seit Jahren in einem Dilemma. Es war leichter gewesen, den Glauben aufzugeben, als ihn in gereinigter Form wiederzufinden. Und so sehr sie die Dogmen der Kirche und die Anmaßung ihrer Vertreter verachtete, so strebte sie doch wie Feuerbach nach einer säkularisierten »Religion der Menschlichkeit«. In den *Scenes of Clerical Life* gehe es gar nicht um die Kirche, schreibt sie später ihrem Verleger, sondern unter der Metapher von Religiosität und Irreligiosität um den Konflikt zwischen Moral und Amoral. Dennoch erfährt die Kirche in den drei Erzählungen verwunderliche Toleranz durch eine Autorin, die so gründlich gezweifelt hatte. Weder in *Amos Barton* noch in *Mr. Gilfil's Love Story* noch in *Janet's Repentance* stellt sie den christlichen Glauben in Frage. Janets Bekehrung bewirkt sogar ein evangelikales Mantel-Tier, wie es in einer »silly novel« nicht heiligmäßiger hätte auftreten können. Die *Scenes* sind nicht Ausdruck ihres Antagonismus, sondern die Verklärung ihres Verlusts. Die Phase des »Widerspruchs und der Auflehnung« lag hinter ihr. »Ich fühle keine Gegnerschaft mehr zu einem Glauben, in dem sich menschliches Leid und menschliche Sehnsucht nach Reinheit ausdrücken; im Gegenteil: Ich sympathisiere mit dem Glauben, der stärker ist als alle logischen Tendenzen. Nicht, daß ich zum dogmatischen Christentum zurückgekehrt wäre, aber ich sehe darin den höchsten Ausdruck religiöser Gefühle in der Geschichte der Menschheit ... Damals (in Genf) fand ich Vergnügen am intellektuellen Disput. Heute finde ich Vergnügen an der Übereinstimmung der Gefühle.« Sie, der so leicht das Herz schwoll, hatte ein fast katholisches Bedürfnis nach Weihe und Hingabe, und sie sah sich außerstande, ihr Seelenheil dem freudlosen Auguste Comte und den Positivisten anzuvertrauen.

In ihrem Verriß der »silly novels« hatte sie mit Blick auf die Spezies »Bäffchen der Oberklasse« geschrieben: »Das wahre Drama des Evangelikalismus – und es liegt darin eine Fülle subtilen Dramas für jeden, der Talent genug hat, es aufzuspüren und zu beschreiben – findet sich in der mittleren und niederen Klasse.« Nun hatte sie mit Amos Barton den Helden eines solchen Dramas geschaffen; den armen, kinderreichen Pastor, weder tapfer noch schön, weder klug noch gütig, sondern »gewöhnlich in jeder Beziehung«. Amos erfüllte, wie später kaum eine andere ihrer Figuren, Eliots Anspruch auf Realismus, und er war bei allen Schwächen der Sympathieträger der Geschichte, ein Mann, über den man so recht den Kopf schütteln konnte. Den Verleger Blackwood erboste er in einer Passage so stark, daß er geneigt war, »ihn für seine Eselsdummheit zu treten.«

John Blackwood war nach Lewes der zweite Glücksfall in Marians Leben – ein charmanter, geschäftstüchtiger Schotte; mit 38 schon ein wenig licht um die Stirn, den Glanz des Genießers auf den Wangen und mit Augen, von denen man gerne glaubt, daß sie schnell in Rührung schwammen. Dazu war er formvollendet, beherrscht, diplomatisch und so konservativ wie sein *Blackwood's Magazine*, ein Blatt für die besseren Stände mit Erzählungen, Reisereportagen und populärwissenschaftlichen Beiträgen. In *Magas* Spalten duldete er keinen Unflat, so wie er in seiner Druckerei keine gewerkschaftlich organisierten Arbeiter duldete. Zu seinen Autoren zählte er so verläßliche Kräfte wie Thackeray, Bulwer Lytton und Margaret Oliphant. Blackwood kannte sein Publikum genau und wußte, was er ihm zumuten durfte. An den Mitarbeiter George Henry Lewes, dessen Serie *Sea-Side-Studies* im August 1856 angelaufen war, schrieb er zum Beispiel: »Ihr Enthusiasmus verstellt Ihnen die Sicht auf die Wirkung, die Ihre Analyse der Seeanemonen-Exkremente haben muß, und ich wünschte, Sie würden diesen Abschnitt streichen oder ändern. Die Zitate Ihrer wissenschaftlichen Koryphäe sind peinlich präzis und erschrecken mit Sicherheit die Damen, die einen Großteil unserer Leserschaft darstellen.« Mitarbeiter Lewes antwortete gutgelaunt: »Zur Hölle mit den Damen; ich schreibe für die Nachwelt«, und strich die Passage. Er war Pragmatiker, wie sein Verleger, und manchmal erfrischend uneitel.

»Ich will nicht drucken, was ich nicht verstehe.« Mit dieser Begründung lehnte Blackwood die Gedichte von Elizabeth Barrett-Browning ab. Und deshalb beschäftigte er auch keinen Lektor. Bei Blackwood las der Chef selbst, und damit hatte er gut zu tun: »Wo immer ich hingehe, zielen die Leute mit Manuskripten auf mich wie mit Pistolen, und komme ich nach Hause, finde ich einen Haufen Schießzeug in meinem Büro vor.« Wenn Master John aber verstand, nahm er die Manuskripte mit nach Hause, um schon morgens im Ankleidezimmer einen »erfrischenden Blick« darauf zu werfen. Mit fortschreitender Lektüre der *Scenes* wuchs seine Anteilnahme. »Ich hatte richtig Bammel, wie es mit der armen Janet weitergehen würde ... « Und die dringende Korrespondenz blieb unerledigt.

Neben der Liebe zur Literatur pflegte er eine ausgewachsene Golf-Leidenschaft – zwei Tage in der Woche wurden ihm später zur Regel – sowie die Jagd auf das schottische Moorhuhn, the famous grouse. Pferderennen, Dinner und Zigarre, Familie in Edinburgh und Herren-Abende in London, Mann von Welt mit Respekt vor Sitte und Religion – John Blackwood war das Muster eines viktorianischen Gentleman, Bewohner eines erfolgreichen Landes und Mitglied einer von

keinerlei Selbstzweifeln angekränkelten Klasse. Und ein reizender Mensch obendrein.

An ihn schickt Lewes am 6. November 1856 das Manuskript dieses Anonymikus, das er in den wärmsten Worten
preist. Hier gelte es, einen Autor zu entdecken, der mit Jane
Austen und Oliver Goldsmith zumindest gleichrangig stehe.
Mr. Blackwood bleibt bedächtig: Ich freue mich, Ihnen mitteilen zu können, daß das Manuskript Ihres Freundes »geeignet erscheint.« Bevor er sich jedoch auf eine ganze Serie
einlasse, hätte er gerne noch weitere Muster gesehen. »Diese
erste Geschichte ist fraglos sehr ansprechend. Der Autor
macht vielleicht den Fehler, die Charaktere der Protagonisten
zu sehr zu beschreiben, anstatt ihnen zu erlauben, sich im
Laufe der Geschichte zu entwickeln, aber die Beschreibungen
sind sehr humorvoll und gut. Millys Tod ist eine machtvolle
Passage und hat mich sehr ergriffen. Möglicherweise verdirbt
der Autor den Eindruck, indem er darin jedes Kind nament-
lich aufführt. Der Schluß ist der lahmste Teil.«

Erst im Laufe der Korrespondenz mit dem Agenten des
»klerikalen Freundes« beginnt Blackwood sich für die *Scenes*
zu erwärmen. »Ich bin da auf eine Art Erste-Klasse-Passagier
gestoßen«, verrät er seinem Freund William M. Thackeray
und erklärt sich bereit, mit dem ersten Teil von *Amos Barton*
die Januarnummer aufzumachen, ohne weitere Erzählungen
aus der Serie gelesen zu haben. »Ihr Brief hat meinen Freund
wieder aufgerichtet«, schreibt Lewes ihm dazu. »Er ist von
derart schüchterner, zurückgezogener und ehrgeiziger Natur
... Ich bin nicht befugt, den Schleier der Anonymität zu lüften.«

Damit gibt Lewes einen Ton vor, an den Blackwood sich
erst gewöhnen muß: Das Wandeln auf Zehenspitzen um einen
empfindlichen Mitarbeiter, einen »sensiblen, von Zweifeln
heimgesuchten Burschen«, dem Lewes einiges Zutrauen ins
eigene Talent erst »einprügeln« muß. Um so schwieriger zu
begreifen, da der »Autor von Amos Barton«, der sich im Ja-

nuar persönlich an den Verleger wendet, sich für den Scheck (50 Guineen) und den Zuspruch bedankt, ein ganz patenter Kollege zu sein scheint. Anstandslos streicht er die Ansammlung der Kinder im letzten Kapitel. »Mein lieber Amos«, antwortet Blackwood, als er ihm das Februarheft mit der Fortsetzung schickt, »die Meinungen sind bisher gespalten, was den ersten Teil betrifft ... Thackeray hätte gern mehr gesehen ... die Rezensenten scheinen geneigt.«

»Es sollte mich freuen, wenn die Leute Amos höher einschätzen, wenn sie mit der Geschichte fertig sind«, antwortet der Verfasser, »im umgekehrten Fall sollte ich ebenfalls Kenntnis davon erlangen.« Und da sie nicht der liebe Amos ist, zeichnet Marian Evans am 4. Februar 1857 zum erstenmal einen Brief an den »besten und einfühlsamsten aller Redakteure« sehr herzlich als »Ihr George Eliot«. Nun war sie wirklich ein Autor.

»Es ist ein guter, mundgerechter Name und leicht auszusprechen«, nichts weiter, sagte sie später über ihr Pseudonym, an dem herumzudeuten die Literaturwissenschaft gleichwohl noch immer beschäftigt ist. Dankte sie mit einem Akrostichon von Eliot dem geliebten Mann (L. I owe it)? Spielte sie auf die gemeinsam verehrte George Sand an? War es ein Ortsname aus Warwickshire? Oder bezog sie sich auf Jane Elliot, als die Brontës *Jane Eyre* nach ihrer Flucht ein neues Leben beginnt? – Der nom de plume schmückte sie, sie blieb dabei, auch als alle Welt längst wußte, daß George Eliot das Kebsweib dieses Mr. Lewes war. Und unter ihrem neuen Namen führt sie mit Blackwood einen selbstbewußten Disput um ihre Texte und ihre literarischen Ambitionen, während Lewes im Hintergrund gluckt und flattert: »Entre nous ... Falls Sie keine schwerwiegenden Einwände gegen Eliots Geschichten haben, machen Sie besser gar keine. Er ist so leicht zu entmutigen, seiner selbst so unsicher ... er könnte das Schreiben leicht aufgeben. Spielen Sie nicht auf meinen Hinweis an. Er würde meine Einmischung nicht schätzen.«

Doch Eliot kann sich offenbar selbst recht gut der Einwände ihres Verlegers erwehren. Speziell *Janet's Repentance*, die Leidensgeschichte einer bekehrten Alkoholikerin, steckt ihm quer, und er versucht, seine Abscheu in diplomatische Worte zu kleiden: Haben Sie, lieber Eliot, nicht weniger starke Farben, nicht weniger absurde Kirchenherren zu bieten? Müssen wir so viel von Dempsters Delirium hören? Doch sie weigert sich, ihre Figuren seinem Geschmack anzupassen, der sentimentale Sterbelager erträglicher findet, als das alltägliche Grauen einer vom Alkohol zerstörten Ehe. Wahrscheinlich ging es Blackwood bei seinem Widerstand gegen »starke Passagen« nicht nur um die »Damen«. Er war ein Mann, der als Verleger und Redakteur an seinen didaktischen Auftrag glaubte, und dazu ein sanftes Herz, das schmerzliche Vorgänge lieber nicht zur Kenntnis nahm. – Ein Mann, der seine Frau prügelt? Himmel nein, nichts davon! Leider behinderte diese Rücksicht zuweilen sein literarisches Rezeptionsvermögen.

»Meine Geschichte wächst aus meinem psychologischen Verständnis der dramatis personae«, schreibt Eliot ihm. »Meine künstlerische Intention zielt nicht auf die Darstellung gewichtiger, respektabler Charaktere, sondern auf die Darstellung widersprüchlicher menschlicher Wesen – in einer Weise, die eine tolerante Beurteilung, Mitleid und Sympathie hervorruft. Und ich kann keinen Schritt von dem abweichen, was ich als die Wahrheit eines Charakters empfinde. Sollte Ihnen ein Charakterzug in der Entwicklung unwahrscheinlich vorkommen, so will ich Ihrem Hinweis gerne nachgehen. Aber ach: Schwäche und Widersprüchlichkeit sind durchaus nicht unwahrscheinlich.«

Sie läßt sich auch nicht leicht entmutigen: »Ich bin nicht überrascht und keinesfalls gekränkt von Ihrem Brief... Es ist mir eine große Befriedigung, tatsächlich meine einzige Befriedigung, daß Sie mir Ihr Urteil mit vollständiger Offenheit mitteilen... Jede Art von Klatsch, den Sie mir von Zeit zu

Zeit über die Aufnahme der Geschichten schicken können, wird ihrem empfänglichen und pflichtbewußten Mitarbeiter George Eliot willkommen sein.« Wackere Worte. Sicher war sie nicht ganz so empfänglich, ihrer selbst nicht so gewiß, und ein salopper Brief, der sie in schlechter Tagesform antraf, wenn die blauen Teufel regierten, brachte sie zum Weinen. Aber es war eine fatale Entscheidung der beiden, Lewes zur nachhaltigen Behinderung ihrer Geschäfte mit der Außenwelt zu ermächtigen und ihm schließlich die Postzensur anzuvertrauen. Zeitungen, die nicht allzu blumig priesen, wurden »verlegt« und Briefe noch vor dem Frühstück nach unliebsamen Mitteilungen gefilzt. Beide hielten diese »geistige Hygiene« bald für unerläßlich, aber eine kleine Bö, die hin und wieder durch das »geistige Gewächshaus« gefegt, das Lewes um das zugluftgefährdete Genie errichtete, hätte Marian dem wirklichen Leben zugeneigter erhalten. So war sie dankbar, daß sie im Schutz von Mr. Lewes nicht einmal mehr ein Portemonnaie einstecken mußte.

Ganz anders war es um ihr unerschütterliches künstlerisches Selbstverständnis bestellt. Sie wollte Realistin sein – aber »keinesfalls beleidigen. Ich möchte jedes Herz ausschließlich mit liebevollem Humor, Zartgefühl und dem Glauben an das Gute rühren.« Ihre Figuren sollten »wahr« sein – aber auch zum Exempel dienen; ein unauflöslicher Widerspruch. »Die Kunst muß entweder konkret und real sein, oder ideal und eklektisch. Beides ist gut und richtig auf seine Weise, aber meine Geschichten gehören zur ersten Sorte. Ich stelle nichts dar, wie es sein sollte; ich versuche nur, durch das Medium meiner eigenen Natur, Dinge darzustellen, wie sie waren oder sind. Die moralische Wirkung dieser Geschichten liegt natürlich an meiner Fähigkeit, das Wahre zu sehen und das Rechte zu fühlen; und da mir nicht bewußt ist, daß ich die Dinge durch das Medium des Zynismus und der Unehrerbietigkeit betrachte, kann ich wohl hoffen, daß es in meinem Schreiben keine Tendenz gibt, die diese elende geistige Befindlichkeit hervorbringt.« Auf diese Weise versuchte sie, beide Prinzipien zu vereinen: idealistischer Realismus.

George Eliot folgte in ihrem literarischen Schreiben keiner Schule und keinem Meister. Sie leugnete sogar, zeitgenössische Romane zur Kenntnis zu nehmen. Zwar hatte sie sämtliche Bücher von Jane Austen gelesen, die 50 Jahre vor ihr gelebt hatte, sie bewunderte George Sand und kannte die Romane von Charlotte Brontë, Anthony Trollope und Edward Bulwer Lytton, Gaskells *Cranford* und natürlich ihren Dickens, aber sie beanspruchte »andere geistige Nahrung«: Euripides, Dante und Homer, Carlyle, Comte, Spencer und Darwin. Ihre Nähe zu den zeitgenössischen philosophischen Strömungen, ihr intellektuelles Kaliber und psychologischer Scharfsinn ließen sie einen eigenen Weg einschlagen, den das zeitgenössische vielfältig-inferiore Literaturgeschehen nur als unbeachtetes staubiges Kraut säumte.

Die *Scenes of Clerical Life* waren von Eliot ursprünglich auf vier Erzählungen veranschlagt, aber ihre Verärgerung über Blackwood, seinen »Mangel an Anteilnahme an den ersten beiden Teilen von *Janet*«, lassen sie vorzeitig abschließen und mit Blackwood vereinbaren, sie noch einmal in Buchform zu publizieren. Lewes hatte ihr schon vor der Veröffentlichung in *Maga* das Copyright gesichert und das Honorar an die Höhe der Auflage gebunden – beides ungewöhnliche Schritte in einer Zeit, in der literarische Debütanten in der Regel ihre Manuskripte mit allen Rechten und Folgen verkaufen und »half profits« als Honorar akzeptieren mußten; für Bücher, die in Jahren keinen Schilling Profit erzielten – wovon das Gegenteil erst einmal zu beweisen war.

Bald beginnt es in der literarischen Welt zu summen. Die *Times* widmet den *Scenes* eine lange, wohlwollende Rezension. Thackeray »spricht in den höchsten Tönen« und schwört, der Autor sei ein Mann. Charles Dickens weiß es besser. So wie Milly vor Morgengrauen im Bett neben dem schnarchenden Gatten sitze und die Kleider der Kinder flicke, habe das nur eine Frau schreiben können. (Wahrscheinlich wußten die meisten Autoren nicht, wie man ein Stopfei in einen Strumpf steckte.) Jane Carlyle tippt auf »einen Mann mittleren Alters mit einer Frau, der das Buch die bezaubernden femininen Glanzlichter verdankt, mit vielen Kindern und einem Hund, den er so liebt wie ich meinen kleinen ›Nero‹. Er ist wohl kein Kirchenmann, aber Bruder oder Vetter eines Pastors.« Lewes übertrifft sie später alle mit seiner Auflösung: Daß in keiner Geschichte ein Rasensport erwähnt sei, habe pfeilgerade auf eine Dame gedeutet.

Ganz anders ist die Aufnahme in Warwickshire. Nuneaton erkennt sich in der furchtbaren Kleinstadt Milby wieder. In heiterer Unbesonnenheit hatte Eliot Geschichten aus dem Steinbruch der Erinnerung gemetzt, ein paar alberne Figuren hochgehen lassen, und nun poltern die Brocken nach. Bei Blackwood melden sich geistliche Herren und fragen, wieviel über ihr Vorleben denn noch publiziert werden solle. Keineswegs waren sie alle schon begraben, wie die Autorin gehofft hatte. Da ist Mr. Gilfil, der als Reverend Bernard Gilpin Ebdell Mary Anne getauft hatte; Rechtsanwalt Dempster, Gott sei Dank schon unter der Erde, war ein stadtbekannter Säufer. An die Schrullen des Kuraten John Gwyther, den Eliot Amos Barton genannt und der ihre Mutter begraben und ihre Schwester verheiratet hatte, erinnert sich die ganze Nachbarschaft. Unausgefüllte Jungfern, saure Erbtanten, schlichte Gemüter aus dem Armenhaus – für jeden findet sich ein Vorbild, wenn man nur lange genug forscht. Der Reverend Jones erkennt umstandslos seinen verstorbenen Bruder in dem heiligen Mr. Tryan, den nur die Schwindsucht vor einem Happy-End mit der bekehrten und enthaltsamen Janet rettet.

Eliot kann die Ähnlichkeiten nicht ganz abstreiten, aber sie beruft sich auf ihre künstlerische Freiheit. »Die Fakten sind geglättet, soweit es der Kunst erlaubt ist zu glätten, ohne die grundsätzliche Wahrheit zu beeinträchtigen. Die wirkliche Stadt war schlimmer als mein Milby, der wirkliche Dempster weitaus abstoßender als meiner, die wirkliche Janet – ach! – hatte ein viel traurigeres Ende als die meine, die aus dem Gesichtskreis des Lesers in Reinheit, Glück und Schönheit entschwindet.« Und was Mr.Tryan betrifft: »Er ist kein Porträt eines lebenden oder toten Geistlichen. Er ist ein idealer Charakter, von dem ich jedoch hoffe, daß er glaubwürdig genug ist, um mehr als einem evangelikalen Pfarrer seiner Zeit zu ähneln.«

Mit solchen halben Geständnissen kann sie einen alten Hasen wie John Blackwood nicht beschwichtigen. Ehe es Anzeigen wegen übler Nachrede setzt, wüßte er gern, mit wem er es zu tun hat, und er beginnt in aller Diskretion ein wenig zu forschen. Alte Korrespondenz-Akten werden hervorgekramt, ob ein Handschriftenvergleich ihm einen Autor entdeckte. Sein Bruder William, der »Major«, hört sich in London um. – Mr. Lewes seit neuestem mit einem Geistlichen befreundet? Höchst unwahrscheinlich... Und: »Ich komme gerade aus Richmond«, berichtet er nach Edinburgh. »G. E. hat sich nicht gezeigt, schüchterner Knabe, der er ist. Aber ich traf eine Mrs. Lewes ... « Beim Rennen in Epsom spricht Squire Newdigate den Verleger an: »Sie haben ja in Ihrem Magazin eine ganz famose Serie über meine Stadt und den Landkreis veröffentlicht.« Er könne ihm einen »Schlüssel« zu den Charakteren schicken, der in Nuneaton zirkuliere. Der Autor sei übrigens ein Mr. Liggers. Newdigate habe ihm bereits geschrieben, die Geschichten seien so nett erzählt, daß er keinen Anstoß nehme, obwohl sein Vorfahr nicht sonderlich schmeichelhaft darin weggekommen sei. »Ist das nicht der unselige Namensvetter, über den die ›Manx Cat‹ berichtete?« fragt Mr. Blackwood.

Damit trat Mr. Liggins in das Leben der beiden Georges, der, zunächst nicht mehr als ein Stäubchen, sich zu einem ordentlichen Stein im Schuh entwickelte, dessentwegen man im erfolgreichen Lauf innehalten mußte. Und nachdem Mr. Liggins aus- und abgeschüttelt war, konnte nichts mehr so

sein wie zuvor. Joseph Liggins, Sohn eines Bäckers aus Attleborough (Mary Anns erstem Schulort), »ein großer, würde-
voller junger Mann, ein angehender Geistlicher«, sah seine
Karriere abgekürzt, als er von Cambridge relegiert wurde. Er
war eine Weile auf dem Kontinent gereist, hatte sich dort die
Hörner abgestoßen und sich dann auf die Insel Man zurückgezogen. Aus der dort erscheinenden »Manx Sun«, die ihn
fälschlich »Liggers« schrieb, sickerte das Gerücht seiner Autorenschaft nach Warwickshire. »Liggers – quel nom!« höhnte
Lewes.

Nur einem Mann in Warwickshire schien der wahre Sachverhalt zu dämmern, und der hatte nicht das mindeste Interesse, die Autorenschaft aufzuklären. Spätestens nach Eliots
zweitem Buch, *Adam Bede*, wußte Isaac Evans, daß niemand
anderes als seine Schwester es geschrieben haben konnte. Un-
verkennbar stand die Person ihres Vaters im Mittelpunkt.
Aber Fanny und wunderlicherweise auch Sara (die sonst Marians »Schreibe« in der *Westminster Review* erkannte) schicken
Rätselbriefe, über denen es beim Frühstück in Richmond
hoch und heiter hergeht. »Hast Du *Adam Bede* oder die *Scenes of
Clerical Life* gelesen?« fragt die alte Freundin. »Und weißt Du,
daß der Autor Mr. Liggins ist?« Eine Abordnung geistlicher
Herren habe ihn kürzlich besucht, und sie fanden den armen
Mann, wie er seine Schüssel mit den Teeresten an der Pumpe
auswusch. »Er hat keinen Diener und erledigt alles selbst...
Er flößte ihnen soviel Ehrfurcht ein, daß eine aufdringliche
Frage ganz ausgeschlossen war... Er nennt sich George Eliot.
Wie merkwürdig, daß die *Westminster* schreibt, der Autor
könne auch eine Frau sein, da er hier so wohlbekannt ist... Es
heißt, er hat kein Honorar für *Adam Bede* bekommen und alles
Blackwood überlassen. So eine Schande! Wir haben beides
noch nicht gelesen, aber die Ausschnitte klingen unwiderstehlich.« Marian, lachend unter ihrer Tarnkappe, kopiert dieses
Schreiben für die Blackwoods und fügt hinzu: »Stellen Sie
sich George Eliots Gefühle vor, als er das hörte: ein niedriger

Materialist; schwenkt nicht einmal seinen Teesatz aus und schenkt sein Manuskript nicht her! Denkt nicht einmal daran, trotz der Ehrfurcht, die ein solcher Akt einzuflößen vermöchte. Ich hoffe, Sie und Major Blackwood ergötzen sich an diesem Mythos.«

Und Fanny antwortet sie listig: »Es stimmt nicht, was Du über Mr. Liggins schreibst ... Wir waren auch überrascht von den *Clerical Scetches*, und ich habe einige Gestalten und Geschichten aus unserer alten Nachbarschaft wiedererkannt. Aber Blackwood schrieb an Mr. Lewes, daß der Autor ein Mr. Eliot sei, ein Pastor, vermute ich.«

Blackwood, der seine eigenen Vermutungen anstellt, besucht die Lewes' im Februar 1858 in ihrem Zimmer in Richmond und fragt am Ende eines netten Nachmittags zu dritt: »Nun, werde ich George Eliot diesmal kennenlernen?« – Lewes: »Sie möchten ihn also kennenlernen?« – Blackwood: »Wenn es ihm recht ist – nichts Gestelltes bitte.« Worauf sich Mrs. Lewes in den Hausflur verfügt und George ihr nachfolgt. Nach einer kurzen Konferenz beschließen sie, dem Verleger George Eliot vorzustellen. Blackwood teilt seiner Frau mit: »Es ist Mrs. Lewes, wie wir uns schon gedacht haben. Sie ist eine hochintelligente, angenehme Frau mit einem Gesicht wie ein Mann, aber einem guten Ausdruck«, und er ermahnt sie, das Geheimnis im Interesse aller Beteiligten eisern zu hüten. Schließlich war diese Autorin ... beim Zeus, man durfte es gar nicht sagen; ihr Familienstand war jedenfalls kein Ruhmesblatt. Seine Briefe sind weiterhin an George Eliot – Sir gerichtet. Kein Sekretär und kein Bürobote durfte etwas spitz bekommen.

Mr. Liggins, der völlig zu Recht behauptet, daß Blackwood ihm nie ein Honorar gezahlt habe, läßt derweil seine Sponsoren Geld sammeln und zeigt das angebliche Original-Manuskript der *Scenes* herum. Er hat einen wichtigen Verbündeten in dem Berufsquerulanten Charles Holte Bracebridge gefunden, in dessen Haus Atherstone Hall die junge Mary Ann in

Gesellschaft der Brays einst Harriet Martineau getroffen hatte. Bracebridge war 1854 mit Florence Nightingale auf die Krim gezogen und hatte sich dort, wie auch nach seiner Rückkehr in England, höchst überflüssig gemacht, ein Poltergeist, der faul und eitel anderer Leute Brot ins Wasser warf. Nun schreibt er die Sache Liggins auf seine Fahnen und bläst – ausgerechnet mit der Assistenz von Charles Bray – zu einer Rehabilitierungskampagne von Liggins/Eliot, »unserem armen Scholaren«, unter Londoner Literaten. Liegt es an dieser besonderen »Gleichgültigkeit Gefühlen gegenüber, die nicht ihn zum Gegenstand haben«, daß Mr. Bray die Stimme seiner alten Freundin nicht erkennt? Keiner aus dem Trio schöpft Verdacht.

Listenreich erkundigt sich Bracebridge bei John Blackwood, ob sein Autor Liggins, der zwölf armselige Jahre auf die Veröffentlichung von *Adam Bede* gewartet habe, nun frei für andere Aufträge sei. »Ich habe hier einen Brief von einem Herrn aus Warwickshire«, meldet Blackwood, »offenbar ein hervorragendes Mitglied im Club der alten Zausel. Soll ich diesem Kauz antworten? ... Ich würde ihm lediglich versichern, daß George Eliot keiner pekuniären Hilfe bedarf.« Auch als sich durch Handschriftenvergleiche und Dementi in der *Times* Liggins Niederlage abzuzeichnen beginnt, gibt sich Bracebridge nicht geschlagen. Nun gilt ihm der Mann aus Attleborough als erster Informant der »phänomenalen Bauerntochter«, die er inzwischen enttarnt zu haben glaubt. Er stöbert auch eine Cousine Evans auf, die sich zu erinnern glaubt, daß »Base Mary Anne« die Predigten der frommen Tante Elizabeth abgeschrieben hätte. Miss Martineau, die gewiß nicht zu den Eliot/Lewes-Sympathisanten zählt, findet die Spürtätigkeit dieses unausgefüllten Mannes leicht degoutant: »Ich glaube nicht, daß ich je einem dümmeren Kerl als Bracebridge begegnet bin. Er läuft herum und gluckst in sich hinein, wie ein Detektiv auf der Spur eines Schwindlers.«

Der Verleger Newby, der zehn Jahre zuvor schon Emily

und Anne Brontë erfolgreich um ihre Honorare geprellt hatte, annonciert in verschärfter Unseriosität den Roman *Adam Bede junior – eine Fortsetzung*. George Eliot fühlt sich nicht nur angewidert von solchen »Blutegeln«, die sich mit Plagiaten an ihren Erfolg heften, sondern sieht in den angeblichen Enthüllungen auch ihr schöpferisches Talent entwertet. Zu glauben, Dinahs Predigten seien kopiert, da sie doch »mit heißen Tränen niedergeschrieben wurden, als sie in meinem Sinn aufwallten!«

Doch ihre Hülle, die sie erfolgreich zwei Jahre geschützt hatte, wird dünn. »Wir können die Angelegenheit nicht länger als Scherz betrachten oder glauben, daß nur Dummköpfe betrogen werden können. Die Sache wird sich bald so zuspitzen, daß ich mich gezwungen sehe, an die Öffentlichkeit zu gehen«, schreibt sie an Blackwood. Ohnehin hat sie selbst zu viele Spuren ausgelegt. Bessie gegenüber läßt sie sich zu der Bemerkung hinreißen: »Ich habe es aufgegeben, Artikel zu schreiben, da ich entdeckt habe, daß meine Bestimmung auf einem anderen Gebiet liegt. Tatsächlich und entre nous: Ich will in Zukunft Bücher schreiben. Sprich keinesfalls darüber.«

Herbert Spencer, dem sie auf entsprechende Fragen nur mit beredtem Schweigen antwortet, tratscht seinen Verdacht an John Chapman weiter. Der hat nichts Eiligeres zu tun, als in der *Westminster Review* zu munkeln, George Eliot sei eine Frau. Worauf er sich einen geharnischten Brief von Queen George hinter den Spiegel stecken darf. »Soeben habe ich erfahren, daß Du Dir gestattest, unbesorgt Gerüchte, die mich als Autorin zum Gegenstand haben, in die Welt zu setzen. Wenn Du nur einen Funken Sympathie und Verstand besäßest, wäre Dir klar, daß im Falle, daß an solchen Gerüchten etwas dran wäre, die Tatsache, daß ich keinem außer meinen engsten Freunden etwas über mein Schreiben mitteile, deutlich machte, daß ich Geheimhaltung als höchst wichtig erachte. Anstatt Dich aber von derart freundlichen Überlegungen leiten zu lassen, hast Du leichtfertig und gewiß zu niemandes Vergnügen oder Unterrichtung, sondern ausschließlich zu meiner tiefen Kränkung zum Umlauf von Gerüchten und eitlem Geschwätz beigetragen, das von keinerlei Beweis getragen ist.« Wenn Chapman es bisher nicht ahnte, so weiß er es jetzt.

Im Frühjahr 1859 führen Blackwood und Lewes in der *Times* einen beherzten Schlagabtausch mit den Ligginisten. Das Rätsel George Eliot wird zum Gesellschaftsspiel, und jeder kennt mindestens eine unausstehliche Tante, die für Lisbeth Bede Modell gestanden haben mußte. John Blackwood schaut beglückt auf seine Verkaufszahlen. Lewes muß noch einmal John Chapman zusammenstauchen: »Ihre Zuschreibung dieser Bücher an Mrs. Lewes – möglicherweise als Kompliment gemeint – ist eine Verletzung des Feingefühls und der Freundschaft. Da Sie so unglaublich langsam sind, ihre Gefühle zu respektieren, bin ich von ihr autorisiert worden, Ihnen so deutlich, wie die Sprache es zuläßt, zu versichern, daß sie nicht die Autorin von *Adam Bede* ist.«

In dieser Zeit der Komödie und der Anfechtungen erreicht Marian ein herzerwärmender Brief ihrer Freundin Barbara aus Algier, die allein aus den Rezensionen deduziert hat, daß nur »Marian, mein Schatz«, *Adam Bede* geschrieben haben konnte. »Ich kann Dir gar nicht sagen, wie entzückt ich bin... Einmal, daß eine Frau so ein kluges und humorvolles Buch geschrieben hat, das neben Thackerays Werken Bestand hat, und zweitens, daß Du, daß Du (!) es getan hast, auf die alle nur spucken... Engel und Teuflin triumphieren in mir.« – »Gott segne Dich, liebste Barbara für Deine Liebe und Anteilnahme«, schreibt die hart geprüfte Marian zurück. »Du bist die erste, die gezeigt hat, daß sie mich kennt, das erste Herz, das mich in dem Buch erkannt hat, das ich aus tiefstem Herzen geschrieben habe.« Und Lewes krakelt noch ein Postskriptum hinzu, ehe er den Brief zuklebt: »Liebe Barbara, bitte nenn' sie nicht mehr Marian Evans. Diese Person ist sozusagen erloschen, eingewickelt, vergoren und aufgesogen in der Lewesschen Magnifizenz.«

Ein Zusammentreffen steht Marian noch bevor – das mit ihrem »geliebten Trio«. Cara hatte sie seit sechs Jahren nicht gesehen. Am 20. Juni 1859 besuchen sie und George das Händel-Festival im Kristall-Palast und nehmen anschließend eine Droschke nach Sydenham, wo die Brays ein Haus besitzen. Beim Abendessen gesteht sie ihren Freundinnen und Charles, daß sie die Autorin der *Scenes* und von *Adam Bede* sei. »Sie schienen vollständig überwältigt zu sein. Diese Erfahrung hat mir doch ein Licht aufgesteckt, in welcher Unwissenheit voneinander wir alle leben.« Es ist kein gelungener Abend; die Eliotsche Magnifizenz überstrahlt alles, und in die Überraschung und Anteilnahme mischt sich das Gefühl, daß man sich, anstatt die alte Freundschaft zu erneuern, noch fremder geworden ist. (Nur Charles hat es »immer schon gewußt«.)

Sara hatte eine Abhandlung *Thoughts in Aid of Faith* geschrieben und brennt nun darauf, sich dem einzigen Menschen, von dem sie glaubt, daß er sie verstehe, mitzuteilen. Doch der ist in einem Glorienschein davongefahren, und Sara starrt hinterher, »schüchtern und sehr einsam.« Im allgemeinen Aufruhr der Gefühle findet sie nur Zeit, Marian ihr Manuskript in die Hand zu drücken. (Drei Tage später übernimmt George die »unangenehme Aufgabe, Sara unsere entschiedene Mißbilligung« ihres Werkes zu übermitteln.) »Auf dem Heimweg war sie völlig aufgelöst«, berichtet Bray nach diesem konfusen und schmerzlichen Abend. Marian reut das verfehlte Treffen, »der Pfusch, den wir aus reinem Egoismus und fehlendem Mitgefühl anrichten... Liebe Sara, glaub' mir, mein Ohr und mein Herz werden in Zukunft weiter geöffnet sein.« Diese freundliche Geneigtheit ist nur auf Marians Seite. Sara muß verstehen lernen, daß die alte Freundin nicht wünscht, über ihre Bücher zu diskutieren. »Wenn alle Leute mit ihren Bemerkungen und Komplimenten um mich herumschwirren wollten, würde ich meine geistige Ruhe und die Wahrhaftigkeit des Schreibens verlieren, ohne die kein gutes, gesundes Buch entstehen kann. Für mich ist es ebenso verderblich, über meine Bücher zu reden, wie über meine Gefühle oder meine Religion.«

Arme Sara; seit Marian eines anderen ›Gemahlin‹ war, gehörte ihr nur noch die Erinnerung. »Farewell, ›meine liebe und berühmte‹«, schreibt sie unter den Brief, in dem sie sich für ihr »häßliches Betragen zum Abschied« entschuldigt. »Ich bin nun einmal so unbeirrbar wie ein Krokodil, unfähig, mich zu wenden, und war nicht in der Lage, die wunderbaren neuen Umstände zu erkennen.«

Sie bleibt »die liebe alte Sara«, die, wie Charles schreibt, »es eben nicht besser weiß.« (Und wenn sie diesen ganzen Unfug drucken lassen will – bitte sehr), aber mit den Jahren reduziert sich ihre Beziehung zu Pollian auf den Austausch von Geburtstagsbriefen. Meldet sie sich für einen Besuch in Richmond an, bekommt sie in bester Evansscher Grobheit zu lesen: »Ich bitte Dich nicht, zu bleiben, da wir weder überflüssigen Platz noch zu viel Zeit haben, und der Besuch uns bei der Arbeit stören würde.« Es wäre aber nett, wenn sie kurz vorbeischauen wollte. »Ich sage es einfach so geradeheraus, weil Du das immer am liebsten hattest.« Marian setzte bei anderen gerne voraus, was sie selbst zu ertragen nicht in der Lage war.

Im Juni 1859 raten Blackwood und Lewes noch immer, das Incognito zu wahren und den Kopf so lange unten zu behalten, bis die literarische Reputation von George Eliot gefestigt sei. *Jane Eyre* sei ganz anders bewertet worden, nachdem sich herumgesprochen hatte, daß Currer Bell eine Frau war, erinnert sich Lewes. Er sollte es am besten wissen. Blackwood denkt wohl auch an den Monopolisten der Leihbüchereien, Charles Edward Mudie, einen prüden Mann und mächtigen Zensor. Er – und nicht die Kundschaft der Sortimenter – bestimmte die Höhe der Erstauflagen. Der übliche Roman in dreibändiger Form kostete damals 31 Schilling, 6 Pence, über eineinhalb Pfund – exorbitant. Dafür konnte man entweder in der Bel Etage des Luxushotels Langham zweimal übernachten, frühstücken und dinieren, 30 Pfund Butter, 53 mal ein Dutzend Austern oder 720 Blumensträußchen auf der Straße kaufen. Mrs. Lewes zahlte ihrem Hausmädchen 15 Pfund im Jahr, als sie sich eins leisten konnte. Bei diesen Buchpreisen war es auch für die gehobenen Stände keinesfalls ehrenrührig, Mitglied bei Mudie zu werden und für 2,2 Pfund im Jahr unbeschränkt auszuleihen. Seine »Große Halle«, die er 1860 in der Oxford Street eröffnete, hatte nichts mit den trüben Kabinetten von Schreibwarenhändlern und klebrigen Umschlägen aus vergilbtem Plastik gemein, die unsereins mit dem Begriff Leihbücherei verbindet, sondern war eine stolze Bibliothek mit einer umlaufenden Galerie unter einem säulengetragenen Dach, in der vorwiegend Neuerscheinungen präsent waren. Erst die billigen Ausgaben zu rund 12 Schilling, die ein oder zwei Jahre später in die Buchhandlungen kamen, fanden dort ihr Lesepublikum. Hatte Mudie von den *Scenes of Clerical Life* lediglich 350 Stück geordert, kaufte er von *Adam Bede* bereits über tausend Exemplare. Gerüchte über Unregelmäßigkeiten im Leben der Autorin hätten bei Mudie leicht zu einem Boykott führen können.

Barbara berichtet ihr den neuesten Klatsch: »Alle Frauen sind auf Dich eifersüchtig. Aus dieser Stimmung befürchte ich einen allgemeinen Aufschrei, verbunden mit dem heuchlerischen Gejaule der Männer«, wenn das Pseudonym gelüftet würde. Tatsächlich sollte Lewes noch genügend Gelegenheit finden, höhnische Kritiken aus der Zeitung zu entfernen, die der Autorin von *Adam Bede*, dieser Person von zweifelhafter Moral, das Recht absprachen, den Lesern Vorträge über einen wünschenswerten Lebenswandel zu halten.

Ende Juni 1859 entschließen sich die beiden, doch aus der Deckung herauszutreten. Geschieht es, weil »die Leute nun ihre Bewunderung nicht mehr zurücknehmen können« (Lewes), oder weil trotz flammender Dementis der Name der

»phänomenalen Bauerntochter« aus Warwickshire nun schon in aller Munde ist? »Wir haben es uns anders überlegt und werden die Autorenschaft nicht länger geheimhalten«, schreibt George an Barbara. »Du kannst es allen erzählen, die es hören wollen, daß der Zweck der Anonymität war, daß das Buch nach seinen literarischen Qualitäten beurteilt wurde.« Dem folgt das übliche entre nous – »Bitte erzähle Marian nichts Unangenehmes, das Du gehört hast, falls es nicht von äußerster Wichtigkeit für sie ist. Sie ist so empfindlich und neigt so sehr dazu, an alles Unangenehme zu glauben und sich lange dabei aufzuhalten, so daß ich dies alles von ihr fernhalte ... Sie weiß natürlich nichts von diesem Postskriptum.«

Damit waren die Rollen zwischen George und George verteilt. Obwohl Lewes noch viele Steckenpferde ritt und weiter publizierte, wurde er nun im Hauptberuf Eliots literarische Hebamme. »Niemand außer mir spricht mit ihr über ihre Bücher«, solange sie über dem Manuskript saß. Jedes Kapitel wurde ihm vorgelesen. Auf langen Spaziergängen diskutierten sie die Entwicklung, und Lewes, der alte Theaterhase, wird hier einen dramatischen Kniff und dort eine Verschärfung des Dialogs vorgeschlagen haben. Die Widmungen auf ihren Roman-Manuskripten gelten sämtlich ihrem »Ehemann« und sprechen von der »vollkommenen moralischen und intellektuellen Anteilnahme« (und ohne Worte auch von dem gedeihlichen erotischen Klima), ohne die sie nicht hätten geschrieben werden können. »Ihre Nachricht hat G. E. sehr glücklich gemacht, doch wie Oliver Twist ›bittet er ständig um mehr‹«, scherzt Lewes einmal mit dem Verleger. »Er kommt mir vor wie ein Gegenstück zu jenem römischen Kaiser, der sich einen Sklaven zur Seite hielt, welcher ihm unablässig zuflüstern mußte: ›Gedenke, daß du sterblich bist.‹ Er nun braucht einen Freund an seiner Seite, der ihm zuflüstert: ›Siehst du wohl, George, du bist doch kein ausgemachter Trottel, und auch das werte Publikum denkt das überhaupt nicht.‹«

Immer auf dem Quivive, wenn es um Honorare, Neuaufla-
gen, Anzeigen und Buchgestaltung ging, übernahm Lewes
auch die Rolle des Agenten und PR-Managers. Sein mit den
Jahren etwas inflationärer Jubel über jedem neuen Manuskript: Das beste, was sie je geschrieben hat! rief bei Blackwood unverzüglich Beifall hervor, bei dem ihm literarischer
wie ökonomischer Enthusiasmus gleichermaßen die Hand
führten. Sie wurde seine Autorin Nummer eins, sicher die
erfolgreichste Frau neben Queen Victoria. Als sie das Pseudonym lüftete, verlor sie ihren Schutz wie der Einsiedlerkrebs
sein Schneckenhaus. Von nun an war George ihre äußere
Hülle.

X

»Sie doch!« sagte er, »habe ich etwa übertrieben?« Ich wandte den Kopf und sah, was vermutlich nur wenige lebende Engländer je zuvor gesehen haben: den reisenden Briten, wie der Kontinent ihn sich vorstellt, in Begleitung seiner Tochter... Der Mann war hochgewachsen und dünn, mit sandfarbenem Haar und langen Koteletten. Über einem Pfeffer- und Salz-Anzug trug er einen hellen Mantel, der ihm fast bis zu den Füßen reichte. Sein weißer Tropenhelm war mit einem grünen Schleier geziert; ein Opernglas hing an seiner Seite, und in seiner lavendelfarben behandschuhten Hand trug er einen Alpenstock, der ein wenig länger war als er sebst... Der Herr hielt einen geöffneten Baedeker in der Hand und die Dame einen Sprachführer.

(Jerome K. Jerome)

»Mittwoch, der 18. März. Als der Hausdiener uns heute morgen weckte und verkündete, daß es stark regne und wir Westwind hätten, beschlossen wir, uns dadurch nicht die Laune verderben zu lassen, sondern ein paar Tage in Penzance abzuwarten. Da es nach dem Frühstück noch immer heftig regnete, las Marian aus *Cranford* vor. Dann gingen wir eine Unterkunft suchen, und durch eine seltsame Laune des Schicksals entschieden wir uns für Marine Parade Numero 1, ein Entschluß, den wir zu spät bereuten. Zimmer von durchaus nautischem Charakter und mit Glaskästen voll ausgestopfter Vögel; die eine Wand... schmückte ein Porträt des verblichenen Gatten, Eigner der Brigg *Triton* (die korrekt abgemalt war, wie sie präzis verkehrtherum – in den Hafen von Marseille einläuft). So ein echtes Gästezimmer-Porträt eines schlechten Meisters, einen schwarzhaarigen Seemann auf mahagonibraunem Hintergrund darstellend, mit einfarbigem Gesicht und gänzlich ausdruckslos. . . . Alles klapperig in dem Haus – der Bettpfosten fiel um, als ich den Vorhang beiseite zog. Teekanne mit wackeligem Deckel; Kaminvorsatz ohne Fußstützen; Stühle mit sehr nachgiebigen Rückenlehnen etc. Wir beschlossen, nicht länger als unbedingt nötig zu bleiben. Da es den ganzen Tag fortregnete, blieben wir im Zimmer. Ich schrieb ein paar Briefe und las *Draper's Physiology*. Abends las Marian weiter aus *Cranford*.«

Dies war die erste Etappe einer Reise auf die Scilly Inseln, die sich George und Marian im März 1857 gönnten. Die Enge ihres Quartiers in Richmond, der schmierige Londoner Nebel, der »Lärm der Omnibii« und das Brennen in zwei Paar Reiseschuhen trieben sie, fort mit der Zeit zu schreiten, sobald sie halbwegs gesund durch den Winter gekommen waren. Sie konnten in gemieteten Zimmern ebenso gut arbeiten wie zu Hause und mußten nicht immer dieselben Parkrunden drehen. In diesem Jahr waren sie jedoch zu früh aufgebrochen.

»Donnerstag, der 26. März. Um sechs Uhr heute morgen kam der Dienstmann, um uns zu wecken und mitzuteilen, daß das Postschiff zum Auslaufen bereit sei und auf uns warte. Wir zogen uns in Eile an; und dann auf und davon ohne Zeit für ein Frühstück. Prachtvoller Morgen. Die Sonne rot im Osten, die See ruhig. An Bord der Jacht Ariadne, dem Postschiff, fanden wir keinen Tee vor und auch sonst nichts zum Frühstück, also futterten wir unsere Kekse und machten das Beste daraus. Sehr bald begann es zu regnen, und wir gingen hinunter in unsere Kajüte und legten uns in die Kojen. Wir waren die einzigen Passagiere. Die Dünung des Atlantiks brachte das Schiff bald in fürchterliche Bewegung, und wir lagen seekrank, zuweilen halb in Delirien, eiskalt und mit Schmerzen sehr unangenehmer Art in den Eingeweiden. In Abständen – klaren Intervallen – schrieb ich trotz allem im Geiste an Passagen meines für Blackwood geplanten Artikels, und ich schalt mich selbst ob der mir durch diese Leiden abgerungenen Gewissensqualen. Schließlich erreichten wir gegen ein Uhr den

Sund. Die Sonne leuchtete vom Himmel, und der Anblick der Scilly Inseln übertraf all meine Erwartungen. Wir gingen an Land und mieteten uns im Postamt ein – 14 Shilling pro Woche, dazu 1 Shilling 6 Pence Heizkosten. Zimmer groß, aber niedrig und angenehm sauber. Nach Tee und Toast, was uns sehr aufbaute, gingen wir aus und bummelten über den Festungshügel. Das Wetter war schön und die Aussicht sehr vielversprechend. Das scheint hier genau der Ort zu sein, den wir uns gewünscht hatten. Packten die Koffer aus und stellten die Bücher auf. Dann wieder Bummel. Gingen früh zu Bett.«

Nach sechs Wochen auf den Scillys, die mit Schreiben und Mikroskopieren angefüllt sind, in denen allein das Beschaffen ordentlicher Fleischportionen zum Dinner ein Problem darstellt und Marian der Hauswirtin etliche Lektionen in deren Zubereitung erteilen muß, reisen sie weiter nach Jersey. Hier hatte Lewes einen Teil seiner Jugend verbracht, und es berührt ihn merkwürdig, wie wenig sich seit dieser Zeit verändert hat. Allerdings, und zur Ehre der Einheimischen, ist der Pranger auf dem Royal Square in St. Hélier verschwunden, und Verurteilte werden nicht mehr mit Stöcken durch die Straßen geprügelt, wie Lewes »einst mit Schauder und Abscheu beobachtete.« Sie lagern im Freien, lassen sich ein wenig von der Sonne verbrennen und lesen sich sämtliche Romane von Jane Austen vor. Das Wetter ist vollkommen, französische Weine und Zollfreiheit tragen zum Wohlsein bei. George macht sich mit den Fischern bekannt, die ihm überflüssiges Seegetier aus ihren Netzen lassen, und verbringt beglückte Stunden am Mikroskop, durch das er »gerade einen parasitären Wurm in einem Fisch entdeckt hat« (Marian an Sara). Ein halbes Jahr später publiziert Blackwood seine *Sea-Side Studies* als Buch. Flott und verständlich geschrieben – Lewes ist in erster Linie Journalist, und anders als Darwin, dessen *Ursprung der Arten* ein Jahr später erscheint, ein Popularisierer – wird es ein Bestseller – und ein Achtungserfolg bei den akademischen Kollegen. Davon ermuntert, weitet er seine Forschungen auf die allgemeine Physiologie aus. Die Themenliste, die er Blackwood für *Maga* einreicht, könnte auch heute noch eine Serie mit dem Titel »Was Sie schon immer über die Vorgänge des Lebens wissen wollten« bestreiten: *Hunger und Durst – Unser Essen – Das Blut und sein Kreislauf – Warum wir warm sind und wie wir es bleiben – Schlaf und Traum – Die Eigenschaften, die uns die Eltern vererben* und – nicht unbescheiden – *Leben und Tod.*

Marian faßt auf Jersey einen weitreichenden Entschluß. Fünf Jahre lebt sie nun mit George zusammen, und es wird Zeit, daß ihre Familie erfährt, daß sie Mrs. Lewes ist. Sie formuliert einen sorgfältigen Brief an Isaac: »Mein lieber Bruder, ich hoffe, es wird Dich nicht unangenehm überraschen, zu hören, daß ich meinen Namen geändert und einen Menschen gefunden habe, der für mich sorgt. Dieses Ereignis hat nicht erst kürzlich stattgefunden, obwohl diese Ankündigung für Dich plötzlich kommen wird. Ich kenne meinen Mann seit einigen Jahren und bin wohl vertraut mit seiner Gesinnung und seinem Charakter. Er beschäftigt sich ausschließlich mit wissenschaftlichen und gelehrten Projekten, ist einige Jahre älter als ich und hat drei Söhne, von denen zwei in der Schweiz leben und einer in England.

Wir werden noch einige Monate hier an der See oder in der Bretagne bleiben, weil das Klima meiner Gesundheit, die recht angegriffen war, zuträglich ist. Den Winter werden wir wahrscheinlich in Deutschland verbringen. Eventuelle Umstände wegen Überweisungen an mich können vermieden werden, indem Du freundlicherweise mein Einkommen auf das Konto von Mr. G. H. Lewes bei der Union Bank in London, Zweigstelle Charing Cross, 4 Pall Mall East, überweist.«

Von ihrer Schwester hatte sie erfahren, daß sie und die beiden Jüngsten an Typhus erkrankt waren. Die achtjährige Frances war im März gestorben.

»Ich schrieb Dir vor einigen Wochen aus Scilly und legte einen Brief an Chrissey bei, den Du, falls er Dich erreicht hat, bitte beiseite legen möchtest, da ich in Unkenntnis ihrer schweren Krankheit schrieb. Aber da ich von Dir keine Antwort erhielt, wiederhole ich zur Sicherheit mein Hauptanliegen, nämlich, daß Du 15 Pfund meines halbjährlichen Einkommens direkt an Chrissey zahlen solltest. Ich wäre Dir sehr zu Dank verpflichtet, wenn Du mich wissen ließest, wie es Chrissey geht und ob sie kräftig genug ist, daß ein Brief meinerseits wünschenswert erscheint ...« Nur noch einmal kommt sie auf ihren »Ehemann« zu sprechen – »Wir sind keineswegs reiche Leute, aber wir sind beide tätig und haben genug für unsere Bedürfnisse« – ehe sie als seine »Dich liebende Schwester Marian Lewes« grüßt.

Gegenüber Fanny ist sie eher zum Plaudern aufgelegt: »Nun mach Deine Augen auf und schau überrascht, denn ich werde Dir eine unerwartete Neuigkeit erzählen. Ich bin sicher, Du hast mir genügend Freundschaft und schwesterliche Zuneigung bewahrt, um Dich für mich zu freuen, daß ich einen Ehemann habe ... Er ist älter als ich, weder mit Reichtum noch mit Schönheit gesegnet, aber reich an Wissen über Literatur, Physiologie, Zoologie und anderen unsichtbaren Gaben, die gottlob ihren Marktwert haben. Besser noch: Er ist ein Mann von hohem Ehrgefühl und Rechtschaffenheit mit einem liebevollen Herzen, das ich um so höher schätze, da es mir gehört ...«

Fanny antwortet umgehend und offenbar recht angetan, denn Marian bittet sie, diskret dafür Sorge zu tragen, daß ihre 15 Pfund auch tatsächlich bei Chrissey ankommen. Isaac aber schweigt. Elf Tage später erhält Mrs. Lewes einen buchenswerten Brief des Familienanwalts. »Ihr Bruder ist so tief verletzt, daß Sie ihm nicht schon früher Ihre Absichten und Pläne mitgeteilt haben, daß er sich nicht entschließen kann zu schreiben, da dies nicht in brüderlichem Geist geschehen kann«, übermittelt Mr. Holbeche und kommt nach einigen höflichen Präambeln zum Kern der Sache: »Erlauben Sie mir die Frage, wann und wo Sie geheiratet haben und welchen Beruf Mr. Lewes ausübt.«

Marian erwidert prompt und der Konsequenzen gewiß: »Mein Bruder war gut beraten, Sie zu bitten, diese Korrespondenz zu führen. Wenn er mir gegenüber unfreundliche Gefühle hegt, sollte er sich nicht unnötig kränken, indem er in direkten Kontakt mit mir tritt... (Mir ist nicht bewußt, ihm irgendein Unrecht zugefügt zu haben)... Unsere Ehe ist nicht gesetzlich, aber sie wird von uns beiden als heiliges Band betrachtet... Ich bin seine Frau und trage seinen Namen nunmehr seit drei Jahren... Es erscheint mir wünschenswert, Ihnen gegenüber zu erwähnen, daß ich von keinem Menschen abhängig bin. Den größten Teil meines Einkommens beziehe ich seit Jahren aus meinem Schreiben. Daher werden Sie bemerken, daß ich im Umgang mit meiner Familie nicht von eigennützigen Motiven geleitet war, da mir von ihrer Seite weder der geringste Gefallen widerfuhr, noch hätte ich ihn erwartet.«

Damit ist die Beziehung besiegelt. An Fannys Geneigtheit liegt ihr nicht viel, aber sie hofft, daß Chrissey fortfahren wird, ihr zu schreiben. Isaac aber untersagt beiden Schwestern jeglichen Kontakt mit dem aussätzigen Familienmitglied, und Chrissey, abhängig von seinem Wohlwollen, bricht die Verbindung ab.

»Ihr Bruder war der Mensch, den sie von Kindheit an am meisten gefürchtet hatte, mit jener Furcht, die in uns aufkommt, wenn wir jemanden lieben, der unerbittlich, unbeugsam und unabänderbar ist, mit einem Sinn, nach dem wir uns nie formen können und von dem wir dennoch nicht ertragen können, daß er uns entfremdet wäre«, schreibt Marian später über Maggie und ihren Bruder Tom in der *Mühle am Floss* und wußte, von wem sie sprach. »›Du wirst bei mir kein Zuhause finden‹, antwortete er mit bebender Wut. ›Du hast uns allen Schande gemacht... Du gehörst nicht zu mir.‹«

Isaac selbst sollte erst 23 Jahre später wieder in Erscheinung treten – als Schwerstbetroffener hinter dem Sarg seiner Schwester.

Am Ende dieses Jahres 1857, in dem ihre Karriere als Schriftstellerin begann, schreibt sie in ihr Tagebuch: »Das liebe alte Jahr ist dahin mit all seinem ›Weben und Streben‹ . . . Mein Leben hat sich unaussprechlich vertieft in diesem letzten Jahr . . . Ich fürchte, nicht viele Frauen haben so viel Grund wie ich zu glauben, daß die langen traurigen Jahre der Jugend es wert waren, für das mittlere Alter zu leben.«

Adam Bede war unterwegs; mit den *Scenes* hatte sie insgesamt rund 450 Pfund verdient, bedeutend mehr, als sie im ganzen Jahr zuvor zusammengeschrieben hatte, und Lewes eröffnete sein erstes Bankkonto, um die Transaktionen übersichtlicher zu gestalten.

Im April 1858 erfaßt sie die alte Wanderlust. Diesmal reisen sie nach Deutschland, weil George in München führende Wissenschaftler für seine *Physiology of Common Life* konsultieren möchte. Die Quartiersuche dort erweist sich als entschieden mißlich. Stundenlang trottet man durch »eine Beinahe-Wüstenei aus Stein und Mörtel« und studiert die angeschlagenen Gebote, bis sich endlich etwas Passendes findet: »zwei elegant möblierte Zimmer, bei deren Ausstattung man sich in die größtmöglichen Ausgaben für Wachs- und Porzellanzierat gestürzt hatte, verbunden mit den geringstmöglichen Ausgaben für Waschbecken. Wir haben zwei Chronometer unter Glasstürzen, etliche Kruzifixe, ebenfalls unter Glasstürzen, verschiedene Bouquets künstlicher Blumen (unter Glasstürzen), einen ›Schranke‹ mit Glastüren, vollgestopft mit den aller-zerbrechlichsten und -winzigsten Gegenständen, die in deutschen Läden nur aufzutreiben sind und die anscheinend wegen eben dieser Zerwinzbrechlichkeit ausgewählt wurden – und wir haben siebzehn schlechte Gemälde. Dies sind die hauptsächlichen Vorzüge unserer Behausung. Unter den nebensächlicheren befinden sich – unsere Wirtin, eine sehr reinliche alte

Jungfer, und ein wohlgemutes rotgesichtiges ›dummes Mädchen‹ zur Bedienung; wir haben einen sauberen ›Abtritt‹(!) und zwei sehr große goldgerahmte Spiegel, die in dunklen Winkeln aufgehängt sind.«

Hier fühlen sie sich, obwohl von Nippes umzingelt, bald recht wohl und warten auf die Bücherkisten, ohne die ein Auslandsaufenthalt undenkbar ist. »Mr. Lewes hat Empfehlungen an einige der eminentesten Leute hier – von Siebold und Bodenstedt und andere Geistesgrößen dieser Art«, darunter auch Justus von Liebig, Professor an der Münchner Universität. George genießt als Goethe-Biograph – die deutsche Übersetzung war 1857 erschienen – einen exzellenten Ruf unter Intellektuellen, und bald werden sie freundlich herumgereicht; Paul Heyse, Emanuel Geibel und der Maler Wilhelm von Kaulbach gehören zu den neuen Bekannten. »Geibel ist ein Mann aus ziemlich grobem Stoff, mit einer Stimme wie eine Kesselpauke, und der unbeirrbaren Entschlossenheit, seine Meinung über jedes angesprochene Thema kundzutun«; Liebig dafür um so angenehmer. »Es ist anrührend, seine Hände zu sehen, die beschmierte Haut und die Nägel, die bis zu den Wurzeln schwarz sind. Am besten sieht er in seinem Laboratorium aus, wenn er seine Samtkappe trägt, kleine Phiolen in der Hand hält und von Kreatin und Kreatinin in der gleichen leichten Weise spricht, in der wohlerzogene Damen sich über andere Leute erregen.«

Anders als in London, wo sie nicht empfangen wird und selbst niemanden einlädt, der nicht ausdrücklich darum gebeten hat, ist Mrs. Lewes überall willkommen. Keiner fragt, wann und wo sie geheiratet hat, und niemand kräht ihr auf der Straße ein »Grüß Gott, Fräulein Evans!« entgegen. Die Freunde in Coventry, die Lewes nie gebeten hatten, läßt sie wissen, daß man bei sehr netten und berühmten Herrschaften verkehre.

In Liebigs Labor findet Lewes Instrumente und Frösche ohne Ende zu seiner Verfügung und leistet »vorzügliche Arbeit«. Unter anderem stellt er mit ihm Versuche über tierische Wärme an und macht sich darüber hinaus Gedanken über die Kreatur. »Was würden wir eigentlich davon halten, wenn uns ein außerirdischer Professor ergriffe und uns still ein Thermometer in den Anus schöbe, das so lange dort verbliebe, bis er sich zufriedenstellend von unserer tierischen Wärme überzeugt hätte? Das ist sehr die Frage.« Für seine Arbeit wäre eine abschlägige Antwort ohne Konsequenz. Lewes operiert alles, was ihn interessiert: Mollusken und Maulwürfe, neugeborene Ferkel und totgeborene Hunde. Als von Siebold für die Gäste einen Salamander-Embryo aus der Gebärmutter schneidet, kann Lewes sich »kaum losreißen von dem schönen Anblick des Blutkreislaufes in den Kiemen. Danach Tee und Musik.« Nach seinen Aufzeichnungen entfernt er das zentrale Nervensystem aus »zwei Bienen, einem Grashüpfer, der Larve einer Libelle, einem Einsiedlerkrebs, einer Gartenschnecke« und »ohne Erfolg« aus einer menschlichen Fehlgeburt.

Unausweichlich geriet er in späteren Jahren in Konflikt mit den englischen Tierfreunden und Gegnern der Vivisektion. (Cara Bray war 1874 Mitbegründerin einer Tierschutzgesellschaft.) Junge Damen trieben ihn bei Tisch mit ihren »närrischen und unwissenschaftlichen« Argumenten zur Verzweiflung.

Lewes Einstellung zu den Vorgängen der Natur war von Ehrfurcht geprägt – »Komm mit mir und studiere die Natur mit Liebe, wie sie atmet, bebt und sich in Myriaden von Formen entfaltet«, schrieb er in einem Essay. Mit Darwin teilte er jedoch die Ansicht, daß Tierversuche zum Nutzen der Wissenschaft unvermeidlich waren (und daß sich die atmenden, bebenden Betroffenen nicht so anstellen sollten, da sie wertvolle Dienste zu leisten imstande waren) wenn auch unter strengen Auflagen. »Jede physiologische Entdeckung kam durch das Experiment zustande, und der größte Teil des Experiments besteht aus der Vivisektion. Seit der Entdeckung der Betäubungsmittel narkotisieren fast alle Wissenschaftler ihre Versuchstiere, nicht nur um ihnen Schmerzen zu ersparen, sondern auch um die Operation präzise ausführen zu können. Ich habe hundertfach operiert und niemals, außer in den geringsten Fällen, ohne Narkose.« In diesem Sinne äußerte er sich auch vor einer königlichen Kommission, die die Verhältnisse in den Laboratorien untersuchte.

Weniger offizielle Mitteilungen haben einen Anflug von knäbischem Humor, der an Gaststätten-Annoncen erinnert, in denen Schweine mit Messer und Gabel im Schinken grinsend auf garnierten Platten lagern, als sei es ihr höchstes Glück, zersäbelt zu werden. Seine Frösche beklagten stumm ihre Vernachlässigung, da er andere Geschäfte zu erledigen habe, teilt er Blackwood einmal mit. Und Marian berichtet Cara vom Tod »Froggies«, der just verhungert war, nachdem er vier Monate ohne sein Gehirn gelebt hatte. Jedenfalls konnte Lewes niemand mehr vorwerfen, er sei ein trockener Buch-Gelehrter.

In München ist das Leben »voll erfreulicher Kurzweil, obwohl wir's ruhig angehen lassen und unsere Arbeitsstunden einhalten, als wären wir daheim in Richmond. Die Leute sind so freundlich zu uns, daß wir uns schon ganz wie zu Hause fühlen, wir schlucken Baierisch Bier, als wären wir's gewohnt, und sprechen schlechtes Deutsch mit zunehmender Dreistigkeit.« Aber fleckenlos kann das bien être nicht sein. Der Tee ist ohne Geschmack, und die Witze sind ohne Pointe. Um eins muß man sich zum Mittagessen setzen; danach ist keine warme Mahlzeit mehr aufzutreiben. Die Bayern sind besonders niederschmetternde, tabakrauchende Deutsche, ihre Frauen von exemplarischer Dummheit. »Mich graust, wenn ich in Gesellschaft eine Frau sehe, denn ich weiß, daß ich dann den ganzen Abend mit ihr auf dem Sofa sitzen werde und ihre Albernheiten anhören muß, während die Männer am anderen Tischende all die Themen diskutieren, die mich interessieren.«

Ihre Spaziergänge führen sie durch den Englischen Garten und zur Theresienwiese. Dort werden sie eines Tages von einem Regenschauer überrascht, suchen Zuflucht im Haus des Parkwächters und werden gebeten, am Tisch Platz zu nehmen. Reizende Menschen, aber das Baby auf dem Schoß seiner Mutter kreischt auf, als es den Mann mit Bart und Brille erblickt. Kaum sind seine Tränen getrocknet, fängt es schon wieder an zu weinen. Schließlich steigt es ab und hebt vorsichtig das Tischtuch hoch, »um die unteren Teile des Monsters zu betrachten.«

In der Alten Pinakothek entdeckt Marian die holländischen Genremaler. Zur Zeit ist das Historische, Heroische in Mode, aber sie verliebt sich in die naturalistischen Szenen häuslicher Bescheidenheit, an denen sie dann in *Adam Bede* die Absichten und Mittel ihrer Kunst erklärt: »Diese Mitmenschen ... müssen akzeptiert werden, wie sie sind: Du kannst ihnen weder die Nasen geradebiegen, noch ihren Verstand schärfen, noch ihre Veranlagung zurechtrücken, und es sind diese Leute – unter denen du dein Leben verbringst –, die es notwendig machen, daß du sie duldest, bemitleidest und liebst ...« (Es sei denn, es handelte sich um die Frauen interessanter Männer.) »So bin ich es zufrieden, meine schlichte Geschichte zu erzählen, ohne den Versuch, die Dinge besser erscheinen zu lassen, als sie waren... Wegen dieser seltenen, kostbaren Eigenschaft der Wahrhaftigkeit entzücken mich viele holländische Gemälde, die erhaben gesinnte Leute verachten. ... Erlegt uns keine ästhetischen Regeln auf, die aus der Kunst jene alten Frauen verbannen, die mit ihren abgearbeiteten Händen Möhren schaben, jene ungeschlachten Bauerntölpel, die in einer schmuddeligen Schenke einen Feiertag halten ... jene Wohnungen mit ihren Blechpfannen, ihren braunen Krügen, ihren struppigen Kötern und ihren Zwiebelbüschen.«

Im Juni macht George allein einen Ausflug nach Hofwyl, um seine Söhne zu besuchen. Den zwölfjährigen Bertie hatte er vor einem knappen Jahr dort eingeschult. Er war weniger anpassungsfähig als Charles und bei weitem nicht so fix wie Thornton, »ein bißchen dämlich und langsam über seinen Büchern, aber das kann ja noch werden« (Marian). Ihn hatte die Trennung seiner Eltern, die sie als uneingeweihte Zaunsteher erlebten, offenbar schwerer mitgenommen als seine Brüder. Bei aller Freigeisterei hielten es weder George noch Agnes für opportun, ihre ehelichen und außerehelichen Kinder über die Natur ihres Verhältnisses zu informieren. Agnes Töchter glaubten bis zu ihrem Tod, daß Lewes ihr leiblicher Vater sei, und waren empört über anderslautende Gerüchte. Wie George seine fortwährende Abwesenheit und Onkel Thornton seine Besuche erklärten und was die Kinder daraus machten, steht nirgendwo geschrieben. Diskretion zwischen Freunden, Liebenden und Familienmitgliedern war auch Marian heilig – so sehr, daß ihr parzivaleskes Schweigen und der Anschein geordneter Verhältnisse begrüßenswerter erschienen als ein Wort, das die Dinge verdeutlichte. Ihrer »geistigen Tochter« Elma Stuart, die in einer unerklärten Spannung mit ihrem heranwachsenden Sohn lebte, gratulierte sie später zu dem »Heldenmut«, den sie im Ignorieren seines veränderten Verhaltens gezeigt habe, und empfahl »Selbstkontrolle« als Ausweg aus dem Dilemma.

Die Beziehung zwischen Bruder und Schwester galt Marian als »eine der höchsten Formen der Freundschaft«, in die Außenstehende ihre Nase nicht hineinzustecken hatten. Entsprechend schockiert war sie von der Diskussion über das inzestuöse Verhältnis Lord Byrons zu seiner Schwester Augusta, in die sich ihre Kollegin Harriet Beecher-Stowe auf seiten Lady Byrons mit Verve hineingeworfen hatte. »Das Beharren auf dem Thema war ein schlimmeres Verbrechen gegen die Gesellschaft als die unterstellte Tatsache.« Auch in ihren Romanen quälen sich Töchter und Söhne schweigend mit ihren Familien ab, daß der geneigte Leser ihnen zurufen möchte: So mach' doch endlich den Mund auf! Daniel Deronda, der in keinem der Familienporträts in seinem Vaterhaus eine Ähnlichkeit mit den eigenen Zügen entdecken kann, schämt sich über zwei Drittel des Romans, seinen freundlichen Vormund nach seiner Herkunft zu fragen – sehr diskret, sehr viktorianisch, überaus peinigend.

In diesem Sommer 1858, da Thornton 14 und Charles 16 Jahre alt sind, hält Lewes es jedenfalls nicht für angebracht, den Grüßen von Miss Evans ein erklärendes Wort hinzuzufügen. Sie gehen zusammmen botanisieren und vergnügen sich im Schul-Schwimmbad. Aber während sich Charles und Thornton zu gewandten Burschen auswachsen, leidet sein Jüngster unter Heimweh und will nichts Gescheites werden. Eine Randfigur von unauffälliger Tristesse, blieb Bertie sein Leben lang in der Asche sitzen, und sein einsamer Tod findet nur ein karges Echo in Marians Korrespondenz.

Im August reisen die beiden weiter über Salzburg nach Wien, wo Lewes den Anatom Joseph Hyrtl besucht, der ihnen Präparate zeigt, die »noch keine Frau, nicht einmal die eigene, je zu sehen wünschte«, und weiter nach Prag, das Lewes enthusiastisch »die herrlichste Stadt in Deutschland« nennt. Sie besuchen die Synagoge und den alten Friedhof und küssen dort in aller Unschuld des 19. Jahrhunderts »ein süßes Judenkind in seinem Dreck.«

Nach München ist Dresden ihre nächste Station, »das Paradies«, so elegant und kultiviert, »solche Bilder, solche Bilder, solch! Oh!!!« (Lewes). In der Waisenhausstraße 5 b finden sie ein preiswertes, ruhiges Quartier mit Blick auf die Johannisallee, »nur grüne Blätter, Himmel, Spaziergänger und Vögel. (In München war es die Präsenz dicker Bayern, die den lieben langen Sommertag aus den Fenstern hingen und dabei gräßlich sangen, die ihr ästhetisches Empfinden beleidigt hatte.) Diesmal hat sie ein Zimmer für sich. Früh um sechs steht sie auf und schreibt konzentriert an ihrem ›Schranke‹. Nachmittags ziehen sie durch die Stadt. Die Bilder in den Galerien sind »göttlich«. Seltsam erschüttert ist sie von Raffaels Sixtinischer Madonna. Als sie auf dem Sofa gegenüber Platz nimmt, läßt ein Schauer ihr das Herz schwellen, »als befände ich mich plötzlich in Gegenwart eines herrlichen Wesens. Ich konnte nicht ruhig sitzenbleiben, und wir eilten aus dem Saal.« Zwei Tage später unterzieht sich George einem Versuch und begutachtet das Werk, »bis ich fast hysterisch wurde.«

Von nun an gehen sie fast täglich in die Staatsgalerie zu Vermeer, Terborch, Holbein, Tizian und der »einzigen Madonna«. Selbst der kritische Lewes fällt unter ihren Bann. In Raffaels Bild sieht er Realismus und Idealismus aufs glücklichste verbunden. »Das Gesicht ist das eines Kindes, aber das Kind ist göttlich... Menschlichkeit in ihrer höchsten Ausdrucksform.« In diesem Glanz sieht auch Eliot ihre Kunst, trotz der Bekenntnisse zu Bauerntölpeln und Zwiebelbüschen.

Als sie im Spätsommer nach England zurückkehren, ist *Adam Bede* weit gediehen, am 16. November 1858 schreibt sie den letzten Satz (»Jubilate«). Blackwood bietet ihr 800 Pfund. Im Jahr seines Entstehens hatte sie ihn mit Portionen des Manuskripts auf dem laufenden gehalten. Die erste Folge hatte er bereits gegen ihre Anweisung auf dem Oberdeck des Omnibusses und später im Zug gelesen, und er war »ganz wild« geworden, als in Höhe der schottischen Grenze die Dämmerung hereingebrochen war und ihn von weiterer Lektüre abgehalten hatte. Er wußte, er hatte einen wirklichen Schatz gehoben, nicht nur »eine Geschichte vom Land, voll mit dem Atem der Kühe und dem Duft des Heus«, wie sie ihm angekündigt hatte, sondern den Gang des alten Adam von der Selbstherrlichkeit durch die Läuterung im Leid zu größerer Menschlichkeit. Blackwood hieß jede neue Post willkommen, manchmal mit Worten, die die Autorin enervierten, wie sein Kommentar zu dem ungefestigten jungen Squire Donnithorne, der die niedliche, aber nicht sehr gescheite Hetty unglücklich macht und sie als Kindsmörderin fast an den Galgen bringt. »Hetty ist wunderbar gezeichnet. Man glaubt, die kleine Schelmin vor sich zu sehen. Sie ist in solch unwiderstehlichen Farben gemalt, daß es mir für Arthur mit den guten Vorsätzen leid tut.« Blackwood war der erste Leser, der der Suggestionskraft der Eliotschen Figuren erlag. Er konnte sich wundervoll über sie aufregen. Ungezählte sind ihm seither gefolgt, die diese Dinahs und Dorotheas, diese Tullivers und Causaubons liebten oder verabscheuten, sie loben oder treten, aufhalten oder antreiben wollten. Immer vergeblich. »Die Geschichte wäre ja sonst zum Teufel«, wie der Verleger an anderer Stelle erkannte.

Adam Bede wurde ein Sensationserfolg. In einer Zeit, in der ein Roman selten über eine Auflage hinauskam und 500 verkaufte Exemplare eine respektable Zahl waren, legte Blackwood bereits im ersten Jahr 16000 in verschiedenen Editionen auf. Die Subskribenten der Leihbüchereien verlangten stürmisch danach. Er wurde ins Deutsche, Ungarische, Französische (von Monsieur d'Albert Durade) und Russische übersetzt. Die *Westminster Review* füllte 27 Seiten mit seiner Besprechung, und Geraldine Jewsbury legte darüber ihr Kritikerbesteck nieder: »Dieses Buch muß man akzeptieren, nicht rezensieren.« Da das Rätsel um George Eliot noch immer nicht gelöst war, geriet auch Mrs. Gaskell in den Verdacht der Autorenschaft, und sie gestand, daß dies das größte Kompliment ihres Lebens gewesen sei. Nur Carlyle polterte im Hintergrund, obwohl er nicht über die Eröffnungsszene in der Werkstatt hinausgelesen hatte. »Das stammt von einer Frau. Zu glauben, daß ein Schreiner, wenn er eine Tür baut, die Füllungen zum Schluß einsetzt!« (Was Eliot so nicht geschrieben hatte.) Bulwer Lytton mäkelte im Gespräch mit der Kollegin, das Buch hätte zwei entscheidende Fehler: zuviel Dialekt und das Happy-End zwischen Adam und Dinah, aber George Eliot wußte, es hatte alles seine Richtigkeit. »Lieber ließe ich mir sämtliche Zähne ziehen.«

Die Königin ließ zwei Bilder mit Motiven aus dem Roman

malen – Hetty beim Buttern und Dinah beim Predigen –, und die scharfzüngige Mrs. Poyser, eine von Eliots traumhaften Nebenfiguren, wurde sogar im Unterhaus zitiert. Es war so recht ein Buch nach dem Geschmack der Viktorianer, zum Lachen, zum Weinen und mit einer tiefen Moral. Seine Botschaft wird heute uneingeschränkt nur die Frömmsten erfreuen – aber seine Prosa ist von haltbarer Schönheit, voll Duft und Farbe und Bildern des Unaussprechlichen, die jeder verstand; wie Hettys Verführung im Wald: »Solche jungen ungefurchten Seelen rollen aufeinander zu wie zwei samtene Pfirsiche, die sich sanft berühren und liegenbleiben.« Und trefflich marschiert die Familie Poyser am Sonntag zur Kirche samt »Marty und Tommy, Jungen von neun und sieben in kleinen Barchentfräcken und Kniehosen, belebt durch rosige Wangen und schwarze Augen, die ihrem Vater so gleichsahen wie ein ganz kleiner Elefant einem sehr großen gleicht.«

Blackwood und Lewes fanden – von Mann zu Mann – eine ganz eigene Sprache für diese gedeihliche Entwicklung. Der Agent, der selten vor einer Metapher zurückschreckte, hatte den Verleger schon im April 1858 beglückwünscht: »Sie wissen mit George Eliot umzugehen, denn Sie verstehen, daß sein Pegasus ein weiches Maul hat und durchaus imstande ist, die Ohren störrisch und drohend zurückzulegen, wenn er am Werk ist und sein Reiter darüber die Zügel schüttelt. Mancher Leute Pegasus hat das Maul (und die Geschmeidigkeit) eines Karrengauls, aber Ihr Vollblut – ganz Knochen und Nerven – verlangt eine andere Behandlung.« Blackwood nahm das Bild furchtlos auf, als es um die Verkaufszahlen ging. »Bedesman ist gut davongekommen und belegt bereits eine Spitzenposition – er hat die Kurve geschafft und befindet sich stracks in der Zielgeraden.« Noch Jahre später erinnerte er sich der glücklichen Zeiten, »als Bedesman das Derby gewann.«

Der Erfolg von *Adam Bede* veranlaßt das Ehepaar Lewes, sich eine neue Bleibe zu suchen. Es darf nun ein größeres Haus sein, zumal George plant, seinen Ältesten, der bald mit der Schule fertig sein wird, bei sich aufzunehmen. Obwohl Marian sich ein Häuschen auf dem Land wünscht, ziehen sie schließlich näher an die Stadt heran, nach Wandsworth. Seit drei Jahren teilen die beiden einen Haushalt, aber erst zu der neuen Adresse bringt George seine Bücher, seine Bilder, seine Goethe-Büste und all die Sachen, die in Agnes Wohnung in Kensington bisher die Anwesenheit eines Familienvaters dar-stellten.

Holly Lodge hat allerlei neue Bequemlichkeiten, darunter ein Badezimmer, aber Marian kann sich nie mit dem Haus befreunden. »Ein Kuchen mit ein wenig Stechpalmen- und Efeu-Dekoration«, umgeben von »Häusern voller Augen«. Man befindet sich auf der Höhe der Eliot-Liggins-Affaire. Das neue Heim erregt die Verwunderung ihrer Bekannten, die sich noch erinnern, daß die Hausfrau die Pennies mit der Sorgfalt eines Geizkragens einteilte. Woher der neue Wohl-stand? Marian fühlt sich von allen Seiten ausgespäht.

Die einzigen Nachbarn, denen sie sich geneigt zeigen, sind Richard und Maria Congreve. Richard ist einer der führenden Positivisten im Lande, »kein Mann von leichtem und freiem Umgang. Innerlich weist er jede Art von Freiheit zurück und sieht dabei so mildtätig aus.« Marian mit ihren strapazierten Nerven bemerkt bald, daß Congreve in diesem Innern ihre Verbindung mißbilligt – höchst unglücklich, diese Unzer-trennlichkeit! – und daß er Lewes für seine mangelhafte Treue zu Comte tadelt. Congreve ging später so weit, in London eine positivistische »Church of Humanity« zu gründen, der er als eine Art Papst vorstand. Lewes und Eliot nahmen Abstand. Sie hatten sich nicht vom dogmatischen Christentum verab-schiedet, um unter die Priesterschaft von Mr. Congreve zu fallen.

Maria Congreve, 17 Jahre jünger als Marian, ist eine dieser liebenswürdigen Frauen, »ruhig, intelligent und ohne Anma-ßung«, die an der Seite ihres bedeutend älteren Mannes nichts zu melden haben. Wie einst Mary Sibree und Bessie Parkes erwählt sie sich Marian zur mütterlichen Freundin, eine Rolle, die diese, angerührt von jeder erwiesenen Liebe, geneigt akzeptiert.

Verdrießlicher ist der Umgang mit Herbert Spencer, der, angelockt vom Geraune um George Eliot und dem erstaunlichen neuen Wohlstand der alten Freunde, seine Aufwartung macht – »für Polly schmerzlich und enttäuschend«, notiert George. »Er gehörte einmal zu unseren verläßlichsten Freunden, aber offenkundige, unzweideutige Eifersucht auf unseren Erfolg haben ihn, der in letzter Zeit bemerkenswert erfolglos ist, merklich kühl werden lassen. Er erzählt uns immer nur die unerfreulichen Dinge, die er über uns hört und liest, niemals die erfreulichen. Seine Eifersucht auf mich ist in den letzten beiden Jahren gewachsen.« (Lewes hatte von seiner *History of Philosophy* über 40 000 Exemplare verkauft und war im Februar mit einer Startauflage von 7000 der *Physiology of Common Life* herausgekommen.) »Wir waren froh, als er sich verabschiedete.«

Holly Lodge erfordert nicht nur die ersten eigenen Möbel, sondern auch Personal. Bisher wurden sie von Wirtinnen versorgt, und Marian mußte sich nicht um Trivialitäten kümmern, die sie so ungeduldig machen. Nun beginnt eine besonders lästige Suche. Das Mädchen für alles soll nicht nur sauber, ehrlich und anstellig sein, sondern auch kochen können und sich auf die speziellen Bedürfnisse des magenschwachen Mr. Lewes einstellen. 15 Pfund per annum ist sie bereit zu bezahlen, einschließlich Bier, Tee und Zucker. Ihre eigenen Kleider muß sie in Ordnung halten, die große Wäsche geht außer Haus.

Später, als sie sich eine Köchin und zwei Hausmädchen leisten konnten, seufzte Mrs. Lewes über die Hilfskräfte: »Sie machen summende Geräusche in den Zimmern über und unter uns und zerrütten unsere armen Nerven.« Für die Mädchen gab es von der Dame des Hauses schriftliche Anweisungen für jeden Tag: »Alle Kaminfeuer stocken und anzünden, alle Öfen sauberhalten. Läufer ausschütteln, Eingang putzen, Kehrricht ausleeren, Bad und Waschbecken säubern. Betten lüften. Betten machen und im Schlafzimmer Staub wischen. Nach dem Lunch Geschirr abwaschen. Tablett für das Dinner richten. Läden im Eßzimmer und Salon schließen und die Lampen aufstellen. Gaslicht in der Halle anzünden. Nach dem Dinner Geschirr abwaschen. Betten aufdecken. Haustür abschließen und Gas löschen.« In einem Wochenkalender wurde zusätzlich festgelegt, wann welcher Teppich geklopft, wann die Treppe geputzt, das Silber und der Klingelzug poliert werden mußten.

Die erste Stütze scheint die Probezeit nicht bestanden zu haben. (Hinter Mr. Lewes aufzuwischen, war nichts für schwache Nerven. Ein Besucher beschwerte sich, daß ihm auf der Treppe Versuchstiere in jedem Zustand der Unvollständigkeit entgegenhinkt kamen.) »Ich wünschte, ich wäre nicht so ein pusseliger Unglückswurm und könnte mich mit Schmutz und Unordnung abfinden. Aber alles, was nur andeutungsweise nach Sorge aussieht, wächst sich bald zu einem monströsen Geier aus, der das Glück, mit dem ich doch so reich gesegnet bin, zunichte macht.«

Besonders unglücklich trifft es sich, daß Chrissey in dieser Zeit erkrankt. Lewes schreibt in sein Tagebuch: »Polly erhielt einen Brief von ihrer Schwester, die nicht mehr geschrieben hat, seit sie von unserer Verbindung erfuhr. Aber sie liegt mit Tuberkulose darnieder, und die Krankheit scheint sie ein wenig weicher und reuig gestimmt zu haben. Polly nimmt es sich sehr zu Herzen, und ich wünschte fast, das Schweigen wäre nie gebrochen worden. Sie hatte sich daran gewöhnt.«

Tuberkulose war im 19. Jahrhundert das Todesurteil, aber Marian, der die Nachricht »das Herz umpflügt«, kann sich nicht entschließen, Chrissey ein letztesmal zu besuchen. Da ist die lästige Bahnreise, und da ist Mr. Lewes, der nicht für zwei Tage alleingelassen werden kann und sich dem Plan heftig entgegenstemmt, »solange dieses Hausmädchen da ist. Für mich ist es ein schreckliches Opfer, mein Heim überhaupt zu verlassen – ein Vorgang wie Zähneziehen.« Falls Chrissey sie sehen wolle, werde sie fahren, aber, rechtfertigt sie ihre neurotische Zögerlichkeit Bray gegenüber, »zwei Menschen, die unzertrennlich sind und fünf Jahre lang ihr ganzes Glück ineinander gefunden haben, sind wie Siamesische Zwillinge, ein Zustand, dem andere Leute kaum mit Toleranz, geschweige denn mit Verständnis begegnen können.« Und da Mrs. Lewes Mr. Lewes offenbar nicht mitnehmen kann, bleiben beide ganz zu Hause.

Anfang März schreibt Chrissey durch ihre Tochter Emily, daß sie ihre Schwester gerne sehen würde, aber die Aufregung fürchte, und fügt selbst ein paar Worte mit Bleistift hinzu, »als sei sie schwächer geworden – ach.« Sie stirbt am 15. März 1859, ohne ihre Schwester gesehen zu haben. »Ihr Tod hat mich vieler Möglichkeiten beraubt, die ich hoffnungsvoll für die Zukunft ersehnt hatte. Ich habe sie auf besondere Weise geliebt, mehr als ein Außenstehender für möglich halten würde.« George eingeschlossen.

Marian tut, was sie kann; sie schickt Chrisseys Töchter Emily (14) und Katie (8) auf ein Internat in Lichfield. Im September, auf ihrer Reise zu den Flüssen im Süden Englands, besucht sie die Nichten und schickt der Schulleiterin einen Scheck für neue Kleider und Stiefel. Katie stirbt im Jahr darauf, und Marian fragt sich wieder, ob sie etwas versäumt habe. Emily hat nun nur noch Tante Polly, die ihre Ausbildung zur Gouvernante zahlt, und wenn das Wetter nicht zu schlecht ist oder die Tante unwohl, kommt Emily auf Besuch.

Als Marian *Adam Bede* abgeschlossen hatte, glaubte sie, nie wieder »etwas so Gutes und Wahres« schreiben zu können. Sie hatte in Adam das Bild ihres Vaters heraufbeschworen, der sich zu der Erkenntnis durchringen muß: »Ich war manchmal hart – ich will nie wieder hart sein.« Und sie hatte, ganz im Sinne ihrer Religion der Menschlichkeit, ihre Leser gelehrt, »die Schmerzen und Freuden derjenigen mitzufühlen, die auch nur irrende menschliche Kreaturen sind.«

Doch drei Monate später beginnt sie ein neues Buch – und schickt dem drängenden Mr. Blackwood eine Kurzgeschichte, *The Lifted Veil*, über die er sich eine Weile wundern kann. Es ist eine Horrorstory, die mit der Wiederbelebung einer sterbenden Frau durch Blutübertragung endet. Blackwood findet sie »stark«, seine Umschreibung für fürchterlich, und wünscht, die Autorin erfreute sich einer glücklicheren Verfassung. (Sie selbst beurteilte die Geschichte später als »schauderhaft«.) Der Schluß, so mutmaßt er, sei wohl von den Experimenten ihres gemeinsamen wissenschaftlichen Freundes an seinen vermaledeiten Kreaturen inspiriert. Er schlägt vor, ihn zu ändern, aber sie weigert sich, und so druckt er *The Lifted Veil* unverändert – und anonym ab. Das ist in *Maga* üblich, aber Blackwood möchte auch nicht den guten Autorennamen George Eliot mit einer mißlichen Geschichte verplempern. Sie nimmt ihm diese Vorsicht übel und findet Wege, es ihm bei Gelegenheit zurückzuzahlen.

Im Sommer 1859 aber herrscht noch bestes Einvernehmen. Blackwood weiß, wie er sein »Vollblut« zu lenken hat. Zu den Erfolgsmeldungen schickt er ein Fäßchen Austern (köstlich – Mr. Lewes, der sie nicht verträgt, wird statt dessen ein paar sezieren), und er erfüllt Eliot einen Herzenswunsch: Bei einem seiner Besuche hatte sie kokett geäußert, ein reicher Bewunderer möge ihr einen Mops schenken, und John Blackwood nahm es als Wink und versprach ihr einen, nicht bedenkend, wie teuer und selten ein solcher Hund war. Ein sportbegeisterter Vetter stellt schließlich das gewünschte Rassetier in einer Boxerkneipe in Bethnal Green sicher, und John Blackwood blutet dafür: 30 Guineen – »aber *Adam Bede* läuft, also ertrage ich es grinsend.« Er läßt den Mops photographieren, ehe er ihn ausliefert. Pug – Mops – »ist von erhabener Häßlichkeit«, meldet Lewes, von einzigartiger Verfressenheit und Selbstsucht, »dumm, wie nur je eine Schönheit, aber sehr sanft und anhänglich«. Er habe seine Tyrannei über George Eliot bereits gefestigt und werde über alle Maßen verwöhnt. Er schnarcht, er kann nicht bellen, sondern bringt nur ein lautes Niesen zustande, aber er kommt voran. »Seit seiner Einführung in die literarische Welt hat er noble Keckheit, feine Sitten und ein originelles Gemüt entwickelt«, berichtet Lewes stolz über Mops. Sogar Agnes bekommt ihn vorgeführt.

Eliot, mit langem Blick auf Spencer und andere falsche Freunde, dankt dem Spender: »Ich sehe bereits, daß er ohne Neid, Haß und Verlogenheit ist. Er wird keine Geheimnisse verraten und sich weder über meinen Erfolg grämen noch schadenfroh meinen Kummer betrachten.« Zwei Jahre ziert der artige Mops ihren Haushalt, dann verschwindet er – wahrscheinlich wieder in einem Zwinger im Londoner East End, wo man teure Hunde kaufen kann, ohne nach ihrer Herkunft zu fragen.

XI

Ist das denn meine Straße?
O Bächlein, sprich wohin?
Du hast mit deinem Rauschen
mir ganz berauscht den Sinn.

(Wilhelm Müller)

In diesem Sommer 1859 schreibt Charles aus Hofwyl an den lieben Pater und schickt Grüße an »Mama, Schwesterlein« (die alte Bonne), »Großmama, Miss Evans« und seine Geschwister, »die Kinder« (von Onkel Thornton). Er ist 17, und es wird höchste Zeit, ihn mit den wahren Konstellationen bekannt zu machen. Mr. und Mrs. Lewes reisen in die Schweiz, und während Marian in Luzern, wo auch die Congreves Ferien machen, absteigt, fährt George weiter nach Bern und Hofwyl. Die Söhne befinden sich wohl. Charles ist fleißig, führt sich ordentlich und spielt sehr nett Violine. Thornie hat Vaters Neigungen geerbt; er botanisiert und stopft Vögel aus. Von Herbert – Bertie – hört man nichts Genaues. Auf einem Waldspaziergang spricht Päterchen sich endlich aus und findet zu seiner Überraschung, daß seine Jungs sehr viel weniger erschüttert sind, als er befürchtet hatte – und ganz entzückt, von Marian zu hören, speziell als George ihre Geschenke auspackt: eine Uhr für Charles, ein Messer für Bertie und für Thornie den neuesten englischen Roman. Sie haben es sogleich erfaßt. »Ist es *Adam Bede?*« Es ist.

In der Julihitze (»man möchte seine Haut ausziehen und in den Knochen herumlaufen«) machen sie eine Wanderung (Staub! Pferdebremsen!) und gehen zusammen schwimmen. Lewes erwirkt einen halben Ferientag für die Schule und kann seine Zigarre nach dem Abendessen mit größerer Gelassenheit rauchen als zuvor.

Von nun an heißt es »unsere Jungs«. Agnes bleibt »Mama«,

aber Marian wird »Mutter«. Sie ist 40 und hat, soweit sie sich erinnern kann, niemals den Wunsch nach Kindern geäußert. Nun sieht sie sich mit drei Halbwüchsigen konfrontiert. Dem Ältesten sprießt bereits ein flaumiger Bart. Charles, der im kommenden Jahr ihre geliebte Solitude à deux bereichern soll, schreibt sehr artig nach Hause und freut sich auf das gemeinsame Musizieren: Beethoven, Mozart und die »schwierigen« Schubert-Lieder. Sie hofft, daß er von seinem Vater, der soeben mit künstlerischem Geschick das Rückgrat einer Libelle freigelegt hat, ähnliche Hingabe an regelmäßige Arbeit geerbt habe, und schlägt vor, mit ihm Algebra-Studien zu treiben. Von Thornie wird sie gebeten, den »schnurrbarttragenden Alten« zu einer Erhöhung des Taschengelds zu bewegen und ihm ein Buch über Schmetterlinge zu schicken. Bertie schreibt ohne Punkt und Komma: »Liebe Mutter ich denke oftmalst an Dich wenn ich mein Messer raushole und was damit schneide.«

Was Agnes zur Überstellung ihrer Söhne sagt, ist nicht überliefert. Und auch nicht, ob das Entzücken der drei so ungeteilt war, daß sie »Mama« künftig fernblieben. Lewes glaubt, für Charles die richtige Enscheidung getroffen zu haben: »Ihr Genie ist nichts im Vergleich zu ihrer Güte und Zärtlichkeit, und Du wirst sie beinahe so sehr lieben wie ich, wenn Du sie erst kennst.« Hinfort setzt er in seiner Korrespondenz voraus, daß die Söhne wissen, von wem die Rede ist, von seiner Mutter (Mother), ihrer Mutter (Agnes) oder »eurer Mutter« Marian (mother): »Eure Mutter freut sich zu hören, daß Ihr Fortschritte macht ... Ich aß bei Mutter. Agnes war auch da. Mutter war stolz, da sie gehört hatte, die französische ehemalige königliche Familie bewundere mein *Life of Goethe* ... Die liebe Mutter! Sie glaubt, die Bewunderung durch königliches Geblüt sei so viel schmeichelhafter als die normaler Sterblicher. Ein Gefühl, das ich nicht teile ... Eure Mutter arbeitet fleißig an ihrem neuen Roman ... sie schickt Gruß und Kuß.« (Auch wenn man über liebe alte Muttis und ihren einfältigen Stolz lächelt, das königliche Lob wird doch noch einmal im Tagebuch protokolliert.)

Lewes Fleiß und Hingabe an regelmäßige Arbeit beginnen sich auszuzahlen. Blackwood hatte sich offenbar seinen Ratschlag zu eigen gemacht und die *Physiology of Common Life* speziell für die Universitäten annonciert. Im Mai 1859 heißt es, die Studenten in Edinburgh kauften sein Buch in rauhen Mengen. Nun kann er sein altes Mikroskop gegen ein neues »von der allerfeinsten Sorte« eintauschen. »Sicher hätte es Dich ergötzt, einen Auftritt zu beobachten, der sich neulich abends hier in diesem Zimmer begab, als er gerade dieses neue Mikroskop erwartete«, schreibt Marian an Barbara. »Der Paketdienst klopfte noch ziemlich spät an unsere Tür, als das Hausmädchen schon zu Bett gegangen war: George ging öffnen und trug dann eine veritable Teekiste ins Wohnzimmer (welche besagte Kiste Tee er selbst vor wenigen Tagen bestellt hatte). Sein Wahrnehmungsvermögen war jedoch so vollkommen benebelt vom Mikroskopen-Rausch, daß er sich darangab, die Kiste aufzustemmen, immer in der unerschütterlichen Überzeugung, daß sie eben jenen Schlüssel zur Erkenntnis und Unsterblichkeit enthalte. Am Ende aber mäßigte die Widerspenstigkeit des Deckels seine überhitzte Phantasie, und er begann, die Teekiste als solche wahrzunehmen.«

Marian hatte ihr drittes Buch begonnen. Wie sollte sie es nennen? St. Oggs on the Floss – The House of Tulliver – Sister Maggie? Ganz sicher ist sie sich zu Beginn erst über das Ende: eine allesverschlingende Überschwemmung. Ihr fehlt nur der passende Fluß. Das Paar treibt Studien in Dorchester, wandert auf Saumpfaden, rudert den Wye hinauf, besichtigt Mühlen und ist ein wenig pikiert, als eine Arbeiterfrau sich weigert, ihnen ihr Cottage zu vermieten, in dem die beiden zwei Tage lang poetisch-schlicht (und nur von der Arbeiterfrau bedient?) wohnen wollen. Den richtigen Strom finden sie schließlich in Lincolnshire, den Trent, ein von Gezeiten bestimmtes Gewässer, das gern nach starken Regenfällen über die flachen Ufer tritt, Wagen und Brücken, Häuser, Menschen und Vieh mit sich reißt. Eliot kann ihr Notizbuch zuklappen und sich zum Schreiben hinsetzen.

Blackwood liest die ersten hundert Seiten und verspricht ihr einen großen Erfolg. »Sie können mit vollständigem Zutrauen fortfahren.« Zugleich kündigt er zum Jahresende einen Bonus von 400 Pfund für den außergewöhnlichen Erfolg von *Adam Bede* an. Doch dann beginnt zwischen den beiden etwas gründlich schiefzulaufen.

Blackwood möchte das neue Buch in seinem Magazin vorabdrucken, aber Eliot befürchtet, daß ihr dadurch mehrere tausend Käufer für die Buchausgabe durch die Lappen gingen. »Wieviel Honorar können Sie sich leisten, mir als Entschädigung dafür zu zahlen?« fragt sie unverblümt (»Sicher mögen Sie es so am liebsten«). Schreiben war schließlich nicht nur eine Religion oder eine Quelle der Beglückung für den Verleger, sondern auch ein Geschäft. Und Robert Evans Tochter wußte inzwischen, was sie wert war. »Sie wissen, wie wichtig die Geldfrage für mich ist. Von dieser Welt will ich für meine Bücher nur Geld genug, um mich von der Versuchung zu befreien, allein für Geld zu schreiben.« Inzwischen ist sie eine wohlhabende Frau. 1856 hatte ihr Einkommen noch 300 Pfund betragen; 1859 schließt sie mit 2000 Pfund ab. Dies bedeutete aber nicht, daß sie verschwenderisch geworden wäre. Als gesellschaftliche Außenseiterin bewegte sie sich auf schwankendem Boden. Geld war die Planke, die »allen unruhigen Gemütern« Sicherheit gab.

Mr. Blackwood ist nicht ganz bei der Sache, als er ihren Brief beantwortet. Er bietet ihr 3000 Pfund für den Vorabdruck in *Maga* und die Übernahme des Copyrights für vier Jahre an. Selbstverständlich werden die Folgen anonym erscheinen. Marian sieht darin nicht nur die alte Gepflogenheit, sondern spürt zu Recht eine neue Zögerlichkeit. William Blackwood – der Major – hatte seinen Bruder darauf hingewiesen, daß es dem Ruf des Familienmagazins nicht förderlich sei, wenn der Name George Eliot, der nur noch wie ein Hauch diese Mrs. Lewes verbarg, möglicherweise die Spalten zierte. (John stimmte ihm zu. Er fand die Unregelmäßigkeit ihrer Beziehung sehr »melancholisch«.) »Wäre es nicht ein großer Spaß, wenn die Leser über das Leben des Autors spekulieren würden?« antwortet er. Aber George Eliot ist nicht belustigt. Der Wirbel um Liggins, Bracebridge, Newby & Co hat sie an den Rand ihrer Kraft gebracht. Sie erwartet von ihrem Verleger ein Machtwort gegen diese Blutsauger, aber Blackwood, der im Umgang mit Verrückten eher gestählt ist, glaubt warten zu können, »bis der Quatsch eines natürlichen Todes gestorben ist.« Er steht ihrem gekränkten Stolz und Mr. Lewes »heißer Entrüstung« verständnislos gegenüber.

Marian fühlt, daß Blackwood ihr nicht zuhört. »Sie wollen mich also nicht entschädigen... Ich habe offenbar versäumt, Ihnen mitzuteilen, daß ich nicht beabsichtige, das Copyright aus der Hand zu geben. Aus der Natur Ihres Angebotes schließe ich, daß Sie mein neues Buch für ein Spekulationsobjekt halten, das ein Risiko einschließt. Ich ziehe es vor, mich diesem Risiko selbst auszusetzen.« Ihren nächsten Brief zeichnet sie zum erstenmal mit ihrem vollen Namen – Marian Evans Lewes. Der Major, der sie entschieden weniger bewundert als sein Bruder, hebt die Augenbrauen.

Am 27. Oktober schickt John Blackwood die Abrechnung für *Adam Bede*, 400 Pfund Bonus, und kündigt noch einmal 400 als Gratifikation für den Beginn des neuen Jahres an. »Seien Sie und Major Blackwood bedankt ... der Scheck ist heute morgen angekommen«, antwortet ihm die Autorin. Dieser etwas schartige Dank rührt in Mr. Blackwood »heftigen Grimm« auf. Von nun an wird es gänzlich unerfreulich.

Zwischen dem Stammhaus in Edinburgh und der Londoner Filiale in Paternoster Row gehen Briefe hin und her, in denen man strikt entre nous in starken Worten die Undankbarkeit und Geldgier von Eliot & Lewes bespricht. Wahrscheinlich hofften die beiden auf das wunderbare Angebot eines anderen Verlags.»Mr. John wurde gründlich getäuscht«, schreibt ein Geschäftsführer an den anderen.»Eliot hat sich an den höchsten Bieter verkauft.« Der Versucher sei wahrscheinlich Charles Dickens.

Damit liegt Mr. Simpson, der Edinburgher Adlatus, nicht ganz verkehrt. Mr. Lewes, immer auf dem Quivive, wenn es ums Geschäft geht, hat neue Verbindungen angeknüpft und alte spielen lassen. Der Verleger George Smith ist eigens in Wandsworth vorgefahren, um Lewes als Autor für eine Serie – *Studies in Animal Life* – für sein neues Blatt, das *Cornhill Magazine*, das er mit großem Aplomb gestartet hat, anzuwerben. Thackeray ist Herausgeber. Die erste Auflage beträgt 100 000 Exemplare. (*Blackwood's Magazine* liegt bei 8000, behauptet sich allerdings seit 43 Jahren auf dem Markt.)»Beziehungspflege« nennt Lewes die Visite. Ist Smith auf größere Beute aus? Dickens kommt zum Dinner und möchte George Eliots nächste Geschichte für das von ihm edierte Konkurrenzobjekt *All the Year Round* sicherstellen. Andere bieten»auf jeden Fall mehr als Blackwood.« Lewes verspricht, in Verbindung zu bleiben. Natürlich auch mit Blackwood. Das Gezwitscher seiner Briefe steigert den Grimm der Herren in Edinburgh und London.

18. November 1860.»Wir müssen uns um eine Neuauflage der *Clerical Scenes* für das Weihnachtsgeschäft kümmern.« Käme eine billige Ausgabe für 7 Schilling, 6 Pence in Frage? Und wie hoch?»Maggie entwickelt sich hervorragend und Mrs. Lewes läßt nicht zu, daß äußere Vorgänge sie beim Schreiben stören... Meine kostbare Zeit ist damit ausgefüllt, Angebote von allen Seiten abzulehnen. Jeder glaubt, er könne George Eliot verleiten, nur weil er (jeder, nicht George Eliot) meint, das käme ihm entgegen.« Und zu guter Letzt noch ein Tip:»Ein Buch zu propagieren und so schnell wie möglich zu verkaufen, ist Zweck des Verlagsgeschäfts.« Das ist Mr.

Blackwood sicher interessant. Neue Auflage? poltert Mr. Simpson: »Stümper!« Nicht bevor die letzte verkauft und der neue Roman da ist.

Aber wo sollte er erscheinen? Die Gebote – bis zu 4500 Pfund – stehen alle nur für eine Zeitschriftenserie, und gerade die hat Eliot abgelehnt, obwohl Lewes den Roman am liebsten in Schilling-Portionen unter die Leser bringen möchte. Die Zeit scheint gekommen, sich in moderaten Formulierungen wieder an Mr. Blackwood zu wenden.

»Da der Zeitpunkt der Veröffentlichung für meinen nächsten Roman näherrückt und da Offenheit die Bedingung für Zufriedenheit in allen Belangen ist, möchte ich Sie fragen, ob Sie weiterhin mein Verleger sein möchten ... Ich selbst habe nie daran gedacht, unsere Beziehung zu beenden, die bisher für keine Seite ungünstig verlaufen ist, und ich habe mich darauf gefreut, daß Sie mein Verleger sein werden, solange ich Bücher schreiben und publizieren werde; aber verschiedene Anzeichen, die ich möglicherweise mißverstanden habe, führen mich nun dazu, eine klare Auskunft von Ihnen zu erbitten.«

Blackwood liefert sie umgehend: »Ich kann mich keiner Formulierung entsinnen, die annähernd besagte, daß ich einer weiteren Zusammenarbeit als Ihr Verleger abgeneigt sei – dieser Gedanke entstammt Ihrem letzten Brief ... Ich war sehr verärgert – eher sollte ich sagen verletzt – von dem Ton, in dem Sie mein Angebot für Ihren neuen Roman ablehnten.« Er sei der letzte, der ihr im Wege stehen wolle, wenn sie mit einem anderen Verlag besser abschließen könne, aber er wolle nicht abgefertigt werden, als sei sein Angebot keiner Überlegung wert.

Marian weist es als Unterstellung zurück, daß sie in Verhandlung mit anderen Partnern gestanden habe, und obwohl ihr klar ist, daß sie und Lewes den Bogen überspannt haben, kann sie sich nicht das letzte Wort über Mr. Blackwood und seine Gratifikation versagen: »Ein schlichtes Dankeschön sollte doch zwischen Menschen, die einander verstehen, reichen.«

Als der Verleger am 7. Dezember in Wandsworth vorspricht, sind beide Seiten um Harmonie bemüht. Blackwood macht ein Honorarangebot, das sein erstes übersteigt, da man fest damit rechnet, einen neuen Bestseller zu lancieren: 2000 Pfund für eine Auflage von 4000, darüber 30 Prozent für jedes weitere verkaufte Exemplar; 25 Prozent für jedes Exemplar der 12-Schilling-Edition und 20 Prozent für die 6-Schilling-Ausgabe. Und als Kirsche setzt er dieselben Konditionen für eine Neuauflage von *Adam Bede* auf den Kuchen, der zur Feier ihrer Versöhnung neu angeschnitten wird.

»Sind alle Ihre Autoren so gierig und anspruchsvoll wie ich?« hatte sie ihn einmal kokett gefragt. Nun sind sich beide einig, daß »eine Verbindung, die bisher so angenehm und vorteilhaft für beide Seiten war, nicht abgebrochen werden sollte, wenn man es vermeiden kann.«

Blackwood reist mit einem weiteren Packen Manuskript nach Edinburgh. Noch ganz unter dem Zauber dieser pferdegesichtigen Frau, die ihn soeben sauber ausgenommen hat, schreibt er an den Major: »Sie ist ein feiner Mensch. Meine frühere gute Meinung von ihr ist vollständig wiederhergestellt.« Lewes sei weitaus erpichter aufs Geld als sie; sein Plan, den neuen Roman in Fortsetzungsheftchen erscheinen zu lassen, ist der Zeit weit voraus, läßt die beiden anderen jedoch schaudern. Eliot: »ein Alptraum.«

»Sie sind unwiderstehlich«, schreibt Blackwood ihr nach der ersten Durchsicht. »Ein solcher Reichtum an Spaß, Bildhaftigkeit und Charakterzeichnung!« Aber sollte das Buch wirklich *Sister Maggie* heißen? Das klingt wie eine Kindergeschichte. Blackwood schlägt *The Mill on the Floss* vor, und dabei bleibt es. Mit zierlicher Anteilnahme begleitet er die Figuren bis zum bitteren Ende. »Schade, daß Maggie keinen stattlicheren Liebhaber hat«, und daß ihr Holzkopf von Vater in ein finanzielles Desaster schlittern muß. »Ein Mann wie

Deane hätte Tulliver doch aus der Patsche helfen können, aber damit wäre die Geschichte natürlich zum Teufel.«

The Mill geht Blackwood sehr zu Herzen, und er macht keinen Hehl daraus, daß er über einigen Passagen herzhaft flennt (»Ich beneide keinen Mann, der die Szene zwischen Lucy und Maggie ohne Tränen lesen kann . . . Ich erwarte mit bebender Ungeduld die Katastrophe.«), und da Eliot selbst von Tom und Maggies Ende in den Fluten des Floss stark angegriffen ist, kommt es über den letzten Seiten zu einem wunderbaren, tränenreichen Crescendo zwischen Verleger und Autorin, zu dem George nur noch das Taschentuch anreichen kann. »Mrs. Lewes ist jeden Morgen ganz aufgelöst, wenn sie ihre tragische Geschichte durchlebt. Aber . . . je mehr sie weint, und je mehr die Leser weinen, um so besser finde ich.«

Als Spencer eines Nachmittags vorbeischaut (man war wieder versöhnt; Herbert hatte wissen lassen, daß er keine gesundheitlichen Risiken gescheut, bis in die Nacht gelesen und *Adam Bede* unter »Lachen und Tränen« beendet hatte), begrüßt ihn Lewes, der gerade aus dem Haus tritt: »Ah, Spencer, gehen Sie rein und trösten Sie Polly. Sie weint sich gerade die Augen aus über den Tod ihrer Kinder.«

Unter so schönen und rührenden Umständen erscheint *Die Mühle am Floss* am 4. April 1860, und Mr. Blackwood verkauft 6000 Stück davon in den ersten sieben Wochen. (Mudie allein ordert 3000.) Doch trotz dieses Anfangserfolgs sollte der Major recht behalten. Die Katze war aus dem Sack; der Name George Eliot für viele Kritiker und in Leihbüchereien subskribierende Familienväter keine Empfehlung mehr. Nun wurde die Autorin nicht nur an ihrem Erstling, sondern auch an ihrem Lebenswandel gemessen. War *Die Mühle* ein ebenso großer Wurf? Lewes hatte sich bisher auffallend zurückgehalten. Seinem Tagebuch vertraut er an: »Ich zweifle, ob es im Grunde so interessant wie *Adam* ist. Weder die Geschichte noch die Figuren fesseln im gleichen Maße die Sympathie.«

George Eliots Geburtshaus South Farm

Robert Evans, Juli 1842

Chrissey Evans im Alter von zwanzig Jahren

Isaac Evans

1887. Polly Townsend

Griff House

Bird Grove, Foleshill

Rosehill

Cara Bray im Alter von siebenundzwanzig Jahren

Sara Hennell, um 1840

Charles Bray

Dr. Robert Brabant

Françoise d'Albert Durade

John Chapman

Harriet Martineau

Barbara Bodichon, geborene Leigh Smith

Eliza Lynn Linton

Herbert Spencer im Alter von achtunddreißig Jahren

George Henry Lewes, 1858

Zeichnung von Thackeray,
von links: Agnes Lewes, George Henry Lewes und
Thornton Leigh Hunt

George Eliot, 1858

Thornton Leigh Hunt

John Blackwood

Charles Lee Lewes, 1864

Thornton Arnott Lewes, 1861

Herbert Arthur Lewes als Junge

George Eliot, um 1860

George Henry Lewes mit Ben

Men can do nothing without the make-believe of a beginning. Even Science, the strict measurer, is obliged to start with a make-believe unit, & must fix on a point in the stars' unceasing journey when his sidereal clock shall pretend that time is at Nought. His less accurate grandmother Poetry has always been understood to start in the middle; but on reflexion it appears that her proceeding is not very different from his; since Science, too, reckons backwards as well as forwards, divides his unit into billions, & with his clock-finger at Nought really sets off in medias res. No retrospect will take us to the true beginning; & whether our prologue be in heaven or on Earth, it is but a fraction of that all-presupposing fact with which our story sets out.

Was she beautiful or not beautiful? and what was the secret of form or expression which gave the dynamic quality to her glance & made it an epoch? Was the good or the evil genius dominant in those beams? Probably the evil; else why was the effect that of unrest rather than of undisturbed charm? Why was the wish to look again felt as coercion & not as a longing in which the whole being consents?

She who raised these questions in Daniel Deronda's mind was occupied in gambling: not in the open air under a Southern sky, tossing coppers on a ruined wall with rags about her limbs; but in one of those splendid resorts which the enlightenment of ages has prepared for the same species of pleasure at a heavy cost of gilt mouldings, dark-toned colour & chubby nudities, all correspondingly heavy — forming a suitable condenser for human breath, in great part belonging to the highest

Erste Manuskriptseite von *Daniel Deronda*

John Walter Cross, 1878

George Henry Lewes, 1867

The Heights in Witley

Agnes Jervis Lewes und ihre Tochter Rose, 1888

Für Ruskin waren die Tullivers und die Gleggs die Sorte Volk, »die aus dem Pentonville-Omnibus herausquillt«, (Gevatter Schneider und Handschuhmacher), und natürlich konnte nur eine Frau wie Mrs. Lewes eine dermaßen fehlgeleitete Liebesgeschichte wie die zwischen Maggie und dem Dandy Stephen Guest ersinnen – ein Mann, der mit ihrer Cousine Lucy so gut wie verlobt war! Die Zärtlichkeit, mit der Stephen ihren Arm küßt, sei kein Thema, das diese Autorin berühren könne, ohne daß der Leser ein Gefühl des Zögerns, ja der Abscheu empfände, zürnte ein Rezensent: »Es gibt Gefühle, über die wir einen Schleier werfen sollten.« Charles A. Swinburne fühlte sich hingerissen, Mr. Guest, »den Hundesohn« zu treten.

Schleier und dichtere Textilien verhüllten unter Queen Victoria nicht nur Stuhlbeine und unangebrachte Gefühle; auch George Eliots Roman ist aus einem Stoff, der nach dem gewaltsamen Schnitt am Ende in unbefriedigenden losen Fäden stehenbleibt. Das soll es gewesen sein? Die Geschichte der klugen, ehrgeizigen Maggie, die einen Würdigen nicht lieben kann, mit einem Unwürdigen durchbrennt, nach besten Kräften ihre Cousine und sich selbst zerstört, nur um am Ende ihren Stolz und ihre Schande zu ertränken, Arm in Arm mit dem bösartigsten aller Brüder, dessen Verschwinden von der Bildfläche die einzige Genugtuung des Lesers bildet . . .

Eliot selbst war sich eines Mangels in der Konstruktion bewußt, der »epischen Breite« der ersten beiden Teile, die zu einem »Mangel an proportionaler Fülle« im letzten Buch führte. Aber in der Behandlung ihrer Personen ließ sie sich nicht irre machen. Edward Bulwer Lytton, der große alte Mann des hohen Schwulsts, der ihr durch Blackwood seine Zensuren übermitteln ließ, bekam eine Note zurück, die er sich getrost hinter den Spiegel stecken durfte. »Es mag ja natürlich sein, daß Maggie sich zu Stephen hingeneigt fühlt«, schrieb Bulwer, »aber das ist eine Haltung, die im Gegensatz zu allem steht, was zuvor heldenhaft an ihr war. Das Frönen eines solchen Gefühls für den Verlobten einer Freundin, unter deren Dach sie weilte, war ein Verrat und eine Gemeinheit nach der Ethik der Kunst, und nichts kann die Wertschätzung der Figur wiederherstellen.« George Eliot bedankt sich höflich für seine Kritik. Aber: »Wenn die Ethik der Kunst nicht die wahrheitsgetreue Darstellung eines Charakters erlaubt, der im Grunde edel ist, aber zu großen Fehlern neigt – Fehler, die der edlen Gesinnung eine Pein sind –, dann ist meiner Ansicht nach die Ethik der Kunst zu eng gefaßt und muß erweitert werden, um mit der Weite der Psychologie einherzugehen.«

Wie *Adam Bede* ist auch *Die Mühle am Floss* kein unmittelbar autobiographisches, aber ein sehr persönliches Buch. In Maggie mit dem störrischen Haar und dem widersetzlichen Geist steckt die junge Mary Anne, die mit den Zigeunern davonlaufen und ihre Königin werden möchte; die Dodson-Schwestern waren aus dem mütterlichen Tanten-Clan gebildet, dem Marian nach vielen Jahren Saures gibt. Und Bruder Tom war natürlich Isaac, noch immer derselbe aufgeblasene Wicht, der es sich zur Lebensaufgabe gemacht hat, seine Schwester zu bestrafen, und dessen Verzeihen sie erst im Tod erhält: »Das Boot tauchte wieder auf, doch Bruder und Schwester waren in einer Umarmung, die nie gelöst werden sollte, untergegangen und durchlebten in einem erhabenen Augenblick noch einmal die Tage, da sie sich in Liebe bei ihren kleinen Händen gefaßt hielten und durch die Felder voller Maßliebchen wanderten.« – George, das Taschentuch!

Generationen von Frauen haben sich seither mit der zum Scheitern verurteilten Maggie identifiziert, die glaubt, »die Kenntnis der Antike verschaffe ihr Zugang zum geheimnisvollen Königreich männlicher Macht« (Amanda Cross). Simone de Beauvoir fand mit 15 in der »Mühle am Floss« ihr eigenes intellektuelles Streben und »geistiges Exil« wieder und stimmte in den Chor der nah am Ufer Gebauten ein: »Ich weinte stundenlang über ihr trauriges Schicksal. Die anderen verbannten sie, weil sie ihnen überlegen war; ich war wie sie, und seitdem sah ich meine Isolation nicht mehr als Beweis meiner Niedertracht, sondern als Zeichen meiner Einzigartigkeit.«

Spätere Feministinnen beklagten weniger Maggies Scheitern; sie grollten ihrer Autorin, »die die Revolution gelebt . . . aber nicht darüber geschrieben hat« (Kate Millett), »die Leiden zu einer weiblichen Karriere erhoben hat« (Elaine Showalter). Doch George Eliot war keine verlorene Führungskraft. Ihre Revolution war ihr persönliches Desaster. Sie hatte ihr Exil nicht gewählt; es war das Ergebnis der englischen Scheidungsgesetze. Wie Königin Victoria kam es ihr nicht in den Sinn, die eigene herausragende Stellung den Mitschwestern als wünschenswert darzustellen. Frauen waren dazu geschaffen, zärtlich zu lieben und männliche Dummheit und Brutalität mit dieser wunderbaren Kraft zu vergolden. George Eliot schrieb nicht über ihr Leben; keine ihrer Heldinnen erreichte, was sie erreicht hatte. Und sie wies jede andere Rolle als die der moralischen Lehrerin zurück. Die Möglichkeit, daß Frauen etwas anderes wollten, als zu lieben und sich in ihr Schicksal zu ergeben, daß sie wie Männer vielleicht ein »höheres Ziel« suchten – und sei es im Kampf um die Frauenrechte, wie ihre Freundinnen Barbara Bodichon und Bessie Parkes –, schien George Eliot nie aufgegangen zu sein. Wann immer sich ihren Heldinnen eine Alternative zu eröffnen scheint, werden sie auf ihr Herz und ihre unwandelbare Natur zurückverwiesen.

Über *Die Mühle am Floss* werden heute weniger Tränen vergossen, und die Empörung darüber, daß sich zwei nicht zueinander passende Menschen sexuell faszinieren, hat sich gelegt. Nicht Stephen Guest möchte man treten, eher Schwester Maggie einen Knuff versetzen: Fort mit den Zigeunern und hinweg aus dieser klammen, tödlichen Abhängigkeit von Vater und Bruder! Es hieße natürlich unsinnigerweise zu wünschen, daß George Eliot ein anderes Buch geschrieben hätte.

Noch bevor *Die Mühle am Floss* erschienen war, hatten Mr. und Mrs. Lewes am 24. März das Weite gesucht. Diesmal sollten es richtige Ferien im Süden sein; weder wurden Manuskripte mitgeschleppt noch Korrekturfahnen nachgesandt. Auf dem Rückweg aus Italien wollten sie Charles aus Hofwyl mitnehmen. Thornton hatte bereits keck spekuliert: »Wenn Ihr nach Italien reist, versteht es sich wohl, daß wir drei Knirpse mitfahren, oder? Ich nehme es doch an. Denn wenn Vater nicht will, mußt Du ihn umstimmen.«

Vater wollte aber nicht. Er hatte bereits seine letzten strikten Anweisungen für Charles hinterlassen: »Thornie fragt mich, ob ich irgendwelche Einwände hätte, daß Ihr in der Schweiz konfirmiert werdet. Die habe ich! Ich bestehe darauf, daß dies in England geschieht, wo Du nämlich als Musiker firm wirst und er als Dichter. Ich wünsche nicht, daß einer von Euch einen Schweizer Pfarrer sieht . . .« Und auch keinen Schweizer Friseur. Für Charles sei nun Schluß mit der kurzen Schulbubenfrisur. »Laß Dein Haar schön lang wachsen, daß Deine Mutter, wenn sie Dich umarmt, einen gutaussehenden Kerl im Arm hat!«

XII

In St. Jean de Maurienne endet die Eisenbahn. Die Postkutsche ist mit Passagieren vollgepackt; Mrs. Lewes gegenüber
sitzt ein Soldat mit der Regimentskasse vor sich. Keiner weiß,
wohin mit den Beinen. Nachts um elf erreichen sie Langle-
bourg. Hier wird die Chaise gewechselt. Im Wartesaal drängen sich die Passagiere um den Kanonenofen, die Kaffeetassen
in der Hand. Dann stehen sie draußen in der weißen Kälte und
schauen zu, wie die Männer im Schein der Laternen die Maul-
tiere vor die Schlitten spannen und das Gepäck umladen. Im
Schlitten ist es noch enger als in der Kutsche, aber aneinander-
gelehnt gelingt es ihnen, eine Mütze voll Schlaf zu nehmen.
Im verblassenden Licht der Sterne rauschen sie über den
Mont Cenis, um sich die Schneefelder und schwarzen Zacken
der achtungsgebietenden Bergwelt, vor sich die Lichter und
Glocken der anderen Schlitten, von denen das »Yup, Yup!«
der Mulitreiber durch die tiefe Stille herüberklingt. Ein fahler
Himmel kündet einen schönen Tag an, aber der Wind ist eisig
und bläst die Röcke zu Segeln auf einen unbeabsichtigten
Kurs, als sie wieder vom Schlitten in die Postkutsche steigen.
In Susa ist Zeit für ein Frühstück, ehe der Zug nach Turin
abdampft. Dort auf dem Bahnhof sehen sie den Grafen Cavour, der den Prinz de Carignan empfängt, den neuen Vizekö-
nig der Toskana, einen korpulenten Herrn mit »Schnauzbart,
der sich in einen zu engen Goldgürtel geschnallt hat und genauso aussieht, wie man sich die aufgedonnerten Marionetten
vorstellt, mit denen die Cavours dieser Welt ihr Spiel treiben.«
(Eliot bewunderte den Diplomaten Cavour, der die Einigung
Italiens zustande brachte.) Endlich in Genua finden sie nach
72 Stunden ein gescheites Bett und »schlafen den Schlaf der –
Reisenden.«

Mr. Lewes hat die Anstrengung übel vertragen. Kopfschmerzen und das alte Pfeifen im Ohr melden sich zurück. Seine Frau aber ist wohlauf und bezaubert von Genua im Sonnenschein: ein superbes Plätzchen und bei weitem nicht so steil und staubig, wie sie es in Erinnerung von ihrer Reise mit den Brays vor zwölf Jahren hatte. »Wie schlecht ging es mir damals, wie geknickt und unerträglich war ich«, und wie freundlich war Cara. »Daß ich so verdrießlich zu Dir war, bleibt meine eigene unrühmliche Angelegenheit; den bitteren Geschmack dieser Erinnerung koste ich – nicht Du«, schreibt sie ihr.

Rom ist häßlich – vom Pferde-Omnibus betrachtet, der sie von Civitavecchia her in die Stadt bringt; und auf den zweiten Blick nicht viel besser: farblos, schmutzig und unbequem. Es regnet. Seit Palmsonntag sind alle guten Hotels besetzt, und die Verbitterung über ein erstes provisorisches Quartier ist nicht geeignet, das Bild aufzuhellen. Schließlich mieten sie sich privat bei einem Ehepaar ein. Die Signora spricht nur Italienisch. Marian erinnert sich »italienischer Wörter, deren Bedeutung ich nicht kenne, und englischer Wörter, für die ich die italienischen nicht weiß.« Aber man kommt zurecht. Eine Kutschenfahrt zum Petersdom, zum Kapitol und Kolosseum führt schließlich einen Sinneswandel herbei. »Die Enttäuschung weicht einem Rausch des Entzückens.« Und: »Oh, die schönen Männer, Frauen und Kinder hier! Was für wundervolle Babys mit klugen Augen!« In jedem dritten Fenster ein Bild: Madonna mit Kind. Unter großen Regenschirmen absolvieren sie gewissenhaft das Besichtigungsprogramm, einschließlich des protestantischen Friedhofs mit den Gräbern von Shelley und Keats.

Am Gründonnerstag verlieren sie einander beim Umherwandeln im Petersdom aus den Augen, und Marian gerät in der Menge unter den Segen des Papstes. »Als ich mit den anderen kniete, dachte ich daran, was Pius VII. zu dem Soldaten sagte, nämlich, daß der Segen eines alten Mannes nicht

schaden könne.« Sie selbst fühlt weder Schaden noch Segen.
»Ein überflüssiges Geschäft.«

Trotzdem sind sie am Karfreitag wieder zur Stelle, und obwohl George »von dieser allerhöchsten Scharlatanerie in Form der päpstlichen Zeremonien, Fußwaschung der Apostel etc.« abgestoßen ist, harren sie von acht bis ein Uhr aus. Seine sanften Ellenbogenstöße werden nicht beachtet. Marian konnte katholische Zeremonien »durchaus genießen« und gab zu, daß sie geeignet seien, Trost zu spenden. Anderen. Für die eigene geistige Gesundheit zog sie vor, »ohne Opium auszukommen und unser Leid mit bewußter und klarsichtiger Standhaftigkeit zu durchleben.«

Am Ostersamstag kommt ein junger Priester ins Haus, und selbstverständlich öffnen ihm auch die Gäste ihre Türen. »Er besprengte alles mit Weihwasser und plapperte ein paar Sätze, so hastig und gleichgültig, daß es eine Schande war. Dann ging er ins Schlafzimmer und segnete das Ehebett in gleicher Weise . . . «

Anfang Mai reisen sie weiter nach Neapel, »der schönste Ort der Welt«, und da sie das schlechte Wetter hinter sich gelassen haben, trinken sie »so viel südliche Schönheit wie unsere Seelen fassen können.« Ein Ausflug nach Pompeji, wo sie fast alleine in den stillen Straßen umherstreifen, versetzt beide in einen milden Rausch. Hier! Hier war es! Die Aura des antiken Lebens webt noch immer fort. Die Steine, die diese vor 1800 Jahren berührten, ziehen nun die Hände jener auf sich. »Und dann der Anblick dieser Gegenstände, der Lebensmittel, des Schmucks, der Wäsche, der zahllosen Lebensspuren, die so überraschend und oft bis ins kleinste den unseren ähneln!« Sogar eine praktische kleine Teeurne war in Gebrauch. Milch und Zucker – oder eher ein Tropfen Zitrone? Eleganter Geschmack regierte noch im bescheidensten Haus! Fühlt Polly sich stark genug, auch die Schlafzimmer zu besichtigen? »Der Phallus vor dem Lupamar (Bordell) ist sehr schön und unschuldig genug«, aber George wollen die

»scheußlichen Andeutungen verliebter Esel und Satyre mit nackten Frauen ganz und gar kein passender Wandschmuck« scheinen, »weder für Schlafzimmer noch für die anderen Räumlichkeiten ... Schüler-Humor!«

Vom Hügel des Forts St. Elmo schauen sie »auf die ruhige, tiefblaue See, den Vesuv und die Kette der Berge rundum mit der Sehnsucht, immer und ewig hier zu leben, ohne den intellektuellen Hader und die Wechselfälle des Lebens in England.« All das wollten sie in Italien eigentlich vergessen, aber schon auf der nächsten Station, in Florenz, warten sie ungeduldig auf Post aus Edinburgh. Wie verkauft sich *Die Mühle*? Hat Mudie genügend bestellt? Blackwood schickt zufriedenstellende Nachrichten.

Florenz überrascht die Reisenden mit einem »vergleichsweise seltenen Vorkommen großer, wahrhaftiger Kunst – und einem Überfluß an elenden Imitationen und Fälschungen.« Sie sind im ruhigsten Hotel abgestiegen, »weil wir den Strom von Engländern und Amerikanern vermeiden wollen.« Anders als bei George, der einen gewissen Geschmack an dem »dauernden geräuschvollen Picknick« findet, steigt Marians Menschenfreundlichkeit »um mehrere Grade«, sobald sie wieder allein sind. Aber auch ihm sind Reisebekanntschaften »etwas zu stark amerikanisch durchsetzt, um tatsächlich wünschenswert zu sein.« Sie sind sich, wie immer, selbst genug.

»Heute morgen, als ich über Savonarola las, kam mir die Idee, daß sein Leben und seine Zeit einen feinen Stoff für einen historischen Roman abgeben könnten. Polly nahm die Idee sofort mit Begeisterung auf«, notiert Lewes in sein Tagebuch. Damit hatte er ein Samenkorn gepflanzt, das viele Monate lang in ihrem Sinn überwinterte, ehe es sich zu einem neuen Roman auswuchs: *Romola* – die grandioseste Fehlentscheidung, die sie je zusammen trafen. Dieser Schößling war nicht auf ihrem Humus gewachsen; es half nicht, daß Lewes ihn kräftig goß. Das Unternehmen stürzte Eliot in eine tiefe

Schaffenskrise und bescherte beiden, gelinde gesagt, »ein wechselvolles Jahr« (Lewes).

Noch hält sie ihr »ehrgeiziges Projekt« geheim. Auch Blackwood erfährt nur in Andeutungen davon. Aber die Ferien sind zu Ende. Sie kaufen Bücher von und über Savonarola. Im Kloster von St. Marco wartet Marian bei der großen Kreuzigung von Fra Angelico im Kapitelhaus, während George eintritt (Damen sind nicht zugelassen), Savonarolas Räume besichtigt und Notizen für sie macht. »Es drängt mich, anzufangen.« Nach Hause also!

Von Florenz reisen sie am 1. Juni abends weiter über die Apenninen nach Bologna. »Großartige, überwältigende Ausblicke eröffneten sich, als ich zwischendurch aufwachte. Wundervolle Höhen und Abgründe sah ich zu beiden Seiten des Wegs im schwindenden Abendlicht. Mitten in der Nacht, während die Blitze zuckten und der Himmel schwer von drohenden Gewitterwolken hing, wachte ich auf. Sechs Pferde weigerten sich entschieden, oder schafften es einfach nicht, die Postkutsche fortzubewegen. Endlich spannte man zwei sanftmütige Ochsen vor die Achse, und mit ihrer zusätzlichen Kraft wurden wir bergan gezogen.«

So schreibt Mrs. Lewes, die zu Hause wegen ihres Dienstmädchens, »Caroline, das Spatzenhirn«, die Nerven verlor. Reisen bekam ihr gut. Sie war zu englisch, um tatsächlich »ihre Leinen zu kappen, abzulegen« und im Süden zu leben (wo es zweifellos gesünder war). Englisches Beefsteak und englische Kaminfeuer wurden bei der Heimkehr immer wieder erleichtert begrüßt. Doch zu Hause warteten auch die blauen Teufel: Kopfschmerzen, Depressionen und kalte Füße. Erst wenn sie wieder auf dem Dampfer nach Boulogne oder Ostende stand, waren sämtliche Malaisen vergessen. Kein müder Seufzer ist zu hören, wenn sie mit George von früh bis spät durch Ruinen trabt, kein spitzer Schrei, wenn das Muli am Abgrund strauchelt. Mrs. Lewes, diese welke Zimmerpflanze, hätte eine prachtvolle Afrikaforscherin abgegeben.

Es geht weiter über Ferrara, Padua und Venedig, wo sie tun, was Millionen vor und nach ihnen getan haben; sie lassen sich im Mondschein in der Gondel über den Canal Grande rudern. Am 23. Juni treffen sie in Bern ein, und nach dem Abendessen reist Lewes weiter nach Hofwyl. »Jungs groß geworden«, notiert er. Zum erstenmal treffen die drei am nächsten Tag mit »Mutter« zusammen. Es wird eine erfolgreiche Begegnung gewesen sein, getragen von Lewes' fröhlicher Laune, den guten Manieren seines Ältesten und dem naseweisen Charme Thornies. Mit welchen Gefühlen Marian ihre neuen Söhne umarmt, hat sie niemandem geschrieben.

Mit Charles als drittem im Bunde reisen sie heimwärts, machen Station bei den alten Freunden, Madame und Monsieur d'Albert Durade in Genf. Monsieur ist inzwischen Museumsdirektor, und ein Plan wird erwogen, den 16jährigen Thornie, der im Oktober mit der Schule fertig sein wird, für ein weiteres Jahr in die Obhut der beiden zu geben, aber das Projekt scheitert schließlich an den Kosten. D'Albert Durade berechnet für Thorntons Erziehung und Vollpension 3000 Francs im Jahr, umgerechnet 150 Pfund. Lewes winkt ab. Er bringt seinen Sohn schließlich auf der Royal Highschool in Edinburgh unter, damit er dort auf den Kolonialdienst vorbereitet werde.

Ein sonderbarer Entschluß. 150 Pfund waren eine Summe, die Lewes, ohne zu knapsen, hätte zahlen können. 1860 betrug sein Jahreseinkommen 600 Pfund, Marians 4000. Warum also nicht die kultivierten, liebenswürdigen Durades? Und was suchte Thornie eigentlich im Kolonialdienst, da ihn naturwissenschaftliche Vorgänge weit eher interessierten? Ungewöhnlich auch, daß Lewes nicht wenigstens für einen seiner Söhne eine Laufbahn anstrebte, die ihm selbst soviel Befriedigung schenkte. Thornie sammelt Falter und stopft Vögel als Geschenk für »Mutter« aus, er singt, dichtet und treibt Unfug. Seine Briefe an »Papsy« unterschreibt er als »Dein König der Frösche« und »Dein nichtsnutziger junger Hund«; die Jungen in Hofwyl nennen ihn »Sturm und Drang«. Fürchteten die Lewes' im nachhinein, daß die weißhaarige »Maman« und der zarte Monsieur d'Albert Durade, beide inzwischen Mitte 50, diesem Sproß nicht mehr gewachsen seien? Sein Fechtmeister in Hofwyl hatte den Schädel des jungen Mannes phrenologisch vermessen und war zu folgenden Ergebnissen gekommen: »Muth (ziemlich), Religiosität (schwach), Scharfsinn (sehr stark), Dichtersinn (entschieden), Nachahmungsinn (gut), Eitelkeit (stark), Gutmütigkeit (entschieden), Mordsinn (schwach), Zahlensinn (stark), Beständigkeit (stark).«

Charlie ist bei weitem das weniger anstrengende Kind, oder auch »das liebenswürdigste menschliche Tier von siebzehneinhalb, das ich je traf.« An ihm soll es nicht liegen, wenn die neue Familie kein Erfolg wird. »Er betet sie an«, schreibt Lewes. Charlie und »Mutter« spielen ihre abendlichen Beethoven-Duette »mit wachsendem Appetit.« Ihre Familienpflichten gegen Nichte Emily geraten darüber in Vergessenheit. »Ich hätte sie gerne öfter um mich, aber wegen unserer Jungen kommt das nicht in Frage.« Herren waren nun einmal die amüsanteren Tiere.

Durch Vermittlung des Autors und Postbeamten Anthony Trollope wird eine Stelle im Postdienst ausgeschrieben, für die Charles sich bewirbt. Gefragt sind eine schöne Handschrift, gute Noten in Rechtschreibung und Algebra. Marian und George üben täglich mit ihm, und Charles macht das Rennen. Er verdient nun sein erstes eigenes Geld – 80 Pfund im Jahr –, aber es ist undenkbar, daß er ein möbliertes Zimmer in der Stadt nimmt. »Wir sind bestrebt, ihm in diesen kritischen Jahren zwischen 17 und 21 ein Heim zu geben.« Vielleicht ein wenig spät, dafür um so entschlossener. Sie kündigen Holly Lodge und mieten ein möbliertes Haus am Harewood Square, Marylebone, London West 1. Für Marian ist dieser neue Umzug ein Opfer. London ist ihr zuwider; sie macht den Krach und das Gedränge für ihre schlechte Gesundheit und ihre niedergedrückte Stimmung verantwortlich. Der Salon am

Harewood Square hat häßliche gelbe Vorhänge, die alle Gesichter krank aussehen lassen. Sie wünscht sich ein »Paradies in Grün«, aber darauf muß sie noch lange warten. Drei Monate später ziehen sie eine Ecke weiter: Blandford Square und holen die Möbel wieder aus dem Lager. Marian hofft, daß Charles in zwei, drei Jahren auf sich selbst aufpassen könne und sie dann frei seien, ein Haus nach ihrem Geschmack zu suchen. Daß die beiden jüngeren Söhne in ihrem Haushalt nachrücken könnten, ist offenbar kein Teil ihres Zukunftsplans.

Lewes hat Thornton inzwischen in Edinburgh auf der Royal Highschool eingeschrieben und bei einer Familie untergebracht. »KEINE Calvinisten!« hatte er Blackwood eingeschärft, der ihm bei der Suche geholfen hatte, »eher Staatskirche und ein Gentleman im Hause, der mich ersetzen kann.« Diesem Herrn und Hauswirt namens Robertson tanzt Thornton bald auf der Nase herum. Familienleben ist nicht nach seinem Geschmack, aber er hofft zuversichtlich, daß ihm die Schule gefallen wird. »Streit vom Zaun brechen und die Polente verprügeln, das ist der poetischste Teil des Studentenlebens. Ich höre gern, daß da auch ein Garibaldi ist. Ich hoffe, er ist ein prima Kerl, und wenn es stimmt, werde ich mich gewaltig mit ihm verbrüdern. Wer weiß, vielleicht brenne ich mit ihm nach Sizilien durch, und die Welt wird erzittern vom Ruhm meines Namens.« (Im Sommer 1860 hatte Garibaldi mit seinen »Rothemden« die Bourbonen aus Sizilien und Neapel vertrieben und sich dann unter das Kommando von König Viktor Emanuel gestellt.) Marian wird diese Briefe mit einem stummen Dankgebet zusammengefaltet haben, daß »Sturm und Drang« sich nicht bei ihr am Blandford Square austobte.

Der einzige Vorteil des Lebens im Londoner Westen ist die Nachbarschaft zu Barbara Bodichon; aber Barbara zieht jeden Winter nach Algerien, und Marian ist ohne eine wirkliche Freundin. Gelegentlich kommt Maria Congreve zu Besuch;

dann wird ihr ein Gästebett angeboten. Sara sucht den alten Kontakt zu beleben, aber – anspruchsvoll und empfindlich – versteht sie nicht, daß sie sich zunehmend lästig macht. Unter Marians eloquenter Rücksicht – der alten Zeiten wegen – glänzt manchmal die messinggelbe Wut: Hör auf, mich mit diesem ganzen Klatsch zu behelligen! Ich will nicht wissen, was Mrs. Gaskell und Miss Martineau und Miss Hennell über die Liggins-Affaire auszutauschen haben! Nein, ich war nicht »schockiert«, als ich dich sah. Und laß mich bitte in Ruhe mit deinen Kommentaren zu *Die Mühle am Floss*! (Sara findet das Werk »unvollendet«. »Mach weiter – schreib noch einmal und gib uns etwas Besseres!«) Ihr wird kein Bett angeboten. »Mr. Lewes findet es unvereinbar mit dem ruhigen Fortgang seiner Arbeit, wenn Besuch im Haus ist… Dieser Bann erstreckt sich auf jedermann …«

Mr. Lewes ist Sara gegenüber noch ungenierter. Das Freiexemplar von *Thoughts in Aid of Faith*, das S. S. Hennell ihnen zuschickt, liest er Marian zuliebe – nur um es der Autorin anschließend um die Ohren zu schlagen. Das Buch spreche von »großem Fleiß und intellektueller Betätigung«, aber weder verstehe er das Generalthema noch einzelne Passagen. Verschiedenes, das er Polly vorgelesen habe, vermittle beiden den Eindruck »tiefster Dunkelheit«.

»Ich muß Dir noch etwas Lustiges von einem Herrn erzählen …«, setzt Marian als Postskriptum unter den langen Verriß. Ob Sara noch zu erheitern war? Sie sieht nicht ein, warum sie »Freimütigkeit als selbstverständlichen Tribut« empfangen, nicht aber gleichermaßen austeilen darf. Als sie zur Verteidigung ihres Buches anhebt und Marian in Lewes Ablehnung mit einschließt, tönt es gravitätisch zurück: »Schreib mir nicht zu, was er gesagt hat und umgekehrt. Das tiefe Glück unserer Verbindung beruht in hohem Maße auf der vollständigen Freiheit, mit der wir jeweils unserer eigenen Meinung folgen und sie anderen gegenüber vertreten.« Was wußte Sara denn schon vom Glück? Man mußte es ihr beschreiben.«Sie hat das Beste aus den Vorteilen gemacht, die das Leben der Alleinstehenden gegenüber dem der Verheirateten auszeichnen... die Freiheit, jederzeit in der Nacht das Fenster zu öffnen, ohne fürchten zu müssen, daß der Gatte eine Erkältung davonträgt, und die Freiheit, so lange aufzubleiben, wie es ihr paßt, ohne die restliche Familie zu stören.« Wer sollte sie um diese läppischen Freiheiten beneiden? Am wenigsten ihre Pollian, die es keine zwei Tage unter diesen Umständen aushielt. Doch in ihrer krokodilartigen Unbeirrbarkeit hält Sara an der alten Freundschaft fest, in der ihr mehr Ablehnung als Zuwendung entgegenschlägt.»Sprich nicht mit mir über die großen Fragen des Lebens, liebe Sara« ... sprich am besten gar nicht mehr mit mir.

Der Erfolg ist ein liebloser Meister. Er macht sie der Welt noch fremder. An den Samstagabenden kommen für gewöhnlich ein paar Freunde – alles Herren – Anthony Trollope, Wilkie Collins, der Innenarchitekt Owen Jones und später Robert Browning. Marian und Charles spielen Duette; vielleicht hat einer der Herren einen brauchbaren Bariton?»Da die Sonne nicht scheint, haben wir die Musik um so nötiger.« Herbert Spencer macht regelmäßig seine Aufwartung. Er ist reizend, aber im stillen wünscht sie, er trüge weniger eigenartige Hosen und käme nicht immer wieder auf Kunst oder klassische Literatur zu sprechen –»Themen, bei denen uns Klüfte trennen. Es macht nichts, wenn wir alleine sind, aber es ist mir immer unangenehm für ihn, wenn ich sehe, daß er andere Leuten verdrießt. Meiner Meinung nach ist es erbärmlicher zu langweilen, als gelangweilt zu werden.« Hier ist George bereit, einzuspringen und den Abend mit seinen Witzen und Anekdoten zu retten.»Er hatte etwas von der Art des professionellen raconteurs an sich«, erinnert sich ein anderer Besucher, dem der Abend über Kalauern lang geworden war. Die saftigsten notiert George in sein Tagebuch. Diesen zum Beispiel:»Korpulente ältere Dame wird in einem überfüllten Salon angesprochen: ›Ich bedaure, Sie finden nichts zum

Sitzen ...‹ Ältere Dame: ›Das ist es nicht – ich finde keinen Platz dafür.‹« Hohohoho!

Trollope erzählt beim Dinner, daß die Königin voll Bewunderung von George Eliots Romanen spreche. Diese Nachricht von dem »kleinen Windei«, diesem Mitglied eines degenerierten Vereins, den die junge Mary Ann in einen Zoo sperren wollte, ist der Autorin nun »außerordentlich angenehm.«

Damen treten am Blandford Square selten auf. Der Verleger George Smith, der später so energisch um Eliots Gunst werben sollte, enthält sich jahrelang, ihr seine Frau und Tochter vorzustellen. Auch Blackwood bringt erst im Dezember 1861 die Gattin mit. Mrs. Gaskell hatte der Kollegin nach Aufdecken des Pseudonyms einen herzlichen Gratulationsbrief geschrieben und darin ungeniert ihren Ehestand angesprochen: »Wie bedauerlich, daß Sie nicht wirklich Mrs. Lewes sind.« Von George Smith wollte sie alles wissen: Wie sieht sie aus? Was trägt sie? Aber niemals wagte sie, Mrs. Lewes ihre Aufwartung zu machen.

»Ich besuche niemanden!« läßt Marian eine Bekannte wissen. Ohne eigenen Wagen und von schwankender Gesundheit wolle sie die Anstrengung nicht auf sich nehmen. Wenn sie eine Dame besuche, müsse sie auch alle anderen berücksichtigen. Deshalb fühle sie sich gezwungen, die wenigen Besuche, an denen ihr wirklich läge, aufzugeben. »Nur indem ich sage: Ich besuche niemanden, kann ich dem Ruf entgehen, unhöflich oder unfreundlich zu sein. Nur indem ich mir jeden gesellschaftlichen Umgang versage, außer dem an meinem eigenen Herd, gelingt es mir, den wichtigsten Belangen meines Lebens nachzugehen.« Dem Ruf, eine kapriziöse Person zu sein, die ein bißchen viel Wind um die eigenen Belange machte, entkam sie auf diese Weise nicht.

Ein Besucher an ihrem Herd ist der Maler Samuel Laurence, der mit einer der Gliddon-Schwestern verheiratet ist und den George noch aus den Tagen des Phalansteriums in Bayswater kennt. Er möchte seine Gastgeberin malen, und

Eliot ist bereit, dafür mehrere Reisen in sein Atelier in der Oxford Street zu unternehmen. »Er ist ein interessanter Mann; sein Leben voller Trauer, wie unser aller.« Zwei Jahre zuvor hatten sie und George sich photographieren lassen, die Bilder jedoch unter Verschluß gehalten. »Ich habe einen Horror vorm Photographieren«, beschied sie alle Anfragen abschlägig und leugnete, daß es überhaupt Aufnahmen von ihr gab. »Nicht daß ich mich der Physiognomie schämte, die die Natur mir gegeben hat, aber ich habe einen starken Widerwillen, in Schaufenstern ausgestellt und folglich erkannt zu werden.« Nach Bessies Aussage ist dieses Photo vom Februar 1858 das einzige Bild, das einen wirklichen Eindruck von George Eliot im Alter von 38 Jahren gibt. Es zeigt eine lächelnde Dame im Halbprofil mit einer fürchterlichen Nase, einen Finger geziert an die Wange gelegt. »Ganz und gar unbefriedigend«, findet Lewes.

Doch so wie Laurence sie en face und ohne die Spur eines Lächelns malt, sind beide auch nicht glücklich. Seine Skizze, die heute im Girton College hängt, zeigt ein bedeutend jüngeres Gesicht, umrahmt von dunklen, in der Mitte gescheitelten Haaren. Ernst und Melancholie liegen in den großen sanften Augen, die auf den Betrachter gerichtet sind, und ihr schöner Mund sieht aus, als würde er niemals lachen. Eine zweite Skizze, in der ebenfalls nur das Gesicht fertig ausgeführt ist, scheint indessen eine ganz andere Frau zu zeigen. Dominiert wird es von der langen Nase und dem sinnlichen Mund. Das Haar schimmert, die Lider sind ein wenig über die Augen gefallen. Gelinde Mordlust scheint in ihnen zu wohnen. Beide Porträts sind offenbar geschmeichelt, aber in dem letzten liegt ein »Ausdruck kalter, subtiler, unbewußter Grausamkeit, der manchmal an ihr zu beobachten war«. So sah Laurence sie, und so formulierte es ihre Biographin Mathilde Blind.

Die auf einer Sitzung gewährte Erlaubnis, dieses Porträt auszustellen, wird zurückgezogen, als Eliot und Lewes das fertige Bild sehen. Angeblich fürchtet man, es könne kopiert werden. Auch ein Ankauf kommt nicht in Frage. Schließlich erwirbt John Blackwood das Original und hängt es bei sich zu Hause auf. Er findet es »ziemlich traurig«, aber er liebt ihre unergründlichen Augen.

Was fehlt dieser Frau, die den Betrachter so wehmütig und böse anschaut? Angeblich nichts. Sie wünscht keine Gesellschaft; sie hat ihre »Belange«. Sie hat George und zieht die »Exkommunikation« vor. Ein eminenter Rechtsanwalt, den Eliot und Lewes zu einer möglichen Scheidung von Agnes auf dem Kontinent befragen, beurteilt die Sache als »unmöglich«. Um so besser, schreibt Marian an Barbara. Was hätte ich gewonnen? Die Gesellschaft frivoler Frauen, bei denen sie zum Abendessen eingeladen wäre? Besten Dank! So hat sie ihre Freiheit und ihre Literatur. Zwei große Romane in zwei Jahren, und der dritte rumort schon in ihrem Sinn. Gerade hat sie eine Erzählung beendet, die sie zuerst *The Idiot Brother*, später *Brother Jacob* nennt; ein trauriger, kalter Text, ohne Sympathie für das irrende Streben der Figuren und mit einer ungewöhnlichen Schadenfreude. Was fehlt? Geld kann es nicht sein. Die harten Zeiten sind vorbei. Gesundheit? Sie ist oft deprimiert, aber »Chinin und Stahl haben mich wieder tapfer und fröhlich gemacht.« Sie ist gern allein. Sie zieht gerne um. London hat soviel zu bieten. Die Konzerte. Die Galerien. Der Zoo. Sie ist gerne »Mutter« geworden. Wollte Gott, daß endlich Frieden einkehrte!

Doch da ist dieses neue Projekt. »In Florenz war ich Feuer und Flamme von der Idee eines historischen Romans.« Er sollte am Ende des 15. Jahrhunderts zur Zeit der Medicis spielen und Savonarolas Schicksal, seinen Aufstieg und sein Martyrium zum Hintergrund haben. George ist nachhaltig erfüllt und drängt sie anzufangen. Aber: »Es tut mir beinahe leid, daß ich Pläne gefaßt habe, die mich geißeln werden, bis ich wenigstens versucht haben werde, sie in die Tat umzusetzen.« Sie findet einen anderen Ausweg: In drei Monaten schreibt sie einen anderen, einen englischen Roman herunter,

»der sich aus einer plötzlichen Inspiration heraus zwischen
mich und das andere Buch, über das ich nachdenke, gedrängt
hat«: *Silas Marner. Die Geschichte des Webers von Raveloe*. Wie in
Buder Jakob spielt auch in *Silas* die Geldgier eine hervorragende
Rolle, aber diesmal findet alles zu einem glücklichen Ende
»durch den heilsamen Einfluß reiner, menschlicher Beziehungen.« Hier ist es das Mädchen Eppie, das wählen muß zwischen der gewachsenen, natürlichen Liebe zu ihrem Pflegeva-
ter Silas und dem legalen Anspruch, den ihr leiblicher Vater
auf sie zu haben meint. Eppie aber gehört zu Silas, dem Weber, der sie auf seiner Schwelle aufgelesen hat (und erst nach
den Vätern auch zu ihrem Schatz Aaron, den Silas »als Sohn
zu sich nimmt«). Die natürlichen Bindungen stehen über dem
Gesetz. Lewes kann es nur empfehlen: »Ich bin verliebt in
dieses Buch.« John Blackwood, dessen Bruder William im
Sterben liegt, ist gedämpfter in seiner Bewunderung; das Ein-
gangstableau ist ihm zu düster. Aber: »Es ist mir gerade jetzt
eine Erleichterung, daß ich mich um Ihr Buch kümmern
muß.« 5500 Exemplare sind schon vorbestellt, ehe das Buch
auf dem Markt ist, und Blackwood zahlt 33 Prozent.

Im Oktober 1860 investiert George fast 2000 Pfund für
Polly in der Indian Peninsular Railway (5 Prozent Garantie),
und im November kauft er für weitere 2000 Pfund Aktien.
Charles Bray, der sie einlädt, an einem seiner verzweifelten
Geldgeschäfte zu partizipieren, holt sich eine Absage. Sie
habe kein Geld anzulegen. Aber sie leiht ihm gerne 100
Pfund. »Geld ist die Frucht meiner Arbeit... es wird uns
Abhängigkeit ersparen und die Erniedrigung, dann schreiben
zu müssen, wenn wir nicht mehr gut schreiben, oder Sachen
zu schreiben, die wir vorher nicht geschrieben haben.« In den
sieben Jahren ihrer Autorenschaft hat sie rund 16000 Pfund
verdient. Ihre Angst vor dem Bettelstab erscheint absurd.
Aber sie war nun einmal so erzogen worden, »Schuldenma-
chen und Bettelei als zutiefst ehrenrührig und nahezu krimi-
nell zu erachten.« George Smith, der ihr eine Reisetasche mit

ihren Initialen schenkt, gesteht sie, genau so ein Gepäckstück habe sie sich immer gewünscht und doch versagt, da sie »ein Luxusgeschöpf mit schlechtem Gewissen« sei. Nicht nur die Evanssche Filzigkeit hatte sie geprägt, sondern auch die Zeit der fleischlosen Abendessen in Richmond, als nur das junge Glück wohlfeil war. Sie zählt noch immer ihre Groschen. Barbara Bodichon, die sich bei der Köchin einen Schilling für die Droschke ausgeliehen hatte, wird schriftlich ermahnt, ihn beim nächsten Besuch diskret zurückzugeben. Charles Bray fragt an, ob sie ein Pfund für die notleidenden Weber in Coventry entbehren könne, und erhält einen Scheck über den exakten Betrag.

Mit dem Wohlstand waren die Ausgaben gewachsen. Vom gemeinsamen Konto zahlt sie das Schulgeld für Emily in Lichfield und die Jungen in Hofwyl, den Unterhalt für Agnes, 50 Pfund jährlich für »Nursey«, die alte Bonne der Lewes-Kinder, eine Unterstützung für Lewes verwitwete Schwägerin und seinen Neffen Vivian, und das Gehalt für ihre beiden Hausangestellten. »Zu viele sind von uns abhängig, als daß wir herumdilettieren oder müßig gehen könnten« ... Oder ernsthaft krank werden.

Das neue Jahr beginnt mit einem Besuch von Lewes Mutter zum Lunch. Mrs. Willim wohnt nicht weit entfernt und hatte sich erboten, während des Umzugs den Mops zu hüten. Captain Willim jedoch, 86 und schwer tyrannisch, duldete ihn nicht in seiner Gegenwart. Selbstverständlich ist er nicht eingeladen. »Ich werde Deine aimable Frau kennenlernen«, schreibt Mutter (Mother). »Ich freue mich sehr darauf.« Es heißt, sogar die Queen bewundere ihre Bücher.

Blandford Square im Februar: Rauch aus ungezählten Kaminen mischt sich mit dem Nebel und hängt wie ein Baldachin über der Stadt. Es riecht nach Kohlen und nassem Schmutz. Kutschen rasseln über die Katzenköpfe. In den Konzertsälen frißt das weiße zischende Gaslicht die Luft. Wenn der Regen nachläßt, machen sie einen Gang durch Regent's Park und den Zoo. Polly bleibt bei den exotischen Vögeln stehen, George bei seinen »Freunden, den Schimpansen, und dem zu Unrecht verlästerten Gorilla.« Anfang März rüsten sie eine Expedition nach Hampstead Heath aus – Netz und Schraubglas –, um im Weiher nach Froschlaich zu fischen. Aber das Land ist es nicht.

Das erreichen sie erst Ende März: eine Woche Hastings. »Nach einem Tag an der Seeluft fühle ich mich bereits wie ein neuer Mensch ... Wir haben uns gerade am Strand durchpusten lassen, und ich spüre diese köstliche Benommenheit in Armen und Beinen, die vom tüchtigen Laufen im frischen Wind kommt. Mr. Lewes liegt auf dem Sofa, fix und fertig. Ach, ich bin wohl die stärkere von uns beiden.«

XIII

Beim Anblick des Fregattvogels

Den hat kein grübelnd Hirn ersonnen,
der ist aus Stoff und Sturm geronnen
zu reinem Flug.

Der ist der Inbegriff des Schwebens,
des Höher-, Schneller-, Weiterlebens,
und ich karieche.

(Robert Gernhardt)

Das neue Buch sollte ein Angelpunkt in Leben und Werk sein. Weder handelte es sich um die Geschichte einer Tante aus Warwickshire, noch war es der Autorin durch eine plötzliche Inspiration zugefallen. Sein Thema war das 15. Jahrhundert, sein Schauplatz Italien, und die Recherchen nahmen enzyklopädische Ausmaße an.

Anfang Mai 1861 fahren George und George nach Florenz. Es regnet, ein kalter Wind pfeift um die Ecken. Trotz der Kaminfeuer im Hotel frösteln die englischen Touristen. »Ging aus bei Regen«, notiert Lewes. »Nahm ein heißes Bad. Kam heim und tanzte mit Polly, um ihre Füße zu wärmen, nachdem ich sie zuvor schon erfolglos zum selben Zweck in unserem Salon spazierengeführt hatte.«

Florenz ist seiner Kunstschätze, des sonst eher freundlichen Klimas und der geringen Lebenskosten wegen ein beliebtes Ziel englischer Residenten. Es gibt eine englische Kirche, vier englische Ärzte und einen englischen Schneider dort. Robert und Elizabeth Barrett-Browning, Thomas Adolphus Trollope, der Bruder Anthonys, und andere Künstler haben sich in Florenz angesiedelt.

Die Lewes' aber halten sich fern von verwandten Lauten und meiden auch den abendlichen Korso – »Ich weiß, es ist Unrecht, aber ich hasse es, dort zu sein, wo sich viele andere amüsieren.« Trotz der Unbilden des Wetters und der Florentiner Grippe folgen sie ihrem Bildungsauftrag: Wie sah die toskanische Stadt nach dem Tod Lorenzo di Medicis am Ende des 15. Jahrhunderts aus? Wer regierte und wer konspirierte? Woran glaubten die Leute, was trugen sie, wie sprachen sie, was aßen sie, was arbeiteten und was spielten sie? Wie sah der Markt aus und wie die Straßenbeleuchtung? Wie waren ihre Feste und wie ihre Prozessionen beschaffen?

»Um sieben auf. Frühstück (Tee!), Zigarre und Lektüre ... Nach der Zigarre traben wir los, besuchen ein, zwei Kirchen oder eine Kunstgalerie, schauen in die Buchauslagen und nehmen die Sehenswürdigkeiten des alten Florenz in Augenschein ... Du solltest die Mutter sehen, mit welcher Wonne sie in den alten Büchern stöbert«, schreibt Lewes an Charlie, der in London das Haus hütet. Gemeinsam füllen sie die Scheuern mit Nachrichten aus einer anderen Welt. »Mr. Lewes wird in beständigem Aufruhr gehalten durch all meine Anliegen, um die er sich kümmern muß – er begleitet mich beispielsweise in die Magliabechi-Bibliothek, wo er überall in meinen Diensten herumschnüffelt. Wenn's drum geht, Energie zu zeigen und sich wo durchzufragen, habe ich nämlich sehr wenig Selbständigkeit an mir.« George geht auch noch einmal ins Kloster St. Marco und mißt Zellen, Treppen und Korridore mit Schritten aus.

An Blackwood schreibt er: »Sie trinkt Florenz in vollen Zügen, und soweit das alte vergangene Leben restauriert werden kann, bin ich sicher, wird sie es restaurieren, und sei es aus dieser wunderbaren Intuition heraus, mit der das Genie sich aller Formen des Lebens bemächtigt. Ich sage ihr oft, daß die meisten Szenen und Charaktere ihrer Bücher ... ebenso ›historisch‹ seien wie das 15. Jahrhundert in Florenz; und sie weiß unendlich mehr über Savonarola, als sie über Silas wußte. Darüber hinaus hegt sie tiefere Sympathie für den Reform-Priester als für den alten Geizkragen.«

Lewes irrte. George Eliots Intuition versagte im Fall ihres italienischen Romans, den sie selbst immer für ihren besten hielt. Es war ihr nicht gegeben, den Geist der Renaissance zu exhumieren. Im Bemühen, das Leben so authentisch wie möglich zu schildern, spachtelte sie Lokalkolorit mit der Maurerkelle auf, statt es – wie in den englischen Szenen – mit dem Marderhaarpinsel hinzufächeln. Sie hatte »ihre Leute« nie gehört, sondern alte toskanische Sprichwörterbücher zu Rate gezogen. Auf diese Weise erfährt der Leser aus dem Mund erstaunlich gebildeter und entsetzlich weitschweifiger Friseure und Altwarenhändler die politische Situation und das Anliegen des feurigen Visionärs Girolamo Savonarola: die Reinigung der Kirche und des Staates. Dabei überließ Eliot kein Detail dem Ungefähr. Jede Straßenecke, jede Säule, jede Henne auf dem Teller und jede Bommel am Barrett trägt ihre historische Bezeichnung; der Faltenwurf, der Sitz der Scarsella (Umhängetasche) und der Zoccoli (Holzsandalen) wurden nach den Bildern alter Meister geprüft. Jeder Florentiner Bürger ein Scholar, jeder dritte Satz ein Zitat, jeder fünfte eine Fußnote. Nach den ersten acht Kapiteln ächzt der Leser unter der Bildungsfracht, die, so schwer erworben, nun auch vor ihm ausgepackt wird und die er nur mit einem Finger in den Anmerkungen bewältigt, will er nicht im Sumpf der unendlichen Geschichte steckenbleiben. Eliot hatte sie nicht zu ihrem Plaisir geschrieben; warum sollte es ihm besser ergehen?

Sicher »wußte« sie mehr über Savonarola als über den Weber von Raveloe, aber es war ein Trugschluß, daß sie ihm, der 500 Jahre und einen Kulturkreis weit entrückt war, wieder Leben einblasen konnte. Ihr Renaissance-Florenz ist eine überrestaurierte Antiquität, in der jede Figur die korrekten Requisiten trägt, aber im moralischen Geist des 19. Jahrhunderts spricht, und wenn die Autorin in eigener Mission die Kanzel erklimmt, meint der Leser noch einmal die unfrohe Stimme der jungen Mary Anne zu hören: »Eine religiöse Begeisterung wie die Savonarolas, die letzten Endes die Menschheit gesegnet hat, indem sie der Seele einen starken Antrieb

gab, Schmerz zu teilen, Entrüstung gegen Unrecht zu empfinden, und sie lehrte, sinnliche Begierden zu unterdrücken,
zieht immer Opposition auf sich.« Der Leser, inzwischen
gründlich bekannt mit dem Wirken dieser fundamentalistischen Schreckensfigur, verläßt den Duomo.

»Zur Zeit bin ich sehr tapfer und freue mich auf die Arbeit«, teilt sie Barbara mit. Noch hat sie nicht angefangen,
aber: »Ich werde nie etwas schreiben, dem nicht mein ganzes
Herz, mein Sinn und mein Gewissen zustimmen.«

Im Jahr 1861 befand sich Italien in einem vaterländischen
Rausch. Unter Viktor Emanuel war das Land mit Ausnahme
von Rom und Venetien zu einem Königreich vereinigt worden. Vier Jahre später wurde Florenz seine erste Hauptstadt.
Für die Freiheitskämpfer von 1848 findet in der Kirche Santa
Croce ein Ehrengottesdienst statt, und Signor Lewes mit Begleitung beobachten das Spektakel von Ehrenplätzen aus.
»Die große Kirche war mit Fahnen, Katafalken, Tafeln und
schwarzem Flor ausgeschmückt und machte einen feierlich-
festlichen Eindruck. Auf jedem Altar brannten hell die
Wachskerzen. Zwei gute Kapellen, eine davon eine Militärka-
pelle, und ein großer lauter Chor führten ein Requiem und ein
paar andere Stücke auf. Nach ein, zwei Stunden hörten wir
dann Pater Angelico, einen berühmten Prediger, der mit er-
greifender Eloquenz und eindrucksvoller Wortgewalt eine po-
litisch-religiöse Predigt hielt. Er ist alt und blind, und Du
kannst Dir vorstellen, daß es für die Mutter höchst interessant
war, sein Gesicht zu sehen und die tapferen, klugen Worte zu
hören, die er den Florentinern sagte.« Eliot überläßt sich ganz
diesen Worten, dem Licht, den Klängen und Düften. »Was
sind das für erbärmliche Menschen, die im Christentum keine
Poesie finden können!« Wenn George nicht gewesen wäre,
hätte sie vielleicht einen Weg zurück gefunden, »wegen des
wunderbaren Gefühls der Gemeinsamkeit, das in religiösen
Versammlungen über mich kommt.« Sie hielt nicht mehr viel
von »den Freidenkern als Klasse« und hatte »jedes Interesse

an reinem Antagonismus zu religiösen Doktrinen verloren.« Aber so vollständig konnte die Freiheit, mit der sie eine eigene Meinung vertrat, nicht sein, daß sich Mrs. Lewes ohne Mr. Lewes wieder in der Gemeinschaft der Gläubigen eingereiht hätte.

Eine Familie besuchen die beiden doch in den vier Wochen – die Trollopes –, und Thomas Adolphus, Schriftsteller und Experte für Florentiner Geschichte, schlägt zum Abschluß ihrer Reise einen Ausflug zum Kloster von Camaldoli auf den Höhen der Etruskischen Apenninen vor. Am 3. Juni brechen sie von Prato Vecchio auf; Polly zu Pferde – den Koffer aufgeschnallt – die Herren zu Fuß. Es ist eine reizende Wanderung durch den frischen Wald und das Hochtal zur Foresteria des Klosters der Kamaldulenser. Der Pater Apotheker verabreicht George einen wirkungsvollen Hustensaft, und nach einem ausgezeichneten Abendessen begleitet ein Junge mit Laterne das Paar den Berg hinauf ins Gästehaus, den ehemaligen Kuhstall. »Famose Betten, makellose Reinlichkeit.«

Früh um sechs sind sie wieder auf den Beinen und wandern durch den Wald den Berg hinauf zum Mutterhaus. Die Signora muß draußen bleiben, während George und Tom Trollope einen Rundgang machen, aber der höfliche Pater setzt seinen Strohhut auf, gesellt sich zu ihr und zeigt Marian das Kloster von einem Hügel aus. »Die Mönche essen 13 mal im Jahr zusammen und dürfen an drei Tagen in der Woche sprechen«, vermerkt Lewes im Reisetagebuch. Man führt sie durch die berühmte Bibliothek, die 1808 unter den Franzosen zu Teilen verschleudert worden war. Im Gästebuch findet er einen Eintrag von Wordsworth und »die übliche Menge an Narretei und Egoismus unbekannter Trottel.« Auf dem Weg zurück von der Foresteria nach Bibbiena »stürzte Pollys Pferd am Rande eines Abgrunds, aber sie war weder verletzt noch verlor sie die Nerven. Mir wurde schlecht und ganz schwach von dem Schock.«

Am 5. Juni machen sie einen Spaziergang zum Franziskaner-Kloster La Vernia. Vom einen auf den anderen Tag ist es Sommer geworden. In der mörderischen Hitze welken die englischen Rosen – unvermeidlich, und doch, welch ein poetischer Augenblick! Wasser plätschert in den Klosterbrunnen an der Pforte; sie benetzen die Handgelenke und spülen mit äußerster Vorsicht den Mund aus. Dann wandern sie durch den knisternden Pinienwald; die Herren in Gehrock, Weste und Krawatte, statt des förmlichen Zylinders der Strohhut (Florentiner?), die Dame in hellem Musselin mit Haube und Parasol. Vielleicht trägt sie einen Rock mit verborgenen Schnüren, die erlauben, den Saum aus dem Staub zu lüften, aber darunter mit Sicherheit Krinoline und Korsett. Das würdelose Zeitalter, in dem Männer und Frauen ihre Schenkel und Oberarme öffentlich machten, lag noch in ungeträumten Fernen. Lewes fühlt unter den Manschetten seine Pulse flattern; er muß Tom bitten, ihm den Arm zu reichen. – Können wir ein wenig im Schatten plaudern? – Polly, dein Riechsalz, darf ich dich bemühen? – Danke, lieber Freund, es geht schon wieder.

Nach dem Kaffee im Kloster ist ihm wohler, und nachdem Polly zum Gästehaus weitergeritten ist, schwärmen die beiden Herren über ihren Zigarren von der Einundeinzigen. »Wir schliefen im Kloster. Betten sehr hart – aber Müdigkeit schnarcht auch auf Felsen.«

Am nächsten Morgen regnet es in Strömen. Als zwei durchgeweichte Reisegenossen im Gästehaus eintreffen, liegt die Dame noch im Bett, weil sie es für unwahrscheinlich hält, daß man bei diesem Wetter absteigt. Aber in drei Stunden ist es geschafft, »durch Schlamm und Wolken – feiner, aber ausdauernder Regen. Auf halbem Wege ließ es nach, und wir erreichten Bibbiena ohne großen Schaden. Nach einem zweiten Frühstück fuhren wir mit der Kutsche nach Pontassieve, durch Regen, Nebel und später durch wütendste Winde. Dort Abendessen und heim nach Florenz im Abendlicht. Sofort ins Bett.«

Nach 34 Tagen in der Toskana packen die beiden wieder die Reisekisten. Sie sind beträchtlich schwerer geworden. Die Mutter hatte Samt und Schmuck widerstanden und statt dessen Werke über italienische Geschichte gekauft. Nun bleibt kein Platz mehr für Souvenirs. Vater kündigt ihre Ankunft in London an. Charles möchte veranlassen, daß frische Vorhänge aufgehängt und die Sommerkleider gelüftet werden. »Die liebe kleine Mutter hat wiederholt die Straßen nach einem Florenz-Mitbringsel abgesucht, aber da der Junge keine Armbänder trägt und die Musikbücher nicht lohnen, war sie einigermaßen in Verlegenheit. Ich habe ihr gesagt: Das ist doch alles Unsinn, und daß der Junge sich am meisten freuen werde, wenn er sie einen Abend ganz allein für sich haben wird ...«

Erst einmal ist Bertie dran, den sie auf dem Heimweg in Bern treffen. »Der liebe Junge hat sich gemacht«, ist aber immer noch eckig und schüchtern. Man spaziert zum neuen runden Bärengraben, wirft Karotten auf die Petze und spendiert Bertie ein Eis auf der Plattform am Münster, aber es wird Abend, bis er ein wenig aus sich herausgeht. Musik macht ihm Spaß, doch er möchte lieber ohne Lehrer üben; allein käme er langsam, aber besser voran. Haben seine Briefe Pater nicht erreicht? Am nächsten Tag sind die Eltern schon wieder verschwunden, und Bertie richtet sich für ein weiteres Jahr in Hofwyl ein.

In London gehen die Recherchen weiter. »Mrs. Lewes hat sich in alten Quartanten und Pergamenten vergraben, die ich nicht lesen möchte«, berichtet Lewes dem Verleger. »Sie aber bezieht Nahrung daraus.« Es ist ein staubiges Brot, von dem sie zehrt, und es macht sie niemals satt. »Ich bin bei ausgezeichneter Gesundheit und sehne mich danach, konzentriert und wirksam zu arbeiten.« Jedoch: »Der alte Teufel Verzweiflung versucht mich wieder zu packen, wann immer eine Arbeit getan und eine neue geplant ist.«

Tage voll tiefer Verzagtheit wechseln mit Stunden, in denen

sie Licht zu sehen glaubt und das Elend als Quelle besonderer Schöpferkraft willkommen heißt. George ist ihr wie immer eine große Stütze, aber es muß Zeiten gegeben haben, in denen sie sich ratlos und gereizt ansahen. – Wer hatte ihr nur dieses Projekt eingeredet? – Mein Gott, warum fing sie nicht endlich zu schreiben an! Der Plot war geschmiedet, das Material lag in überreicher Fülle auf dem Tisch, und es war immer noch nicht genug. »Ihre eigentümlichen Selbstzweifel sind in diesem Fall übertrieben. Aber ich denke, jetzt wird etwas geschrieben. Wenn ich nur schon das erste Kapitel sehen könnte!« seufzt Lewes. Aber Eliot schreibt nicht.

Unter dem 12. August 1861 steht in ihrem Tagebuch: »Bin in einen Zustand von derartigem Elend hineingeraten, als ich versuchte, meine Gedanken auf die Konstruktion meiner Geschichte zu konzentrieren, daß ich jede Hoffnung verlor und plötzlich meine Fesseln sprengte. Ich sagte: Ich will nicht mehr ans Schreiben denken.«

George bewahrt unverbrüchlich gute Laune, dabei ist er so kränklich und dünn wie seit Jahren nicht mehr. Als Chinin keine Wirkung mehr zeigt, fährt er eine Woche nach Spa in Belgien zur Kur. Er trifft dort Sir Edward Bulwer Lytton, der sonst Abstand zu dem Parvenu G. H. Lewes hält, aber im Bad ist man jovial aufgelegt, spaziert und plaudert zusammen. Wahrscheinlich ist Bulwer geschmeichelt, daß der nicht ganz so bedeutende Kollege alles über die Komposition seiner historischen Romane »Die letzten Tage von Pompeji« und »Rienzi« hören möchte. Mrs. Lewes, allein am Blandford Square, »erträgt die Abwesenheit weniger gut.«

Thornie kommt in den Sommerferien zu Besuch und nimmt Mutter frohgemut in Anspruch. »Sie kann nicht nein sagen«, tadelt Lewes ein wenig eifersüchtig, aber vielleicht ist der Junge auch ein willkommener Anlaß, den Klavierdeckel auf- und die Schwarten zuzuklappen. Was singen wir, Thornie? Vielleicht etwas aus der *Schönen Müllerin*?

Dieser zweite Sproß scheint in Edinburgh gute Fortschritte

zu machen. Blackwood und sein Neffe William kümmern sich gelegentlich um ihn. »Er braucht noch ein bißchen Schliff«, meint sein Vater. »Ich bin Pater sehr verbunden, daß er mir einen Ausflug in die Highlands erlaubt, aber ich bin ein echter Schweizer, und seit ich hier bin, von der unheilbaren Krankheit befallen, die man gewöhnlich Nostalgie und poetischer ›Heimweh‹ nennt«, schreibt er, und er wünsche sich nichts sehnlicher, als seine Ferien in Hofwyl verbringen zu dürfen.

In der Schweiz hat Thornie eine gewisse Wehrhaftigkeit erworben, die ihm eines Abends, als er vom Theater heimkehrt und sich von seinem Hauswirt, Mr. Robertson, ausgeschlossen findet, zustatten kommt. Obwohl das Licht noch brennt und er viermal läutet, wird ihm nicht aufgetan. Schließlich steigt er über die Mauer und durch ein offenes Fenster in sein Zimmer ein. Am nächsten Morgen entbrennt ein heftiger Streit. Mr. Robertson nennt Lewes junior einen »frechen Hund« und macht Thorntons »Kehrseite mit seinem Schuhleder bekannt«, wie der junge Mann mit Gusto seinem Vater schreibt. »Ich tat, was Du auch getan hättest«: Er schlägt ihm ein blaues Auge. (Skizze von Mr. R.s Gesicht beigefügt.) Sein Schulmeister, von Thornie um Vermittlung gebeten, richtet die verfahrene Situation und bringt Mr. Robertson dazu, sich bei seinem Untermieter zu entschuldigen. Die Gentlemen schütteln sich die Hand, und der Streit ist vergessen.

Doch im kommenden Jahr sind die Eltern weniger sanguinisch, was Thorntons Fortkommen betrifft. Statt Sanskrit und indisches Recht zu pauken, entdeckt er eine Leidenschaft für Philatelie und verfaßt eine Broschüre: »Gefälschte Briefmarken und wie man sie erkennt«. Junge Herren hätten eine unerschöpfliche Energie, ihre Alten zu plagen, seufzt die Mutter. Sie hofften, allerdings ohne übertriebene Zuversicht, daß er das zweite von drei Examen für Indien bestehen werde. Thornton belegt unter 270 Absolventen einen guten 38. Platz, aber im letzten Jahr scheint er den Geschmack an der Schule und am Kolonialdienst endgültig verloren zu haben. Er fällt durch die letzte Prüfung, »und wir erfuhren, daß er genau das erwartet hatte – eine Enttäuschung und ein großer Kummer für uns.« Lewes verlangt, daß Thornie einen zweiten Anlauf nehme, aber der weigert sich rundweg, zwei Jahre Schinderei zu wiederholen. Statt dessen hat er sich in den Kopf gesetzt, nach Polen zu reisen, um die Russen zu bekämpfen, eine Laufbahn, von der die Alten energisch abraten. So strandet er im Frühling 1863 vorläufig am Blandford Square.

Zurück zum italienischen Roman. Im September 1861 fahren Mr. und Mrs. Lewes zur Kur nach Malvern in Worcester zu den kalten Sitzbädern von Dr. Balbirnie. Blau angelaufen und in besserer Form kehren sie nach elf Tagen zurück. Aber Marian hat sich noch immer kein Herz gefaßt. »Mrs. Lewes geht es gut; sie ist in muffigen Altertümern vergraben, denen sie zum Leben verhelfen muß. Ich bin eine Art italienischer Handlanger, der in sämtlichen Antiquariaten Londons seltene Bücher und pergamentgebundenes unleserliches Zeug aufstöbert.« Manchmal kramt er dabei auch einen Schatz für sich heraus, aber es klingt, als sei Marians kleiner Mann mit seinem Latein am Ende.

»28. und 30. Oktober. Zutiefst verzweifelt über mein Buch. 6. November. So schrecklich entmutigt, daß ich, als ich mit G. im Park spazierenging, fast entschlossen war, meinen italienischen Roman aufzugeben.« Im Dezember kündigt Mr. Blackwood seinen Besuch an, und Lewes hofft, wenn sie ihr gemeinsam zusetzten, daß Polly einen Anfang fände. »Zur Zeit bleibt sie unbeweglich in ihrer Überzeugung, daß sie den Roman nicht schreiben könne, weil sie noch nicht genug Wissen angesammelt habe. Tatsächlich weiß sie unendlich mehr über diese Zeit, als jeder andere Autor, der darüber geschrieben hat. Aber ihre schrecklichen Selbstzweifel lähmen sie. Dies unter uns. Wenn Sie sie sehen, seien Sie so gut, ihr die Idee auszureden, daß ein Roman das Ergebnis einer Enzyklopädie sei.«

Dermaßen umzingelt verspricht Marian, am ersten Tag des neuen Jahres mit dem Schreiben zu beginnen. Sie habe bereits Entwürfe für viele Szenen gemacht. Wohlan denn! Als Talismann schickt der Verleger einen kleinen Mops aus Porzellan (für den verschollenen Pug). Als sie ihm dankt und Glück für 1862 wünscht, fügt sie hinzu, sie hoffe, etwas dazu beizutragen, indem sie ein Buch schreibe, das er gerne lesen werde. Blackwood sollte das Manuskript nie zu Gesicht bekommen.

XIV

Sie hieß Mary Ann und war sein Schiff

(Schlager)

Der Versucher tritt in Gestalt des sympathischen Mr. Smith an sie heran, ein schmucker, erfolgreicher Herr von 38 Jahren, Chef des Verlags Smith & Elder. Zu den Autoren seines Hauses gehören Charlotte Brontë, Mrs. Gaskell, Harriet Martineau, Charles Darwin, Thackeray, Ruskin und Robert Browning. George Smith hat ein Herz für die Literatur und eine Nase fürs Geschäft. Den Zug auf einen besonders dicken Fisch hat er gut vorbereitet.

Lewes steht mit Smiths *Cornhill Magazine* seit zwei Jahren in Verbindung. Seine Serie »Studies in Animal Life« lief zwar nur über sechs Folgen, aber Smith ist vertraglich verpflichtet, sie auch als Buch zu publizieren. Erstaunlicherweise bringt er Ende Februar die Korrekturfahnen selbst vorbei. Das wäre doch nicht nötig gewesen! Mrs. Lewes ist nicht zu Hause; deshalb unterbreitet Smith Mr. Lewes ein Angebot, das sie nicht ablehnen kann: 10000 Pfund für George Eliots neuen Roman einschließlich des gesamten Copyrights, zum Vorabdruck in 16 Folgen im *Cornhill Magazine*, beginnend im April oder Mai – »das glänzendste Gebot, das je für einen Roman gemacht wurde«, triumphiert Lewes.

Eliots erste Reaktion ist Panik. Sie ist doch noch lange nicht soweit. Die ersten 45 Seiten von *Romola* hat sie George gerade erst vorgelesen. Er war »entzückt«, selbstverständlich, aber nicht daß er aufgesprungen wäre und sie geküßt hätte. »Ich mißtraue mir selbst, meiner Arbeit und der liebevollen Anerkennung durch andere, und das stiehlt mir alle Freude an meinem sonst so glücklichen Leben. Ich frage mich selbst und kann es nicht beantworten, ob ich jemals vorher so entmutigt und deprimiert war.« Ausgeschlossen, in acht Wochen mit der ersten Folge zu beginnen! Und noch etwas; Lewes ist konster-

niert: »Sie glaubt, ihre Arbeit sei diese Summe nicht wert!«
Quel idée!

Doch George Smith ist auf eine längere Belagerung eingerichtet.

Im April bietet er Lewes den Posten des Herausgebers von
Cornhill Magazine an, den Thackeray im März hingeworfen
hatte. Lewes, zweifellos eine professionellere Kraft als der
Dichterfürst, ist die Stellung zu aufwendig, aber er erklärt
sich einverstanden, als Berater für 600 Pfund im Jahr Themen
vorzuschlagen und Artikel auszuwählen. »Das ist sehr statt-
lich, da die Arbeit leicht und angenehm scheint.«

Auch Mrs. Lewes ist inzwischen zum Überlaufen bereit.
Einmal begonnen, geht es mit dem Manuskript recht zügig
voran. Aber sie sucht faire Bedingungen, und sie wird ihre
Kunst nicht verscherbeln. Zuerst soll Smith ein paar Kapitel
aus dem laufenden Werk hören, ehe man weiter verhandelt.
Smith hört und ist »hingerissen« (Lewes an Charlie). Er bleibt
bei seinem Angebot – 10 000 Pfund für 16 Folgen mit je zwei
Illustrationen – aber die Autorin will ihre Geschichte nicht in
zu kleine Portionen aufteilen. Sie besteht auf 12 langen Folgen
und schlägt – gegen Lewes eindringlichen Rat – 7000 Pfund
und die Rückgabe des Copyrights nach sieben Jahren vor.
Smith akzeptiert sofort.

Nun muß nur noch Mr. Blackwood informiert werden.
George Eliot tut es in der ihr eigenen kryptischen Weise, die
sie offenbar für einen geschäftsmäßigen Tonfall hält. Sie habe
ein unwiderstehliches Angebot erhalten, zu dem die üblichen
Sätze, die er für ihre Bücher zu zahlen gewillt sei, in hoff-
nungsloser Konkurrenz stünden. – Doch zweifellos werde er
der Angelegenheit nicht mehr Wichtigkeit beimessen, als sie
verdiene; andernfalls würde er sich gewiß ihrer Sicht des Fal-
les anschließen, da er seine Interessen ebenso berührte wie die
ihren. – Wie bitte?

John Blackwoods umgehende Antwort an »My Dear Ma-
dam« zeigt ihn von seiner konziliantesten Seite. »Ich bedauere

selbstverständlich, daß Ihr neuer Roman nicht unter der alten Flagge erscheinen wird, aber ich freue mich zu hören, daß Sie einen zufriedenstellenden Abschluß gemacht haben... Es würde mein Vergnügen am Verlagsgeschäft sehr beeinträchtigen, wenn ich wüßte, daß ein Freund sich verpflichtet fühlte, bei mir zu publizieren, wenn er anderswo günstigere Bedingungen fände.« Und er kündigt einen Besuch in London an.

George Smith kann sich nach seinem Sieg nicht versagen, dem Konkurrenten noch eine lange Nase zu drehen. Durch Blackwoods Büro in London schickt er eine Anzeige für *Maga*, in der er den neuen Roman von George Eliot für die Juli-Nummer von *Cornhill* ankündigt. Bürovorsteher Langford schäumt, aber Blackwood bleibt Gentleman. Selbstverständlich wird er die Anzeige einrücken. »Das Verhalten unserer Freunde am Blandford Square ist wenig ansprechend, und sie werden es auf Dauer unklug finden, wie hoch die Bestechungssumme auch gewesen sein mag«, dämpft er seinen Manager. »Es ist zu bedauerlich nach all der Freundlichkeit, die sie erfahren hat, aber ich bin sicher, daß sie gegen ihre Neigung entschieden hat. Daß sie ohne Vorwarnung mit einer Geschichte zum Feind übergelaufen ist, auf die ich nach allem, was sie mir sagten, zählen konnte, steckt mir quer, doch ich werde nicht streiten. Streitereien, besonders in literarischen Angelegenheiten, sind vulgär.« Er werde es aber verstehen, indem er auf Streitereien verzichte, sich um so verständlicher und einprägsamer zu machen und sich ein Wort zu ihrer Desertation und Lewes »Raffgier« bei passender Gelegenheit nicht versagen.

Sie kommt am 17. Juni bei einem Besuch am Blandford Square. Die Visite ist weder in Lewes noch in Eliots Tagebuch verzeichnet. Offenbar schnitten beide nicht sehr vorteilhaft dabei ab. Blackwood jedoch beschreibt das Ende seiner Dienstreise dem Neffen William: »Lewes war unpäßlich, als ich gestern bei ihnen war, und sie begleitete mich hinunter auf ein Wort. Sie sagte, ›daß sie unter allen Umständen gefühlt hätte, daß sie das riesige Angebot annehmen müßte – daß sie dennoch mit keinem anderen Verleger auf dem gleichen Fuß stehen könne wie mit mir – daß ihr Vergnügen an der Sache bereits nichtig und sie nicht mehr sicher sei, ob sie richtig gehandelt hätte... Sie sagte auch, daß sie auf andere Zeiten hoffte‹... Ich wünschte keine Geständnisse, noch wollte ich ihr unter diesen Umständen eins versetzen. So schaute ich ihr nur ins Gesicht und sagte, indem ich ihr die Hand schüttelte: ›Ich höre gern, daß es für Sie schmerzlich war‹, und weg war ich.« Mrs. Lewes bleibt mit dem Gefühl zurück, daß sie gerade einen Freund verscheucht und sich gründlich zur Närrin gemacht hat.

Zwei Wochen später erscheint die erste Folge von *Romola* im *Cornhill Magazine*. Die Überraschung des Publikums findet eine Stimme in Sara Hennell, die ihrer Freundin mitteilt, das Buch »interessiere« sie, aber sie sei gespannt, wie Pollian diesen Stoff weiterentwickeln werde. »Mach Dir darüber keine Gedanken«, antwortet diese, »sonst wirst Du enttäuscht sein, ganz gleich, was kommt. Notwendigerweise wendet sich dieses Buch an weniger Leser als meine vorherigen Werke, und ich selbst habe nie erwartet – oder besser: beabsichtigt –, daß es so ›populär‹ im gleichen Sinne wie die anderen sein würde. Wenn man die Freiheit sucht, das eigene veränderliche Selbst auszudrücken, und keine Maschine sein will, die immer dasselbe Korn drischt oder dieselbe Sorte Netz webt, kann man nicht immer für dasselbe Publikum schreiben.«

Im Kleid der Renaissance ist Eliots veränderliches Selbst das Mädchen Romola, die ihrem blinden, »heidnisch«-gelehrten Vater Bardo Stütze ist; ein mangelhafter Ersatz für den entwichenen Sohn, der in den Dominikaner-Orden eingetreten ist. Ihren Weg kreuzt der griechische Flüchtling Tito, ein Dionysos mit braunen Locken und einem bezaubernden Lächeln. Er wiederum hat seinen Vater in der Sklaverei zurückgelassen; doch anstatt ihn freizukaufen, nutzt er den Erlös seiner Siegelringe, um sich in politisch opportunen Florentiner Kreisen angenehm zu machen. Romola und Tito verlieben sich und heiraten, aber bald müssen sie erkennen, daß sie falsche Erwartungen aneinander gestellt hatten. Tito entzieht sich – dem Schwiegervater, der in ihm nur einen Famulus suchte, und Romola, deren moralische Grundsätze nicht mit seinem Naturell harmonieren, das immer den leichtesten Weg aus jeder Krise sucht. In einer Karnevalslaune hat er vor einem falschen Priester das Bauernmädchen Tessa geheiratet. Wie so oft in dem bequem gestrickten Plot, in dem sich alle wichtigen Figuren immer »irgendwie« in der großen Stadt Florenz begegnen, findet auch Titos aus der Gefangenschaft entflohene Vater seinen Sohn – und wird von ihm verleugnet: »Ein Verrückter, zweifellos.« Von da an muß er sich listenreich vor seiner Rache schützen. Romola und Tito entfremden sich, als Tito nach Bardos Tod die Bibliothek, das Vermächtnis des Alten, verkauft. Romola verläßt ihren Gatten, um in der Welt das Leben einer alleinstehenden intellektuellen Frau zu führen, trifft aber am Tor den Mönch Savonarola. »Ich habe den Befehl Gottes, dich aufzuhalten.« Er weist sie auf ihre höheren Pflichten als Bürgerin und Ehefrau hin. Ihr Bruder hatte eine wahre Berufung und durfte sich aus der Verantwortung verabschieden; sie aber müsse lernen ihren eigensüchtigen Willen täglich zu kreuzigen. Mit den Worten: »Vater, ich will geführt werden. Lehrt mich. Ich werde zurückgehen!« kehrt Romola auf ihren angestammten Platz zurück. Als wandelnde »Madonna« sorgt sie hinfort für die Armen und Kranken in der Stadt. »Das Feuer ihrer Natur, das sich nicht länger in fraulicher Zärtlichkeit für Vater und Gatten verströmte, hatte sich in Begeisterung und Sympathie für die Allgemeinheit verwandelt.«

In Florenz stehen sich die Partei Savonarolas und die Anhänger der von den Republikanern vertriebenen Medicis gegenüber. Romolas Pate, ein hoher städtischer Würdenträger, wirkt in einem Komplott zur Restaurierung der alten Macht mit, wird entdeckt und enthauptet. Savonarola weigert sich, zugunsten einer Berufungsverhandlung zu sprechen. Unter dem Druck päpstlicher Drohungen und dem Ausbleiben visionärer Wunder, schwindet Savonarolas Rückhalt in der Bevölkerung. Er wird schließlich hingerichtet. Tito, auf der Höhe seiner konspirativen Künste, stürzt in den eigenen Schlingen, rettet sich, vom Mob verfolgt, durch einen Sprung in den Arno und landet halb ertrunken hinter der letzten Brücke in den Armen seines Vaters, der ihn gänzlich zu Tode bringt. Romola sammelt das Mädchen Tessa und ihre Kinder auf und sorgt milde und lehrreich für ihr Fortkommen.

Dies ist in kurzen Worten eine lange Geschichte. George Eliot ist darüber »zur alten Frau« geworden. Nicht nur weil die Recherchen ihre schöpferische Kraft lähmten und sie unter der Last des antiken Plunders fast zusammenbrach, sondern weil sie es in diesem Buch endgültig mit ihrem Vater aufnahm. Gegen das Gesetz der Väter – der leiblichen wie Bardo, der geistigen wie Savonarola und Romolas Beichtvater, der stellvertretenden wie Pate und Schwiegervater – rebelliert die junge Romola in einem »heiligen Krieg«. Doch statt wie Tito die Väter zu verraten, in ein gesetzloses, egoistisches, hedonistisches Leben zu entkommen (und darin zerstört zu werden), setzt sich Romola ihr eigenes »weibliches« Gesetz der Pflichterfüllung im Leben für andere. Dabei gelingt es weder der Autorin noch ihrer Figur, dieses väterliche Gesetz wirklich zu entkräften oder sich vom Vater in jeglicher Gestalt zu befreien. Seine finstere Autorität wird in Frage gestellt, seine Unbarmherzigkeit und Doppelzüngigkeit getadelt (Savonarola weigert sich, nach den eigenen und nach christlichen Prinzipien zu handeln, als er Romolas Paten die Fürsprache verweigert. »Die Sicherheit Florenz' verlangt Strenge, wie sie einst Gnade verlangt hat«), aber jedem Donnerwort folgt der Kredit, daß es diese Herren ja sämtlich gut gemeint hätten. Romola hängt in töchterlicher Pflicht Bardo an, der nicht die geringste Anstrengung unternimmt, verdientermaßen geliebt zu werden. Sie folgt Savonarola, der sie verrät, und sie verehrt ihren Paten, der sich gegen die Republik verschworen hat, obwohl sie erklärtermaßen nur einen »guten« Mann lieben kann. (Ihre Liebe zu Tito stirbt in der Stunde, als sie von seiner Gier und Treulosigkeit gegenüber Bardo erfährt.) Romola wandert von einer väterlichen Hand zur anderen. Freiheit? Wozu? »Das leichtherzige Abwerfen von ererbten oder freiwillig erworbenen Banden, nur weil sie aufgehört haben, angenehm zu sein, (bedeutet) die Entwurzelung sozialer und persönlicher Tugend.« Am Ende hat der Tod Romola alle Bindungen abgenommen, und sie sitzt selbst auf dem Stuhl der Väter mit Tessa zu ihren Füßen, die ihre Hände und Kleidersäume küßt. Ist dies die Botschaft? Wenn ja, dann hat sie 130 Jahre später ihr Verfallsdatum bei weitem überschritten.

»Du hast eine Göttin geschaffen, keine Frau«, wagt Sara einzuwenden, als sie die letzte Folge gelesen hat. »Du hast recht, wenn Du sagst, daß Romola ideal ist«, antwortet Marian. »Ich fühle es auch, und ihr Bild tadelt meine Seele, die es erschaffen hat. Mein eigenes Buch geißelt mich.« Heute erscheint uns dieser weibliche Romolus weniger als ideale Gestalt. »Das beste Blut«, mit dem George Eliot ihre eigene Ambivalenz beschrieben hat, kreist nicht in dieser kalten rotblonden Schönheit, die aus einem präraffaelitischen Historienbild herausgetreten scheint. *Romola*, der einzige ihrer Romane, der nach seiner weiblichen Heldin benannt ist, ist ein verzweifelt schlechtes Buch. Und für George Smith ein Mißerfolg. George Eliot fühlt mit ihm. Im Jahr darauf schenkt sie ihm ihre Geschichte *Bruder Jakob* zum Abdruck in seinem Magazin, für die er ihr einst 250 Pfund geboten hatte.

Am 6. Juli 1863, einen Monat vor der letzten Folge in *Cornhill*, erscheint die dreibändige Ausgabe. Sie wird »vom Publikum flau empfangen«, notiert Lewes, »anders jedoch bei der Elite, bei der sie große Begeisterung ausgelöst hat. Tennyson, Browning, Monckton Milnes und andere sprechen voll höchster Bewunderung ...« Und George vergißt auch nicht, die zustimmenden Briefe zweier hoher Kirchenmänner zu erwähnen. Anthony Trollope versichert ihr, sie habe sich mit diesem Werk »unsterblich« gemacht. Robert Browning kündigte erzürnt seine Subskription bei Mudie, weil *Romola* auch bei der dritten Nachfrage vergriffen ist, und kauft sich notgedrungen ein Exemplar. »Es ist das edelste und heldenmütigste Prosa-Gedicht, das ich je gelesen habe«, schreibt er der Autorin, als er es bei Kapitel 53 zuklappt. Die Enttäuschung über das Ende teilt er ihr nicht mehr mit. Schatzkanzler Gladstone lobt es in Gesellschaft, und Henry James glaubte noch zwanzig Jahre später, es sei »das Beste, das sie je geschrieben hat.«

So ist Mrs. Lewes auf einem sonderbaren Umweg doch noch gesellschaftsfähig geworden. Mit *Romola* etabliert sie sich als die große Moralistin, als Lady Madonna mit der Nation zu ihren Füßen. Es wäre allerdings ungerecht und unzeitgemäß, ihre Botschaft von der Lernfähigkeit der Menschheit und ihrer moralischen Emanzipation weniger ernst zu nehmen, als sie sie selber nahm. Die Viktorianer schauten mit Genugtuung auf die Errungenschaften ihres Jahrhunderts. Sie hatten die Sklaverei abgeschafft und das Wahlrecht reformiert. 1847 war der Zehn-Stunden-Tag eingeführt und die Arbeit für Frauen und Kinder unter zehn Jahren in den Kohlenminen verboten worden. Die Photographie und der Telegraph waren erfunden, der Suezkanal angestochen, die Genfer Konvention auf den Weg gebracht. Man glaubte sich im Besitz des Lichtes. Es war nur eine Frage der Technik, die Leitungen um die ganze Welt zu verlegen. Als Marian im Österreichisch-Preußischen Krieg von der humanen Behandlung der Verwundeten hört, glaubt sie, daß in Europa fortan nie wieder ein viehischer Krieg geführt werden könne. Vorgänge wie Auschwitz, Hiroshima oder »ethnische Säuberung«, die uns erlauben, über George Eliots Glauben an die schrittweise Vervollkommnung der Menschheit durch die »ewige Ehe zwischen Liebe und Pflicht« zu schnauben, hätten ihr Vorstellungsvermögen bei weitem überstiegen.

Sie selbst fühlt einen Teil ihrer selbst in Romola, der kinderlosen »Madonna«, verkörpert, »deren mütterlicher Instinkt eine verborgene Quelle ihrer leidenschaftlichen Zärtlichkeit war«, und einen anderen in dem jungen Mädchen, »dessen reine Stimme ihren Vater entzückt hatte.« Sie ist nun 44 und auf unbewältigte Weise noch immer Robert Evans' »kleines Mädel«.

Lewes aber nennt seine Frau hinfort Madonna, und am Blandford Square wird es leicht vatikanisch. Nur noch würdige Geister erhalten Zutritt. George als der ministrierende Postengel verliest beim Frühstück die Dankschreiben. Sara fällt dabei unter die Zensur. Ihr Brief wird mitten im Satz zusammengefaltet – nun ja, undsoweiter undsoweiter – und später »verlegt«. Sie erfährt auch, warum: »Ich habe diese ungünstigen Meinungen (über *Romola*), die Sie gehört haben, unterdrückt ... Wenn Sie nur die wundervollen Lobreden hätten hören können, die sie von gelehrten Florentinern und Engländern erreicht haben, ... wären Sie überrascht, daß sie noch von Zweifeln heimgesucht wird, was den Erfolg des Buches angeht, und Sie würden verstehen, warum ich es eingerichtet habe, daß sie Ihren Brief nicht zu sehen bekam... Niemand außer mir spricht mit ihr über ihre Bücher. Sie sieht keine Kritiken.«

Mrs. Lewes verfolgt dieses Treiben amüsiert und widerstandslos. Dein Brief ist leider abhanden gekommen, liebe Sara. »Mr. Lewes schob ihn unter seine eigene Post, trug ihn fort... und konnte ihn nicht wiederfinden. Solch wundersames Verschwinden ereignet sich bei uns hier und da durch Geisterhand, die keine Tische rückt.«

Lewes hatte in den beiden Jahren, da Eliot *Romola* plante und schrieb, selbst wenig zu Papier gebracht. Ein Projekt *History of Science* erwies sich als ein Casaubonscher »Schlüssel zu allen Mythologien«, das nach einer Menge Notizen und einem Kapitel über Aristoteles wieder aufgesteckt wurde. Er ist krank, aber er weiß nicht so recht, was ihm fehlt. »Sein liebes Gesicht sieht sehr blaß und schmal aus«, schreibt Mrs. Lewes voll großer Sorge. »Nur die können die Bedeutung des Todes fühlen, die wissen, was vollkommene Liebe ist.« Eine weitere Kur in Spa richtet ihn wieder auf. Was er genau dort anstellt, ist nicht überliefert, aber als er zurückkehrt, »marschiert er wie ein Postbote und ißt wie ein Deutscher.«

Sein Ältester macht ihm überraschend Kummer. Er wird nicht befördert, und als Lewes nach den Gründen forscht, hört er von Trollope, »der Junge sei unordentlich, langsam und nicht tüchtig genug.« Lewes spürt seine Gallensteine, aber er enthält sich eines brieflichen Kommentars und wartet, bis Charlie aus den Ferien in Hofwyl zurück ist, ehe er ihn zur Rede stellt. Offenbar ist kein trotziger Wille im Spiel. Charles tut sein Bestes, ist jedoch »gewandter im Französischen und Deutschen und unbeholfen und langsam in seiner eigenen Sprache« (Trollope). Und da er ein manierlicher junger Mann ist, der »an innerer und äußerer Anmut gewachsen ist« (die Mutter), bügelt er die Schlappe aus und wird hinfort bei keiner Beförderung mehr übergangen.

Charlies Familiensinn und seine Liebe zur »kleinen Mutter« sind tief empfunden und lassen ihn auch als erwachsenen Mann jederzeit herbeieilen, wenn sie seiner bedarf. Neben dem öffentlichen Dienst ist er literarisch tätig, übersetzt Lessings *Emilia Galotti*, Fritz Reuter aus dem Plattdeutschen und eine Biographie Bismarcks. Später macht er sich in der Lokalpolitik einen guten Namen. »Er hat einen bewundernswerten moralischen Charakter«, vertraut Eliot Monsieur d'Albert Durade an, »aber intellektuell ähnelt er seinem Vater in keinster Weise.« Immerhin: »Er ist ein nützlicher Mann.«

Ende Juli 1863 kehrt Bertie – 17 Jahre alt – aus Hofwyl zurück, und da auch Thornie noch am Blandford Square haust (zur Not mußte das Gästebett zwei fassen), sieht Mutter sich mit drei jungen Männern konfrontiert, »alle größer als ihr Vater«, von denen einer nicht weiß, was er werden soll, und der andere nicht werden darf, was er werden will. »Bertie ist ein strammer Junge, angenehm und gefällig, aber er ist zu keinem anderen Leben als dem eines Farmers geeignet, und in England ist das ein so schwieriges Geschäft geworden, das nicht nur eine Menge Kapital, sondern auch großes Geschick erfordert, wenn es kein Desaster werden soll.« Dazu hat Bertie offenbar weder das Kaliber noch haben seine Eltern den Zaster. Bleiben die Kolonien. Australien vielleicht? Zunächst einmal wird er für zwei Jahre zu einem Ökonomen nach Schottland in die Lehre geschickt, später nach Warwickshire.

Weniger biegsam ist Thornie, der noch immer davon träumt, dem russischen Zaren in Polen aufs Haupt zu schlagen. »Sein Vater findet es eine Sünde, einem Jungen von 19 zu erlauben, sich dem demoralisierenden Einfluß roher Männer auszusetzen, die einen Guerillakrieg führen; gar nicht zu reden von Thornies absoluter Unfähigkeit für militärische Unterordnung und andere unvermeidliche Härten«, schreibt Marian. Doch Thornton ist Vaters Argumenten nicht zugänglich. Erst Barbara Bodichon gelingt es, sein Augenmerk auf eine andere Gegend zu lenken, wo ein kühner junger Mann sein Glück machen kann: Südafrika. Er würde ein Stück Land kaufen und auf die Großwildjagd gehen. Sie hatte Freunde in Natal, an die er sich wenden konnte. So wird es beschlossen. Am 16. Oktober 1863 sticht Thornie mit Ziel Durban hochgemut in See, ausgestattet mit »einem dicken Packen Empfehlungsschreiben an alle möglichen Leute und – was ihm bedeutend wichtiger ist – einem erstklassigen Gewehr und Revolver – dazu ein paar Brocken Holländisch und Zulu, die er sich aus Wörterbuch und Grammatik selbst beigebracht hat.« Auch die Eltern erscheinen eher erleichtert als betrübt über eine Trennung, die möglicherweise fürs Leben gilt. »Unser zweiter Junge ist liebenswert, aber aufsässig, leicht zu lenken, aber auch schwierig. Er hat uns eine Menge Kummer gemacht. Nun zieht er in der frohen Erwartung aus, Löwen zu schießen.« Vater setzt hinzu: »endlich!« Auf dem Kaminsims bleibt das Foto eines jungen Mannes in Gehrock und steifem Kragen zurück, der mit entschlossenem Gesicht und seinem erstklassigen Gewehr im Arm linkisch an einer Säule lehnt. Sechs Jahre später kehrte er heim, um in London zu sterben.

XV

Adam shook his head and a weary smile crept over his face. ›I am at present contemplating an epic poem‹, he declared ... There was an admiring silence ... then Mrs. Gower remarked ... ›My late husband once thought of writing an epic poem about King Arthur, but he never wrote more than fifty lines, as far as I can remember.‹ ›And I suppose that would'nt be long enough for an epic?‹ suggested Miss Gay, thinking distastefully of *Paradise Lost*. ›Hardly‹, said the rector. ›I imagine that length is an essentiel qualification, whatever else may be lacking.‹

(Barbara Pym)

Im November läuft der Mietvertrag für das Haus am Blandford Square aus, und die Lewes' stehen vor der Frage, ob sie bis ins reife Alter ihre Möbel ein- und auspacken oder ihr Geld nun in Grund und Boden anlegen sollen. Noch während George Eliot mit *Romola* ringt, gehen sie Häuser besichtigen: »16. Mai. Teil 13 beendet. Tito in großer Erregung umgebracht. Schauten uns die Priory an, ein Haus, das wir vielleicht kaufen werden.« Es liegt in North Bank, einer ruhigen Seitenstraße am Regent's Park (heute verschönt ein Elektrizitätswerk die Stelle), »nicht das übliche Londoner Haus, in dem die Zimmer wie Schachteln aufeinandergetürmt sind«, sondern freistehend und geräumig, umgeben von alten Bäumen, einem Rosengarten und einer hohen Ziegelmauer, die vor neugierigen Augen schützt. Die Mauer ist genehm. Sie pachten die Priory im August 1863 für 49 Jahre und 2000 Pfund.

Warum zogen sie nicht aufs Land, da Charlie bald selbst für sich sorgen konnte und die Luft in London »voller Dämonen« war? Vielleicht weil Lewes plante, für seine Madonna den passenden Schrein zu schaffen und einzufordern, was ihr nach den finanziellen Erfolgen und dem Beifall der »Elite« zustand: gesellschaftliche Anerkennung.

Für die Umgestaltung der Priory wird der Innenarchitekt Owen Jones engagiert; ein gefragter Mann, der den Kristallpalast und Londons erstes Luxushotel, das Langham, eingerichtet hatte. Er läßt im Erdgeschoß eine Mauer einreißen und schafft zwei exquisite Empfangsräume. Neue Tapeten (grün?) werden eigens gedruckt, und das alte Meublement fliegt – sehr zu Eliots Schmerz – auf den Sperrmüll. Zwischen den Bücherschränken arrangiert Jones die Illustrationen zu *Romola* aus dem *Cornhill Magazin*. An den Salon schließt sich Lewes' »Study« an. Ihr Arbeitszimmer befindet sich im ersten Stock. Ein kommodes Gästezimmer haben sie immer noch nicht. Die Kosten sind schwindelerregend, aber, um ein Zitat von John Blackwood zu variieren, »sie grinsen und ertragen es«; selbst als sich der Klavierstimmer über die Tapetenrollen und den neuen Teppich erbricht und die Tapete noch einmal gedruckt werden muß.

Für die Einweihungsparty hat Mr. Jones auch die Gastgeberin in das Gesamtkunstwerk einbezogen. Sie, die allem modischen Firlefanz abgeneigt war, in dem sie »die unbefriedigten und krankhaften Sehnsüchte der Frauen« gefangen sah, leistet sich auf ernstes Zureden ihres Designers etwas in grauer Moirée-Seide. Alte Freunde kommen, und Charlie, dessen 21. Geburtstag mitgefeiert wird, hat Kollegen von der Post gebeten. Bessie Parkes ist froh, eine Ausrede zu finden. Sie kann Marian noch immer nicht besuchen, ohne Vater und Mutter zu bestürzen, und die Aussicht, Lewes zu begegnen, hält sie vollends davon ab. Sie glaubt, nur wenn »der gräßliche kleine Mann« stürbe, sei Marian der Weg zurück in die gute Gesellschaft geebnet – eine irrige und sonderbar herzlose Annahme des lieben Kindes.

In diesem Winter 1863 beginnen die kleinen Sonntagnachmittag-Partys, die sich in späteren Jahren zu den gesuchtesten und exklusivsten gesellschaftlichen Veranstaltungen in London entwickeln sollten. Zunächst bewegt man sich noch ganz ungezwungen en famille. Marian musiziert mit ihren Freunden, und an Weihnachten, wenn Bertie kommt, geht es vergnügt her. Lewes hält eine zündende Tischrede, man singt vor und beim Souper und spielt danach Scharaden. Ein neuer Hund – Ben, der weiße Bullterrier mit der schwarzen Augenklappe, »unser aller Meister« – terrorisiert die Herrschaft. »Die wichtigsten Angelegenheiten müssen Aufschub erdulden, wenn Ben wünscht, daß man einen Stock für ihn wirft.«

Doch Lewes sorgt dafür, daß der Zirkel alter Freunde bröckelt und sich an anderer Stelle durch neue Zelebritäten erweitert. Bedeutende Wissenschaftler gehören dazu wie Darwin und Huxley, oder adelige Damen mit fortschrittlichen Ansichten wie Lady Amberley, die Mutter von Bertrand Russell. »Mrs. Lewes saß neben mir auf dem Sofa und sprach mit tiefer, lieblicher Stimme. Ihr Gesicht ist abstoßend häßlich durch das riesige Kinn, aber wenn sie lächelt, hellt es sich wundersam auf, und sie sieht sanft und freundlich aus.« Edward Burne-Jones aus dem Kreis der präraffelitischen Maler taucht auf, dessen junge Frau Georgiana bald einen Ehrenplatz im Kreis der »Töchter« einnimmt. Seine respektvolle Aufwartung macht der Bildhauer Thomas Woolner, der Mr. und Mrs. Lewes zehn Jahre zuvor »Stinkbomben der Menschheit« genannt hatte. Von der Hand des Malers Frederic Burton entsteht nach einem Jahr der Sitzungen ein zufriedenstellendes Porträt der Priorin: eine würdige Matrone mit einem großen, gescheiten Gesicht, in deren Augen ein gewisses Lächeln nistet. Sie selbst meint, sie strahle auf diesem Bild den Liebreiz einer »unbesuchten Schafgarbe« aus, aber George gefällt es, und er hängt es über den Kamin in seinem Arbeitszimmer. »Also Sonntag, wie üblich beim Gottesdienst ...«, sagt Charles Dickens sein Kommen zu. Bald gibt es entsprechende Rituale: Damen werden nicht gebeten, können aber um eine Einladung ersuchen. Die Bücher der Hausherrin dürfen nicht erwähnt werden. Aufbruch ist um sechs. George in Samtjacke und eleganten Hausschuhen sorgt für die Durchmischung der Gäste und gießt Tee ein.

Zumindest Lewes wird nun auch in aristokratischer Gesellschaft empfangen. Es gefällt ihm dort überraschend gut. Bei seinem Eintritt in Lady Amberleys Wintergarten bemerkt er geschmeichelt ein Flüstern: »Da ist er«; und er muß sich »vor mehr Lords und Ladies verbeugen« als in seinem ganzen vorherigen Leben. Für Marian aber wird die Priory zu einem schützenden Nest, das sie nur noch am Arm von Mr. Lewes verläßt – in den Regent's Park, zu den Konzerten in St. James's Hall, ins Theater oder zu Gemäldeausstellungen. Weilt George bei einer seiner schnellen Wasserkuren, rührt seine Frau sich nicht aus dem Haus. Mrs. Congreve, die sie zu einer Vorlesung ihres Mannes einlädt, erhält eine Absage. Mr. Lewes halte es nicht für opportun – »aus Gründen, die ich gerechtfertigt finde«–, wenn sich Mrs. Lewes ohne ihn in der Öffentlichkeit zeige. Aber auch Freunde, die einen Solo-Auftritt nicht sogleich als Anzeichen einer Krise im Hause Lewes mißdeuten würden, fahren nicht besser. Cara erhält es schriftlich: »Ich finde es notwendiger denn je, an meiner Regel festzuhalten, keine Besuche in oder in der Nähe von London zu machen, und davon abzusehen, irgendeinen Freund zu treffen, es sei denn, er kommt zu mir nach Hause.«

Außerhalb der roten Ziegelmauer kann es geschehen, daß George Eliot erkannt wird – obwohl sie so streng dafür gesorgt hatte, daß keine Photos im Umlauf waren. Junge Frauenspersonen suchen wie unabsichtlich ihr Kleid zu streifen oder dreist und absichtlich ihre Hand zu küssen. Sie steht diesen Begegnungen höchst ambivalent gegenüber. Persönlich ist es ihr zuwider, erkannt und angestarrt zu werden, aber als Madonna erscheint ihr die Verehrung angemessen. Anbetung adele den Charakter, glaubt sie, und wenn sich die Anbetung auch noch an eine würdige Figur hefte – tant mieux pour les adoratrices. Deshalb erträgt sie mit Rührung oder feinem Lächeln die Annäherungen dieser lieben Menschen und entmutigt keine noch so lästige, eitle, enthusiastische oder schräge Gestalt aus ihrem Kreis.

Der Eton-Lehrer Oscar Browning gehört zweifellos zu dieser Sorte. (»Ich betrachtete sie als Prophetin; ihr Wille war mir Gesetz; ich befragte sie wie ein Orakel.«) Seine Arbeit war ihm »aus vielen Gründen verhaßt« (er wurde später wegen eines zu vertrauten Umgangs mit einigen Schülern relegiert), und er bat Eliot um Rat – wahrscheinlich in ähnlich metaphernreicher Form, wie sie ihm antwortete: »Geduld! Die schwierigste Heldentat ist die beständige Unterwerfung unseres täglichen Dämons, nicht das Erschlagen weltberühmter Drachen.« Browning beklagte später, daß mit dem Eintreffen bekannter Namen der diskrete Charme ihrer Sonntagnachmittag-Unterhaltung schwand. »Mrs. Lewes saß für gewöhnlich in ihrem Lehnstuhl links vom Kamin. Lewes stand oder lief im angrenzenden Salon herum, an dessen Ende das große Klavier plaziert war, auf dem sie jedoch während dieser Empfänge niemals spielte... Die Gäste standen um den Kamin und plauderten. In späteren Jahren wurde die Gesellschaft größer, und diejenigen, die mit der großen Autorin sprechen wollten, ... nahmen nacheinander auf dem Stuhl neben ihrem Sessel Platz. Sie gab uns immer ihr Bestes. Im Gespräch war sie zutiefst mitfühlend, ihre Rede ernst und feierlich, aufgehellt von glücklichen Wendungen und rührender Zärtlichkeit, aber niemals von Humor. Ihre Züge waren schwer und unregelmäßig, aber das war in dem Augenblick vergessen, wenn sich der majestätische Kopf langsam herabneigte und die Augen in einem eindringlichen, lebhaften Blick aufleuchteten. Ihre moralische Erhabenheit überstrahlte selbst ihr Talent.«

Die Kollegin Margaret Oliphant sieht es nüchterner: »Sie nahm sich offensichtlich ungeheuer wichtig und war immer im Dienst.«

Auch die alte Feindin Eliza Lynn, nun verehelichte Linton

und wenig erfolgreiche Stiefmutter von sieben Kindern, treibt es in die Priory, um ihre alte Abneigung zu mästen: »In meinem ganzen Leben habe ich keinen Menschen gekannt, der so durch und durch künstlich war wie George Eliot ... niemals – keinen Augenblick vergaß sie ihr selbstgeschaffenes Ich – niemals warf sie den Putz der allergnädigsten Prophetin ab ... Sie war so bewußt George Eliot – so durchdrungen vom Scheitel bis zur Sohle von dem Bewußtsein ihrer Wichtigkeit als die große Schriftstellerin und profunde Denkerin ihrer Generation.«

Was für ein vielgespaltenes Wesen sie war! Huldreich und ganz der gütigen Beratung verpflichtet, hatte sie sich auf ein Podest gehievt, von dem Sätze wie reife Pflaumen auf Würdige und Unwürdige fielen: »Die beste Lektion in Toleranz ist, Intoleranz zu tolerieren.« Selbst dem Herrn des Hauses hatte sich die Bedeutsamkeit wie Mehltau auf die alte Spottlust gelegt. Er konnte ihr keine Hand reichen, die sie wieder auf die Erde zurückgebracht hätte. Wer sonst? Oscar Browning erinnerte sich keiner einzigen ironischen Wendung. »Ihre Natur war zutiefst ernst und zu schwer beladen mit dem Gefühl der Tragweite jedes Wortes und jeder Tat, mit denen sie Einfluß auf ihre Mitmenschen ausübte.« Gelacht wurde erst außerhalb der Gartenpforte, über den »quicklebendigen kleinen Schaubudenbesitzer« und sein finsteres Orakel, dem die Gläubigen einzeln zugeführt wurden.

Doch anderntags, wenn George Eliot die Feder zum Werk eintauchte, begann ein munteres Spießen: die Dodson-Tanten, Bruder Jakob, Herr Klesmer und die Herren von Adel, Ladislaw, der talentlose Bohemien, Mrs. Waule, die enttäuschte Erbschleicherin, und Mr. Brooke, der begnadete Trottel. Blackwood versicherte sie, ihre künstlerische Intention sei, beim Leser Toleranz und Mitleid zu wecken. An keiner ihrer Figuren wolle sie ihr Mütchen kühlen, und sie liebe alle ihre »Kinder« gleichermaßen. Spiegelfechterei ... George Eliot verfügte nur über kurze Geduld mit Schwindlern und Hohlköpfen. Wenn sie zustach, war es kein argloses Scherzen, wie sie oft versicherte, sondern einwandfreie, mordlüsterne, saubere Satire – das stille Gefunkel in den gütigen Augen.

Sie gab sich keiner Illusion hin, warum man in der Priory antichambrierte: Sie war eine Kuriosität; die langen Jahre der Reputierlichkeit hatten die atemlose Entrüstung über ihren unehelichen Stand nicht gemäßigt. Aber je neugieriger die Herrschaften, um so langweiliger die Gespräche und um so gespreizter die Atmosphäre. Es muß eine große Erleichterung gewesen sein, sonntags nach sechs zu den Schnee-Eulen und den Gorillas zu spazieren. Man konnte nicht immer sein Bestes geben. Da war z. B. Mr. Norton, ein Amerikaner, mit seiner Frau. Wir haben sein Zeugnis über ihr Zusammentreffen, und wir glauben ihm gerne, daß es kein Genuß war. Aber wie konnte er sich nur überwinden, und warum ist er so lange geblieben?

»Sie ist ein Gegenstand großen Interesses und großer Neugierde hier«, schreibt er nach Hause. »Sie wird in Gesellschaft nicht empfangen, und die Frauen, die sie besuchen, sind entweder so emancipée, daß ihnen das Gerede über sie nichts ausmacht, oder sie haben keine Stellung zu verlieren ... Alle, mit denen ich mich unterhielt, sprachen nur mit dem größten Respekt von Mrs. Lewes, aber man fühlt doch allgemein, daß die Gesellschaft nicht gewillt ist, einen derartigen Affront wie den ihren gegen eine Konvention und ein Gefühl (um keinen stärkeren Ausdruck zu gebrauchen), das der Moral zur Stütze dient, hinzunehmen. Ich glaube, die Gesellschaft ist da im Recht ... Sie gibt ein verderbliches Beispiel und hat sich selbst aus der Gesellschaft der Frauen ausgeschlossen, die sich für den Ton sozialer Moral in England verantwortlich fühlen.

... Lewes empfing uns an der Tür mit charakteristischer guter Laune; er sieht aus und bewegt sich wie ein altmodischer französischer Friseur oder Tanzmeister; sehr häßlich, sehr lebhaft, sehr unterhaltsam. Man erwartet, daß er als nächstes seine Fiedel zur Hand nimmt und zu spielen anfängt. ... Seine Kenntnisse sind enorm – aber wohl eher ausgedehnt als tief. Dennoch habe ich sowohl Charles Darwin als auch Sir Charles Lyell mit hoher Achtung von der Gründlichkeit seines Wissens auf ihren Gebieten sprechen hören ... Er ist jedoch nicht der Mann, der mehr als lauwarme Zuneigung erweckt. Er hat die Eitelkeit eines Franzosen; seine moralische Wahrnehmung ist nicht sehr scharf, und daher mangelt es ihm oft an sozialem Takt und Geschmack. Er hat – man möchte es nicht gerade eine vulgäre Ausstrahlung nennen – aber da ist etwas in seiner Ausstrahlung, das an Vulgarität gemahnt. Er führte uns in die hellen, freundlichen Salons, die sich auf der einen Seite des Erdgeschosses befinden. Dort begrüßte uns Mrs. Lewes überaus liebenswürdig, und dann setzten wir uns bald zum Lunch. Der einzige andere Gast war sein ältester Sohn. Lunch wurde im Arbeitszimmer serviert, ein freundlicher Raum wie die anderen, gesäumt von wohlgefüllten Bücherregalen, außer über dem Kamin. Von dort starrte uns ein scheußliches, herabwürdigendes Porträt von Mrs. Lewes entgegen. In der Tat, alle Kunstwerke im Haus zeugten von einem Mangel an künstlerischem Empfinden oder Kultur auf seiten der Bewohner, mit Ausnahme einer Lithographie von Tizians *Zinsgroschen*, soweit ich sehen konnte. Die Wände des Salons, wo wir nach dem Lunch saßen, waren geschmückt mit Andrucken (möglicherweise den Originalen – ich bin mir nicht sicher) der Illustrationen zu *Romola*.«

Das herabstarrende Porträt erinnert Mr. Norton an George Sand, jedoch »der Kopf und das Gesicht sind weniger edel, die Züge fast genauso stark und maskulin, die Wangen fast ebenso schwer, und das Haar ist in ähnlicher Weise frisiert. Die Augen sind jedoch weniger tief, und es liegt ein geringerer Anflug von möglicher Schönheit und möglicher Sinnlichkeit in ihrem Umriß und Ausdruck. Wahrhaftig, seltener sieht man eine häßlichere Frau: stumpfe Haut, stumpfe Augen, schwere Züge!« (Nur ein Anflug von möglicher Sinnlichkeit in Sand? Oh, Mr. Norton!)

»Den größten Teil der zwei, drei Stunden sprachen wir beide fast ohne Unterbrechung miteinander. Was sie sagt, ist keineswegs brillant. Sie sagte überhaupt nichts, dessen es wert wäre, sich zu erinnern, aber es war die Rede einer energischen Person, die lange nachgedacht hat und tief empfindet, und daher war es schon überdurchschnittlich interessant. Ihre Art war zu eindringlich; sie lehnt sich zu einem herüber, bis ihr Gesicht ganz nahe ist, und spricht mit sehr tiefer, angeregter Stimme. Ihre Art ist nicht einfach schlicht, eher so, wie die einer Frau, die sich als markante Persönlichkeit fühlt und die, wie in ihrem Fall, an die Schmeichelei eines Klüngels nicht unbedeutender Bewunderer gewöhnt ist...

Wir gingen kurz vor Sonnenuntergang. Als das Tor hinter uns zufiel, sagte ich: ›Nun, Sue, möchtest du wieder hierherkommen?‹ ›Nein‹, sagte sie, ›ich mache mir nicht viel draus‹.«

Doch Mrs. Norton kam wieder, und ihre Schwägerin führte einen jungen Landsmann namens Henry James in der Priory ein.

Im Sommer 1864 ruht das gesellschaftliche Leben. Sie unternehmen eine Italienreise – zusammen mit dem Maler Frederic Burton, Urheber des anstößigen Porträts – und kuren in Harrogate und Scarborough. Im April erreicht sie der erste Brief Thornies. Alles ist gut. Der Junge ist wohlgemut und kann auf sich aufpassen. Auf dem Schiff habe er eine Zeitung herausgegeben und Komödie gespielt, schreibt er – dabei den Geistlichen als Mephisto in blauen Strümpfen und einem Schwanz entsetzt. Nun bereise er als Handelsgehilfe das Land, um sich mit den Gepflogenheiten bekannt zu machen, ehe er bei einem Kaffeepflanzer in die Lehre gehen wolle. Es bleibe jedoch genügend Zeit zum Schmetterlingsfang und zur Jagd. Er habe bereits eine Sandviper geschossen und einen Pfarrer, wie man die Krähen in diesem Landstrich nenne. In Durban habe er sich mit einem jungen Ehepaar angefreundet,

das seine Interessen am Botanisieren und klassischer
teilte. Die lieben Eltern hätten ihn hören sollen, wie e\
südafrikanischen Piano deutsche Lieder knödelte . . .

Thorntons weitere Karriere in den Kolonien ist weniger
romantisch als geplant. Er schlägt sich mehr schlecht als
recht durch, als »General Flaschenspüler« in einem Hotel,
und entgeht nur knapp einem Überfall durch die Basutos.
Als er sich auf seiten der Buren in den Kampf mit den Einge-
borenen begibt, schreibt er desillusioniert: »Wer hätte gedacht, daß ich, als ich statt nach Polen hierher kam, vom
Regen in die Traufe geraten würde, und anstatt einen Feind zu
bekämpfen, den ich hasse, einen erschießen soll, den ich ver-
achte . . .«

Als sie im Juni von ihrer Italienreise zurückkehren – Venedig war traumhaft; sie wohnten wieder am Canal Grande –
Verona pittoresk, doch wurden sie von Flöhen gebissen –,
überrascht Charlie sie mit der Nachricht seiner Verlobung.
Die Braut, Gertrude Hill, Schwester der Feministin und Sozialreformerin Octavia Hill, ist den Eltern bekannt. Außerge-
wöhnlich hübsch, mit einer herrlichen Altstimme gesegnet
und vier Jahre älter als Charles, hatte Marian dennoch nicht
erwartet, daß sich die junge Dame »in unser unreifes Frücht-
chen« verlieben werde. »Polly beglückt«, notiert George in
sein Tagebuch, »ich eher melancholisch. Der Gedanke an die
Ehe ist mir immer ernst und traurig.« Marians Verhältnis zu
ihrer Schwiegertochter bleibt diffus. Sie zu lieben sei so
selbstverständlich (und so überflüssig?), wie die reine Luft zu
lieben. Gertrude findet später recht bittere Worte über die
Familie. Sie habe niemals wirkliche Vertrautheit kennengelernt; und Charlie, der Eliots Leben lang Sekretär und Boten-
junge für sie spielte, sei nicht um seiner selbst willen, sondern
einzig als Lewes' Sohn geliebt worden.

Ein dreiviertel Jahr später heiraten Charles und Gertrude in
einer unitarischen Kirche. Nur Marian und George, Gertrudes Schwester und Tanten sind zugegen. Offenbar hatte

Charlie sich entscheiden müssen, ob er Mama oder Mutter sehen wollte. Nach einem Schwatz bei den Tanten bricht das junge Paar zur Hochzeitsreise nach Italien auf. Keine Feier, keine Torte. Auf der Heimfahrt besuchen Polly und George Mutter – seit einigen Wochen glücklich Witwe Willim – und beschließen den Tag in der Art alter Liebender, indem sie gemeinsam und behaglich in ihrem Haus herumkramen. Ihr »Junges mit dem Hahnenkämmchen« ist endlich ausgeflogen.

Die Behaglichkeit erstreckt sich in diesem Sommer 1864 nicht auf die schöpferische Zusammenarbeit. So, als habe er nichts aus den Qualen gelernt, die seine geliebte Polly über *Romola* ausgestanden hatte, schlägt George vor, gemeinsam ein Drama zu schreiben. Die Idee war ihm nach einem Abend im Theater beim Anblick einer übel chargierenden Hauptdarstellerin aufgegangen. Wäre es nicht für alle Beteiligten ein Gewinn, wenn Polly speziell für die Actrice Helen Faucit, die Lewes zu ihren Glanzzeiten in den 40er Jahren »die stärkste Tragödin auf der Bühne« genannt hatte, ein Stück schriebe? Für Miss Faucit ein triumphales Comeback! Für Polly Ruhm und Ehre auf bisher unerprobtem Terrain! Er hatte in der folgenden schlaflosen Nacht bereits einen Plot skizziert – ein spanisches Eifersuchtsdrama. Natürlich nichts von der Sorte ex und hopp, die er früher selbst verfaßt hatte; und wenn Polly erst einmal den Faden aufgenommen hatte, konnte man auch nicht in 14 Tagen mit dem ersten Akt rechnen, aber gemeinsam sollte es doch gelingen – sein Geschick mit Dialogen, seine Erfahrung – ihre Sprachgewalt, ihr Prestige!

Polly ist sofort einverstanden. Wann wäre sie es nicht gewesen. Helen Faucit und Ehemann erscheinen zum Lunch in der Priory. Man zeigt sich allseits geneigt. Doch danach ist von dem Eifersuchtsdrama nicht mehr die Rede. War Lewes widersinniger Plot – verruchter junger Mann wird durch keusche verheiratete Frau der Tugend zugeführt und von dero Gatten hingemordet – George Eliot doch nicht kongenial?

Auch Lewes Begeisterung für die große Tragödin Faucit scheint abgekühlt. Als sie Monate später im Drury Lane Theater als Rosalinde in *Wie es euch gefällt* auftritt, lobt er zwar ihre schöne Stimme, mißbilligt aber ihr lahmes Tempo. Mit heftigem Zwinkern ins Publikum setzt er in der *Pall Mall Gazette* hinzu: »Ein großer Autor, der während der Vorstellung neben mir saß, fragte triumphierend, ob ich nun einsähe, daß es ein Fehler sei, jemals ein Stück von Shakespeare gespielt zu sehen.« Ein Satz, der weder den großen Autor noch den Rezensenten adelt. Die Faucit wird sich sehr darüber geärgert haben, mutmaßt er. »Sie ist es gewöhnt, mit unmäßigem, unkritischem Lob beschmiert zu werden, daß jede Kritik eine Beleidigung ist.« Manchen Stars gehörten wirklich die Nägel geschnitten!

Das spanische Drama war über einen Entwurf nicht hinausgekommen, aber der Gedanke, sich in Blankversen an einem dramatischen Stoff zu versuchen, hatte bei George Eliot gezündet. Ein würdiges Sujet erscheint ihr auf ihrer Italienreise in Venedig, als sie eine *Mariä Verkündigung* von Tizian studiert: Sehet die Magd des Herrn! »Ein großes dramatisches Motiv – dem der griechischen Klassiker ähnlich.« Eine junge Frau wird aufgerufen, ihre weibliche Welt zu verlassen und ein großes Schicksal auf sich zu nehmen.

Es ist der alte Konfliktstoff, den sie in ihrem Drama noch einmal durchpflügt. Sie nennt es *The Spanish Gypsy*, aber wer glaubt, Mary Ann wäre nun endlich mit den Zigeunern davon, sieht sich getäuscht: Pflicht geht vor Neigung; individuelles Glück muß sich den Interessen des Allgemeinwohls unterwerfen, Volk, Nation und Vaterland. Schauplatz ist Spanien im 15. Jahrhundert, das von den Mauren bedrängt wird. Die junge Fedalma entdeckt kurz vor ihrer Hochzeit mit dem kastilischen Herzog Silva, daß sie die Tochter und Erbin des gefangenen Zigeunerkapitäns Zarca ist. Der Vater bedrängt sie, Silva zu verlassen und nach seinem Tod ihr Volk zu führen. Silva, der Fedalma nicht umstimmen kann, schließt sich ihren Leuten an, aber der Konflikt ist unlösbar. Burgen, die der Edelmann hätte verteidigen sollen, werden von den Zigeunern gestürmt, alte Freunde vor seinen Augen gehängt. In einem Streit tötet er Zarca. Fedalma führt ihr Volk in das gelobte Land: Afrika.

An diesem Drama arbeitet sich George Eliot bis zum Februar 1865 ab, durch alle bekannten Krisen und mit einem »troublesome eingeweide«. Bei den Wassern von Harrogate lernt sie Spanisch aus einer Grammatik und übersetzt mit George *Don Quijote* »wie ein braves Kind«. Jedesmal bevor sie einen neuen Abschnitt ihres Dramas in Angriff nimmt, liest sie die *Ilias*, um sich vom Geschmack der Moderne zu befreien, und setzt dann ihre Prosa mit Hilfe von Professor Sylvestres *The Law of Verse* in Blankverse um. Den Kollegen Tennyson fragt sie unschuldig, ob er dieses kleine Werk ebenso nützlich fände. Der Laureatus erstarrt. Es geht mühsam voran. Im November steckt sie fest, am 5. Dezember ist sie »raus aus dem elenden Sumpf«. An Weihnachten liest sie George bis zum Ende des dritten Aktes vor; manche Stellen fünfmal; dann: »lebhafte Zustimmung.«

Aber der Februar bringt erneut Unbehaglichkeit. Die erste ist eine mißlungene Party. Marian war so glücklich in ihrem »eigensüchtig geliebten« tête à tête, »daß es eines heldenhaften Entschlusses bedarf, einmal ein halbes Dutzend Leute einzuladen. Aber es tut not, solche unsozialen Neigungen zu bekämpfen.« Es ist die erste Gesellschaft seit dem vergangenen Winter, und sie wird ein kompletter Reinfall. Das Wetter ist schlecht, viele Gäste lassen sich entschuldigen. Nur zwölf kommen. Stockende Gespräche, flaue Musik. »So undankbar ist die Welt! Wenn der ernsteste Sinn für Pflichterfüllung eine Party fröhlich machen könnte – wer hätte es mehr verdient als ich? So wende ich meine inneren Schauder in äußeres Lächeln und rede schnell mit bleierner Zunge.«

Sowenig der ernste Sinn für Pflichterfüllung der Hausherrin ein fröhliches Fest schenkt, so gewährt er der Dichterin ein gelungenes Werk. »Krank. Gallen- und Kopfschmerzen, ganz elend an Körper und Seele«, schreibt sie Ende Februar in ihr Tagebuch. »George hat mir mein Drama weggenommen.«

Vier Wochen später beginnt sie einen neuen Roman. Aber sie wäre nicht George Eliot, wenn sie im Jahr darauf, als *Felix Holt* abgeschlossen ist, ihr Schmerzens-Drama nicht wieder hervorholte und zu Ende schmiedete. »Wenn ein Thema angefangen hat, in mir zu wachsen, leide ich schrecklich, bis es sich entäußert hat – ein vollständiger Organismus geworden ist; und dann scheinen ihm Flügel zu wachsen, und es verläßt mich. Es wird sich niemals wiederholen – dieses Leben ist gelebt. Ich könnte niemals mit einer Reihe unvollendeter Werke in meinem Sinn Ruhe finden. Wenn sie – oder eher, wenn sich eine Vorstellung in geschriebenen Worten zu formen beginnt, fühle ich, daß ich bis zum Ende gehen muß, ehe ich damit glücklich sein kann.«

Dazwischen liegen Ferien in Frankreich, zwei Reisen nach Deutschland und vier Wochen Spanien, die sie in die rechte Stimmung wiegen sollen. 3000 Zeilen von *The Spanish Gypsy* sind Ende 1867 geschrieben, ein Drittel des geplanten Umfangs, aber Lewes rät, die Knoten früher zu schürzen. Eliot bietet das Werk John Blackwood an: »Wappnen Sie sich, es kommt ein Gedicht. Ich hatte es 1864 fast vollständig geschrieben, aber Mr. Lewes riet mir, es für eine Weile beiseite zu legen und es neu zu strukturieren.« Blackwood akzeptiert es mit Freuden, doch dann fehlen ihm die Worte: »Ihre Verse sind wahrhaftig und gut und haben ihre Bedeutung.« Über George Eliots Versen sind seither die Gesichter ihrer feurigsten Verehrer lang geworden. Charles Swinburne, der nicht dazu zählte, lehnte es als ungehörig ab, sie überhaupt zu erwähnen. Selbst Oscar Browning glaubte, daß ihr die nötige Glut fehlte. Die Zeilen rumpelten und quietschten wie ein portugiesischer Weinkarren.

»Stirb, meine junge Freude – stirb, all mein hungriges Hoffen – Die Milch aus den Brüsten des Lebens, nach der ihr schreit, ist sauer von Flüchen ... Der Tod soll mein Bräutigam sein. Ich heirate den Fluch der Zincali. Vater, komm!«

Solche Reden einer jungen Zigeunerin erschienen dem Rezensenten Henry James ebenso kunstlos wie geschwollen. Der Leser könne sich der Überzeugung nicht verschließen, daß eine wirkliche spanische Zincala es irgendwie bewerkstelligt haben würde, ihrem Stamm zu folgen und ihren Liebhaber trotzdem zu behalten, schreibt er in seiner Kritik. »Wenn Fedalma unrealistisch ist, so ist Zarca ... schätzungsweise alles andere als ein echter Zigeunerhäuptling. Beide sind ideale Figuren.« Und James empfiehlt, den Text mit einer gewissen Großzügigkeit zu lesen. »Es fehlt ihm der Schwung, die atmende Wärme, die überfließende Melodie eines wirklichen Gedichts ... Wir sehen die Landschaft, das Volk, die Lebensart der Spanier wie durch ein Glas, das vom Dunst einer nächtlichen Meditation beschlagen ist.«

Der *Spectator* würdigt *The Spanish Gypsy* hingegen als »das großartigste Gedicht ... das je eine Frau geschrieben hat« – ein Urteil, dem Eliot sich selbstbewußt anschließt. (Lewes hält es sogar für ein kapitales Opern-Libretto.) In den folgenden Monaten schreibt sie weitere Gedichte: *Agatha*, *How Lisa Loved the King*, *The Legend of Jubal*, *Armgart*, *Brother and Sister Sonnets*. In ihrem Notizbuch sind eine ganze Reihe klassischer Motive aufgeführt, die nach Dramatisierung in Blankvers verlangten, doch sogar Professor Haight, der zweifellos in die Autorin verliebt war, setzte eine erleichterte Fußnote: Gottlob, sie blieben ungeschrieben.

Die Mitte der sechziger Jahre bringt schlechte Nachrichten aus Marians Familie. Im Februar 1864 stirbt ihr Halbbruder Robert Evans. Sein Sohn, den das Schweigegebot von Onkel Isaac offenbar nicht erfaßt hat, unterrichtet Tante Mary Ann davon. Sie dankt ihm und kondoliert der Witwe. Einige Wochen später schreibt Robert junior erneut: Henry Houghton ist gestorben. Marian erkundigt sich nach Fanny, »meine Schwester, an die ich mich liebevoll erinnere«, aber die Witwe

Houghton bleibt ungerührt von ihren Grüßen. Von Sara erfährt sie, daß Charles Brays Tochter Nelly, die Cara an Kindes Statt angenommen hatte, mit 20 an Tuberkulose gestorben ist. Im September 1866 erstickt Charles' und Gertrudes erstes Baby bei der Geburt an seiner Nabelschnur. Marian mißt dem Vorgang keine allzu große Bedeutung bei. Gertrude sei jung, meint sie, und könne noch viele Kinder bekommen. Sechs Jahre später wird Blanche, »der kleine Buddha« geboren.

Mit vermehrter Sorge blickt Marian auf George, der unablässig von Malaisen geplagt wird. Der Arzt rät ihm, es mit dem Reitsport zu versuchen, aber nach vier Stunden gibt George auf. Die Reiterei »scheint meine Leber in unangenehme Tätigkeit versetzt zu haben.« Nachdem sein Beratervertrag für *Cornhill* ausgelaufen ist (die Auflage sank, aber das war wohl nicht sein Fehler), bleibt er weiterhin ein gefragter Mann bei Smith & Elder. Für die *Pall Mall Gazette* wirkt er als Herausgeber und Theaterkritiker. Zehn Jahre später publiziert Smith seine Artikel als *On Actors and the Art of Acting*, das John Gielgud in unserem Jahrhundert noch immer als ein äußerst lesbares Buch preist. Von Anthony Trollope läßt Lewes sich breitschlagen, zusätzlich die Chefredaktion der *Fortnightly Review* zu übernehmen, bei der er eine epochale Neuerung einführt: Alle Beiträge werden signiert; vorbei die Zeiten der anonymen Attacken. »Der liebe George ist so beschäftigt«, schreibt Marian, »und das bei solch schwacher Gesundheit. Ach, ich bewundere seine gute Laune, seinen Sinn und Verstand, seine freundliche Sorge um alle, die Ansprüche an ihn stellen. Diese Bewunderung ist der beste Teil meines Lebens.« Der liebe George war eben mit Kopfschmerzen noch verträglicher und amüsanter als die meisten Männer ohne.

Aber als ihr literarischer Berater hatte er nun zweimal versagt, und Marian beginnt klüglich wieder an den eigenen Quellen zu graben: das gute alte England vor 35 Jahren; durchweht von Posthornschall und durchrasselt von der erbsengrünen Tally-ho oder der gelben Independent; als Birmingham noch keinen Vertreter im Parlament hatte, die Pennypost noch nicht erfunden war und die Landarbeiter aus Protest gegen niedrige Löhne noch nicht angefangen hatten, die Kornschober anzuzünden. Fünf Wochen nachdem George ihr Drama eingezogen hatte, schreibt sie in ihr Tagebuch: »Ich habe einen Roman begonnen.«

Es ist *Felix Holt – the Radical*. Wieder gehen ihm ausführliche Recherchen voraus. Im Lesesaal des British Museum wendet sie die Seiten der *Times* von 1832 und 33, die Jahre der ersten Reformgesetze, von denen die Arbeiterschaft eine gerechtere Aufteilung der Wahlkreise und ein erweitertes Wahlrecht erhofft hatte. Doch weder wurden die »Pocket Boroughs«, deren parlamentarische Vertretung wie ein Lehen von eingesessenen Familien beansprucht wurde, vollständig aufgelöst, noch setzte sich die geheime Abstimmung durch, noch erhielten alle Männer über 20 das Wahlrecht. (Es wurde an den Hausbesitz geknüpft.) Zu der Zeit, als George Eliot *Felix Holt* schrieb, waren in Birmingham, einer Stadt mit über einer viertel Million Einwohnern, weniger als zehntausend Männer wahlberechtigt. An die Frauen hatte sowieso niemand gedacht.

Was die Reform nicht brachte, versuchten die Arbeiter-Komitees mit Hilfe legaler Mittel zu erreichen (ehe sie drohten, die Arbeit niederzulegen). 1,2 Millionen Unterschriften trug 1838 ihre Petition, die mit 235 zu 46 Stimmen abgelehnt wurde. »Die Arbeiterschaft wollte ins Unterhaus, nicht auf die Barrikaden«, schreibt Karl Heinz Wocker in seiner Biographie der Königin Victoria. Der Queen waren diese Umtriebe ihres Volks zutiefst verdächtig. Hatte sie in ihren ersten Regierungsjahren noch mit den liberalen Kräften sympathisiert, so schwenkte sie mit der Zeit auf starren, konservativen Kurs.

Ihr Verdacht wurde von George Eliot geteilt, die im Laufe ihres Lebens ebenfalls von den Ideen der Progressiven abgerückt war. Die junge Mary Ann hatte die französische Revolution von 1848 noch begrüßt. Ein Jahr ihres Lebens wollte sie dafür hergeben, mit den Männern auf der Barrikade zu stehen. Doch seither waren deren zwanzig verstrichen, und Marian Evans Lewes »wünschte, es gäbe ein paar solide, philosophische Konservative, die die Zügel in die Hand nehmen.« An Blackwood schrieb sie am Ende eines langen Weges: »In der Restauration des (französischen) Kaiserreichs hätte ich manch Erfreuliches gefunden, aber die Traditionen des Empires – des ersten wie des zweiten – sind nach meinem Gefühl schlecht. Eine Form des militärischen Despotismus ist die einzige Lösung, wie Sie sagen, wenn sich keine der politischen Parteien anständig betragen kann.« Vor diesem historischen und persönlichen Hintergrund wird der moderne Leser an die Radikalität des Titelhelden keine allzu wilden Ansprüche stellen.

14 Monate arbeitet sie an *Felix Holt*, ein Buch, das »langsam wächst wie ein kränkliches Kind«; leidet, steckt fest, wird mit Georges Hilfe wieder flott. »Spaziergang über Wimbledon Common in äußerem und innerem Sonnenschein – ganz wie in alten Zeiten.« Aber Georges Beifall klingt diesmal sehr verhalten. Eliot hatte sich in zwei Handlungsstränge verwickelt, die sich nur widerspenstig zu einem schlüssigen Plot flechten ließen. Da geht es einmal um den hochgesinnten Handwerker Felix Holt und seine politisch-moralische Kampagne, und auf der anderen Seite um die verzwickten Erbschaftsangelegenheiten der adeligen Familie Transome. Den Faden zwischen beiden webt Esther Lyon, die Tochter eines Geistlichen, die sowohl Felix liebt als auch Anspruch auf den Transomeschen Besitz hat. Die Aufschlüsselung der Erbfolge, an der der ganze Plot hängt, mag einen Experten für englisches Familienrecht im frühen 19. Jahrhundert fesseln. Selbst George Eliot mußte einen befreundeten Juristen, Frederic Harrison, zu Rate ziehen. Die dramatische Entwicklung aber schreitet durch diese langweilige Verwirrnis wie mit Eisenschuhen.

Felix Holt ist eine Figur, die sowohl an ihren inneren Widersprüchen als auch an der Zweideutigkeit ihres Verhaltens scheitert. »Ich will ein Demagoge von der neuen Art sein; ein ehrenwerter, wenn möglich, der den Leuten sagt, daß sie blind und töricht sind, der ihnen weder schmeichelt, noch sich an ihnen mästet ...« Ein gedeihlicher gesellschaftlicher Prozeß konnte für den standesbewußten Felix (wie für Eliot) nur in evolutionären Schritten verlaufen. Es bedurfte der moralischen Emanzipation vor der politischen. Oder, wie Felix seinen Klassengenossen predigt: Ehe sie für das Wahlrecht stritten, sollten sie sich dessen erst einmal würdig erweisen als fleißige, besonnene, loyale, nüchterne Mitbürger. Eine solche Botschaft erfordert natürlich den makellosen Helden. Man ahnt den Typ, den die Autorin im Sinn hatte, aber im Roman wird nur sein Negativ sichtbar, an das sich hochgradig unsympathische Eigenschaften knüpfen: lautes Reden, herzhaftes Gelächter, Prahlhintern, Rechthaberei. Felix' Ablehnung unehrenhafter demagogischer Mittel hindert ihn nicht daran, sie selbst gegen einen »bösen« Konkurrenten einzusetzen. Überrannt von den Massen, macht er sich schließlich zu ihrem Führer, um Plünderungen und Schlimmeres zu verhindern. Er verachtet den Mob, aber »sein Blut wallte... in leidenschaftlicher Begeisterung, die unter anderen Bedingungen weltberühmte Taten hervorbringt.« Nichts Weltberühmtes geschieht. Die Masse der Aufrührer wendet sich von ihm ab, um das Herrenhaus zu stürmen, und Felix wird als Rädelsführer verhaftet. »Gleichgültig, wie stark er die Situation rationalisiert, da ist etwas in Felix, das ihn drängt, den Mob zu führen. Er muß demzufolge den Heuchler spielen und wird zu dem, was er selbst fortwährend verurteilt – ein Mensch, der als das erscheint, was er nicht ist«, schreibt Joseph Wiesenfarth.

Am wenigsten gewinnend ist Felix im Umgang mit Esther Lyon, die durch seinen Einfluß an moralischer Statur gewinnt – ein Wandel, der sich wortreich aber ohne überzeugenden Trieb vollzieht. Der Leser, mehr noch die Leserin, fragt sich, was Esther an diesem Mann findet, der sie jeden Tag besuchen möchte, »um sie auszuschimpfen, zum Weinen zu bringen und ihr schönes Haar abzuschneiden«; der die Askese wählt, weil Polsterstühle und Ziegenlederhandschuhe den Charakter verderben und der Weg zur Korruption mit Rosenpuder bestreut ist. Eine Heldin mit etwas weniger Empfindsamkeit und etwas mehr Verstand hätte zweifellos zuerst die Transomes beerbt, um in ihrer Ehe nicht ausschließlich von Mr. Holts fundamentalistischen Grillen abhängig zu sein.

George Eliot kannte die Lage derer, die sie beschrieb, nicht aus eigener Anschauung. Ihre Perspektive stammte noch aus den oberen Fenstern von Griff House. Als sie in Leeds das städtische Krankenhaus besuchte, war sie schockiert zu hören, daß »die Arbeiterschaft ein beklagenswert grober, biergetränkter Haufen ist, der Zerstreuung in brutalen Vergnügen sucht, und daß die Fabrikmädchen ganz schauderhaft vermännlichte Geschöpfe sind.« Sie war in einer patriarchalischen Gesellschaft großgeworden, die sich viel auf das konfliktfreie Zusammenleben der Klassen zugute hielt. Reichtum verpflichtete zu Wohltaten; Armut war kein Grund, das System auf den Kopf zu stellen. Doch seit den 30er Jahren hatte die industrielle Revolution ihre Kinder gefressen. Es gab keinen Weg zurück in ein stabiles System der Stände. Nachdenkliche »radikale« Konservative wie George Eliot und ihr Verleger, die an einen Fortschritt glaubten, stellten gleichwohl die Frage, ob es erstrebenswert sei, der Mehrheit der Bevölkerung, die in finsterer Ausbeutung, Unwissenheit und allgemeiner sozialer Verwahrlosung lebte, die Macht zur Bildung und Kontrolle der Regierung dieses reichen Landes anzuvertrauen. Ihre Antwort lautete: noch nicht. Nicht bevor die Arbeiter »das Joch der Unwissenheit abgeworfen« hatten. Nicht bevor sie gelernt hatten, mit ihrer Macht die Gesellschaft wie durch ein wohlreguliertes Bewässerungssystem zu befeuchten, statt sie als reißender Strom in den Orkus zu spülen. Angesichts dieser Zustände war Eliots Forderung nach »Kultur« für die Arbeiter, die sie ihre Verantwortung erkennen ließ, weniger erstaunlich, als sie uns heute erscheint, und ihr sozialer Altruismus zur Behebung der Misere weniger obsolet.

Felix Holt ist kein gelungenes Buch, und doch enthält es eine von Eliots großartigsten und einsamsten Gestalten: Mrs. Transome. Das erste Kapitel, in dem die alte Frau in der fadenscheinigen Pracht von Transome Court ihren Sohn erwartet, der 15 Jahre im Ausland war und der im Augenblick seiner Ankunft alle ihre Träume zerstört, ist ein poetisches Meisterwerk voll suggestiver Bilder und tiefer Einsicht in das Rumoren der menschlichen Seele. Wenn Eliot dann im dritten Kapitel noch einmal ganz frisch anhebt, dem Leser die politische Lage erklärt, Felix, Esther und den unvermeidlichen Vater einführt, ist das Beste von *Felix Holt* bereits gelaufen.

Im März liest sie George »bis Seite 468« vor, und er ist »entzückt« – nun doch. Er bietet Smith & Elder das neue Buch an und läßt den Verleger wissen, daß ihm 5000 Pfund Honorar angemessen erschienen. Aber George Smith kommt zu dem Schluß, »daß es kein profitables Unternehmen zu werden verspricht«, und lehnt ab. Lange Gesichter. Nun kommt nur noch die Blackwoodsche Verlagsanstalt in Frage. Lewes reicht ihrem Chef – »als erstem« – das Angebot wie eine Friedenspfeife, und Master John antwortet sofort. Er sei erfreut, daß Mrs. Lewes gleich an ihren alten Freund als Verleger gedacht habe. Der neue Roman sei zweifellos ein ausgezeichnetes Buch. Aber unbesehen nimmt er ihn nicht. Er bittet, wie vor zehn Jahren einen unbekannten klerikalen Freund, die berühmte Autorin um ein oder zwei Bände zur Prüfung. Doch als bereue er die kleine Revanche sofort, läßt er sie wissen, daß er im Falle eines Vertragsabschlusses 5000 Pfund anbiete – und schon so gespannt sei, daß er sich kaum auf seine Arbeit konzentrieren könne. So reizend war dieser Mensch, so langmütig und so geschäftstüchtig! Mit George Smith, der nicht mit Aufmerksamkeiten sparte – mal schickte er eine Austernschüssel, mal Karten für die Oper –, stand Eliot tatsächlich niemals auf dem gleichem Fuße. Von ihm sind auch keine Formulierungen wie diese überliefert: »Ich bin hingerissen in Staunen und Bewunderung von Mrs. Lewes Talent!« Blackwood hatte noch keine hundert Seiten gelesen, da schickte er schon per expreß seine Glückwünsche. Er werde nun die Nacht durchlesen und auch den Sabbath brechen, ähnlich wie der brave schottische Pastor, der von der Kanzel herab seine Gemeinde wissen ließ, wenn der Frost anhalte, werde er Sonntag morgen um zehn auf dem Eis stehen, um Curling zu spielen. Gott verzeiht die kleinen Sünden des Sports und der Literatur.

George Eliot ist hörbar erleichtert. »Es ist mir ein großes Vergnügen, an Sie zu schreiben, wie in den alten Tagen.« Von nun an sollte nichts mehr das gute Einvernehmen trüben, das bis zu John Blackwoods Tod und darüber hinaus mit seinem Verlag dauerte. »Fast vergaß ich zu sagen, wie gut Ihre Politik ist«, schreibt er ihr. »Soweit ich das bisher beurteilen kann, bin ich ein Radikaler von Felix Holts Sorte – und mein Vater war es ebenso.« Und da »wir Engländer langsame Kriecher sind« (die junge Mary Ann), würde sich auch sein Nachfolger, Neffe William, in der alten Ordnung wohlbefinden, in der die Pflichterfüllung des Radikalen erstes Gebot war. Es amüsiert Master John, daß sein Manager, Mr. Simpson, einem Typ wie Felix Holt keinen Job in 45 George Street geben würde. »Ein sturer Kopf, mit dem ich keine Woche auskäme. Der würde sich mit mir wegen jeder Kleinigkeit anlegen.«

Ein paar Jahre später sperrt Blackwood bei einem Streik seine Arbeiter aus. »Ein trauriger Anblick, die unbenutzten Setzkästen und stillstehenden Maschinen. Mir tut es leid für die Männer . . . Aber sie mußten sich ja sklavisch der Tyrannei der Gewerkschaft beugen.« Danach kommt ihm kein organisierter Setzer oder Drucker mehr in den Betrieb.

Als Eliots neuer Roman angekündigt wird, steht Schwester Fanny »auf den Zehenspitzen vor Erwartung.« Aber *Felix Holt*, obwohl in den Midlands angesiedelt, kommt ohne die

Familie Evans und ihre Nachbarschaft als Statisten aus. »Ich erwarte nicht, daß Du in meine Bewunderung über ihr letztes Werk einstimmst«, schreibt sie an Isaac. »*Felix* ist ein Radikaler, und ich weiß, daß Radikale keine Gnade vor Deinen Augen finden. Aber alles in allem: Das Buch ist wunderbar klug, das mußt Du zugeben.« Die neugierige Witwe Houghton, die gleichwohl nicht im Traum daran denkt, Marians Grüße zu erwidern, hatte im Buchladen nach einem Foto von George Eliot gefragt und, abschlägig beschieden, statt dessen eines von George Henry Lewes gekauft. »Noch nie im Leben habe ich das Bild eines menschlichen Antlitzes gesehen, das so wenig menschliche Schönheit aufwies.«

Nach *Romola* und einer vierjährigen Pause, in der George Eliot nichts veröffentlicht hatte, nimmt die Kritik *Felix Holt* beifällig auf. Mit diesem Roman war man wieder auf vertrautem Terrain. Ungewöhnlich reserviert bleibt Lewes: »Blackwood findet das Buch besser als *Adam Bede*. Ich kann seine Ansicht nicht teilen; aber es ist ein edles Buch, und ich nehme an, populärer als *Die Mühle*.« Frederic Harrison, Eliots juristischer Berater, der sich reich belohnt fühlt, daß eine seiner Formulierungen zur Transomeschen Erbmasse in die englische Literatur eingegangen ist, liest *Felix* vier- oder fünfmal hintereinander und berichtet von Familien, »in denen die drei Bände, Kapitel für Kapitel, Zeile für Zeile gelesen und wiedergelesen und rezitiert werden wie Stanzen aus Tennysons *In Memoriam*.« Allerdings trifft er auch weniger fromme Leser. Eine schöne, aber äußerst hartherzige junge Dame der Gesellschaft habe ihm ins Gesicht gesagt, daß sie von Felix Holt und seiner Welt nichts wissen wolle. »Es mag sie ja geben«, habe sie ihm entgegengeschleudert, »aber diese Leute sollten zum Schweigen gebracht werden. Es war ein Fehler, ihre Hirngespinste zu ermutigen . . . Schulmeister, Pfarrer und die Polizei sollten sich mit derlei Volk befassen.«

Blackwood bleibt dabei. Das Buch ist ein »vollkommenes Wunder«. Ihre politische Einstellung sei hervorragend und werde bei allen Parteien Gehör finden. »Was sie sagt, ist unschätzbar in der gegenwärtigen Auseinandersetzung«, versichert er seinem Manager. Es geht um die zweite Wahlrechtsreform, in der die größeren Städte mehr Sitze gewinnen und die Zahl der registrierten Wähler wächst, vor allem in der Klasse der Industriearbeiter. Von 13 Millionen Bürgern über 20 Jahren dürfen zwei Millionen nun ihre Stimme abgeben, aber noch immer bleiben die Forderungen nach freien, geheimen und allgemeinen Wahlen unerfüllt. Hauspersonal und Landarbeiter stehen zum Beispiel nicht auf den Listen.

In der Auseinandersetzung pro und contra Reform läßt Eliot sich von Blackwood überreden, in der Januarausgabe 1868 von *Maga* als Felix Holt *Ein Wort an die Arbeiter* zu richten. »Wenn das neue Reformgesetz in Kraft tritt, wird sich der Arbeiter bewähren müssen, und wenn er sich schlecht aufführt, wird das schwer auf das Land zurückschlagen; auf jeden Fall wird seine Klasse am härtesten darunter leiden«, drängt Blackwood. Lewes rät ab, aber Eliot ist entschlossen, sich öffentlich zu äußern. Sie hatte ihre Rolle immer als die des »ästhetischen und nicht des doktrinären Lehrers« verstanden, des »Erweckers edler Gefühle, die die Menschen das sozial Rechte wünschen lassen, aber keines Lehrers, der soziale Maßnahmen verschreibt.« (Die einzige Gewerkschaft, die sie sich vorstellen konnte, war die der Autoren gegen Tinneff und Schund.) Nun mischt sie sich doch in die Tagespolitik ein – wenn auch mit hohen Worten und nicht mit konkreten Vorschlägen. Nur Lewes scheint die Fragwürdigkeit aufgegangen zu sein, Felix Holt zum Sprachrohr der politischen Vorstellungen seiner Autorin zu machen und ihn damit als literarische Figur zu diskreditieren.

Ein Agitator ohne Krawatte, aber mit weißem Kragen richtet in *Blackwood's Magazine* das Wort an die »Kameraden Arbeiter« – die Fleißigen, Nüchternen – ein wenig von oben herab und sicher zum Beifall der Leserschaft, die sich nicht auf dem Acker, auf dem Bau, an den Webstühlen, in Kohlenminen und

Fabriken krumm arbeitete, sondern auf dem Sofa saß und beleidigt tat, weil ihre Privilegien angetastet werden sollten. »Der einzig sichere Weg, wie die Gesellschaft verbessert und unsere schlimmsten Übel beseitigt werden können, ist nicht der Versuch, direkt und sofort die tatsächlich vorhandenen Klassenunterschiede und -vorteile abzuschaffen – als ob jedermann dieselbe Sorte Arbeit verrichten und dieselbe Art von Leben führen könnte – (keiner meiner Hörer ist so dumm, das zu glauben), sondern indem man die Klassen-Interessen in Klassen-Pflichten umwandelt . . . ein jeder in Verantwortung für die ganze Nation.«

Blackwood ist zuversichtlich: »Wie viele hohle Schoten und Sturköpfe auch das Wahlrecht bekommen werden, es gibt noch genug Intelligenz und Macht des Wohlstands, um das Land auf Kurs zu halten.« Eliot habe genau den richtigen Ton getroffen. »Ich hoffe, die armen Kerle sind in der Lage, diese Worte zu würdigen. Wenn sie es täten, wäre hier alles in bester Ordnung.« Ob eine dieser hohlen Schoten ihre Worte jemals gelesen hat?

XVI

I hate women. They get on my nerves.

(Dorothy Parker)

Es waren nicht nur die Arbeiter, die in diesen Jahren auf-
muckten. Auch die Frauen wollten nicht länger »Spielzeug
oder Schmuckstück« sein (George Eliot über Esther Lyon). In
der Annahme, daß ihre Gefühle von der erfolgreichsten Frau
Englands geteilt würden, suchten sie bei ihr Zuspruch und
Unterstützung. Durch Barbara Bodichons Empfehlung erhielten Elizabeth Blackwell, die erste approbierte Ärztin aus
den USA, und Emily Davies Zutritt bei Mrs. Lewes.

Bodichon und Davies gehörten zu einem Kreis, der Sponso-
rinnen für ein Frauencollege suchte. Barbara steuerte 1000
Pfund bei, Emily leistete Überzeugungsarbeit. Aus ihrer Initiative entstand 1869 das Girton College in Cambridge, aber
George Eliot hatte keinen wesentlichen Anteil daran. Weder
lebte sie die Revolution, noch half sie ihr auf die Sprünge.
Zwar hatte sie schon vor zwölf Jahren in ihrem Essay über Madame de Sablé gefordert, das weite Feld beruflicher Tätigkeit
beiden Geschlechtern zu eröffnen, aber in ihrem Herzen kräu-
selte sich der Verdacht, daß Frauen zu gefühlsbetont seien, um
wissenschaftlich denken zu können. »Die größte Schande
wäre, darauf zu bestehen, eine Arbeit zu tun, für die wir nicht
geeignet sind«, schreibt sie an Barbara. Außerdem hatten
Frauen vorrangige Aufgaben. Miss Davies war der Satz ent-
schlüpft, das Leben im College befreie die Studentinnen von
der Last häuslicher Pflichten. Sollte das bedeuten, daß man sie
dort ihren Familien enfremdete? Oder sie lehrte, politischen
Maßnahmen zur Verbesserung der Gesellschaft zu vertrauen –
und damit ihre persönliche Initiative untergrub? »Es liegt ein
Körnchen Wahrheit in der vulgären Befürchtung der Männer,
daß Frauen unweiblich werden könnten«, wenn man sie rückhaltlos dieser von ihnen dominierten Welt auslieferte.

Miss Davies konnte sich mit George Eliot über die Notwendigkeit höherer Frauenbildung einigen, Marian Evans eine Spende über 50 Pfund entreißen (»Vom Autor von *Romola*«), aber in Mrs. Lewes keine Mitstreiterin gewinnen. Zu ausgeprägt war ihre Abneigung gegen jede Art von geräuschvoller Betätigung und zu prekär ihre gesellschaftliche Stellung, als daß sie sich für eine derart umstrittene Sache wie die der Frauen aus dem Fenster gelehnt hätte. An Sara schreibt sie: »Ich muß Dich schelten, daß Du für das Frauenstimmrecht Reklame machst«, das John Stuart Mill 1865 in seiner Antrittsrede als Abgeordneter gefordert hatte und das 1866 in einer ersten Petition vorlag. »Warum belastet Du Dich mit einer derart zweifelhaften Angelegenheit?«

Die Reformerinnen, die auf solideren Bahnen fuhren, fanden mehr Gnade. Eliot sympathisierte mit Octavia Hill, Gertrudes Schwester, die in London ein Wohnungsprojekt für Slumbewohner leitete, sie gab 200 Pfund zu einem Fonds, aus dem Octavia ein Gehalt gezahlt wurde, und ging sogar mit Charles und Gertrude zu einer ihrer Partys. Sie spendete auch für ein Frauenhospital, erleichtert, daß andere mehr Energie zeigten, als ihr zu Gebote stand. »Meine einzige Sozialarbeit ist, mich am Einsatz anderer zu freuen und fern von jedem Wirbel in luxuriöser Abgeschiedenheit zu leben.« Bessie Parkes hatte es indessen aufgegeben, sie um Artikel für ihr *Englishwoman's Journal* zu bitten. Marian empfahl Barbara, die eine der Geldgeberinnen war, der Chefredakteurin eine kritisch-ratende Freundin zur Seite zu stellen. Das »höchstens mittelmäßige« Organ verletze ihren Sinn für Professionalität.

Als Elizabeth Malleson, die Gründerin einer Bildungsanstalt für Arbeiterinnen, im Juli 1869 um eine Spende bat, äußerte sich Mrs. Lewes skeptisch: »Die Unterrichtung von Arbeiterinnen auf einem derart hohen und schwierigen Niveau erscheint mir undurchführbar, ja, nicht wünschenswert.« Nach einem Besuch in der Priory konnte Mrs. Malleson jedoch mit einer Spende von 16 Pfund 16 Schillingen rechnen – teilbar durch acht Jahre.

»Es gibt kein Thema, bei dem ich mehr bedacht bin, mich zurückzuhalten und zuzuhören, als bei der Frauenfrage. Sie scheint mir über Abgründen zu schweben, von denen einer, die Prostitution, nicht der schlimmste ist ...« Welche Vorstellung hatte Mrs. Lewes von der Natur der Frauen – und welche von der Prostitution? Liefen Frauen Gefahr, ohne den »reinigenden, bezähmenden Einfluß« männlicher Autorität »teuflisch-sinnlich« zu werden, wie die junge Mary Ann beim Tod ihres Vaters befürchtet hatte? Frauen – die schwächeren Tiere; und die Männer – herausgefordert und schutzlos, Opfer der animalisch-femininen Natur? Die Gesellschaft wankt; der Verstand steht still. Was lauerte womöglich in noch grauseren Abgründen?

Sicherheit lag in der Rückbesinnung. Die biologische Entwicklung habe Frauen zwar das schlechtere Los zugemessen; die moralische Entwicklung ihnen jedoch Talente geschenkt, die die Natur korrigierten, schreibt sie: nämlich Zärtlichkeit, Geduld und Mütterlichkeit. »Die Erkenntnis, daß die Frauen dieses schlechtere Los tragen, sollte zu sublimerem Verzicht auf seiten der Frauen und erneuertem Zartgefühl auf seiten der Männer führen.« Hier war das rettende Geländer.

Doch wo blieb die Aussicht? »Wir Frauen sind immer in Gefahr, zu ausschließlich unseren Gefühlen zu leben; und obwohl unsere Gefühle vielleicht unsere schönste Gabe sind, sollten wir auch unseren Anteil an einem unabhängigeren Leben haben – Freude an Dingen um ihrer selbst willen. Es ist jämmerlich, die Hilflosigkeit liebenswürdiger Frauen zu sehen, wenn ihre Gefühle enttäuscht werden – denn man hat ihnen beigebracht, daß sie an jeder Art von Gelehrsamkeit nur Freude finden, wenn sie mit einem Gefühl der persönlichen Liebe verknüpft ist. Es ist ihnen niemals aufgegangen, daß es eine ganz unabhängige Freude ist, intellektuelle Erfahrungen zu machen, die sie gestehen können, ohne dafür ausgelacht zu werden.« – Allerdings gehörte zur Ausübung dieser Freude eine privilegierte Stellung wie die ihre, unabhängig von Kirche, Familie und dem häuslichen Kram, zu dem sie kein Talent hatte. George Eliot konnte es sich leisten, ihren »männlichen« Intellekt leuchten zu lassen und zugleich höchst feminin zu erscheinen. Die Geschlechter seien nicht gleich, schreibt sie, sondern komplementär, wie die ineinandergreifenden Hälften einer Kugel, die das Leben rund machten. Sie selbst hatte diese ideale Linie fast erreicht.

Es setzte sie immer wieder in Erstaunen, wenn Männer, die Zeichen von Bildung und Kultur in weiblichen Hirnen als Bedrohung ihrer Vormachtstellung fürchteten, sich dummen und koketten Frauen ergaben, und sie hat solche Konstellationen in ihren Büchern psychologisch meisterlich seziert. Die beiden hervorragenden Vertreterinnen dieser Spezies sind Rosamund Vincy in *Middlemarch*, deren selbstzufriedene Hohlköpfigkeit erst ihre Ehe und dann die Karriere ihres Mannes zugrunde richtet, und Gwendolen Harleth in *Daniel Deronda*, die ihre Macht überschätzt und von ihrem sadistischen Mann zerstört wird. In diesen ambivalenten Geschöpfen zeigt sich der künstlerische Weg, den Eliot seit *Adam Bede* zurückgelegt hat. Auch Hetty Sorrel war ein einfältiges, kokettes Ding – »eine Schönheit, auf die man nie böse sein kann, doch die man immer zermalmen möchte aus Unfähigkeit, den Geisteszustand zu verstehen, in den sie einen versetzt« – aber selbst in ihren tragischen Stunden wird sie nie zur Persönlichkeit, sondern bleibt ein unbewußtes halbes Wesen, ein Kätzchen, ein Vögelchen, ein »gejagtes, verwundetes Tier«.

Den Koketten stehen in den Romanen die frühen Karrierefrauen entgegen, die ihre Weiblichkeit ihrem Ehrgeiz geopfert haben. In *Daniel Deronda* ist es die Primadonna Alchirisi, Daniels Mutter, die ihren heiligen Krieg gegen Vater und Ehemann führt und selbst ihren Sohn verläßt. »Du wirst dir das niemals vorstellen können, wie es ist, männliche Kraft des Genies in dir zu fühlen, und dabei die Sklaverei zu erleiden, zu der du als Mädchen verdammt bist«, sagt sie zu Daniel, als er sie endlich findet. Doch die Alchirisi wird für ihren »Egoismus« von der Autorin mit Einsamkeit und Krankheit gestraft.

Mit der Opernsängerin Armgart in dem gleichnamigen dramatischen Gedicht nähert sich Eliot der radikalsten Deutung von den komplementären Kugelhälften, die nicht nur das Leben rund machen, sondern auch austauschbar sein sollten. Armgart lehnt den Antrag des von ihr geliebten Grafen Dornberg ab, weil sie ganz frei sein will. »Ich bin eine Künstlerin, so wie Sie ein Edelmann sind. Ich muß die Bürde meines Rangs tragen.« – »Der Rang einer Frau liegt in der Fülle ihrer Weiblichkeit«, antwortet der Graf. Und Armgart: »Ja, ich weiß... die Natur hat es so eingerichtet! Oh heilige Natur! Laßt sie Schiedsrichterin sein; sie gab mir die Wahl, die sie nur einem Mädchen gewährt, die beste ihrer Art, und sie gab mir Ehrgeiz.« Was kann der Graf ihr bieten? Während ihre Rollen in der Oper von zweiten Kräften gesungen werden, soll sie zur Unterhaltung des zeitungslesenden Gatten in seinem Salon tirilieren? Der Graf will indes ihrer Karriere nicht im Wege stehen. Oho! »Der Mann, der mich heiratet, muß auch meine Kunst heiraten, ehren und lieben – nicht tolerieren!« Und noch ein guter Rat zum Abschied: »Ihr seid bitter, Graf? Vergebt mir. Sucht die Frau, die Euch verdient – ganz Anmut und Güte, die noch keinen anderen Sinn in ihrem Leben gefunden hat, als das Eure zu erfüllen. Die Art gibt's reichlich.«

Liebe Leserin, wie wird das enden? Böse, wie wir George Eliot kennen. Die Hälften sind für sie nicht austauschbar. Armgart verliert ihre Stimme. Ihr alter Lehrer Leo und ihre Zofe Walpurga weisen sie darauf hin, daß das Leben einen Sinn gewinnt in der Aufopferung für andere. Vorhang!

Ausgespart vom Elend ist nur die selbstlose Frau, die eitlem Tand ebenso wie professionellem Ehrgeiz entsagt; die statt in der Öffentlichkeit zu predigen, die Hände ihrer Kinder faltet (Dinah), statt auf der Bühne Triumphe zu feiern, in Derondas

Wohnzimmer auftritt (Mirah) und statt Häuser für die Landarbeiter zu entwerfen, ihren Skizzenblock ganz einpackt (Dorothea). Soviel zu diesem Thema.

Noch bevor *Felix Holt* im Juni 1866 erscheint, hat sich das Ehepaar Lewes wieder auf den Weg in die deutschen Kurbäder gemacht. Es war die gesündeste Art, den Kritiken aus dem Weg zu gehen. In Antwerpen entdecken sie zu ihrer Freude, daß eine Truppe aus Oberammergau dort gastiert. Ein Passionsspiel wollten beide schon lange einmal erleben. »Die Vorstellung überstieg unsere Erwartungen.« Es handelt sich um eine Pantomime mit Orgelbegleitung. Die Darsteller sind durchweg Knallchargen; nur die Christusfigur ist »ausdrucksvoll und edel . . . Die Anbetung des Kindes durch die Hirten mit einem Spielzeuglamm, das bäh machte, wenn man seinen Kopf bewegte, war gefolgt von der Flucht nach Ägypten: ein reizendes Bild mit der Jungfrau auf einem Papp-Esel und einem folgsamen Kind, das sie küßte und tröstete. Josef gut aussehend . . . Der Abschied von Freunden und Mutter in Bethanien gut gespielt – wirklich rührend . . . Auspeitschung sehr eindrucksvoll . . . Tod am Kreuz nicht so gut.« Der witzige und anspruchsvolle Theaterkritiker der *Pall Mall Gazette* und seine schwerintellektuelle Begleiterin sind »sehr bewegt.«

Die nächste Station, Amsterdam, ist »häßlich«, voll schokoladenbrauner Häuser und ohne Bäume entlang der Grachten. Sie spazieren durch das jüdische Viertel und suchen die portugiesische Synagoge, in deren Nähe Spinoza lebte. Ähnlich wie in Frankfurt ist Eliot zugleich hingerissen und abgestoßen von den Formen jüdischen Lebens. In *Daniel Deronda* sollte sie dieser Faszination dann auf den Grund gehen. Abends besuchen sie den Gottesdienst. Außer ihr ist keine Frau anwesend. »Der Singsang und das Hin- und Herwiegen ist den Sinnen nicht sehr angenehm, aber ich weinte fast, als ich diese schwachen Symbole einer Religion von erhabener, weit zurückliegender Erinnerung sah.«

Den Rhein hinauf reisen sie weiter, unbelästigt von Truppenbewegungen um Koblenz. Bismarck hatte Österreich eine Woche zuvor den Krieg erklärt. Flandrische Hoteliers und Mitreisende warnen, die Preußen würden die Eisenbahnen im mit Österreich verbündeten Hessen-Nassau sprengen. Alles Unsinn. In Schwalbach im Taunus sind sie sicher »wie im Paradies«, und Marian zitiert für die Daheimgebliebenen aus Goethes *Faust*:

> »Nichts Bessers weiß ich mir an Sonn- und
> Feiertagen,
> Als ein Gespräch von Krieg und Kriegsgeschrei,
> Wenn hinten, weit, in der Türkei,
> Die Völker auf einander schlagen.«

Die Völker schlugen am 3. Juli in Königgrätz aufeinander; allein 40 000 Österreicher fielen, aber der Krieg verschonte Frauen, Kinder und Kurgäste. Die einzigen Anzeichen für die Turbulenzen sind die in Schwalbach einquartierten Soldaten, die über die Promenade schlendern und »ihren Ausgang gescheit nutzen, indem sie vom Brunnen trinken.« Nichts unterbricht die köstliche Ruhe, wenn Marian und George, die Lektüre unter dem Arm oder aufgeschlagen in der Hand, durch Felder und frischgrüne Buchenwälder schweifen.

»Die Promenade, wo die Damen – hauptsächlich Russinnen und Deutsche, mit wenigen englischen und amerikanischen Einsprengseln – ihre gemusterten Petticoats und diversen Hüte vorführen, sind nur die Außenbezirke des Paradieses, aber wir belustigen uns dort frühmorgens und abends für ein, zwei Stunden, lauschen der Musik und lernen die Gesichter unserer Nachbarn kennen.« George sieht aus, als ob ihm nie etwas gefehlt hätte. Sie meiden die übrigen Hotelgäste im *Duc de Nassau* und dinieren auf ihrem Zimmer. Marian: »Es hätte mir die ›Kur‹ verdorben, wenn ich jeden Tag die table d'hôte hätte ertragen müssen, an der die meisten Gäste Engländer sind und der ein englischer Kaplan vorsitzt

... Es geniert mich gräßlich, von fremden Augen angestarrt zu werden.«

Am 4. Juli, dem Vorabend der Schlacht von Königgrätz, macht sich im Bad doch so etwas wie Unruhe breit. Lewes notiert: »Gestern sind drei Familien in Panik aus dem Hotel geflohen, weil ein hiesiger Doktor ihnen närrischerweise geraten hatte, zu fliehen, solange es noch möglich sei – eine große Schlacht bei Frankfurt sei unabwendbar. Nachdem sie also Kutschen bestellt hatten und bis Ems gefahren waren, trafen sie englische Reisende auf der Landstraße, die ihnen die Absurdität ihrer Furcht klarmachten – sollte es tatsächlich zu einer Schlacht kommen, dann seien sie in Schwalbach so sicher wie nur irgendwo. Worauf sie in ihr altes Quartier zurückkehrten.«

Sinnlose Besorgnis! Die Lewes' rücken zwei Wochen später noch ein wenig näher an die Garnison Wiesbaden heran. Schlangenbad ist »ein lässiger, verträumter, verbummelter Ort«, das Hotel *Plantz* entzückend, wie Lewes an Charlie schreibt. »Wir haben einen großen Balkon; in unseren Räumen können wir uns ungestört aufhalten und unsere Mahlzeiten allein einnehmen. Wir sprechen mit niemandem und sehen in der Tat auch fast niemanden. Krieg und Kriegsgeschrei verscheuchen die Gäste, aber lassen uns völlig unberührt und überzeugt, daß uns nichts geschehen kann.« Auf ihren Spaziergängen treffen sie gelegentlich Militärposten. Es ist weder von Kontrolle noch Belästigung die Rede. »Dieser Ort gefällt uns besser als Schwalbach, teils wegen der Schwimm-Bade-Anstalten, die einen unvergleichlichen Luxus darstellen, kristallklares Wasser, sanft wie Milch ... Wir sind fast den ganzen Tag im Freien, wir nehmen unsere Bücher mit hinaus, schlendern, sinnen und träumen und werden heimkommen?: – schön wie nur was!«

Als sie sich für die Heimreise in Eltville einschiffen, sehen sie preußische Truppen in die Stadt einmarschieren, die sie zehn Minuten vorher verlassen haben. Wie unwirklich ist der

Krieg, vom Dampfer aus besehen! Ein wenig unwürdig fühlt man sich dennoch als Bade- und Feriengast im Angesicht der Ereignisse, und nur die Entschuldigung, daß man der Gesundheit wegen unterwegs ist, stellt das gute Gewissen wieder her.

Im April 1866 hatten sie einen Brief von Thornie erhalten mit einem Bericht »von unserem eigenen Korrespondenten« über seine Taten im Krieg gegen die Basutos. Offenbar hatte er nicht nur erfolgreich auf Schlangen und Krähen geschossen, denn die Regierung habe ihm als abgemustertem Freiwilligen dreitausend Acres am Oranje River verliehen, und da er kein gelernter Bauer sei, bitte er Bertie zu seiner Unterstützung nach Natal zu kommen. Sein kleiner Bruder, 20 Jahre alt, der zu dieser Zeit in Warwickshire pflügt, ist sofort einverstanden. Neu eingekleidet und mit Geld für Vieh und Wirtschaft ausstaffiert, segelt Bertie nach Durban, ein Abschied »unter heiteren Umständen« und mit entschieden weniger Trara als in Thornies Fall. Erst als er fort ist, erreicht die Eltern die Nachricht, daß sich das Landprojekt zerschlagen habe. Die Zukunft ihrer beiden Jungen ist wieder offen.

Seit Lewes im Jahr zuvor Eliots Drama eingezogen hatte, ruhte *The Spanish Gypsy*. *Felix Holt* war nicht ganz der Triumph geworden, den sie sich gewünscht hatten: in anderthalb Jahren hatte Blackwood knapp 5000 Stück verkauft. Nun verlangt das unvollendete Werk nach Wiederaufnahme. Es scheint sogar eine Studienreise wünschenswert zu machen. Ende Dezember 1866 brechen sie Richtung Frankreich auf. Während die Lieben zu Hause tiefer in ihre Inglenooks kriechen, muß die Mutter in Bayonne einen Sonnenschirm kaufen! Vom Turm der Kathedrale erblicken sie die schneebedeckten Gipfel der Pyrenäen. »Oh! Oh! Oh!« Der Türmer glaubt, zwei übergeschnappte Engländer seien zu ihm heraufgestiegen. In Biarritz fassen sie Mut, diese bezaubernde, achtungsgebietende Bergwelt zu überschreiten. Die fremde Küche – »eine Andeutung von Öl und Knoblauch würde Mr.

Lewes eine endlose schreckliche Gastritis bescheren« – und das fremde Alltagsidiom sollen sie nicht schrecken. Am Strand spazierend, hören sie sich gegenseitig aus einem spanischen Sprachführer ab. Hoch schlagen die Wogen des Atlantik und schärfen ihre Reiselust.

Die Ferien bekommen ihnen ausgezeichnet, trotz großer Strapazen – Fahrten in der kalten Postkutsche, Stechmücken in Andalusien und Seekrankheit auf dem Dampfboot nach Malaga. Nach Granada hinauf wird ihre Chaise von zehn Mulis geschleppt. 16 Stunden sind sie unterwegs, Zeit, sich ausführlich zu ergötzen. Die Alhambra ist »pures Entzücken.« Zwischen Sevilla und Madrid sitzen sie 28 Stunden im Zug, zusammen mit drei- oder vierhundert Soldaten. Alle rauchen und lärmen, sind aber erfreulicherweise »nicht brutal«. Über Öl und Knoblauch werden keine Klagen laut. Die beiden besichtigen Spaniens Architektur, seine Landleute – freundlich ohne Servilität, die Männer prachtvoll mit ihren Kopftüchern – seine Zigeuner, seine Kunst; sie hören seine Musik und schmecken seine Düfte. Alles ist neu und auch ein bißchen anders als bei Calderon oder Cervantes. »Die Bilder im Prado und die Kathedrale von Sevilla reichen aus, die westliche Zivilisation mit all ihren Fehlern zu rechtfertigen.« Das schreibt sich so in der ersten Begeisterung. Nach zehn Wochen ist Lewes wieder bei Kräften, braungebrannt wie ein Bauer, und die Mutter lacht über sein »fettes Gesicht«. Es ist März. Zu Hause weht der Ostwind den Schnee über die Gartenmauer.

Marian versucht, die Reiseerinnerungen frisch zu halten, aber Fedalma und ihre Zigeuner ächzen unter den bleiernen Versfüßen von Dr. Sylvestres Reimgesetzen. Im Juli brechen sie also noch einmal auf, um die Inspiration zu beflügeln – in das Land, das Goethes *Life* und *Adam Bede* Schwingen gab. Nach Brüssel, Lüttich und Trier landen sie in Wetzlar – »klein und übel gebaut« (Goethe) – und schon 1867 ein Zentrum des Werther-Tourismus. Hier hatte sich der 23jährige Praktikant am Reichskammer-Gericht Goethe in die niedliche Charlotte

Buff verliebt. Im Lotte-Zimmer des Deutschordenshauses besichtigen die beiden ihren Parasol und ihren Handarbeitskorb, und Marian klimpert ohne Umstände auf den gelben Tasten des Klavierchens, »das wie die Zitterstimme einer alten Frau klingt« (Lewes). Über die Wartburg geht es nach Arnstadt, wo sie einen »Ball im Kursaal« erleben. »Welch ein Ball! Was für Kerle! Soviel Häßlichkeit und Ungelenk! Was für Kleider! Nur in Deutschland hat man einen solchen Haufen Vogelscheuchen versammeln können!« freut sich Lewes. Zwei Wochen bleiben sie in Ilmenau, das sich aus einem beschaulichen Nest zu einer properen Stadt entwickelt hat, aber die unfernen Wälder bieten noch immer die geliebte Abgeschiedenheit, wenn das Gehämmer auf Wirtshaustischen und das Krakeelen politischer Stammtischbrüder zu aufdringlich tönt.

Auf der Weiterfahrt nach Dresden werfen sie einen Blick aus dem Zugfenster auf das liebe alte Weimar. Dreizehn Jahre ist es her – ob die Konditorswitwe Münderloh noch lebt? – Und Schöll, der grollte, weil Lewes ihn nicht als Quelle in Sachen Goethe genannt hatte? Liszt war mit seiner Prinzessin weitergezogen, vertrieben von Hofintrigen und Eifersucht. Dort drüben: Schloß Belvedere und die Ilm – vorbei. In Dresden beziehen sie wieder Quartier in der Waisenhausgasse; und Marian plagt sich am alten ›Schranke‹ mit ihrem Drama.

The Spanish Gypsy erscheint im Mai des folgenden Jahres. George Eliot kann es sich leisten, ihr Publikum zu verblüffen. Mr. Blackwood blickt eher herbe auf das Ergebnis. »Fidelma wird einen neuen Zweig in Ihren Lorbeerkranz winden«, schreibt er, aber in fünf Jahren gelingt es ihm lediglich, 4250 Stück zu veräußern. Das waren Zeiten, als Bedesman das Derby gewann!

In Frankreich und Spanien hatte Lewes es sich zur Gewohnheit gemacht, die Melderegister der Hotels zu überfliegen, und falls englische oder amerikanische Gäste unter demselben Dach wohnten, seinen Namen unleserlich in die

Spalten zu krakeln. In Granada unterließ er diese Vorsichtsmaßnahme, mit dem Ergebnis, daß im Foyer alle Stimmen erstarben, wenn das prominente Paar hindurchstob: Die Dame in Spitzenmantilla an der Seite des dürren Herrn mit Bart und Schlapphut, Rocktaschen und Ridikule gebeutelt von Notizbuch und Reiseführer. »Die Aufmerksamkeit der Gäste war schmeichelhaft, aber lästig«, notiert der Herr.

Als sie im Juni 1868 wiederum nach Deutschland und in die Schweiz reisen, gelingt es kaum, das Inkognito zu wahren. In Petersthal im Schwarzwald kann der eitle Mr. Lewes »doch nicht widerstehen, die Tatsache einem sehr hübschen, kultivierten und bezaubernden jungen Mädchen zu enthüllen, meiner Tischnachbarin beim Dinner während der letzten Woche, Tochter des österreichischen Konsuls in Helsingfors. Ich machte zur Bedingung, daß sie mich erst nach unserer Abreise verraten dürfte, aber obgleich das Geheimnis nur zwei Tage lang bewahrt werden mußte, war es zuviel für sie; ungefähr eine Stunde vor unserer Abfahrt hatte sich die Neuigkeit in ganz Petersthal verbreitet. Der Wirt schien überwältigt von der ›Ehre, die seinem Haus widerfahren war‹, etliche Damen und Herren kamen, um ihrer Begeisterung Ausdruck zu verleihen und meine Visitenkarte zu erbitten; und alle Gäste versammelten sich, uns zu verabschieden – mit wehenden Taschentüchern und vielen Verneigungen. Es war sehr amüsant.«

Doch was George belustigt, wächst sich für Marian zu einem Trauma aus. Vom Ende ihrer nächsten Italienreise berichtet sie Mrs. Trollope in Florenz: »Bis zu unserer Abreise von Paris studierte Mr. Lewes unermüdlich ›Bradshaw's Reisefahrplan‹, und er fand ständig neue Verbindungen heraus. Infolgedessen erreichten wir die Heimat zwar zu der in Florenz vorbestimmten Zeit, jedoch nicht ganz auf dem vorbestimmten Wege. Bedauern Sie uns, wenn ich Ihnen nun erzähle, daß wir nach unserer Reise von München nach Straßburg noch am selben Abend nach Paris weitergetrieben wurden. Dies war das Ergebnis eines fatalen Zufalls, der uns in Ulm in ein Abteil führte, in dem wir einen Bekannten vorfanden – einen, vor dem George mich in London mit großer Mühe bewahren konnte« (ein Mr. Johnson vom Schatzamt, Freund von John Chapman und Karl Marx). »Er war der Überzeugung, daß ich seine sämtlichen Rezensionen meiner Bücher gelesen hatte, und dennoch bereit, diese Rezensionen zu meinem Nutz und Frommen noch einmal herzubeten. Mit seiner zweiten Frau kehrte er gerade von der Hochzeitsreise heim, und offensichtlich ging er wie selbstverständlich davon aus, in Straßburg mit uns im selben Hotel abzusteigen. ›Bist du darauf gefaßt, noch heute nach Paris weiterzureisen?‹ flüsterte George mir in schicksalsschwerem Ton zu. ›Du kennst die Alternative.‹ Wir fuhren also weiter; und da wir unser liebes, ruhiges *Hôtel Choiseul* vor dem Brief, der uns anmeldete, und noch dazu um halb sechs in der Frühe erreichten, fanden wir dort keine Zimmer vor. Fuhren also weiter zu vier anderen Hotels, wo wir auch nicht unterkommen konnten, und begaben uns am Ende voller Verzweiflung zum *Hôtel du Louvre*, das wir beide über die Maßen verabscheuen. Es macht mich schaudern, mir vorzustellen, daß in ein paar Jahren meine Auslandsreisen allein darin bestehen könnten, in Expreßzügen quer durch Europa zu wirbeln; getrieben von dem Entsetzen, mich in Gesellschaft zu finden, die zu vermeiden London mir ermöglicht.« Sie sollte recht behalten.

Bevor sie in diesem Januar 1869 nach Süden gezogen waren, hatten sie einen Brief Thornies erhalten, der ein Vierteljahr unterwegs gewesen war und sie aufs höchste beunruhigte. Die beiden Brüder hatten eine Farm gekauft, aber die Getreideernte war schlecht ausgefallen, und sie versuchten sich in allerlei Unternehmen, zu denen ihnen die nötige Erfahrung oder ein Quentchen Glück fehlte. Ein Tauschgeschäft mit den Amaswazi – Decken gegen Elfenbein – schlug fehl. Die Büffeljagd war ein Desaster. Neun Tage lang waren sie mit den Ochsen durch die Steppe getreckt, und ihre Tiere waren vor

Erschöpfung gestorben. Die Büffelhäute konnten sie kaum verkaufen. »Wir sitzen auf dem Trockenen.«

Doch schlimmer als ihr Pech ist das, was Thornie bei sich als Nierenstein oder Folge eines Unfalls beim Ringen diagnostiziert hat. »Da ist außerdem noch etwas nicht in Ordnung. Ich schwinde langsam dahin.« In einem halben Jahr hatte er 56 Pfund verloren. »Ich esse fast nichts mehr – nur die leckersten Sachen schmecken mir, und die können wir uns nicht leisten. Ich kann keinen Handschlag mehr tun; mich kaum bis zum Boden bücken, keine halbe Stunde aufrecht sitzen. Ich kann nur liegen, eine halbe Stunde herumlaufen und mich wieder hinlegen. Jeden Abend bei Sonnenuntergang, wenn die Krämpfe kommen, kann ich mich kaum umdrehen, und wenn ich mich aufsetzen will, muß ich mich mit den Händen hochstemmen; von den Schultern abwärts habe ich keine Kraft, und ich fühle eine stechende Enge in der Brust, die mir das Atmen schwer macht und mich vor Schmerzen schreien läßt ... Du kannst Dir vorstellen, daß mein Leben unangenehm ist. Wenn ich 50 statt 24 wäre, würde ich hier eines schönen Tages still über unseren Wasserfall laufen, aber wo Jugend ist, da ist auch Hoffnung.« Er glaubt, daß ihm in England von einem Spezialisten geholfen werden könnte, und bittet Pater um die Reisekosten. »Es ist meine letzte Chance im Leben, und Du bist der einzige, an den ich mich wenden kann.«

Lewes schickt ihm sofort 250 Pfund. »Der Gedanke an ihn verfolgt mich unablässig.« Drei Tage nachdem sie aus Italien zurück sind, trifft auch Thornton ein. »Thornie nach Hause gekommen«, notiert Lewes. »Furchtbar schockiert, ihn so abgezehrt zu sehen; aber er ist guter Dinge und lauschte der Musik mit Vergnügen.« Sein Bruder Charlie, dem Lewes verschwiegen hatte, wie es um den Jüngeren stand, fällt in Ohnmacht, als er ihn zum erstenmal sieht. Thornton litt an keinem Nierenstein und keinem Sportunfall, sondern an Rückenmarktuberkulose. Ihm konnte kein Spezialist mehr helfen.

XVII

Verehrer, Jünger, Fans zeigen stets die fatale Tendenz, das Objekt ihrer Verehrung den eigenen Bedürfnissen anzupassen. Handelt es sich gar um ein lebendes Subjekt, läuft der Verehrte Gefahr, seinerseits auf das Niveau seiner Gemeinde einzugehen. Wer auf deren Beifall angewiesen zu sein glaubt, ist fast verloren.

(Bernd Eilert)

Sie hoffen, daß sich ihre Rückkehr von Italien noch nicht herumgesprochen habe und am folgenden Tag, einem Sonntag, keine Gäste kämen, denn der Nachmittag ist schreckensvoll, und das letzte, das Marian zu sehen wünscht, sind fremde Gesichter. Thornton ist auf eigenen Füßen heruntergekommen, im Eßzimmer jedoch zusammengebrochen und windet sich vor Schmerzen auf dem Boden. George ist davongeeilt, um eine Apotheke zu finden und irgend etwas gegen die Krämpfe zu besorgen. Und nun stehen doch drei Herrschaften vor der Tür: Mr. Nortons Schwester mit zwei amerikanischen Landsleuten, einer davon ein junger Mann von 26, der bereits einige Artikel über George Eliot geschrieben hat, und nun ganz entzückt und hoch geehrt... Mr. Henry James. Es rührt ihn, die berühmte Autorin, von deren Feierlichkeit er gehört hat, in solch aufgelöstem Zustand aus dem Eßzimmer treten zu sehen, und anstatt ihre tapferen Versuche, Konversation zu machen, zu befördern, geht er nach nebenan und fragt Thornton, ob er helfen könne. »Ich sehe sein Gesicht vor mir, hübsch und jung und gerötet, sein schwaches kleines Lächeln und seine nasse Stirn.« Trotz des häuslichen Desasters, Thorntons Qual, der kummervollen Aufregung von Mrs. Lewes und der passenden, teilnehmenden Ausrufe der beiden Ladys, findet Mr. James, der sich alsbald verabschiedet, um in einer Droschke zu Dr. Paget zu eilen, genügend Muße, die Dame zu betrachten, um derentwillen er gekommen ist. Am Tag darauf beschreibt er sie ausführlich seinem Vater:

»Sie ist großartig häßlich – köstlich scheußlich. Sie hat eine niedrige Stirn, glanzlose graue Augen, eine immense hängende Nase, einen immensen Mund voller unregelmäßiger Zähne, ein Kinn und Backenknochen, die gar nicht enden wollen ... In dieser immensen Häßlichkeit wohnt eine überaus mächtige Schönheit, die in wenigen Minuten den Sinn bezaubert, so daß man am Ende in sie verliebt ist, wie ich es war. Ja, Du siehst mich tatsächlich verliebt in diesen großartigen, pferdegesichtigen Blaustrumpf. Ich weiß nicht, worin der Zauber liegt, aber er ist von gründlicher Wirksamkeit. Eine bewundernswerte Physiognomie – ein entzückender Gesichtsausdruck, eine Stimme, sanft und reich wie die eines ratgebenden Engels – eine Mischung von Schärfe und Süße – eine deutliche Ahnung von einer verborgenen Welt der Zurückhaltung, des Wissens, des Stolzes, der Kraft – große weibliche Würde und großer weiblicher Charakter in diesen schweren Zügen – ein hundertfach gegensätzlicher Ausdruck von Bewußtheit und Schlichtheit – Schüchternheit und Freimut – anmutiger Zugewandtheit und abwesender Gleichgültigkeit – das sind einige der deutlicheren Elemente ihrer Persönlichkeit. Ihr Benehmen ist außerordentlich gut, obwohl eher zu intensiv, und ihre Sprache in Akzent und Satzbau auf eigentümliche Weise angenehm.«

Dr. Paget, der Leibarzt der Königin, erscheint erst gegen Abend, verabreicht Thornton Morphium und wiegt schwer den Kopf. Ein ernster Fall. Nachts ist Lewes viermal auf, um seinem Sohn mehr Morphium einzuflößen. Am Montag fährt er in die Stadt, um eine flache Liege zu kaufen, und konsultiert einen zweiten Arzt. Der ist ebenso ratlos wie Dr. Paget, verschreibt Bettruhe und Lebertran. Es hieße abzuwarten. Am Dienstag gerät der Patient in sonderbare Erregung, erzählt von Afrika, singt Zulu-Lieder und ängstigt seinen Vater damit sehr. Marian schreibt an Harriet

Beecher Stowe: »Wir richten uns auf eine lange Prüfung ein.«

Sie dauert sechs Monate, unterbrochen von Tagen, an denen Thornie »außer Gefahr« zu sein scheint. Er wird heruntergetragen und liegt in der Sonne auf dem Rasen; er freut sich, wenn Barbara bei ihm sitzt, »die so eine glückliche Art mit jungen Leuten hat« (Marian), aber das Morphium macht ihn stumpf. Erdbeeren mit Sahne – Trauben – Brathuhn – er ist aufgebläht von schlechter Verdauung. Manchmal kann er die Füße auf den Boden stellen, und Pater und Charlie greifen ihm unter die Arme. Wohin? Wo ist er nur hingeraten? Abends spielt die Mutter für ihn Schubert auf dem Flügel: »Ade, ihr Sterne verhüllet euch grau . . . «

Als es ihm sehr schlecht geht, kommt auch »Mama« zum ersten- und letztenmal in die Priory und sitzt einen Nachmittag an Thornies Bett. Seine Dosis beträgt nun hundert Tropfen Morphium, mehrmals am Tag und öfter in der Nacht. Im August wird eine kleine Besserung zunichte. Seine Beine sind nun vollständig gelähmt. Lewes macht sich schon lange keine Illusionen mehr, daß Abwarten und Bettruhe seinen Sohn wiederherstellen könnten, und wenn Marian ihm ins Gesicht schaut, »das nichts mehr von seiner alten Schönheit hat«, weiß sie, daß er langsam verfällt. Er stirbt am 19. Oktober in ihren Armen, nachdem sie und die Krankenschwester ihn aufgerichtet haben, friedlich und ohne Bewußtsein. »Er war so ein lieber Junge – immer noch, obwohl er 25einhalb Jahre alt wurde. Sein Tod erscheint mir wie der Beginn unseres eigenen Sterbens«, schreibt sie in ihr Tagebuch, und an Barbara: »Es hat mich tiefer getroffen, als ich wähnte – daß er fort ist und ich ihn nie wieder meine Liebe spüren lassen kann.«

Nach der Beerdigung auf Highgate fahren sie ein paar Tage aufs Land, nach Surrey, um wieder zu sich zu kommen und Kraft zu schöpfen. Der Gedanke an den Tod aber verläßt sie nun für lange Zeit nicht mehr. Wenn George von Kopfschmerzen und dem unerklärlichen Pfeifen in den Ohren gemartert wird, wenn er nicht aufstehen und arbeiten kann, stellt sie sich vor, wie es ohne ihn sein wird. »Menschen, die sich lieben und zusammen gelebt haben, sollten zusammen sterben«, hatte Lewes anläßlich von Elizabeth Barrett Brownings Tod an Tom Trollope geschrieben. »Ich für mein Teil mache mir über das Sterben überhaupt keine Gedanken – das Entsetzliche wäre, nach dem Verlust weiterzuleben; wenn ich jemals die verlieren sollte, die mein Leben ist.« Nun fürchtet Marian, daß Krankheit, Verfall und Senilität sie schon vorher trennen könnten. Manchmal weint sie in den glücklichsten Augenblikken. Lewes ist nun 52, und obwohl er leichten Sinnes schreibt, auf dem Land bräune er wie eine Seezunge in der Pfanne und nähme zu wie ein Preis-Schwein (zugegeben, ein bretonisches, nichts als Rippen und Schlappohren), ist er doch nie für längere Zeit wohlauf. Er sei so ein bescheidener Esser, versichert Marian, der gar keine Abstriche mehr an seiner Diät vertrage. Schon ein Krümel Hammelfett führt zu endloser Magenpein, und ein Dinner im Garrick-Club oder bei Freunden mäht ihn für mehrere Tage nieder. Und doch stehen auf dem Einkaufszettel, den er Charlie vom Land vorausschickt, sechs Dutzend Flaschen Mosel, Brandy und Kaffee. Trollope fragt an, wieviel er von den achttausend Zigarren, die er aus Kuba erhalten habe, für Freund Lewes abzweigen solle.

»Schreiben Sie etwas?« hatte sich Mr. Blackwood im Dezember 1868 schlicht und neugierig erkundigt, und sie hatte ihm anvertraut, daß sie schon lange die Elemente eines neuen Romans im Kopf bewege. *Middlemarch* soll er heißen. Sie hat bereits zwei Episoden geschrieben, die im fertigen Manuskript erst im zehnten und elften Kapitel des ersten Buches auftauchen – um den Arzt Lydgate und den alten Featherstone – und hat dann das Manuskript, wie sie auf deutsch schreibt, »im Stiche geraten«. Thornie ist in ihren Gedanken und hält sie auf Trab. Wenn sie ihn nicht pflegt und unterhält, schreibt sie an ihren nostalgischen *Brother and Sister Sonnets* und den Gedichten *Armgart* und *The Legend of Jubal*.

Nach Thornies Tod unternehmen sie eine Reise auf den Kontinent: Berlin, Prag und Wien. Aber die Zeit der köstlichen Anonymität ist vorbei. Nun wird der rote Teppich ausgerollt. Auf einer Feier der Universität in Berlin sitzt Lewes zwischen Prinzen, Professoren und Diplomaten, wie er seiner Mutter, die dergleichen gerne liest, mitteilt; und alle, außer dem amerikanischen Botschafter und ihm, sind mit Orden und Sternen bedeckt, daß es nur so blinkt. Einige der »Potentaten der Wissenschaft« werden ihm vorgestellt, der Historiker Theodor Mommsen und der Chemiker Robert Wilhelm Bunsen. Die Namen sagen Mrs. Willim wenig, aber daß Prinz Friedrich von Schleswig-Holstein sie im Hotel besucht und daß sie seiner Einladung nicht Folge leisten werden ... wer kann diesen Sohn verstehen und seine liebe Frau, die gleichwohl so entschiedene Prinzipien vertritt!

Lewes nutzt die wertvollen Kontakte, besichtigt Laboratorien, Krankenhäuser und in der Charité »hochinteressante Fälle von Irrsinn«. Seine neue Leidenschaft ist die Psychologie, die er aus seinen physiologischen Forschungen zu entwickeln und verstehen sucht. Sie hören Bismarck im Parlament und Wagner in der Oper, aber seit Weimar, als sie nach dem zweiten Akt *Lohengrin* aufbrachen, hat sich ihr Geschmack nicht gewandelt. »Diese neue Musik ist nichts für uns.«

Die Empfänge in Gesellschaft sind überaus schmeichelhaft und überaus ermüdend. In Berlin hat noch niemand von dem Gesetz gehört, daß George Eliots Werke vor der Autorin nicht lobend erwähnt werden dürfen. Sie fühlt sich umzingelt von deutschen Damen, die fächeln und flöten, und hinter ihnen wartet eine weitere Phalanx, die noch einmal dasselbe sagen will – »ein Schwarm Vögel, in dem jeder nur darauf wartet, nach mir zu picken.« Notgedrungen entwickelt sie »Kopfschmerzen, einen rauhen Hals und ›Schnupfen‹ ... Das kranke Tier sehnt sich nach Ruhe und Dunkelheit.«

Aber es geht weiter über Prag nach Wien. Lewes hatte sie Robert Lytton, dem englischen Botschafter, avisiert, und der ehrenwerte Lytton hatte standesgemäße Zimmer in der Bel Etage des *Römischen Kaiser* besorgt – elf Florins – das kostet! Wien ist so verändert, daß Lewes sich kaum darin zurechtfindet. Im April 1870 hat es »all seinen alten Charme verloren«. Wenn Marian geglaubt hatte, daß sie in Frieden die Sehenswürdigkeiten abbummeln konnte, war sie im Irrtum. George entwickelt hochfliegende Pläne, mit seiner literarischen Königin in den besten Kreisen zu glänzen. Lytton hat schon die entsprechenden Einladungen besorgt. Tout Wien brennt darauf, seine Lorgnons auf diese Frau zu richten, die so ergreifende Bücher schreibt und so ausgesprochen häßlich sein soll. Marian sträubt sich nicht; sie legt sich nur mit einer Halsentzündung ins Bett.

Bei diesem Paar wird man vergebens auf einen Streit lauern. Ein Satz wie ein Säbelblitzen, ein Schulterzucken, ein schlimmer Blick, wer weiß – in ihren Briefen und Tagebüchern ist niemals die Rede davon, daß einer auf den anderen einlärmte. So lautet Lewes einziger Kommentar, als Polly ihr Kommen auf der Party des Grafen Beust, des österreichischen Kanzlers, absagt, da doch der ganze Hof dort sein wird: »eine Enttäuschung«. Und als Mrs. Lytton Karten für die »Fußwaschung« am Gründonnerstag bringt, entringt sich dem kranken Hals nur noch ein Wispern: Absage. »Dies ist die zweite Gelegenheit, die Kaiserin zu sehen, die wir verpaßt haben.« Sie machen statt dessen einen Spaziergang unter den Sternen.

Jeden Abend speisen sie beim Botschafter-Ehepaar – oft recht traulich. (Robert Lytton, der auch literarisch dilettiert, ist Lewes freundschaftlich zugeneigt und verdankt ihm besseren Rat als seinem Vater, Sir Edward.) Manchmal geht George alleine zu den Dinnerpartys – »Gompertz Räumlichkeiten strahlend vor Licht, Diamanten und rosa Kleidern.« An guten Abenden ist die Konversation dort »wie Champagner«, die Prinzessin Ahrenberg »raucht Zigarren!«, aber öfter noch langweilt er sich mit Frauen, »die alle dasselbe sagen.« Was er nicht weiß, ist, daß etliche der adeligen Voyeure ihrerseits absagen, als sie erfahren, daß der Londoner Star nicht anwesend sein wird. Um einen Mr. Lewes zu besichtigen, legt nicht jede Gräfin ihre Karfunkelsteine an.

Am Tag vor der Abreise geht es Pollys Hals bedeutend besser; dafür muß George sich nach dem Abendessen mit »entsetzlichen Kopfschmerzen« auf die Couch legen. Das liebliche Salzburg versöhnt die beiden wieder miteinander. »Keine Gesellschaft ist uns so teuer, wie allein zu zweit unter einem sonnigen Himmel zu sein.« Über München, Nürnberg, Würzburg und Paris fahren sie wieder nach Hause.

Im Mai erkundigt sich John Blackwood persönlich nach den Fortschritten am neuen Roman. »Sie ist noch nicht so weit, wie ich hoffte«, berichtet er nach Edinburgh, aber »es verspricht, etwas Wunderbares zu werden … englisches Provinzleben.« *Middlemarch*, der Stadt Coventry entlehnt, ist in der Tat etwas Wunderbares; ihm gebührt die Palme unter Eliots Werken. In dieser im Untertitel schlicht genannten »Studie über das Leben in der Provinz« vor der ersten Parlamentsreform von 1832 geht es um Leben und Tod, nicht mehr und nicht weniger. Es geht um Dorothea Brooke, die leidenschaftlich einen höheren Lebenszweck sucht und sich irrend an einen schwachen Mann mit vertrocknetem Herzen bindet; um den aufgeklärten Arzt Dr. Lydgate, der mit einer Koketten unglücklich wird und an den Honoratioren der Stadt scheitert – und um Nebenrollen zum Niederknien: Mr. Brooke, das Wuschelhirn, das böse Weib Mrs. Waule, die alte Krähe Featherstone und Raffles, den bestraften Schmarotzer. Kein Staub liegt auf diesen Charakteren, kein Sand im Getriebe, das über tausend Seiten mit schrecklicher Konsequenz die Unschuldigen und die Schuldigen, die Lichtgestalten und die Dunkelmänner unter die Räder nimmt.

Virginia Woolf hatte *Middlemarch* im Sinn, als sie schrieb: »Kehrt man nach Jahren der Abwesenheit zu den Büchern zurück, fühlt man, selbst wider Erwarten, die gleiche Wärme und Energie davon ausgehen und hat keinen größeren Wunsch, als darin zu verweilen wie in der Sonne, die von der roten Mauer des Obstgartens niederstrahlt ... George Eliot erfaßt in ihrem weiten Zugriff einen großen Strauß der Hauptelemente der menschlichen Natur und ordnet sie lose zusammen mit einem weitherzigen und wohltätigen Verständnis, das nicht nur ihre Gestalten frisch und frei erhalten hat, ... sondern ihnen unerwartet auch Macht über unser Lachen und unsere Tränen gibt.« *Middlemarch*, dieses großartige Buch, gehöre »bei aller Unvollkommenheit zu den wenigen englischen Romanen, die für erwachsene Menschen geschrieben sind.«

Es ist ein Roman über das Scheitern großer Lebensentwürfe. Dorothea Brooke – »kaum mehr als eine gerade erblühte Frau, freilich mit einem rührigen Gewissen und großen geistigen Bedürfnissen, die nicht befriedigt werden konnten von dem Unterricht für Mädchen, der allenfalls dem Herumknabbern und Umherirren einer unsteten Maus vergleichbar war«, glaubt, da ihr als Frau eine wissenschaftliche Karriere verwehrt ist, sich an der Seite eines gelehrten Mannes »verwirklichen« zu können. Sie nimmt den ersten als den besten, Mr. Casaubon, einen ältlichen Theologen, in den sie sich ausreichend verliebt glaubt und der seinerseits eine Assistentin für sein gewaltiges Werk *Schlüssel zu allen Mythologien* gebrauchen kann und »in diesen seinen besten Jahren den Trost weiblicher Zärtlichkeit für seine Jahre des Verfalls zu sichern« gedenkt. Mit Nachsicht und trefflicher Ironie läßt Eliot diese beiden in ihre vernunft- und lieblose Verbindung schlittern: Er beschloß, »sich an den Strom der Gefühle zu verlieren, und er sah vielleicht mit Überraschung, was für ein überaus seichtes Rinnsal das war. So wie man in Dürregebieten die Wassertaufe nur symbolisch vornehmen kann, so fand Mr. Casaubon, daß sein Strom ihm allenfalls ein leichtes Besprengen erlaubte und keinen Sprung mitten hinein; und er schloß daraus, daß die Dichter die Kraft männlicher Leidenschaft sehr übertrieben hatten.«

Schon die Flitterwochen in Rom, die der Bräutigam vorwiegend in Bibliotheken zubringt, sind ein Fiasko, das Dorothea sich nicht einzugestehen wagt, und die Krise verschärft sich, als sie erkennen muß, daß ihr Mann nicht der brillante Wissenschaftler ist, sondern ein unglücklicher Pedant, der sein Werk niemals vollenden wird. Casaubons Seelenfrieden wird von dem Auftauchen eines fernen Neffens, Will Ladislaw, aufgerührt, eines unsteten, trotzigen Bohemiens. Zwischen Dorothea und Will wächst eine von Casaubon heftig befehdete Zuneigung.

Parallel zu diesem Geschehen entwickelt sich die Geschichte des jungen Arztes Dr. Lydgate, mit dem Eliot ihren Roman ursprünglich beginnen wollte. Ähnlich wie Ladislaw stellt er ein beunruhigendes auswärtiges Element in der stockkonservativen Provinzstadt dar und macht sich mit modernen medizinischen Praktiken – er benützt ein Stethoskop! – und sozialreformerischen Vorschlägen eine Menge Feinde. Politisch für die Ideen der französischen Sozialisten erwärmt (ohne »den Geruch von Angebranntem« davonzutragen), klug und ritterlich und von hohen Prinzipien beseelt, verfällt er in seiner Herzensdummheit der schönen, flatterhaften Rosamond Vincy. Auch diese Verbindung scheitert. Während Dorothea durch den Tod von Mr. Casaubon erlöst wird und sich in der Ehe mit Will Ladislaw (the lad's will is law) erneut als Stütze männlichen Ehrgeizes beugt, wird Lydgate zu der Figur, die er verabscheute: ein erfolgreicher Modearzt, gebunden an eine kalte Frau. Am Ende haben beide Protagonisten, die der Leser sich liebend gern als Paar vorgestellt hätte, verloren, auch wenn die Autorin Dorotheas obskures Ende besänftigt: »Ständiges Aufbegehren, ein ungeordnetes Leben ohne eine liebevolle, ehrfürchtige innere Entschlossenheit war ihr nicht möglich.« Leider entschließt sich Dorothea für einen sehr unwesentlichen Mann.

Durchwoben und konterkariert sind diese Handlungsstränge von einem Erbschaftsfall, einem halbherzigen Mord, der Wahlrechtsreform und anderen Liebes- und Finanzangelegenheiten. Alles in *Middlemarch* paßt auf vertrackte Weise zusammen wie ein Puzzle aus vielen ähnlichen Farben und Teilen. Nicht nur Virginia Woolf schätzte ihn am höchsten unter George Eliots Romanen. Mit Beglückung und Beunruhigung finden sich Leser bis heute darin wieder – im Weben und Streben ihrer irrenden Figuren; und wohl geborgen in ihrem Mitgefühl, das selbst die verdammenswürdigsten nicht verläßt.

In diesem Sommer 1870 wächst das Manuskript langsam wie ein großes Patchwork. Im November experimentiert Eliot mit »Miss Brooke«, Dorothea und Casaubons Geschichte, mit der *Middlemarch* beginnt. Doch ebenso stark wie bei ihrem Buch sind ihre Gedanken bei dem Krieg zwischen Deutschland und Frankreich, der im Juli 1870 ausbricht. Zunächst wird er nur als lästig wahrgenommen, da die Sommerferien auf dem Kontinent ausfallen müssen und die Badeorte an der englischen Küste überfüllt sein werden. Doch in dem Maße, in dem sie ihre Zeitungslektüre ausdehnt, wächst auch ihre Abscheu. Dieser Krieg, der von nationalem Gegröle begleitet ist, hat so gar keine Ähnlichkeit mehr mit dem militärischen Rencontre, das man vor vier Jahren vom Quellentempelchen im Taunus aus beobachtete. Die Waffen sind furchtbarer geworden, und weder Frauen noch Kinder werden geschont. Das Haus des Malers Daubigny, den Barbara Bodichon an einem Sonntagnachmittag mitbringt, wurde völlig zerstört – mit all seinen wunderbaren Bildern und dem Bett seiner kleinen Tochter! – für Marian ein Zeichen mehr, daß der Krieg »eine Regression in die Barbarei« ist.

Zunächst sind ihre Sympathien auf deutscher Seite. An Barbara schreibt sie: »Mich dauert das Leid der französischen Nation, aber ich meine, dieses Leid ist besser für das moralische Wohl des Volks, als es ein Sieg gewesen wäre.« Denn die

Franzosen seien von einem dummen chauvinistischen Stolz beherrscht und mit Blindheit gegenüber allem geschlagen, was außerhalb ihres Horizonts geschehe. Sie sei zuversichtlich, daß ihre Freundin und der Doktor diese Ansicht teilten. (Monsieur Bodichon fiel unter Marians leichte Gallophobie. Er war ein vortrefflicher Mann und machte Barbara offenbar glücklich, aber die Franzosen waren nun einmal ein wenig vertrauenswürdiges Volk.)

Doch im Januar 71 heißt es: »... dieser höllische Krieg! Zu Anfang war ich ganz für die Deutschen und konnte zu diesem Unglück, das ›Sieg‹ heißt, sagen: ›Es freut mich.‹ Aber nun kann ich über nichts mehr froh sein. Kein Volk kann einen langen wütenden Krieg führen, ohne zu verrohen ... Wie furchtbar, daß man so wenig tun kann.«

Im März hat sie 236 Seiten geschrieben und seufzt unter der Fülle des Materials. Wird sie all diese Schicksalsfäden zu einem wohldurchwirkten Teppich knüpfen können? Es trifft sich glücklich, daß die Priory renoviert werden muß – unter anderem wird ein Bad eingebaut – und Mr. und Mrs. Lewes aufs Land retirieren, nach Shottermill, ein Cottage bei Haslemere in Hampshire. In diesen vier Sommermonaten geht es flott, wenn auch mit den alten Zweifeln voran. »Wir befinden uns hier inmitten der lieblichsten Szenerie und, was uns noch mehr bedeutet, der tiefsten Abgeschiedenheit. Lord Houghton macht sich lustig über unser Dasein nach Art des Säulenstehers Simeon, und viele andere Freunde wundern sich, daß wir's fertigbringen, aus London mit all seinen Attraktionen der Saison zu entfliehen, und über unseren höchst kuriosen Wunsch, uns auf dem Land zu vergraben«, schreibt Lewes. Sie empfangen keine Gäste. Lediglich ihr Nachbar, Alfred Tennyson, erwidert ihren Besuch. Marian weint ein wenig, als er seine *Guinevere* vorträgt, doch sonst bleiben die Beziehungen förmlich. Mrs. Tennyson ist nicht so emancipée, daß sie mehr als ihre Neugierde befriedigt hätte.

George liebte die Empfänge in der Priory, aber es konnte

ihm nicht entgangen sein, daß er sie mehr genoß als seine Frau; daß Pollys welker Teint auf dem Land erblühte und sie leichter schrieb, wenn sie ihren Tisch unter die Zeder im Garten rücken konnte – selbst wenn sie, wie in Shottermill nur ein Hausmädchen hat und sich persönlich um den Einkauf kümmern muß. Der Metzger liefert das Fleisch nicht aus, frische Eier und Milch sind rar, und das Geflügel ist eine kulinarische Katastrophe. Sie spielt sogar mit dem Gedanken, die Priory aufzugeben und ein Haus auf dem Land zu kaufen, in dem sie befreit vom gesellschaftlichen Auftrieb arbeiten könnte. Jeden Sonntag zu glänzen, nur um am Montag qualmend wie eine schlecht geputzte Lampe auszugehen, ist auf die Dauer weder amüsant noch fruchtbar... Am Ende finden sie einen Kompromiß: Den Sommer wollen sie auf dem Land verleben, das restliche Jahr in London. Es beginnt eine fünfjährige Suche nach dem Traumhaus – »mit dem Droschkenstand vor der Tür und der Einsamkeit hintenraus.«

Blackwood, den das Preisdiktat der Leihbüchereien schon lange ärgert – die Standardausgabe in drei Bänden zu 31 Schilling, 6 Pence beziehen sie bei den Verlagen für 18 Schilling –, sucht nach neuen Wegen, seine Bücher an die Leser zu bringen. Einer Gesamtausgabe von Eliots Werken in wöchentlichen illustrierten 6-Penny-Folgen, die er 1867 gestartet hatte, war wenig Erfolg beschieden. Nun schlägt Lewes ihm eine andere Form vor – »damit die Leute kaufen, statt auszuleihen«: *Middlemarch* würde den Umfang des üblichen Dreideckers sprengen. Warum nicht den Roman, der acht »Bücher« umfassen würde, zu je einem Buch alle zwei Monate auf den Markt bringen? In solidem Einband, attraktiv, aber nicht aufdringlich? Der Verleger erscheint im Juni zu Konsultationen auf dem Land. Man einigt sich über die neue Erscheinungsweise, auf einen Preis von 5 Schilling und ein Honorar von 2 Schilling pro Exemplar. Blackwood nimmt das Manuskript des ersten Achtels mit und schreibt Eliot nach der Lektüre: »Dies wird alle Ihre vorherigen Triumphe übertreffen.«

Das erste Buch mit dem Titel *Miss Brooke* erscheint im Dezember 1871, und obwohl sich darin erst eine kleine Falte des großen Geschehens aufwirft, fühlen sich die Rezensenten zu den schönsten Hoffnungen ermutigt. Blackwood, der ebensowenig das noch ungeschriebene Ende kennt, erliegt einmal mehr dem Eliotschen Zauber. »Wie wird es Dorothea ergehen, wenn sie zum wirklichen Leben erwacht? Das ist eine Quelle großer Besorgnis für mich.« Es ist seine einzige. Im Januar sind 5000 Exemplare verkauft. Als die Serie im Dezember 1872 schließt, beträgt die Gesamtauflage 41000. Blackwood hatte mit einem noch höheren Absatz gerechnet. Das Publikum sei es einfach nicht mehr gewöhnt, Bücher zu kaufen, klagt Lewes. Ihm wurde zugetragen, daß die Fabrikantengattin Mrs. Cash, ehemals Mary Sibree, die gerne mit ihrer alten Bekanntschaft zu Miss Evans hausieren ginge, sich die Teile von *Middlemarch* bei den Brays ausleihe, die, obwohl bedeutend ärmer, sie sämtlich gekauft hätten.

Lewes läuft über der Serienvermarktung des Romans zu großen Formen auf: Die Hefte nicht zu dünn! befiehlt er Blackwood. Lieber dickeres Papier nehmen. Und Anzeigen dazu! Das Erscheinungsdatum des nächsten Buches ankündigen! Wo bleiben die Farbmuster für den Titel? Auf einer Reise muß er entdecken, daß sowohl in der Bahnhofsbuchhandlung von Waterloo Station als auch in London Bridge *Middlemarch* ausverkauft ist. Wer übernimmt es, den Monopolisten W. H. Smith aufzuscheuchen, sich um seine Läden zu kümmern! Mr. Lewes konnte eine furchtbare Nervensäge sein. Den amerikanischen Lizenznehmer Osgood, Ticknor & Co bedient er selbst in kleinen Portionen und etwas später wie den Esel mit der vor der Nase baumelnden Mohrrübe. So kommt *Middlemarch* mit den folgenden Buchausgaben, allen Übersetzungen und Lizenzen noch einmal auf 31000 Bände, und George Eliot verdient rund 9000 Pfund an ihrem Opus Magnum.

Barbara weiß es gleich: Dein bestes! »Ich höre die Leute sagen, es sei so geistreich-witzig und so voller Leben. Das stimmt, aber für mich ist es von dem kommenden Elend überschattet... Es tut mir so leid für das arme Ding, gerade so als lebte sie wirklich, und ich möchte sie aufhalten. Sie ist wie ein Kind, das an einem sonnigen Morgen auf einen Treibsand hinaustanzt, und ich fühle einen seltsamen Schrecken vor Deiner Geschichte, als ob sie wahr wäre und sich in diesem Augenblick zutrüge... Manche lesen sie und sehen nur Munterkeit, Charakter, pralles Leben und nennen sie leichte Lektüre. Aber für mein Herz ist es schwere Lektüre. Gleichwohl, es ist Dein edelstes Buch, und ich danke Dir dafür.«

Doch trotz des guten Zuspruchs hat der alte Teufel Marian wieder in den Fäusten. Lewes an Blackwood: »Ihre Briefe, die stets willkommen und in der Regel so ermutigend sind, konnten zu keiner opportuneren Zeit eintreffen. Denn teils wegen ihrer Gesundheit, teils wegen dieses feuchten, verdammungswürdigen Wetters ist sie in einer ihrer depressivsten Stimmungen. Als sie *Felix Holt* gestern noch einmal las, wurde sie ganz schmal vor Verzweiflung, so unwandelbar glaubte sie, daß sie nie wieder so würde schreiben können und daß das, was sie nun tut, aus dem Faß rinnt. Wie soll man gegen diese Kunst, sich auf raffinierte Art selbst zu quälen, angehen?«

Blackwood tut sein Bestes. Tut er es nicht gleich, erhält er vom Agenten – entre nous – einen kleinen Ellenbogenstoß: Heute schon gepriesen? Dann stellt der Verleger sogar die Golfschläger in die Ecke, um vor Lewes Madonna ein wenig Weihrauch abzubrennen: Erneutes Entzücken beim Lesen der gedruckten Seiten! Lachend oder nachdenklich an Formulierungen hängengeblieben, »die in Gedanken und Ausdruck gleichermaßen glücklich sind.« Beim Zeus, ein herrliches Werk! Sie braucht diese regelmäßigen Dosen, ohne die sie nicht arbeiten kann.

»Mein Buch ist fertig, und ich bin mit mir darüber im reinen«, schließt sie im November 1872 – »nicht weil ich glaube, daß es makellos ist, sondern weil ich gelebt habe, um darin alles zu geben, was ich zu geben habe, und weil mich weder

Krankheit noch Tod gehindert haben, mein Werk so rund zu machen, wie es ist.«

Zu ihrem 51. Geburtstag schenkt Lewes ihr ein abschließbares Tagebuch. Hat sie ihm anvertraut, was in ihrem offiziellen Journal fehlt? »Madame Bodichon zum Lunch«, steht da, »Miss Parkes sprach vor«, oder: »Glücklicherweise geht es meinem lieben Gatten gut« – so wohlgesetzt, wie sie auch redete. Enthält das abschließbare Tagebuch eine andere Wahrheit? Eine Erklärung für den widersprüchlichen Vorgang, daß Eliot in diesem Jahr so leicht wie selten arbeitete und dennoch: »in einem Alptraum lebte, in dem ich versuchte, das schlüpfrige Ufer eines Teichs zu gewinnen, und nur gerade so meinen Kopf über Wasser hielt«? Oder, daß sie zugleich ein so klarsichtiges Meisterwerk und so verblendete Briefe schrieb? Es wird dies ihr Geheimnis bleiben. *Middlemarch* ist der gesammelte Ausdruck ihrer Erfahrung, aber kein Schlüssel zu ihrer Biographie.

Zu ihrer Zeit baute man gleichwohl bedenkenlos Brücken zwischen Romangeschehen und dem Leben der Autorin, indem man einmal mehr nach den Vorbildern ihrer Figuren forschte. Oscar Browning, der weder Arzt war noch die Frauen liebte, vertraut einem Freund an, er sei das Vorbild für Dr. Lydgate. Dr. Clifford Allbutt, der Eliot durch sein Hospital in Leeds geführt hatte, glaubt dasselbe von sich. In ihrer Familie fühlt man sich an Edward Clarke erinnert, Chrisseys Mann, der als Arzt und Reformer gescheitert war. Blackwood kommt eine Figur wie Mr. Brooke bekannt vor. Sollte es Bracebridge sein, Amateurpolitiker und hervorragendes Mitglied im Club der alten Zausel? Lewes selbst setzt den Scherz in Umlauf, er sei Casaubon und sein Manuskript *Problems of Life and Mind* ein Schlüsselwerk wie jenes, das der unglückliche Gelehrte nie zu Papier bringt. Seine Madonna nennt er nun zärtlich Dorothea und Dodo – Abbild der jungenMary Anne, der ebenfalls »ein ungeordnetes Leben ohne eine liebevolle, ehrfürchtige innere Entschlossenheit« nicht möglich war. »Ausgeschlossen, in meinem warmherzigen, begeisterungsfähigen Mann eine Figur wie Casaubon zu sehen«, schreibt Eliot dagegen auf eine Anfrage von Harriet Beecher-Stowe. »Er ist um mein Treiben viel mehr besorgt als um sein eigenes, und er ist ein Wunder an Großzügigkeit, frei von jeder Art Autorenneid. Ich fürchte, daß die Casaubon-Züge eher meinem eigenen geistigen Angesicht ähneln.«

Nach dem Tod von Thackeray 1863 und Dickens 1870 ist George Eliot die unbestrittene literarische Königin. Die Queen selbst bittet um ihr Autogramm. *Middlemarch* wird in Sonntagspredigten zitiert und der Erzbischof von Dublin dabei ertappt, wie er es bei der Eröffnung einer Ausstellung in seinem Hut auf den Knien liest. Sogar Harriet Martineau träumt nachts schon von den Casaubons.

Der Erfolg läßt aber auch die Luft dünn werden. Er bringt nur wenige neue Freunde und etliche exzentrische Verehrer. Zu den ersten gehört die Familie Cross, Bekannte von Mr. Spencer. Herbert hatte seinem Freund George die Witwe Anna Cross und einige ihrer zehn Kinder 1867 auf einer Wanderung durch Surrey vorgestellt. Die beiden Herren waren an einem schönen Oktobermorgen losgezogen, George mit Nachthemd, Kamm und Zahnbürste in der Tasche, und hatten in einem Gasthof in Weybridge unerwartet und etwas unkonventionell die Familie Cross getroffen, deren Haus soeben abgebrannt war. Die Leute gefielen George. »Sie kennen meine Bücher und verehren Polly.« Der Älteste, John Walter Cross, war nicht mit von der Partie. Er arbeitete in der New Yorker Zweigstelle der familieneigenen Bank – wenn man das, was ein Gentleman tat, Arbeit nennen konnte. Zwei Jahre später liefen George und Marian Mrs. Cross und ihrem Sohn zufällig in Rom wieder über den Weg.

John Walter Cross, 29 Jahre alt, mit langen Beinen, rotem Bart und Haaren, die schon ein wenig über der Stirn zurückwichen und ihn älter aussehen ließen, war nicht gerade ein hommes de lettres, aber ernsthaft, kultiviert und empfänglich. 15 Jahre später erinnerte er sich an die erste Begegnung mit der Frau, die er einmal heiraten sollte: Seine Mutter saß neben George Eliot auf dem Sofa in der Lobby des Hotels *Minerva*, und John konnte den Blick nicht abwenden und hörte nur mit einem Ohr auf Lewes Geplauder, weil er das Gespräch der beiden Damen zu erhaschen suchte. »Ich sehe sie noch vor mir, das Gesicht mit den zarten Augenbrauen, gerahmt von dem dichten kastanienbraunen Haar ... die graublauen Augen, deren Ausdruck ständig wechselte, die jedoch liebevoll, fast flehentlich auf meine Mutter gerichtet waren; die schön geformten, schlanken, durchsichtigen Hände und ein ganzes ›Wesen‹, das in vollständiger Harmonie mit allem stand, was man in der Autorin von *Romola* zu finden erwartete.« Diesem Wesen legte John Cross seine Verehrung zu Füßen. Er war sehr überrascht, als es plötzlich von seinem Piedestal herabstieg und seine durchsichtigen Hände energisch nach dem irdischen Glück griffen.

Zurück in England vertieft sich die Bekanntschaft. Man besucht einander, verbringt Weihnachten zusammen auf dem Land. Von allen Sommerhäusern, die die Lewes' in den folgenden Jahren mieten, ist es nur ein Sprung bis nach Weybridge zu den Crossens. Sie sind eine große, unkomplizierte Familie, der sich George und Marian als »Onkel und Tante« anschließen. Man singt, plaudert, spielt Scharaden. Bald verwaltet John die Anlagengeschäfte von Mrs. Lewes, die es vorzieht, »mein Leben von anderen erledigen zu lassen und ihnen dabei zuzuschauen.« Sie nennt ihn Johnnie und »lieber Neffe«.

Distanzierter und sentimentaler gestaltet sich ihr Verhältnis zu einem anderem jungen Mann: Alexander Main, der sie im Sommer 71 brieflich um Auskunft über die korrekte Aussprache von Romola bittet. Ihre Antwort ruft eine elfseitige Rhapsodie auf den Roman und seine Autorin hervor. Lewes ist entzückt von dem feurigen Schotten; aber der Mann aus Arbroath hat gerade erst angefangen. Angestachelt von freimütigen Geständnissen – Mr. Main verstehe sie von Herzensgrund, sein Brief habe sie zum Weinen gebracht, und nächst der Liebe ihres Gatten sei ihr sein Zuspruch wichtigster Stekken und Stab – läßt der junge Mann die Zügel schießen; zwölf Seiten zum Frühstück, zwanzig mit der Mittagspost. Alle Briefe haben nur ein Thema: George Eliot. Die drei sind wie besoffen von dieser Korrespondenz. »Bald werden Sie Celias Baby in Ihren freundlichen Armen wiegen«, verspricht Lewes ihm vor der nächsten *Middlemarch*-Folge.

Doch Mr. Main macht sich auch anderweitig nützlich. Er schlägt eine Anthologie vor, die er selbst herausgeben will, mit den schönsten Zitaten aus George Eliots Werken. Lewes lobt: »ein glücklicher Gedanke« und gibt ihn an Blackwood weiter. »Ein Schatz für die Leser und ein gutes Geschäft für den Verleger.« Titel: *Wise, Witty and Tender Sayings* ... Mr. Blackwood nähert sich dem Projekt nur zögernd. Wer ist Mr. Main? Er schreibt ja »erstaunliche Briefe«. Lewes rät dem jungen Mann, sich einmal in 45 George Street vorzustellen. So geschieht es. Blackwood, abends um sechs an seinen Neffen: »Der Anbeter des Genies erschien hier kurz nach elf und hat uns soeben verlassen« – ein kleiner Bursche um die dreißig, der in Glasgow das College mit vagen Erwartungen auf das Amt des Geistlichen besucht, diese Laufbahn aber aus nicht näher erläuterten Gründen abgebrochen hat. Er sei wohlhabend, unterrichte in Arbroath irgendwelche Knaben und sei alles in allem ein etwas wunderlicher, enthusiastischer junger Herr, der am Schürzenzipfel seiner Mutter hänge – aber ansonsten vertrauenswürdig. Blackwood erzählt er, er deklamiere am Strand Eliots Gedichte, und der Verleger rät ihm, sich in seiner Selbstvergessenheit nicht von der Flut erwischen zu lassen. Mr. Main kann sich kein passenderes Ende vorstellen, denn es würde die Verehrte gewiß zu einem neuen Poem inspirieren. Er nennt ihre Kunst »kompakt«, wozu Mr. Blackwood angewidert schweigt. »Beim Lunch hantierte er gefährlich mit dem Messer, aber die Damen waren sehr von ihm angetan.«

Blackwood ist Geschäftsmann genug, um den »Schwärmer«, wie er bald in der verlagsinternen Korrespondenz heißt, für 50 Pfund die *Wise and Witty Sayings* herausgeben zu lassen, und er setzt ihm einen Termin. »Ich fürchte, der Schwärmer kocht über, wenn wir nicht bis Weihnachten damit rauskommen.« Er druckt mehrere Auflagen, schön gebunden (die letzte 462 Seiten stark), und verkauft sie wie warme Semmeln. Lewes entblödet sich nicht, Mr. Main anzuvertrauen: »Zum erstenmal habe ich die Überfülle von Gedanken und Gefühlen erkannt, die die Werke enthalten.« Von dem Vorwort, in dem der Herausgeber ihren Moralismus als »ebenso rein wie feurig« preist, wird aber selbst George Eliot schlecht. Dennoch liegt es ihr fern, Mr. Main zurechtzustutzen. Er ist »ein Freund von der einzigen Art, an der mir liegt: ein Mensch, der meine geistigen Früchte zu den seinen macht.« Lewes ist rundweg bezaubert. Er schickt das Buch an Freunde und Verehrer.

Fünf Jahre später hat Alexander Main noch eine bessere Idee: ein Geburtstagsbuch mit einem Zitat von Eliot zu jedem Tag. Blackwood stellt es seiner empfindlichen Autorin anheim: »Wir machen das, wenn Sie einverstanden sind.« »Das könnte sich als das Ordinärste herausstellen, was sich in einem Sortiment auftreiben läßt«, antwortet sie. »Ich hasse solche aufgebauschten, schreienden Formen, die es auf Effekthascherei abgesehen haben; sie sind im höchsten Maße überflüssig.« Aber offenbar läßt sie sich von George beschwatzen. »Der Umschlag für das Geburtstagsbuch... ist ganz nach dem Geschmack von Buchhändlern und Idioten, die Geburtstagsbücher kaufen«, freut er sich, als *The George Eliot Birthday Book* in einer Auflage von 9000 Stück erscheint. 120 Jahre später hätte dieser Herr erfolgreich Fanclubs verwaltet und George-Eliot-T-Shirts, George-Eliot-Käsecracker und George-Eliot-Nostalgie-Grußpostkarten an die Idioten des 20. Jahrhunderts verkauft.

Das weibliche Pendant zu Mr. Main ist Elma Stuart, die

35jährige Witwe eines schottischen Offiziers, die in Frankreich lebt. Sie hat dort die Kunst des Holzschnitzens erlernt und schickt der verehrten Autorin eine verschiebbare Buchstütze und einen schönen Brief: »Was Sie mir über viele Jahre nun bedeuten, wie Sie mich getröstet, meine Einsamkeit vertrieben, zu meinem Glück beigetragen und in jeder Weise mein ganzes Wesen verbessert haben, werden Sie nie erfassen können, bis der große Tag der Abrechnung kommt.« Lewes steigt ein Schluchzer in die Kehle bei dem letzten Satz. Marian dankt ihr: »Meine Augen sehen mehr darin« (als hölzerne Buchstützen) – »so wie sie mehr als Marmor sehen, wo fromme Füße und Lippen ihren Abdruck hinterlassen haben.« Den Stützen folgt eine Schreibunterlage, ein dreibeiniger Eichentisch samt Staubwedel und ein Spiegel, für dessen Beschreibung wir Professor Haight zu danken haben, der aus dem Sotheby-Katalog vom 27. Juni 1923, Artikel 630 zitiert: »Spiegel, Nußbaum, oval, geschnitzt mit Blumen, Vögeln, Lorbeerblättern und einer Kartusche mit den Initialen M. L. Jetzt im Besitz von Mrs. Ouvry« (Lewes Enkeltochter).

Elma pilgert sogar zur Priory – ein Besuch, der »interessanter« ausfällt als befürchtet. »Sie haben ein liebes, freundliches Bild hinterlassen«, gratuliert Lewes. Offenbar hatte sie eine Kopie des Porträts von Burton gesehen und wird vorgewarnt: »Es sieht mir überhaupt nicht ähnlich... Stellen Sie sich eher eine Base des alten Dante vor – ziemlich geräuchert – ein faltiges Gesicht wie eine Landkarte der Sorgen.« Ein zweiter Eindruck wird später korrigiert: »Meine Hände – liebes Heidenkind – sind häßlich, aber Sie haben Ihre eigene Vorstellung davon; oh, warum sollte ich sie zerstören? Es ist gut für Sie, Verehrung zu fühlen, solange Sie glauben, daß das, was Sie verehren, gut ist.«

Elmas Verehrung nimmt sehr konkrete, häusliche Formen an. Dem Schnitzwerk folgt eine unübersichtliche Anzahl von Taschentüchern, Wäschestücken, Handschuhen und Pantoffeln; ein rotes Portemonnaie – »nur zum Anschauen«, denn

Mrs. Lewes braucht keins, da sie nie allein ausgeht – Eau de Cologne, ein Schäferstock sowie Fotos von Elma, ihrem Sohn Roland, der bald »adoptierter Enkel« genannt wird, und ihren Hunden. Die Verehrte antwortet mit Dankesbriefen wie ein beschenktes Kind: »Die blauen Hausschuhe und das zarte weiße Taschentuch lagen, von meinem Mann ausgepackt, gegen meinen Teller gelehnt, als ich heute morgen herunterkam, und sie waren der beste Teil meines Frühstücks.«

Es ist Elma zu verdanken, daß die Welt einen Blick durch den Türspalt auf die Prophetin in Pantoffeln und Schlüpfer werfen darf. Nur in dieser Korrespondenz verbindet sich der hohe Ton mit leichtem Scherz und praktischem Wink. Die Molligkeit der von Elma gebastelten Hausschuhe verwandele sich auf streng wissenschaftlichem Wege in einen ununterbrochenen Strom dankbarer Zuneigung, schreibt sie ihr. Und statt des in der Wäsche ausleiernden Gummibands empfiehlt sie ihrer »süßen Tochter«, zwei Flanellstreifen (im Sommer Waschseide), knapp drei Zoll breit mit Sicherheitsnadeln vorn und hinten an die Unterhosen zu heften, im Rücken überkreuz laufend, wo's das Mark schön wärmt. Sie hoffe, mit dieser eminenten Erfindung auch Elmas »liebe Hüften vom Druck zu befreien.« Denn: »Ich mag es geräumig; alles, was den Körper zwickt, zwickt auch die Gedanken.«

Lewes Lästerlust scheint verstummt. Angesichts Marians Sucht, die er mit Fleiß befördert, die Früchte des Beifalls von jedem Acker einzufahren, geht ihm mit den Jahren die Distanz verloren. Sein Magen vertrage jede Menge Lobgesang, empfiehlt er sich zunächst ihren Korrespondenten mit leiser Selbstironie. Im Februar 1875 vermerkt er dann in seinem Tagebuch: »Elma zum Lunch. Sie zeigte uns das Taschentuch, mit dem sie Tränen von Pollys Augen gewischt und das sie seitdem als Reliquie aufgehoben hat.« Haben George und Polly nach dem Lunch gelacht? Kaum zu glauben. Dazu waren ihnen Leute wie Stuart & Main zu wichtig geworden. Gefühle, die sich wortkarg und authentisch angesichts Thornies Sterben geäußert hatten, verkamen im Umgang mit diesen Luxuskitschiers zu eloquentem Kleister.

Als Elma 23 Jahre nach dem Tod ihrer »geistigen Mutter« zu ihrer Rechten auf Highgate beigesetzt wird, trägt der Grabstein die zentrale Botschaft ihres Lebens: »Elma Stuart, die 8½ Jahre von George Eliot mit dem süßen Namen ›Tochter‹ gerufen wurde . . .«

Elma war nicht die erste und einzige, die sich zu Eliots Füßen niederließ – angezogen von einem Sog des Interesses, das jeder Tochter ausschließlich zu gelten schien und das alle Schleusen öffnete. Die Industriellengattin Nina Lehmann, die zum Sonntagskreis in der Priory gehörte, schrieb nach einem Besuch, den George und Marian ihr in Pau auf dem Weg nach Spanien abgestattet hatten, an ihren Mann: »Wir sind dicke Freunde. Was für eine liebe, freundliche, feminine Persönlichkeit sie ist – so tröstlich und vor allem, so erhebend. Es ist unmöglich, mit diesem edlen Geschöpf zusammenzusein und sich nicht besser zu fühlen.« Marian läßt sich von Nina Lehmann ihre ganze Liebes- und Ehegeschichte erzählen. »Sie war wie eine zugeneigte große Schwester.« Zum Abschied schenkt ihr Mrs. Lehmann einen Rosenkranz aus Buchs-Wurzelholz, »der sie völlig bezauberte . . . Sie hatte sich schon lange einen Rosenkranz gewünscht.«

Georgiana Burne-Jones, die eine weniger glückliche Ehegeschichte zu erzählen hat, durchschaut das Verhältnis zu der Frau, von der sie »liebste Mignon« genannt wird: »Ich denke viel an Sie und Ihre Freundlichkeit, und mein Herz peinigt mich, daß ich mich wie all die Freunde benommen habe, die Ihnen nur von sich selbst erzählen . . . Vergeben Sie mir, wenn es so war, und bedenken Sie, was für eine Falle Ihre Selbstlosigkeit und sanfte Sorge für den Egoismus der anderen ist. Die einzige Buße, die ich mir dafür auferlegen kann, ist der Entschluß, daß alles, was Sie mir an Rat und Warnung mitgegeben haben, nicht verschwendet sein soll.«

Doch George Eliot verstand sich weder als Freundin noch

als große Schwester. Sie nahm Anteil, sie ließ zu, daß man ihre Tränen abwischte, aber sie verriet, bis auf ihre Bulletins zur Gesundheit, nichts über ihr Herz. »In dem Maße, in dem es mich freut, kein Kind in die Welt gesetzt zu haben, bin ich mir bewußt, daß ich über einen ungenutzten Vorrat an mütterlicher Zärtlichkeit verfüge, der manchmal überfließt«, schreibt sie einer anderen »Figliuolina«. Aber welches Töchterchen war je die Freundin seiner Mutter? George Eliot erwiderte keine Besuche, und sie erwiderte keine Vertraulichkeiten.

XVIII

»Hör mal zu, Jim Knopf!« sagte Lukas ernst. »Jetzt ist der Augenblick gekommen, wo du ein großes Geheimnis erfahren mußt, das Geheimnis deiner Ankunft auf Lummerland ... Du bist nämlich in einem Postpaket vom Briefträger zu uns gebracht worden.«

(Michael Ende)

»Hier gibt es wenig dramatischen ›Stoff‹ zu sammeln«, schreibt George Eliot an ihren Verleger aus Bad Homburg. Es ist Oktober, Saisonende und bitter kalt. Die Korrekturfahnen von *Middlemarch* hatten sie aufgehalten, und nun ist es fast zu spät für ihre traditionelle Badereise. Der Kurbetrieb wartet darauf, daß die letzten unerschrockenen Engländer die Koffer packen, um hinter ihnen abzuschließen. Nur das Glücksspiel floriert auch im späten Herbst.

Bad Homburg genießt Ende des 19. Jahrhunderts wegen seines Kasinos, das vornehmes Gelichter und arme Würstchen aus ganz Europa anzieht, einen zweideutigen Ruf. Dostojewski verliert hier beim Roulette sein Vermögen samt dem Paletot, und man sieht sogar junge Frauen rauchen – in der Öffentlichkeit! Jeden Abend treffen sich Glücksritter, Hochstapler und bessere Herrschaften im überheizten Kursaal; die Luft ist schwer von Gaslicht und Parfum. Man äugelt, gackert und schwitzt. Mütter paradieren ihre heiratsfähigen Töchter, und auf den Ottomanen spitzen Witwen und alte Dandys die Mündchen: Finden Sie Miss Harleth hübsch? Schlangengleich, nicht wahr? Ganz in Silber und Grün – Vulgärer Mund, und ihr Teint, tz! – Erstaunlich, wie diese unangenehmen jungen Dinger jetzt in Mode kommen – Ist sie reich? comme il faut? – Tja, wer weiß das schon ...

Marian ist entsetzt: »Das Laster des Glücksspiels erregt weniger mein Mitleid als meine Abscheu. Der Anblick der stumpfen Gesichter, die sich über die Spieltische beugen, das

Geld-Zusammenscharren, die Croupiers mit ihren harten Gesichtern, die den Gewinnern ihre Münzen zuwerfen, die hassenswerten, abscheulichen Frauen, die dumm und zwanghaft auf die Anzeigentafel starren – welch verdorbenes Bild von Sterblichen... Einbruch ist dagegen eine Heldentat... Hölle der einzig zutreffende Name für einen solchen Ort!«

Doch ausgerechnet in diesem Ambiente sammelt sie ein Körnchen Beobachtung auf, um das in den folgenden Jahren die feinen, matt glänzenden Schichten eines neuen Romans wachsen sollten. »Der traurigste Anblick war Miss Leigh, Byrons Großnichte, 26 Jahre alt und vollständig in den Klauen dieses bösen, geldscheffelnden Dämons. Ich mußte weinen, als ich ihr junges Gesicht zwischen den alten Vetteln und rohen, dummen Männern sah.« Sie hatte 500 Pfund an diesem Abend verloren und sah verwirrt und fiebrig aus.

Miss Leighs Desaster inspiriert Eliot zu der Eingangsszene von *Daniel Deronda*, in der Gwendolen Harleths Spielglück sich unter dem ironischen Blick von Mr. Deronda wendet. Doch es bedarf noch langer Recherche und einer zweiten Kur in Bad Homburg, ehe ihr letzter Roman Form annimmt. Sie fahren nach Frankfurt hinein, um ein Astrachan-Cape mit passendem Muff zu kaufen, in den Buchläden nach jüdischer Literatur zu stöbern und durch das Ghetto zu streifen. Fast zwanzig Jahre ist es her, daß sie es zum erstenmal sahen. In Mainz besuchen sie die Synagoge und sind »entzückt von dem Gesang. Bemerkenswert, wie selten der jüdische Typ vertreten ist«, notiert Lewes, »die meisten sind wahrscheinlich Deutsche.« Anschließend bummeln sie durch die Anlage und »trinken ›seltserwasser‹ an einer ›Trinkhalle‹ am Weg.« Erst im November 1873 verrät Eliot ihrem Verleger, sie siede langsam auf ein neues großes Buch hin.

Im Bad halten sie sich von Gesellschaft fern. Sie bewohnen allein die Bel Etage im *Hotel du Parc*, und Lewes entwickelt das strategische Talent eines Moltke, um anhand der ›Kurlist‹ und antizyklischer Bewegungen lästige Bewunderer abzuschütteln. Da ist der ehemalige Kollege Wigan, ein Schauspieler, oh dear! Gegen ihn helfen nur platte Absagen. Oder die Gräfin Usedom, eine Schnattergans, die nur ihrer reizenden Tochter Hildegarde (19) wegen erträglich ist. Die Tochter spielt stundenlang auf dem Piano aus *Lohengrin* – superb; leider von Wagner. Nach drei Wochen sind sie des Betriebs überdrüssig und reisen gemächlich südwärts: Karlsruhe, Stuttgart – langweilige Orte, in denen man jedoch zur Abwechslung »Leute sieht, die einer nützlichen Beschäftigung nachgehen« – und über Paris und Boulogne-sur-Mer wieder nach Hause.

Im Dezember wird Charles und Gertrudes kleine Tochter getauft. »Sie heißt Blanche, hat aber die Farbe eines Granatapfels« und fasziniert ihre Großeltern über die Maßen. So viel hübscher Speck, so feines Haar! Die Taufe wird zur »Anbetung Buddhas«.

Marian hat eine schöpferische Pause verdient; und sie kann sie sich leisten. Ihr Einkommen beträgt 1872 über 3000 Pfund, 1873 fast 5000 Pfund. Johnnie Cross investiert geschickt und erfolgreich. Die Honorare für *Middlemarch* legt er in amerikanischen Eisenbahnaktien an. Im Rückblick auf das Jahr 1873 findet sich in Marians Tagebuch der erstaunliche Satz: Wir haben mehr, als wir ausgeben können... Mit ihr profitieren wie selbstverständlich Agnes und die Kinder. Thornton Hunt war in diesem Jahr in der Tretmühle der Zeilenschinderei gestorben. Agnes blieb der Familie als Sozialfall erhalten. Nach Georges Tod zahlte Marian ihren Unterhalt, später Charles, und nach dessen Tod Gertrude, bis die erste Mrs. Lewes hochbetagt im Dezember 1902 starb. Darüber hinaus unterstützt Marian Bertie in Natal, Octavia Hill und in bescheidenem Maße den Comte-Fonds, die Shakespeare-Society und Girton College, für das sie zwar nicht regelmäßig spendet, jedoch Stipendien für einzelne Studentinnen zahlt (die Wirkung ist übersichtlicher). Sogar ihre alte Lehrerin, Maria Lewis, die in ärmlichen Verhältnissen lebt, bekommt regelmäßig zehn Pfund geschickt.

Schwieriger ist es, Cara zu helfen. Seit die Brays Rosehill verkaufen mußten, befinden sie sich finanziell auf dem absteigenden Ast. Charles Versuche, Marian anzupumpen, tragen ebensowenig zur Befestigung der alten Freundschaft bei wie Lewes Abneigung, der Bray für einen Windbeutel hält. Cara hatte sechs Bücher für Kinder veröffentlicht, an denen sie nichts verdiente, da sie zwar am Gewinn beteiligt war, der Verleger jedoch nur Verluste nachwies. Ihre Anfrage bei der gewiefteren Publizistin, wie sie ihr Copyright zurückerhalten könne, führt zu angeregter Korrespondenz und schließlich zu dem Vorschlag, eine Geschichte zu schreiben, die Kinder lehren soll, Zartgefühl gegen Tiere zu üben. Marian denkt an eine Fabel mit sprechenden Kreaturen, aber Cara entgegnet aus Erfahrung: Jedes Bürschchen, das seinen Hund prügelt, weiß, daß jenem keine Worte zur Verfügung stehen. – Du hast ja recht, Cara, antwortet Marian, ich mach' es immer zu kompliziert. Sie kann sie schließlich überreden, von ihr 50 Pfund als »Vorschuß« anzunehmen. »Ich füge mich und will versuchen etwas zu schreiben, das die kleinen Wilden beeindruckt.«

Im Dezember 1873 legen sich Mr. und Mrs. Lewes einen eigenen Wagen zu – Statussymbol gesellschaftlichen Aufstiegs und finanzieller Unabhängigkeit. Es ist ein Landauer für 150 Pfund. Kutscher und Pferd, Geschirr und Einstellplatz bei einem Wagenvermieter kosten noch einmal 140 Pfund jährlich. Lewes bittet einen alten Freund in Berlin, ihm einen leichten Pelzmantel zu besorgen, ein Kleidungsstück, das in London nicht en vogue ist und das er im offenen Wagen zu tragen gedenkt.

So rasselt man nun flott und standesgemäß zu den Samstagskonzerten in St. James's Hall. Edmund Gosse beobachtet eines Tages das »seltsame Paar« auf dem Heimweg. »Der Mann war zottelig, runzelig, ein alter Satyr, der lebhaft um sich schaute; dies war George Henry Lewes. Seine Gefährtin war eine untersetzte, mächtige Sibylle, träumerisch und unbeweglich, deren massige Züge im Profil recht grimmig wirkten und unpassenderweise von einem Hut nach der neuesten Pariser Mode gerahmt waren, die zu dieser Zeit eine gewaltige Straußenfeder zwingend vorschrieb. Dies war George Eliot. Der Kontrast zwischen dem ernsten Gesicht und der frivolen Kopfbedeckung hatte etwas Rührendes und Provinzielles an sich.«

Für viele Neugierige sind die Konzerte die einzige Gelegenheit, einen Blick auf George Eliot zu werfen, und es existieren etliche Skizzen der »scheuen Heiligen« (Lewes), die Zuhörer trotz seines mißbilligenden Zurückstarrens auf ihr Programmheft warfen. »Meine Bücher sind öffentliches Eigentum; ich selbst bin Privatperson.« Aber diesen feinen Unterschied gestattete das Anbetungswesen auch vor 130 Jahren nicht. Sie erhält verzückte Briefe; man streift verstohlen ihre Kleider; nach einem Konzert hilft eine junge Frau Eliot in ihr Cape und küßt ihr anschließend Hand und Wange. »Verzeihen Sie, ich glaube, wir kennen uns nicht ...« »Oh, Sie sind zu gütig; wenn Sie mit mir sprechen, werde ich weinen.«

Lewes versucht, dieses Gesäusel von den Sonntagnachmittagen fernzuhalten, und bittet die Freunde, keine Empfehlungsschreiben weiterzugeben. Denn die Hofberichterstattung ist bereits im Gange, und neben »Lords und Ladys, Dichtern und Ministern, Künstlern und Wissenschaftlern« tauchen vorwitzige Geschöpfe in der Priory auf, die niemand kennt und die gewiß kein zweitesmal empfangen werden – wie jene amerikanische Reporterin, die sich heimlich Notizen macht und im März 1876 in der *New York Tribune* damit herausrückt: »George Eliot – einer ihrer Empfänge – Gesicht – Figur – Benehmen – Stimme – Kleidung.« Sie ist »eine schlanke, große Frau mit einem ovalen Gesicht, üppigem Haar, früher zweifellos blond, jetzt fast ganz ergraut und aufmerksamen hellen Augen«, berichtet die Autorin. »Sie trug ein hochgeschnürtes schwarzes Samtkleid mit einfachen Ärmeln, einen Spitzenkragen unter einer perlenbesetzten Kamee und auf dem Kopf ebenfalls Spitzen.« Ein Gespräch mit der Gastgeberin ist nicht überliefert.

Dies zu führen hat ein junger amerikanischer Besucher, John Fiske, Assistenz-Bibliothekar in Harvard, das Privileg. Er mustert die Frau, die so alt wie seine Mutter ist, gleichermaßen unbekümmert, aber aus seinem atemlosen Brief nach Hause tritt eine ganz andere Gestalt hervor, eine demokratisierte Madonna: »Sie ist ganz und gar keine ›Schreckschraube‹, eher eine reizlose Frau, aber ich finde sie nicht besonders häßlich. Ich sehe keinen Grund, warum ihr Photo nicht verbreitet werden sollte. Sie sieht viel besser aus als George Sand – natürlich keine blühende Schönheit, das erwartet niemand bei 52 Jahren, aber ihre Züge sind regelmäßig, ihre Nase sehr gut, ihre Augen ein strahlendes Blau und sehr ausdrucksvoll. Ihr Haar ist hell und dicht, und sie trägt e unter einem hübschen Spitzenkäppchen – sieht schlicht, freimütig, herzlich und matronenhaft aus; scheint ausnehmend stolz auf Lewes zu sein und ihn ausnehmend lieb zu haben. Ich nenne sie eine gute aufrechte, mütterliche Frau ohne irgendwelches Getue … Sie hat überhaupt nichts Männliches an sich, sie ist durch und durch weiblich, sieht aus und handelt, als sei sie ausschließlich geschaffen, Babys zu wiegen. Aber wie ein Mann hat sie die Kraft, einen Beweis zu führen. Wie ein Mann sage ich? Ich kenne nur einen – Herbert Spencer – der mit gleicher Klarheit einen Beweis entwickeln kann.«

Die beiden plaudern über Homer, Fiskes Spezialgebiet, und obwohl die Dame des Hauses über den antiken Dichter so selbstverständlich spricht »wie über ihr Bügeleisen« (ein Gerät, das Eliot wahrscheinlich ihr Leben lang nicht angefaßt hat), kräht er am Ende erleichtert, sie sei doch nicht ganz so beschlagen wie er. Der junge Mr. Fiske kann diese »ganz neue Erfahrung« kaum bewältigen, daß eine Frau »ungeheuer gebildet« und doch »kein Blaustrumpf« ist. »Spencer glaubt, daß sie die größte Frau sei, die je gelebt habe – der weibliche

Shakespeare sozusagen.« Um so schmeichelhafter für John Fiske, sie ungeniert herausgefordert zu haben.

Daß George Eliot auch durchaus lähmend auf ihre Gesprächspartner wirken konnte, überliefert F. W. H. Myers, damals ein junger Trinity-Graduierter, der Mr. und Mrs. Lewes 1873 zur Bootsregatta nach Cambridge einlädt. Während Lewes nach dem Dinner mit den akademischen Kollegen seine Zigarre raucht, philosophiert Myers mit der Autorin im Garten. »Mit schrecklichem Ernst sprach sie die Worte: ›Gott, Unsterblichkeit, Pflicht‹. Wie unbegreiflich der erste, wie unglaublich die zweite und doch wie gebieterisch die dritte seien. Ich lauschte ihr, und die Nacht zog herauf. Ihr ernstes majestätisches Gesicht war mir zugewandt wie das einer Prophetin in der Düsternis. Es war, als entwinde sie meiner Hand die beiden Schriftrollen der Verheißung und der Hoffnung, eine nach der anderen, und ließ mir nur die dritte des unausweichlichen Schicksals voller Schrecken.« War Myers wirklich ergriffen und fühlte sich seines Gottes beraubt, oder erging es ihm, wie Bertrand Russell in seiner Autobiographie schreibt: »Hier im Garten war es, wo George Eliot F. W. H. Myers sagte, daß es keinen Gott gibt und wir trotzdem gut sein müssen, und Myers beschloß, daß es doch einen Gott gibt und wir trotzdem nicht gut sein müssen«?

Das Jahr 73 ist ein Sabbatjahr. Blackwood bereitet einen Band Gedichte vor, meistens Nachdrucke aus Zeitschriften. »Sollten Sie ein paar leichtere Stücke haben, die Sie geschrieben haben, bevor das Bewußtsein Ihnen diktierte, was eine große Autorin der Menschheit schuldet, würde ich sie gerne sehen.« Ironie? Er war kein lebhafter Bewunderer ihrer Verse. Eliot glaubte jedoch, ebenso wie Lewes, an ihr poetisch-dramatisches Talent. George ist das Manuskript des Gedichtbandes gewidmet mit Zeilen aus *The Legend of Jubal*: »Und da das letzte Scheiden beginnt / seine Schrecken durch Liebe und eheliches Glück zu senden / durchrieselt sie feinere Zärtlichkeit.«

Der Tod erscheint ihr so greifbar wie das Herannahen des Winters, und der Gedanke daran begleitet sie wie ein Thema in Moll durch diese Jahre. Ihr eheliches Glück macht sie »nicht dick und stark«; kein Brief, in dem nicht von Krankheit die Rede wäre. Blackwood glaubt entdeckt zu haben, daß Magenschmerzen von Verdruß herrührten. Sie kann es nur bestätigen. Zu den üblichen Beschwerden plagen sie entzündete Zähne, ein tic douloureux in der Wange und ein Nierenstein, der in ihren letzten Jahren immer wieder auftreten sollte und eine Qual bereitete, die sie nur mit heißen Bädern und warmen Wickeln lindern konnte. 1875 (nachdem sämtliche Romane geschrieben sind), verordnet ihr der Arzt eine Brille und eine andere Haltung beim Arbeiten. Bisher hatte sie, eine feste Schreibunterlage auf den Knien und die Füße auf einem Bänkel, zurückgelehnt in ihrem Stuhl gesessen. Mit Augengläsern sind die Kopfschmerzen nun erträglicher, und ein weicheres Sitzmöbel tut den alten Knochen wohl.

Lewes ist mit Ischias geschlagen. Ein Besucher erinnert sich seiner als alt, klapperig und häßlich, »aber wenn er den Mund aufmacht und redet, ist er wie verwandelt... Seine Art ist unbeschreiblich faszinierend, und er hat mein Herz umgehend erobert. Nie zuvor sah ich einen Mann, der in solchem Maße dieses göttliche gewisse Etwas besitzt, das einen Menschen aus allen anderen heraushebt – und das trotz seiner häßlichen, mageren, mickrigen Erscheinung! Es wundert mich nicht, daß er George Eliot erobert hat; ich glaube, er ist genau der Mann, in den sich jede Frau, die ein Auge für das ›Geistige‹ hat, verlieben würde.« Dies sind starke Komplimente für einen Mann, von dem Henry James sagt, er habe in seinen Fünfzigern ausgesehen, als hätten die Ratten an ihm genagt, und der eine Vorliebe für ziemlich dumme Witze hatte.

In ihrem Sabbatjahr liest Marian Lewes' Casaubonsches Manuskript *Problems of Life and Mind*. Es ist erst der Anfang; bei seinem Tod, sechs Jahre später, ist es immer noch nicht vollständig ediert. »Schwierige Materie«; sie bekommt Kopfschmerzen davon. Blackwood wünscht die *Problems* für einen Vorabdruck, wird aber von Lewes gewarnt. Seine latente Gottlosigkeit könnte das Publikum von *Maga* verstören. »Ich glaube nicht, daß die Sache der wahren Religion von freimütiger und fairer Diskussion beeinträchtigt werden kann«, erwidert Blackwood, und dann befällt ihn doch ein Gruseln bei der Lektüre. Er hat seine Toleranz offenbar überschätzt. Kritische Gedanken mögen ja anregend sein, »aber kann ein vernünftiger Mensch wollen, daß die Menschheit ihrem Schicksal ohne die Stütze der Religion ausgeliefert werden soll?!« Nachdem er Lewes monatelang auf eine Antwort hat warten lassen, teilt er ihm schließlich mit: »Es tut mir leid, aber Ihr Buch geht mir mehr gegen den Strich, als ich erwartet hatte ... Ich wußte sehr wohl, daß wir nicht einer Meinung sein würden, aber ich ahnte nicht, daß wir soweit auseinanderstreben würden ... Ich publiziere lieber nicht, wenn ich nicht aus vollem Herzen dahinterstehen und Ihnen Erfolg wünschen kann.«

Lewes ist verärgert über sein langes Zögern und versucht inhaltliche Vorwürfe zu widerlegen, aber im Grunde ist er nicht böse. Schon am nächsten Tag findet er einen anderen Verleger für seine *Problems* und schreibt konziliant an Blackwood: »Betrachten wir die Sache als erledigt.«

Er hatte nach der Veröffentlichung des ersten Bandes auf einigen Wirbel und fruchtbaren Streit gehofft, Blackwood sogar ermuntert, falls ein Rezensent diesen ersten Band in *Maga* verreißen wolle: Nur zu, nur zu! »Halten Sie ihn meinetwegen nicht auf, denn eine wirklich scharfe Diskussion würde mir und dem Buch gut tun.« Aber bis auf ein paar lauwarme Kritiken rührte sich nichts. (Schenkt man seinen Biographen Glauben, so sind die *Problems* tatsächlich ein Casaubonscher Staubfänger, schon zu ihrer Zeit überholt, unwissenschaftlich und – schlimmer noch – unleserlich.)

Niemals im Leben gelang es Lewes, etwas von seinem kämpferischen und uneitlen Bravado George Eliot zu vermitteln.

Ihre Ausbrüche schöpferischen Wehs, ihre immer gleichen tö-
richten Klagen – jedermann werde sie wegen ihres neuen Buches verachten! –, von denen sie auch nicht eine für sich
behielt, müssen mit den Jahren auch an einer so dynamischen
und optimistischen Person wie George Henry Lewes genagt
haben. Manchmal klingt seine Bitte an Blackwood, ihn bei der
Aufrichtung der Madonna zu unterstützen, wie ein Hilferuf.
»Sie siedet und siedet, zweifelt und zweifelt, glaubt, sie könne
nie wieder etwas Sinnvolles schreiben etc. etc. Ein Wort von
Ihnen könnte ihr soviel Zutrauen schenken! Wenn sie einmal
angefangen hat, wird sie aus eigener Kraft fortarbeiten.«

Das Buch, auf das sie im Winter 1873 »hinsiedet«, hatte sich
mit den Jahren verdichtet. Viele Elemente, die ungeordnet bei
den Erfahrungsschätzen lagen, werden nun hervorgeholt und
begutachtet. Da ist ihre alte Faszination an den Riten der jüdischen Religion, ihr Interesse an Spinoza, ihre Freundschaft
mit dem Talmud-Gelehrten Emanuel Deutsch, ein Archivar
am British Museum, mit dem sie Hebräisch gelernt hatte und
der in diesem Jahr auf einer Reise ins Heilige Land gestorben
war. Sogar der Uhrmacher Cohn aus dem philosophischen
Debattierclub zu Lewes Studentenzeit scheint dramatischen
Stoff in sich zu tragen.

Daniel Deronda ist der erste Roman englischer Sprache mit
einem positiven jüdischen Helden und nach *Felix Holt* der
gesammelte Ausdruck ihres idealistischen Realismus. Diesmal gibt Eliot unumwunden zu, die Leser zu einer Sache
erziehen zu wollen: zur Gerechtigkeit gegenüber den Juden.
Zwanzig Jahre vor Theodor Herzls *Judenstaat* weissagt der alte
Mordecai darin eine neue Heimat in Palästina, und sein einziger Schüler Daniel Deronda findet im Zionismus die Erfüllung seines Lebens. Schon in *Middlemarch* stand geschrieben,
daß jeder Mensch seine Wurzeln in einem Fleck Heimaterde
haben sollte. Dies galt nun um so mehr für die ewigen Wande-
rer.

An Harriet Beecher-Stowe, in der Eliot eine Parteigängerin

vermutet, schreibt sie: »Nicht nur den Juden gegenüber, sondern allen orientalischen Völkern, mit denen wir Engländer in Berührung gekommen sind, zeigt sich eine Arroganz und verächtliche Herrschsucht, die eine nationale Schande sind... Gibt es etwas Scheußlicheres als sogenannte wohlerzogene Leute, die dumme Witze über das Essen von Schinken machen und sich dabei bar jedes Wissens zeigen über die Beziehungen ihres eigenen sozialen und religiösen Lebens mit der Geschichte des Volkes, das zu beleidigen sie witzig finden? Sie wissen kaum, daß Christus Jude war.«

Daß ihre Botschaft von einer Gesellschaft, die sich behaglich in einem latenten Antisemitismus eingerichtet hatte, mit Befremden aufgenommen werden würde, war George Eliot wohl bewußt, aber sie und Lewes überschätzten ihre Reputation, wenn sie glaubten, daß sie als die große ethische Lehrerin den Vorurteilen mit einem Roman entgegensteuern könne. Oscar Browning fand die Vision eines Judenstaats schlichtweg irrsinnig, und auch der Verleger war zunächst nicht glücklich mit diesem Thema.

George hatte ihn da wohl auf eine falsche Fährte gelockt. Als Blackwood Mr. und Mrs. Lewes im Mai 1875 besucht, sind beide unpäßlich, und er findet sie hager und alt geworden. Wie geht es mit dem neuen Buch voran? Schrecklich, natürlich. Aber als er nach dem Essen mit George im Garten seine Zigarre raucht, schwärmt dieser von dem trefflichen neuen Werk. Diesmal ginge es nicht um Provinzdoktoren und papierfressende Fledermäuse, sondern um Ladys und Gentlemen in London, Genua, Prag, New York, Frankfurt und Wien. Und nach einer Spannungspause läßt er den Titel über die Zunge rollen »Daniel De Ronda – klingt das nicht großartig?« Blackwood kassiert sofort den ersten Band – zu ihrem Schrecken: »Als würde man ihr ihr Baby entreißen«, und liest die Nacht durch. »Ich gratuliere! Es ist wundervoll!«

Diese Erfahrung haben seither unzählige Leser mit Mr. Blackwood geteilt. *Daniel Deronda* beginnt wundervoll mit der

Geschichte von Gwendolen Harleth, einer neurotischen, ge-
fühlskalten jungen Frau, die glaubt, mit ihrer Schönheit und
Koketterie die Männer nach ihrem Geschmack lenken zu können, und der von ihrem ungeliebten Ehemann Grandcourt
selbst »die Zügel über den Hals geworfen werden«, bis sie
seinen Tod wünscht, an dem, als er schließlich eintritt, sie sich
erfolgreich einbildet schuld zu sein.

Doch in dieses Garn webt die Autorin nach 16 Kapiteln
einen neuen Strang: das Schicksal des Knaben Daniel Deronda, der von dem jovialen Sir Hugo zu einem englischen
Gentleman erzogen wird, und den er 536 Seiten lang nicht zu
fragen wagt, warum er so anders heißt, aussieht und fühlt. In
der Konfrontation mit seiner Mutter, einer ehemaligen Primadonna, die ihn als Zweijährigen ihrem Verehrer geschenkt hat,
fällt schließlich der erlösende Satz: »So bin ich Jude!« Danach
wird Daniel seine Neigung zu dem alten Visionär Mordecai
verständlich, die Anziehung, die das Frankfurter Ghetto auf
ihn ausübte, und endlich darf er auch seine Liebe zu der Jüdin
Mirah ausleben. Es ist »das Pintele Yid« in ihm, wie Ruth
Levitt schreibt, der Funke in jedem Juden, der möglicherweise ausgelöscht, aber leichter noch wieder angefacht werden kann.

Diese beiden durch Welten getrennte Handlungsstränge
verflicht Eliot zu einer großen Geschichte. »Meine Absicht
war, daß alles in einer Beziehung zueinander steht«, schreibt
sie später – durch Parallelen und starke, wiederkehrende Metaphern von Zügeln, Segeln, Schmuck, Glücks- und Tändel-
spiel und der wichtigen Rolle, die die Musik in aller Leben
spielt. Dennoch bleiben diese Verbindungen nur gewollt.
»Die Nixe Gwendolen« (Blackwood) ist eine von Eliots psychologisch überzeugendsten Figuren, eine Frau, die sinnliche
Liebe nicht ertragen kann und mit Männern spielt, nicht weil
sie ihr gefallen, sondern weil sie Geschmack an der Macht hat.
Ihr Part ist auch stilistisch der interessantere. »Gwendolens
Reflektieren nach jedem Wort, das sie zu Grandcourt sagt«

(ihrer Wirkung auf ihn ungewiß), »ist, soviel ich weiß, eine ganz neue Form, eine Konversation wiederzugeben«, bemerkt Blackwood bewundernd.

Die jüdische Hälfte ist dagegen ein Fehlschlag. Derondas Lehrer Mordecai und die Sängerin Mirah sind »ideale« Gestalten mit einem didaktischen Auftrag und versagen als literarische Figuren. Der edle Fanatismus des alten Mannes, der sich keinen Deut um die profanen Belange seiner Mitmenschen schert, und die piepsige Tugendhaftigkeit des jungen Mädchens sind ihren Rollen als Sympathieträger eher zuwiderlaufend. – Und was ist mit Daniel Deronda?

Dreißig Jahre zuvor hatte eine Autorin schon einmal einen Mann von zweifelhafter Herkunft, den eine böse Kindheit beschädigt hatte, zum Helden eines Romans gemacht: Mr. Heathcliff in der *Sturmhöhe* ist nicht der Typ, den man zum Babysitten anstellte, aber seine wilde Erscheinung und sein verpfuschtes Leben bewegen Emily Brontës Leser bis auf den heutigen Tag. Der Pfusch, den Daniels Mutter und Sir Hugo im Leben Derondas anrichten, treibt den jungen Mann in die innere Emigration, in der er ergebnislos über seine Herkunft grübelt (vielleicht hätte er einmal zwischen seinen Beinen nachsehen sollen). Was Mr. Heathcliff glaubhaft zum Wüterich (und zum erotisch interessanten Subjekt) macht, läßt Daniel Derondas Edelmut unwahrscheinlich wachsen. Er lenkt die Kränkung auf sich, übt Verzicht und Erbarmen. Gwendolen erkennt in ihm mit sicherem Instinkt den unverführbaren Mann und macht ihn zu ihrem Beichtvater. Er leitet sie schließlich »vom moralischen Tod zum moralischen Leben«, aber während er selbst im Zionismus seine Mission findet und – freilich mit offenem Ende – in ein »höheres Leben« aufbricht, bleibt sie »reduziert auf einen Fleck« zurück, und wenig spricht dafür, daß sie hinfort »besser« oder gescheiter handeln wird.

Bezeichnenderweise galt der Beifall, den George Eliot nach der Veröffentlichung von *Daniel Deronda* aus der jüdischen

Welt erhielt, weniger dem literarischen Werk als der politischen Botschaft. »Die Juden wurden niemals zuvor dermaßen realisiert und idealisiert«, schreibt Lewes, den das herbe Echo aus der christlichen Ecke nicht überrascht. Es dringt sogar auf atmosphärischem Weg zur Autorin durch, die es mit Erbitterung zur Kenntnis nimmt.

Davor jedoch liegen zwei Jahre des Leidens und der Krisen. Sommers in Surrey senkt sie »tiefe Schächte« in ihre große Geschichte. Haushälterisch und pflichtbewußt steht sie jeden Morgen früh auf und schreibt vier oder fünf Stunden. Nach dem Lunch gehen sie spazieren, und abends lesen sie einander vor. Im Herbst fährt sie mit George über Land, um Herrenhäuser und Parks für das Ambiente auszukundschaften. Zu Hause berät sie der hilfreiche Harrison, der sich bereits bei den juristischen Problemen von *Felix Holt* nützlich gemacht hatte, über Erbrechtsangelegenheiten und Leslie Stephen, einer ihrer Sonntagsbesucher, über die Modalitäten eines Stipendiums in Cambridge und einer eventuellen Weitergabe. »Es trifft sich möglicherweise mit Ihren Vorstellungen, daß Jahres-Stipendien an allen Colleges in Höhe von 50 und sogar 80 Pfund vergeben werden, die ein erfolgreicher Kandidat ablehnen, bzw. weitergeben kann ...«, schreibt Sir Leslie. Eliot wählt für ihren Helden schließlich einen Deronda gemäßen Weg. Sie läßt ihn beim Examen einfach durchfallen, weil er seine Zeit darauf verwandt hat, einem kranken Kommilitonen bei den Vorbereitungen auf das seine zu helfen.

Doch die blauen Teufel regen schon wieder ihre bösen Finger. »Das jüdische Element wird wohl keinen so recht befriedigen«, schreibt sie in ihr Tagebuch. Blackwood, der in seiner Lektüre noch nicht bis zu Mordecai vorgedrungen ist, bestärkt sie jedoch. »Daß Sie so herzhaft die Szenen jüdischen Lebens bewundern, freut mich besonders, denn ich habe bisweilen Ihre Zweifel geteilt, ob die Leute mit diesem Element der Geschichte hinreichend sympathisieren werden«, antwortet Lewes. »Ich dachte mir jedoch, da es ihr früher gelungen war, uns die Methodisten liebenswert darzustellen, gibt es keinen Grund, warum sie nicht auch das Vorurteil gegen die Juden besiegen sollte. Sie sind überrascht von ihren Kenntnissen über die Juden? Je – nur gelehrte Rabbis sind so gründlich wie sie in jüdischer Geschichte und Literatur beschlagen – und dies wird ihrer dramatischen Darstellung nicht nur einen Rembrandt-Hintergrund geben; ich glaube auch, daß es alle Juden Europas zu heftigster Bewunderung für die Künstlerin hinreißen wird, die – ohne die lächerlichen und häßlichen Aspekte zu verbergen – die ideale Seite dieses seltsamen Lebens auf herrliche Weise darstellen wird.«

Doch der Visionär Mordecai macht dem Verleger zu schaffen. Über ihn zu urteilen müsse er sich versagen, bis er mehr von ihm gelesen habe, »und ich gestehe, daß mein Nachdenken und Rätseln über diesen Teil der Geschichte mich bisher vom Briefeschreiben abgehalten haben.« Lewes reagiert sofort: »Wie bedauerlich, daß Sie Mordecai nicht freundlicher aufgenommen haben – bedauerlich, weil ich finde, daß er alles in allem eine ihrer größten Schöpfungen ist ... aber bedauerlicher noch, weil ich wußte, daß es sie deprimieren würde. Es hat einen Schatten auf ihre bereits trübe Verfassung geworfen.« Nun ist Blackwood schuld, daß Mrs. Lewes »sich schuldig fühlt und glaubt, jedermann werde sie für ihre schwache Arbeit verachten.«

Vier Wochen später – die erste Folge von *Daniel Deronda* ist inzwischen erschienen – hat sich der Verleger besonnen: »Sie sind eine Zauberin. Es ist ein Gedicht, ein Drama, ein großer Roman ... der wundervolle Mordecai und oh, diese Familie Cohen! Der gesamte Stamm Israel sollte niederfallen und Sie anbeten!« Einen kleinen praktischen Einwand hat er noch, auf den ihn seine Frau, eine passionierte Reiterin gebracht hat. Auf glatter Wiese sei es höchst unwahrscheinlich, daß das Pferd Primrose stürze. Eliot fügt daraufhin noch ein paar tückische Löcher zwischen die harten Grasbüschel. Aber nicht nur Mrs. Blackwood wird sich danach gefragt haben,

wie der Zossen mit gebrochenen Knien in seinen Stall zurück-
gelaufen ist.

Im Juni 1876 besucht der Verleger sie in der Priory, aber –
»die knauserigste aller Berühmtheiten« (Eliot) empfängt ihn
nicht, da sie an den letzten Seiten des Romans sitzt. »Lewes
sagt, daß sie mit Tränen in den Augen schreibe, und das erstaunt mich nicht. Der Packen Fahnen, den ich heute erhalten
habe, hat mich zum Weinen gebracht.« Auch George fühlt
seine Augen brennen, als sie ihm die letzten Passagen vorliest
– Daniels Abschied von Gwendolen, der ahnen läßt, was für
ein erregendes Paar die beiden vorgestellt hätten, wenn Mr. D.
sich einmal hätte hinreißen lassen – , und als er anschließend
mit Polly im Park spazierengeht, fühlt er sich so windelweich,
als habe man ihn durchgeprügelt.

Daniel Deronda, vom Februar bis September 1876 in *Blackwood's Magazine* und im August als vierbändige Buchausgabe
veröffentlicht, hält nicht den Erfolg, den er versprochen
hatte. Druckte Blackwood von der ersten Folge 5250 Stück, so
ging er bei der zweiten auf 2100 und bei der dritten auf 1575
herunter. »Warum die Juden nicht einsteigen, verstehe ich
nicht«, hadert Lewes wie nach verlorenen Wahlen. Blackwood
bleibt jedoch unerschütterlich in seiner endgültigen Begeisterung. Keine Kritik, wenn er bitten darf! »Beugt Euch und
nehmt mit Dankbarkeit entgegen, was immer George Eliot
schreibt.« – Die Rezensenten waren weniger fromm und emp-
fahlen chirurgische Schnitte: fort mit dem jüdischen Teil!
Oscar Wilde nannte Eliots letzten Roman »dieses langweilig-
ste aller Meisterwerke«, und Swinburne schäumte: »Ich habe
keine Lust, Puppen auseinanderzunehmen, und daher werde
ich Daniel Deronda an seinem angestammten Platz über der
Tür des jüdischen Lumpensammlers hängenlassen ...« Die
Autorin hatte recht behalten: Die englische Arroganz war un-
besiegbar. Antisemitismus äußerte sich als Literaturkritik.
Aber leider ist »Gwendolen« tatsächlich der beste Teil ihres
Buches.

XIX

Das Unglück ist zu nichts nutze, auch wenn die Heuchler das Gegenteil behaupten.

(Gustave Flaubert)

Im Juni 1875 stirbt Herbert Lewes in Durban, wenige Tage vor seinem 29. Geburtstag.

Marian schreibt an John Cross: »Er war ein gutartiges Geschöpf – nicht sehr intelligent, aber fleißig und kompetent in den Angelegenheiten des täglichen Lebens; und vor zehn Jahren glaubten wir, daß sich eine Kolonie mit bekömmlichem Klima wie Natal als die einzige brauchbare und seinen Gaben gemäße Alternative anböte. Was können wir mehr tun, als zu versuchen, die beste Entscheidung nach den uns bekannten Bedingungen zu fällen? Das Ende, das man nicht voraussehen konnte, muß demütig ertragen werden – und es gibt keinen Grund, uns Vorwürfe zu machen.«

Das Ende war vorauszusehen, aber Bertie hatte nicht um das Fahrgeld nach England gebeten. So war er in einem Hotelzimmer gestorben, hilflos, aufgeschwollen und nach Atem ringend, und der einzige freundliche Mensch, der seinen Kopf hielt, war ein Mr. Sanderson, Zeitungsredakteur aus Durban; derselbe, mit dem Thornie sich gleich nach der Ankunft befreundet und zu dessen Klavierbegleitung er deutsche Lieder geschmettert hatte.

Nachdem Thornton nach England gefahren war, um nie wiederzukommen, hatte Bertie die Farm verkauft und es erst mit der Schafzucht, dann im Fuhrgeschäft versucht, aber das Pech schien an seinen Fersen zu kleben. Er warb um ein junges Mädchen, Eliza Harrison, deren Eltern ihn jedoch ablehnten, »weil ich arm bin.« Die Briefe, die Bertie nach London schickte, noch immer eckig und von ungefährer Orthographie, beschreiben eine Welt, die den Bewohnern der Priory einigermaßen unfaßlich blieb. Da ist die Rede von Mr. Harrison, der seine Tochter zu schlagen droht, weil sie zu Bertie hält, von Eliza, die meilenweit durch den Busch läuft, um Schutz bei Nachbarn zu suchen, und von einer sehr bescheidenen Hochzeit. Das junge Paar mußte wiederholt umziehen. Berties Farm lag fern jeder Ansiedlung, und er wagte nicht, Eliza allein zu Hause zu lassen, weil Buscharbeiter dort vorbeizogen, rohes, betrunkenes Volk. Ein zweites Häuschen (Adresse: Kalbasfontein, Wakkerstroomland) mußten sie wieder abbrechen, da das Land, auf dem sie gebaut hatten, nicht dem Mann gehörte, der es ihnen verpachtet hatte, und sie luden Tür, Fenster und Dachstroh auf den Ochsenkarren und zogen weiter.

Pater schickte 200 Pfund zur Hochzeit, später noch einmal 50 Pfund für ein Piano, das sich beide gewünscht hatten, aber Eliza, die »wohlerzogene« junge Dame, spielte nur »ein wenig«, und Berties Stimme war beim Brüllen mit dem Ochsengespann rauh geworden. Wie hat ihm die erste Folge von *Middlemarch* gefallen? Lieber Pater, ich habe sie noch nicht gelesen...

1872 wird Eliza schwanger, und es geht ihr so schlecht, daß Bertie sie pflegen muß und seine Farm vernachlässigt. 30 Lämmer und 20 Böcke sterben. Im Dezember wird ihre Tochter geboren. Sie nennen sie Marian. Im August 1873 schreibt Bertie an Lewes: »Ich dachte schon, daß Du mich ganz vergessen hast, so lange ist es her, daß ich von Dir gehört habe. Ich habe Dir und der kleinen Mutter zweimal geschrieben und einmal an Charles und keine Antwort erhalten... Seit zwei Monaten leide ich an chronischem Rheuma.« In seinem nächsten Brief berichtet er von Schmerzen in Rücken und Hüften, die ihn nachts nicht schlafen ließen, und gegen die er Strychnin nehme, aber es habe verteufelte Nebenwirkungen. Er sei zum Skelett abgemagert. Lewes muß diese Nachricht ins Herz gefahren sein, aber es ist nirgendwo die Rede davon, daß Bertie heimkommen soll. Er schickt ihm weitere 100 Pfund und rät ihm, eine Kiste Portwein zu kaufen und einen Arzt zu konsultieren. Dem alten Dr. Gunner fällt auch nichts Besseres ein, als Bertie in ein milderes Klima zu schicken. So läßt er Eliza, die kurz vor der Geburt ihres zweiten Kindes steht, in der Obhut einer Bantufrau zurück und reist nach Durban.

Seinen kleinen Sohn, George Herbert, der am 16. Mai 1875 geboren wird, sollte Bertie nicht mehr sehen. Er stirbt sechs Wochen später an Tuberkulose, die er für Mumps und Bronchitis hält. Mr. Sanderson, der sich in dieser Zeit um ihn gekümmert hat, schickt Lewes den letzten unvollendeten Brief seines Sohns und eine Strähne von Berties Haar. Seine Frau legt einen Bericht bei, in dem sie alles von Thornie und Bertie erzählt, dessen sie sich erinnert: »Sie waren beide so voller Leben und Energie, und wir waren besonders angetan von Herberts praktischem Sinn und seiner ruhigen, vergnügten Art, die angenehm abstach von Thorntons fröhlicher, freundlicher, gewinnender Natur, ohne in Widerstreit mit ihr zu treten. Sie werden verstehen, wie erschüttert wir waren, als Thornton offenbar im letzten Stadium seiner tödlichen Krankheit zu uns kam; er trat eines Tages ganz unvermutet in unser Haus und sah aus wie das Gespenst seiner selbst, und ich werde niemals den Schock vergessen, als vor einigen Wochen dasselbe mit Herbert geschah... Er war fröhlich und voller Hoffnung, und als er sagte, er habe zugenommen, seit er hergekommen sei, versuchte ich mir einzureden, daß er nicht so krank sei, wie er aussah ... Sein letzter Besuch wird immer zu meinen traurigsten Erinnerungen zählen. Er war so erschöpft, als er kam, daß er im Sessel einschlief...«

Es gibt keinen Grund, sich Vorwürfe zu machen. George und Marian hatten ihre Pflicht getan. Alle drei Brüder waren als Kinder kränklich, hatten es mit den »Drüsen« und waren doch zu stattlichen jungen Männern herangewachsen. (Aber auch Charles starb noch jung, mit 49.) War es »egoistisch« gewesen, zwei von ihnen so weit fort zu schicken? Beide hatten es so gewollt, und keiner war vorbereitet. Löwen schießen ... nichts als Flausen! Und Bertie hatte geklagt, er wünschte, er hätte etwas Gescheites gelernt, ein Gewerbe. Ohne ein Gewerbe sei man in den Kolonien aufgeschmissen. Wer hätte das alles wissen sollen? Nun muß man sich demütig quälen. Bertie, ihr »jüngster Sohn« ... sie hatten sich nur flüchtig gekannt.

Charlie macht sich erbötig, nach Natal zu reisen und Eliza und die Kinder nach England zu holen, aber George und Marian finden das »nicht in Ordnung.« Sicher war die junge Frau in dem rauhen Land ihrer Geburt besser aufgehoben als im Dunstkreis der Priory. Sie schreibt rührende Briefe – »bitte entschuldigt die Fehler« – an den »lieben Pater und die liebe Mutter«, die ihre einzige Stütze geblieben sind. Sie und Bertie seien so glücklich und vertraut gewesen. Sie hätten alles zusammen gemacht, die Plane für den Wagen genäht, die Kissen für die Stühle und sogar die Sesselschoner. Der alte Doktor hatte sie so lange in falschen Hoffnungen gewiegt (und seinem Patienten soviel Strychnin und Eisen verabreicht, daß es einen jeden umgebracht hätte); Bertie selbst hatte einen Tag vor seinem Tod noch geglaubt, er sei auf dem Weg der Besserung. Und nun kann Eliza nicht fassen, wofür sie die schwarzen Kleider näht. Sie sieht ihn vor sich, wie er sich vom Klavier wegdreht, um seiner kleinen Tochter Gute Nacht zu sagen ... Sie schickt Photos von den Kindern und fragt, ob sie getauft werden sollen und ob ihre fernen Verwandten, von denen sie nur Lewes Bild kennt, Patenstelle annehmen und, falls ihr etwas zustieße, sich für die Kinder verantwortlich fühlen würden ...

Marian teilt jedem Korrespondenten im Anschluß an die traurige Nachricht mit, daß es ihr ein Trost sei, nun für Berties Witwe und Kinder sorgen zu können – in Natal. Eliza blieb ihr immer fremd, und als sie vier Jahre später in England auftauchte und ihre Abhängigkeit anspruchsvoll vortrug, wurde das Verhältnis zu den »Afrikanern« ziemlich garstig.

Das Befinden ihrer »geistigen Töchter« ging Eliot nun einmal näher zu Herzen. »Warst Du unartig und hast in die Nächte hinein gearbeitet?« rügt sie Elma zärtlich. »Und ermunterst Du Dich zu genügend Schlaf? Bitte bedenke, daß Du, wenn Du Deine Nerven vernachlässigst, Deine kostbare Seele in Gefahr bringst.« Elma war weit fort, in Frankreich. So handfest ihre Liebesgaben, so scheu ihre seltenen Besuche.

Eine »Tochter« von ganz anderem Kaliber war Edith Simcox. Und sie wohnte in der Nähe. Miss Simcox, 25 Jahre jünger als George Eliot und von Lewes als tragende Stimme im Chor der Anbeter gefördert, hatte einen ähnlichen Weg wie Miss Evans zurückgelegt. Beide waren Autodidaktinnen und gehörten zur dünnbesiedelten Kaste der bürgerlichen, ledigen Frauen, die auf ihren eigenen Füßen standen. Allerdings hatte Simcox keinen Menschen, der sie bei diesem Akt stützte. Mit einer Freundin betrieb sie eine Hemdennäherinnnen-Kooperative in Soho, ein mutiger kleiner Betrieb, der den wüsten Bedingungen entgegenarbeitete, denen Frauen in den Schneiderwerkstätten des Zwischenhandels damals ausgeliefert waren. Wenn sie sich dranhielten, zwölf Stunden arbeiteten, ohne den Kopf zu heben, konnten sie dort zehn Schilling pro Woche verdienen, abzüglich zwei Schilling für Nähseide. – 8 Schilling war der Preis für ein Pfund Tee. Edith Simcox zahlte faire Löhne und belieferte ausgesuchte Kundschaft. Mr. Lewes gehörte dazu und Mr. Cross. Sie war aktiv in der Gewerkschaftsbewegung und der Schulaufsicht, und sie war eine gebildete Frau, »zitierte Latein mit Leichtigkeit, las Plato auf griechisch, sprach Französisch fließend genug, um auf dem Treffen der Internationalen Arbeiterassoziation in Paris eine Rede zu halten, und plante, ein englisch-deutsches Wörterbuch herauszugeben« (Haight). In literarischen und politischen Journalen schrieb sie über Philosophie, Kunst, Literatur, Folklore, Wirtschaft, Wohnreform und Frauenrechte. Ihre Rezension von *Middlemarch* brachte ihr eine Einladung in den Sonntags-Salon.

Miss Simcox war gescheit, energisch und zurechnungsfähig

in allen Belangen, die nicht George Eliot betrafen. Obwohl sie wußte, daß sie sich oft lästig machte, kreuzte sie unter jedem Vorwand in der Priory auf, sofort bereit, wieder zu flüchten, aber nicht, ehe sie nicht eine Hand erhascht, einen Kuß aufgedrückt hatte. Ihre amour fou strapazierte Eliot bis zur Grenze des Erträglichen und zauberte wohl manchmal dieses mordlüsterne Funkeln in die Augen des Idols, das Samuel Laurence gemalt hat. Edith war eine Frau, die darum bat, getreten zu werden, und Marian erfüllte ihr diesen Wunsch.

Diese kleine, bebrillte Person, die, um das Busgeld zu sparen, mit Stoffmustern für Mr. Lewes' Hemden und Büchern für Mrs. Lewes den ganzen Weg von Soho zum Regent's Park gelaufen kam, ließ sich wundervoll ausschelten und bekritteln. Zu Simcox sprach kein ratgebender Engel, sondern ihr selbstgeschaffener Quälgeist: Meine liebe Edith, ich sollte Ihnen empfohlen haben, Ihren Gefühlen keinen Zwang anzutun? – Es hat doch sonst nichts, was ich sage und schreibe, die geringste Wirkung auf Sie. – Oh, Ihr Buch, *Natural Law*, nicht ganz verkehrt, möglicherweise sogar nützlich, was sagst du dazu, George? – Was ich davon gelesen habe, tja ... Die Hemdenschneiderei ist recht verdienstvoll, aber haben Sie sonst keine Hobbys? Könnten Sie nicht vielleicht eine Sprache lernen oder eine Wissenschaft? – Dem unerschöpflichen Thema ihres »angeborenen Mangels, auf Männer reizvoll zu wirken«, setzte Edith gerade soviel Widerstand entgegen, daß es sich lohnte, die Sticheleien beim nächsten Besuch wieder aufzunehmen.

In ihrer *Autobiography of a Shirt Maker* berichtet Simcox von diesen Besuchen – und diesen Ach-Sie-gehen-schon?-Abgängen: Edith, die im Flur mit den Tränen kämpft und im Regent's Park einen schützenden Baum sucht, unter dem sie sich ausheulen kann. Und kniet doch jeden Abend nieder: »Laß mich den Tag beginnen und enden, daß ich sie um Rat und Tadel ersuche ... Eine strenge Regel will ich schwören, daß ich alles, was ich getan und unterlassen habe, jede Nacht meinem Liebling und Gott beichte.«

Eliot gelang es weder, diese Gefühle in die sicheren Bahnen der geistigen Mutter-Tochter-Beziehung zu leiten, noch Simcox gänzlich abzuweisen. Sie verbat sich schließlich die Anrede »süße Mutter«. »Das bin ich nicht, so fühle ich nicht.« Sie war nicht einmal die Tante, die sich an einem langweiligen Abend über Besuch freute. Lewes war ausgegangen, und Edith auf einer ihrer fliegenden Visiten bat darum, »still bei ihr sitzen zu dürfen, bis er heimkäme. Sie sagte, sie könne nicht lesen, wenn ich dabei wäre. Ich beklagte mich ein wenig über diese deutliche Zurückweisung, und sie sagte, daß sie vollständig abhängig von seiner Gesellschaft sei und unvernünftig besorgt, wann immer er außer Haus ginge.«

Auch Simcox hätte Eliot lieber bei einem anderen Namen genannt. Sie wußte, daß ihre »gierige Liebe« die Grenzen der von der Gesellschaft tolerierten »romantischen Freundschaft« zwischen Frauen sprengte: »Siehst Du, Liebling, ich darf Dich nur auf drei erlaubte Arten lieben«, schreibt sie in einem nie abgeschickten Brief: »abgöttisch wie ... die Jungfrau Maria, romanzenhaft, wie Petrarca Laura liebte, oder mit der Zärtlichkeit eines Kindes für die Mutter ... Nüchterne Freundschaft scheint mir die häßlichsten Ansprüche auf Gleichheit zu erheben: Freundschaft ist wirklich etwas Kostbares, aber wenn es zwischen Freundinnen Liebe gibt, muß sie beiderseitig und gleich sein, und ... unsere Beziehung ist die zwischen Ungleichen.« Als sie nach Eliots Tod Maria Congreve kennenlernte, erfuhr sie zu ihrer »stürmischen Freude«, daß auch Maria dieses erstickende Herzklopfen in Eliots Gegenwart kannte und »meine Liebste wie ein Liebhaber geliebt hat.«

Da Ediths Empfindsamkeit zuweilen exzentrische Ausdrucksformen annahm, hielten es George und Marian für sicherer, sie in die Menge der Sonntagsbesucher zu integrieren. Aber da Lewes ihre opulenten Empfänge nach dem Erscheinen von *Daniel Deronda* zurückzustutzen begann, war Miss Simcox bisweilen doch die einzige, »die sich nach Mr.

Lewes Kopfweh erkundigen kam«; oft nur mit einem knappen Vorsprung vor John Cross, »dem fatalen Johnny«, den Edith so verabscheute, daß sie drohte, seine Hemden zu vergiften. »Tun Sie das nicht«, erwiderte Eliot gelassen. »Er ist uns ein nützlicher Berater in finanziellen Angelegenheiten und der beste Sohn und Bruder.« – »Eben drum«, murmelte Edith, »bin ich so eifersüchtig.«

Gebeten, Platz zu nehmen, wirft sie sich auf den Teppich und küßt die Füße ihrer »Göttin«. George – mit Migräne auf dem Sofa – beobachtet dieses Treiben zwischen Rührung und leisem Spott. Tatsächlich hatte er nichts dagegen, so erinnert sich Edith, wenn er leidend war, auch ein wenig geküßt und gestreichelt zu werden. »Aber wenn er gesund war, hätte ich im Palast der Wahrheit gestehen müssen, daß er mir dafür eigentlich etwas zu haarig war.« Edith begehrt das Privileg, zu Marians Füßen zu liegen, während diese in ihre Arbeit vertieft ist. Sie sitzt auf dem Teppich, die Wange an den Pelzbesatz ihres Ärmels geschmiegt, die Augen zu ihr erhoben.

Bemerkenswerterweise wird dieses Verhalten von beiden als weniger spanielhaft empfunden, als es uns heute erscheint. Der Fußschemel war der Sitz der Töchter; die Hand auf dem Scheitel eine Auszeichnung, bei der es manche heiß duchrieselte. Schon Bettine Brentano saß auf dem Schawellche der Mutter Goethe, und auch ihren englischen Schwestern war Demut nicht befremdlich. Die viktorianische Salon-Malerei liebte diese sentimentalen und demonstrativen Posen: Frauen auf den Knien, händeringend auf den Fußboden gestreckt, Männer, das Gesicht in der Armbeuge verborgen, Fäuste in Taschen gerammt, tränenvolle Augen – das große Gefühl als Kehrseite großer Förmlichkeit, und Edith schämte sich nicht, das ihre auszuleben.

»Als ich sagte, daß ich ihre Füße küssen wollte, sagt er: von ihm aus, solange ich möchte – oder, verbesserte er sich – solange sie möchte. Er könne den Wunsch verstehen – sie hingegen nicht. Trotz ihres Protests legte ich mich vor den Kamin und drückte ihnen leidenschaftliche Küsse auf, daß sich meine Augen mit Tränen füllten. – Den Rest des Abends vermieden ihre Füße den Schemel, auf dem ich sie gefunden hatte.«

Bei einer ihrer letzten Begegnungen kommt es zu einem erhellenden Geständnis. Lewes ist nicht mehr zugegen, um die Spannung aufzulösen, alles in einen Scherz umzudeuten. »Ich küßte sie wieder und wieder und murmelte Liebesworte. Sie bat mich, nicht zu übertreiben. Ich sagte, das täte ich nicht, noch könnte ich es, und dann schalt ich sie, daß sie meine Liebe nicht so annehmen könne, wie sie nun einmal war, und statt dessen vorschlug, ich solle sie für irgendeinen imaginären Mann aufheben. Sie sagte ... daß die Liebe von Männern und Frauen füreinander besser als jede andere Liebe sei, und bat mich, nicht klüger sein zu wollen als Gott, der mich geschaffen habe ... Ich beugte mich streichelnd über sie, und sie bat mich, nicht so viel von ihr herzumachen. Sie kenne ihre eigene Schwäche, und wenn ich fortführe, müßte sie mir dies und das gestehen. Dann sagte sie – vielleicht würde es mich schockieren –, daß sie sich ihr Leben lang nie viel aus Frauen gemacht habe – das müsse mir ungeheuerlich vorkommen. Ich sagte, das hätte ich immer gewußt. Sie sagte dann, was ich ebenfalls wußte, daß ihr allein an dem fraulichen Ideal gelegen sei, daß sie mit Frauen fühle und es gerne sähe, wenn diese mit ihren Kümmernissen zu ihr kämen. Aber während sie sich ihnen in gewisser Weise nahe fühlte, sei sie ihnen andererseits fremd. Die Freundschaft und Nähe von Männern bedeuteten ihr mehr. ... Und dann nannte sie mich wieder ein dummes Kind, und ich fragte, ob sie mir nicht einmal etwas Freundliches sagen könnte. Ich bat sie, mich zu küssen. Laßt eine zitternde Liebende von der innigen Empfindung bei der ersten willentlichen Berührung der Lippen der Geliebten erzählen. Ich erwiderte den Kuß auf ihre Lippen und ging. – Sie winkte mir ein Lebewohl nach.«

Acht Jahre litt Edith an dieser unerwiderten Leidenschaft. Oft schon an der Tür vom Hausmädchen abgewiesen – Mr.

Cross sei zu einer geschäftlichen Besprechung da, und sie möge ein andermal wiederkommen –, in den Sommermonaten ganz aus ihrer Gegenwart verbannt, nährte sie ihr bißchen Glück aus den Krümeln, die Marian für sie auf den Teppich fallen ließ, dem erduldeten, dem gewährten, dem gestohlenen Kuß, dem schmalen Dank für unwandelbare Treue – manchmal zornig auf ein knauseriges Schicksal, das »jede gesunde, natürliche, vernünftige Leidenschaft, die ich je empfunden habe, erstickt« und sie »auf das unerschöpfliche Evangelium der Entsagung zurückgeworfen« hatte, doch am Ende ergeben: »Es ist mir etwas Bekanntes, Durchlebtes und Unabänderliches, daß ich ihr mein Leben zu Füßen geworfen habe – und nicht aufgehoben wurde. Es wurde mir nur befohlen, mich zu erheben und mir anderswo einen nützlichen Platz zu suchen. So sei es – so ist es.«

Nachdem Eliot *Daniel Deronda* abgeschlossen hat und noch bevor der letzte Band erschienen ist, dampfen die beiden schon wieder Richtung Kontinent auf ihrer rastlosen, sprunghaften Suche nach Gesundheit und Erholung. In diesem Juni 1876 haben sie nicht einmal einen Plan gemacht, sondern sich ganz auf Verhältnisse und Neigung verlassen. Die Reise wird kein großer Erfolg. Geplagt von Kopfschmerzen und Durchfall, sind »lange Bahnfahrten zu schrecklich für uns alte schwache Geschöpfe.« Aber länger als zwei Wochen halten sie es auch nicht auf einem Fleck aus. Es geht über Frankreich in die Schweiz und nach Deutschland. In Genf sind sie nicht bei Laune, die d'Albert Durades zu besuchen, und fahren still hindurch nach Lausanne und Vevey. In Bad Ragatz werden sie schließlich von Erschöpfung überwältigt. Sie bleiben fünf Wochen in dem stillen Nest, leben streng und gesund, stehen um fünf Uhr auf, trinken warmes Heilwasser und spazieren durch die Wälder. »Interessant« ist es, einen Telegraphendraht zu sehen, der eine Schlucht überspannt. Unterwegs lehrt Marian George ein wenig Hebräisch, und »wir wecken das Echo mit unserem Gelächter«.

Die Zeitungen melden, daß Serbien und Montenegro der Türkei den Krieg erklärt haben und daß Harriet Martineau und George Sand gestorben sind.

Martineaus Autobiographie, die kurz darauf erscheint, liest Marian mit Schaudern. Welche Wichtigtuerei! Welches Eigenlob! Zensuren für jeden, der ihren Weg kreuzte! Und dabei hatte Harriet »die bemerkenswerte Gabe, ihre Beziehungen zu anderen notorisch falsch einzuschätzen.« Freilich: eine rechtschaffene Frau, eine charmante Gastgeberin. Was sie einst mit silberner Stimme zum besten gab, gedruckt zu sehen, ist allerdings eine »mutwillige Grobheit«. Schande über die Herausgeber! Hütet euch vor Biographen!

Im September sind sie wieder »in unserem eigenen Land, das wir gewiß nicht mehr verlassen werden. Es gibt hier so viel, das sich lohnt zu sehen – mehr als das meiste, wofür man ins Ausland reist.« Ihrer Brieffreundin Harriet Beecher-Stowe, die angeregt hatte, in ein wärmeres Klima überzusiedeln, gibt sie noch eine andere Erklärung für ihr Beharren: »Wir können es nicht ertragen, freiwillig ins Exil zu gehen, denn unser Land hält die Wurzeln unseres moralischen und sozialen Lebens. Man fürchtet, selbstsüchtig und emotional ausgedörrt zu werden, wenn man im Ausland lebt und all die vielen Verbindungen zu seinen Landsleuten aufgibt, die man ein wenig zum allgemeinen und persönlichen Wohl befördern kann.« Dies war ihre Art zu sagen, daß sie es leid war, durch Europa zu rumpeln, sich in gemieteten Herbergen einzurichten, daß sie und George langsam klapprig wurden und es Zeit war, sich dort zur Ruhe zu setzen, wo sie mit allen Fäden zu Hause war: im ländlichen England.

Der Neffe Johnnie findet im Winter 1876 in seiner Nachbarschaft bei Witley den idealen Ort für sie: The Heights auf den lieblichen Hügeln von Surrey. »Bezaubert von Haus und Park«, notiert Lewes. Sie überschlafen die Sache nur eine Nacht und kaufen die Immobilie für knapp 5000 Pfund. Ihr neuer Landsitz ist eine dieser entzückenden Monstrositäten, wie es sie nur in England gibt: ein mehrfach verschachtelter von Wein umrankter Bau voll hoher Giebel, Gauben und Schornsteine und einer verglasten Veranda, der von seinem schmiedeeisernen Zierat wie mit Filetspitze umhäkelt ist. Seine Innenausstattung, die sie erst nach dem Kauf genauer in Augenschein nehmen, ist ebenso pittoresk, aber von den Wirtschaftsräumen bis zur Wasserleitung eine unangenehme Überraschung. Erst nach längeren, kostspieligen Umbauarbeiten ziehen sie im Juni 1877 ein – oder sollten sie es eher ein Biwak auf der Baustelle nennen? Die Möbel sind nicht angekommen, die Teppiche nicht verlegt, das Wasser läuft nicht, und ihr Schlafzimmer sieht aus, als seien sie gerade gepfändet worden. Doch sie spazieren treppauf, treppab und rufen aus jedem Fenster: wie zauberhaft! Sind wir nicht zu beneiden! Die beiden Hausmädchen, die sie vorausgeschickt haben, machen es ihnen so behaglich wie möglich, und George bittet Johnnie, den Fischhändler von Waterloo Station zu beauftragen, mittwochs und samstags den »Fisch des Tages« mit der Bahn zu schicken (70 Minuten). Ihr Kutscher hole ihn an der Station ab (5 Minuten). Zu Hause sortiert Charlie die Post, kramt nach Büchern, die man, wie sich später herausstellt, selbst eingeschlossen oder doch schon mitgenommen hat... Es ist praktisch, ergebene Menschen um sich zu haben.

Nur wenige Bekannte dürfen ihre Solitude à deux stören. John Blackwood kommt und deutet mit heftigem Zwinkern an, dies sei ein kapitaler Ort zum Schreiben. Lord Tennyson, der auf einem benachbarten Hügel residiert, macht seine Aufwartung. Herbert Spencer, ganz der alte Knöterich, unterhält sie mit seiner geplanten Autobiographie. (»Es fällt uns nicht im Traum ein, ihm von unseren Angelegenheiten zu erzählen, die ihn auch überhaupt nicht interessieren würden.«) Charlie ist zum Wochenende willkommen, sogar Elma. Von Sehnsucht getrieben, taucht Edith Simcox auf, »ein närrischer Besuch«, den sie nicht wiederholt. Nur Johnnie Cross geht mit der Selbstverständlichkeit eines Lieblingsneffen ein und

aus. Im August installiert er »eine Vorrichtung für Rasentennis« im Garten und unterweist Polly in Vor- und Rückhand.
Von nun an spielen sie und George fast täglich »ein mildes
Match«, bis sie in ihren unsportlichen Kleidern »heftig tran-
spirieren«. Zum Haus gehören acht Morgen Land, die stolz in
Besitz genommen werden. Die Briefe sprechen nun von »meinem Wald«, in dem die Vögel für den Besitzer singen, wenn er
meditierend hindurchschreitet, das Eichhorn grüßt und den
Maulwurf in seine Gruft schreckt. Der »Townie« als pastora-
ler Philosoph. Marian spielt mit dem Gedanken, die Priory
ganz aufzugeben und nach Surrey zu ziehen. »Es geht uns
beiden sehr gut«, schreibt sie im Oktober. Ihr Glück scheint
vollkommen. Sie haben »das Paradies ohne Schlange« gefunden.

XX

Ein Buch geschrieben, oder waren's sieben?
Sie werden schon verramscht und werden
                                        braun.
Der Schlußpunkt wird nicht mehr von dir
                                geschrieben,
vielleicht verschwindet er in einem Traum?

Den Baum gepflanzt. Und Bäume werden älter.
Kinder gezeugt. Und Kinder machen alt.
Die Winter werden länger, Sommer kälter.
Die Jahre sterben lautlos wie der Wald.

Das Haus gebaut. Die Kinder wachsen schneller.
Schon übern Berg. Von nun an geht's bergab.
Bergab geht's einfach, irgendwo wird's heller,
die Sonne scheint ja auch noch überm Grab.

Von Ribbeck ließ sich eine Birne geben,
sein Nachruhm war das unbewußte Leben.

(Klaus Modick)

Das letzte Jahr ihrer Gemeinsamkeit ist eine Zeit gesellschaftlicher Siege. Bis zur Queen wird sie nicht vordringen,
aber Victorias Tochter Louise bittet den ersten Lord der Ad-
miralität, George Joachim Goschen, ein Dinner zu geben, bei
dem sie George Eliot vorgestellt werden möchte. Sie ihr!
    Da kann auch die Kronprinzessin nicht zurückstehen. Bei
einem Empfang plaudern sie und ihr Mann, der zukünftige
deutsche 90-Tage-Kaiser Friedrich III., »überaus gnädig mit
Polly und machten ihr Vorwürfe, daß sie sie damals in Berlin
nicht von ihrer Anwesenheit unterrichtet habe«, schreibt
Lewes beeindruckt von der Leutseligkeit der Royals. Ein
Händeschütteln: »Das nächstemal aber bestimmt . . .« – bestimmt, Majestät. Man steht ein bißchen zu lange herum für
die alten Beine, aber sonst ist es sehr amüsant. »Heim um 12 –
fix und fertig.«
    Im Mai 1877 erreicht sie ein Schreiben Liszts, der für seine

Tochter Cosima – Madame Wagner und Gemahl – um Einführung bittet. Es ist Richard Wagners Saison in der Royal Albert Hall, und so wenig Mr. und Mrs. Lewes seine Musik schätzen, so sehr fühlen sie sich zu seiner Frau hingezogen. »Eine einzigartige Person. Sie hat die schnelle Auffassungsgabe und das weite Verständnis ihres Vaters.«

Von der Begegnung der beiden Frauen überliefert der Autor Francis Hueffer in seinem *Half a Century of Music in England 1837–87*, ein Zitat. »Ihr Gatte«, soll Mrs. Lewes zu Mrs. Wagner bemerkt haben, »mag die Juden nicht. Mein Mann ist Jude.« Es ist dies das einzige Mal (und aus zweiter Hand), daß Lewes eine jüdische Herkunft unterstellt wird. Es mag in provokativer Absicht gesagt worden sein, um sich von Wagners Antisemitismus abzugrenzen, dessen Schrift *Das Judenthum in der Musik*, 1852 erschienen, George Eliot sicher kannte. Aber ob nun »ein Pintele Yid« in ihm steckte oder nicht, den guten Beziehungen zu Cosima tat es keinen Abbruch. »Wir lieben sie – eine solche Frau ist schon lange nicht mehr an unserem Horizont aufgetaucht«, schreibt Lewes. Er empfiehlt ihr den Artikel *George Eliot und das Judenthum* in einer deutschen jüdischen Monatsschrift zur Lektüre, der ihn »aus vielerlei Gründen sehr berührt« habe. »Der Meister« selbst hält sich im Hintergrund; er spricht kaum Englisch.

Man trifft sich bei den Proben und sitzt gemeinsam *Die Walküre* und *Tannhäuser* aus. Bei einer solchen Gelegenheit bemerkt eine kecke junge Dame, die sich zwei Reihen hinter George Eliot, Lewes, Wagner, Edward und Georgiana Burne-Jones, William Morris und dem Maler Frederic Leighton den Hals verrenkt, wie erstaunlich häßlich – bis auf den wohlgestalteten Mr. Leighton – die versammelten Vertreter des Genies aussähen. »George Eliot trug eine monströse Konstruktion zwischen Kappe und Hut, und ihr Kleid war fürchterlich, aber ihr Gesicht leuchtete wunderbar auf, wenn sie redete, und offenbar hatte sie in den Pausen viel mit Wagner zu besprechen.«

Die müde gewordenen Sonntagnachmittage in der Priory leben wieder auf. Richard Wagner liest seinen *Parzival* mit Furore und »wie ein guter Schauspieler« (Lewes). Alfred Lord Tennyson deklamiert vor einer erlesenen Schar neue Gedichte (und muß gegen Mitternacht taktvoll auf ein Ende der Veranstaltung hingewiesen werden). Bei einem Dinner der Familie Cross bringt Lewes (mit einem Funken Berechnung?) einen Toast auf den Ehrengast Iwan Turgenjew aus, »den größten lebenden Romancier«, den dieser galant an George Eliot weiterreicht. Danach erzählt der Gast ein paar lästerliche Anekdoten von Victor Hugo, daß man im Salon den Kopf schüttelt – welche Dummheit! welche Arroganz! Diese Franzosen aber auch! – und deklamiert Puschkin auf russisch. Ergriffene Stille. Niemand grunzt an den richtigen Stellen.

Erinnert sich überhaupt noch ein Mensch daran, daß Mrs. Lewes in Schande lebt? Durchaus. Eliza Lynn, nach einer gescheiterten Ehe mit Mr. Linton, stänkert ungebrochen in den literarischen Zirkeln. 1885 sollte sie einen autobiographischen Roman veröffentlichen, in dem sie dem »scheinheiligen Paar«, das bereits lange tot war, noch einmal die Ehre abzuschneiden gedachte – angefangen von dem bedenklichen Durcheinander des Phalansteriums, über Lewes zweifelhafte Moral, den Bruch mit seinem »loyalen und ergebenen Freund« Thornton Hunt, bis zu der Frau, die alle in der Sonne bewunderten und die sich rechtens im Schatten schämen sollte. (Mrs. Lynn Linton hatte noch mehr Feindinnen, die sie mit den Waffen der Literatur bekämpfte. Ihr Roman *The One Too Many* richtete sich gegen Blaustrümpfe im allgemeinen und Girton-College im besonderen.)

Auch Isaac Evans hatte nicht vergessen, wenn auch inzwischen etwas den Überblick verloren. Seine älteste Tochter Edith hatte mit ihrem Mann, einem Geistlichen, im April 1874 ihre Tante Mary Ann ungestraft in London besucht und ihr anschließend photographische Aufnahmen ihres Elternhauses geschickt – »das liebe alte Griff«. Dort zumindest hatte

Mr. Evans die Zügel noch in der Hand. Edward Clarke, Chrisseys Sohn, der nach Australien emigriert war, hatte nach einem Besuch bei seiner Schwester Emily in Brighton, wo sie als Gouvernante lebte, Onkel Isaac geschrieben, offenbar in der Hoffnung, nach Griff eingeladen zu werden. Er holte sich eine herbe Abfuhr: Alles Gute, junger Mann, wir wünschen Sie hier nicht zu sehen!

Den meisten aber war die Unregelmäßigkeit in der Beziehung von Lewes & Eliot entfallen, oder man glaubte, sie habe sich durch eine Eheschließung im Ausland oder den Tod der ersten Mrs. Lewes erledigt. (Agnes lebte.) Dean Stanley, ein hoher Kirchenfürst, fiel aus allen Wolken, als er nach dem Dinner mit Mr. und Mrs. Lewes erfuhr, daß er Brot und Wein mit eisernen Ehebrechern geteilt hatte.

Bei den »Aristos« (Lewes) scheint es jedoch in Mode zu sein, das Tabu zu verachten und sich mindestens eine Hälfte des Paares vorstellen zu lassen. Eine dritte Victoria-Tochter, die Prinzessin Helene, bittet Mr. Lewes nach einem Konzert in ihre Loge. Der belgische König reicht ihm die Hand, auch er ein überraschend schlichter, herzlicher und sprachgewandter Vertreter des Hochadels. Bei Lady Airlie trifft er eine ungefälligere Majestät und beschreibt die Audienz seiner »Nichte Mary«, John Cross' kleiner Schwester:

»Ich legte meine Kriegsbemalung an und erschien in Airlie Lodge. Zu meiner Überraschung hörte ich, daß die holländische Königin den ausdrücklichen Wunsch geäußert hatte, ich möge ihr vorgestellt werden... Du mußt dir eine blasse, reizlose ältere Frau vorstellen von eher mickrigem und uncharmantem Äußeren – und ihr gegenüber steht – der Unvergleichliche!

Und nun der Dialog:

Königin: Sehr erfreut, Sie zu sehen, Mr. Lewes. Ich sah Sie 1871 in Florenz. Sie waren doch da, nicht wahr? (ausgeschlossen).

Der U.: Ganz recht, Majestät.

Königin: Man hat Sie mir im Theater gewiesen; Sie und Ihre Frau.

Lady Airlie: (die nicht mitbekommen hatte, daß von Florenz die Rede war, oder der Weimar im Kopf herumspukte, über das wir gerade gesprochen hatten) Mr. Lewes erzählt, daß man in Weimar so sehr nett zu ihm war.

Königin: (mit schnippischer Ungeduld) Ich will nichts von Weimar hören! (hochmütig) Ich bin fertig mit denen (Familienkrach) – Sie mögen Weimar also, Mr. Lewes? (Andeutung von Sarkasmus im Ton.)

Der U.: Nun, Majestät, ich war dort sehr glücklich und an allem sehr interessiert.

Königin: Das ist eine sehr häßliche Stadt. Sie wollen doch nicht behaupten, daß sie schön ist?

Der U.: Nein, nicht schön – sicher nicht wie Florenz.

Königin: Oh, Florenz ist bezaubernd! (Pause) Ich schätze Ihre Bücher – was die Ihrer Frau angeht: Alle Welt bewundert sie.

Hier verbeugt sich der Unvergleichliche und denkt: Wann wird das hier vorbei sein? Lady Dillon und Jenny Lind traten herbei, um vorgestellt zu werden, und dies schien die Chance zur Flucht. Also flüsterte ich Mrs. Howard zu: Darf ich die Audienz als beendet betrachten? – Ja, wenn es Sie langweilt. – In der Tat ... Es war ein glänzender Anblick, der Garten getupft mit schönen Frauen und schönen Kleidern (einige nicht ganz so schön), berühmten Männern und Salonlöwen. Ich habe mich eineinhalb Stunden dort amüsiert, und als ich ging, fragte ich mich, ob ich auf die Königin einen ähnlichen Eindruck gemacht hatte wie sie auf mich ...«

In diesem Winter 1877/78 sind beide froh, die Stadt und ihr warmes Nest doch nicht vorschnell aufgegeben zu haben. John Cross installiert im Salon ein Netz zum Federballspielen, und wenn George sich nicht gerade von Gicht geplagt an zwei Stöcken durchs Haus schleppt und Polly von jeder anderen Art Unwohlsein ans Bett gefesselt ist, tauschen sie hier tupfend den Ball. Es ist lustiger als Spazierengehen und besser gegen kalte Füße. Lewes arbeitet noch immer an seinem Monumentalwerk *Problems of Life and Mind*. Eliot schreibt am letzten Tag des Jahres in ihr Tagebuch: »Es gibt durchaus Anlaß zu der Erwartung, daß mein Leben unfruchtbarer werden wird ... andererseits, habe ich mein Bestes nicht schon getan?«

Eine neue Zeit zieht herauf – und fast unbemerkt an ihnen vorbei. »Wir sind langweilige alte Käuze, die nicht wissen, was für amüsante Dinge dort draußen vor sich gehen«, schreibt sie an Barbara. Ausgefallene Apparate tauchen plötzlich auf. »Was sagst Du zum Phonographen, der die schlechten Reden der Herren samt ihrem Gestammel aufnehmen kann?« Oscar Browning zeigt ihr eine Schreibmaschine. Auch sie ist kein Grund zu ungeteilter Freude. Womöglich dient sie der schnellen und vielfältigen Verbreitung überflüssigen Geschreibsels? Im März 1878 wird einem ausgesuchten kleinen Kreis im Telefon-Amt der Fernsprechapparat eines Mr. Bell erklärt und vorgeführt. Höchst wundervoll. Sehr nützlich. Diese Schotten machen die erstaunlichsten Erfindungen. Sie selbst fühlt keine Neigung, dergleichen zu besitzen.

Es geht auf Juni zu. The Heights wird gerade mit modernstem Komfort ausgestattet: ein Heißwasser-Boiler und ein Cottage für den Kutscher. Hoffentlich sind die teuren Morris-Tapeten nun richtig verklebt. Edith Simcox, deren ganzes Glück es gewesen wäre, die Putzeimer kaufen zu dürfen, wird abgewiesen: bereits geschehen. Eines Tages steht dann der Reisebücherkasten in der Halle, fertig für den Sommerumzug nach Witley, und Miss Simcox, die gekommen ist, um Adieu zu sagen, erhält ihren letzten Rüffel, weil sie es, Gott weiß wann, Mr. Cross gegenüber an Respekt hat fehlen lassen. Einen schönen Sommer in London, Edith, bleiben Sie fleißig und mir ergeben!

In Witley umfängt sie wieder das Paradies. Sie lesen, spielen Tennis, fahren mit der Kutsche aus. Lewes arbeitet an seinen *Problems* und Eliot an einer Reihe von Essays, die durch einen fiktiven Erzähler zusammengehalten werden: *Characters and Characteristics, or Impressions of Theophrastus Such*. Darin fährt sie die Ernte ihrer literarischen und moralischen Betrachtungen ein – ironisch – wie sie sagt. Nach dem heutigen Geschmack haben diese Texte ihr Verfallsdatum weit überschritten. Eliot, die als Kolumnistin bei der *Westminster Review* so wespengleich zustechen konnte, holt in *Theophrastus Such* das schwere Gerät aus der Rüstkammer. In dem Essay *Debasing the Moral Currency* (Moralische Falschmünzerei) schlägt sie zum Beispiel allen, die mit Possen und Satiren die geheiligten Werte der Tradition unterminieren wollen, die Keule vom Untergang des Abendlandes auf den Kopf. »Dürfen wir über alles, was heilig, edel und heldenhaft ist ... einen Witz reißen?« Das dürfen wir nicht! »Die Welt ist reich ausgestattet mit wahrhaften Lächerlichkeiten. Geist und Humor mögen arglos und heilsam die wechselnden Facetten von Egoismus, Absurdität und Laster umspielen, wie der Sonnenschein die gekräuselte See oder die betauten Wiesen.« Aber »laß eine gierige Possenreißerei jede historische Schönheit, Majestät und jedes Pathos entwerten, und je höher sie die entheiligten Symbole häuft, um so größer wird der Mangel an Gefühlen sein, die den Menschen adeln.« Zu ihrem Schutz muß »die geistige Polizei« des gesunden Empfindens und der idealen Gefühle einschreiten. Und noch einmal setzt sie sich in Pose – Mr. Such, der mit der *Times* raschelt: »Ich gestehe, daß ich oft versucht bin, beim Anblick gewisser junger Damen, die unserer zärtlichen Bewunderung mit Rouge und Henna Einhalt gebieten, die mit Jargon und kühner ›brusquerie‹ ihre emanzipierten Ansichten herausstreichen und zynischen Spott fälschlich für Verständnis halten, zu zischen: Petroleuse!«

Man wird vielleicht einwenden, daß in der Gestalt des verknotterten Junggesellen Theophrastus Such eine satirische Überhöhung seiner Impressionen angelegt ist, aber dazu ist er als literarische Figur seiner Autorin zu eng verbunden. Eliot ist es ernst mit den geheiligten Werten; ihre ironische Verteidigung wirkt heute wie leeres Gefuchtel. Als Künstlerin hatte sie ihr Bestes bereits gegeben.

Wie ernst es ihr war und wie reaktionär sie geworden, zeigt ein Brief an Sara, in dem sie die Freundin für ihr Gefallen an dem satirischen Werk *New Republic* rügt. Der Autor nimmt darin die hohen Herren von Cambridge, unter anderen Professor Jowett, Matthew Arnold und T. H. Huxley auf die Schippe. »Ich finde, dies ist eines der verdammenswürdigsten Bücher«, ärgert sie sich, »nicht nur weil der Master von Balliol ein Freund von mir ist, den ich hoch achte. Selbst wenn ich Mr. Jowett persönlich nicht kennen würde, fühlte ich die gleiche Ablehnung für ein Werk, in dem ein junger Mann, der noch keinen eigenen vernünftigen Beitrag geleistet hat, sich anschickt, diese verdienstvollen Männer lächerlich zu machen . . . Ich wünsche keine weiteren Beiträge dieses jungen Autors zu lesen, bis ich nicht gehört habe, daß er bereut hat und zu den Gefühlen von Dankbarkeit und Ehrfurcht konvertiert ist. Ich meine, daß die direkte Art des Porträts (oder der Karikatur, denn außer Mr. Jowett und einem anderen sind die Beschreibungen reine Verzerrung) eine schändliche Art der Satire ist.«

Über 20 Jahre sind vergangen, seit Miss Evans Dr. Cumming und die »Lady Novelists«, den englischen Landmann und die sentimentalen Dichter in ihrer Pfanne briet. Nun sollen nach ihrem Willen »Mitleid und Fairness« herrschen.

Der Sommer ist still und beschaulich, »die Schlange – Symbol für Besucher« kann in Schach gehalten werden. Herbert Spencer meldet sich, Elma Stuart, Georgiana Burne-Jones, Maria Congreve, und einmal, im August, wird auch Edith Simcox vorgelassen. »Ich flog quer durch den Salon in ihre Arme.« Doch etwas anderes ist entschieden nicht in Ordnung. Lewes schreibt an einen Bekannten:

»Früh um sechs stehe ich auf, um vor dem Frühstück ein Stündchen zu spazieren, wobei ich Madonna, die für die Freuden eines solchen Vorfrühstücksbummels völlig unzugänglich ist, mit Dante oder Homer im Bett zurücklasse. Dann lese ich ein wenig zur Zigarre, schreibe manchmal auch ein bißchen: doch für gewöhnlich wird der Vormittag verbummelt und vertrödelt. Wenn Madonna dann so gegen Mittag ihren unersättlichen Wissensdrang gestillt hat, spielen wir Rasentennis. Und fahren anschließend ein, zwei Stunden lang aus. Musik und Bücher bis zum Dinner. Nach Zigarre und Nickerchen liest sie mir vor bis um zehn, und zu guter Letzt arbeite ich noch ein paar Kleinigkeiten auf bis gegen elf. Doch hoffe ich, in einer Woche oder zwei kräftiger und auch wieder arbeitsfähig zu sein, dies um so mehr, als ›die Nacht, da niemand wirken kann‹, rasch näher rückt.«

Lewes wußte nicht, wie krank er war, aber daß seine »innere Malaise« nicht allein von den halbgaren Erbsen zum Dinner herrühren konnte, ahnte er wohl. Was ihn so früh aus dem Bett trieb, waren nicht die Freuden eines Vorfrühstücksbummels, sondern unerträgliche Krämpfe, die er durch Bewegung zu lindern suchte. Auch Polly ist nicht über das erträgliche Maß hinaus beunruhigt. Sie sind es beide gewöhnt, krank zu sein, und George wird sich in der frischen Luft sicher bald wieder aufrappeln. Aber George geht es immer schlechter statt besser. »Ich vegetiere«, schreibt er. Er kann nicht lesen und nicht arbeiten; selbst Mrs. Lewes zuzuhören, ermüdet ihn. Hat sie nicht aufgeblickt, wenn es ihn in seinem Sessel plötzlich zusammenkrümmte?

Dem weniger liebenden Auge von John Cross bleibt sein Leiden nicht verborgen. Er fährt gelegentlich mit ihm aus und erschrickt über die heftigen Krämpfe, die den kleinen Mann überfallen. Doch sobald sie vorüber sind, scheint Lewes wieder ganz der alte, voller Witze und Geschichten. Abends im Salon »sang er zwischen zwei Schmerz-Anfällen mit großem Schneid – doch fast versagender Stimme – die Tenor-Partie aus dem *Barbier von Sevilla*, zu der George Eliot ihn begleitete, und beide amüsierten sich prächtig.« (Cross)

ı Sommer wollte Eliot zum erstenmal ihren Verle-
ɔttland, in seinem Sommerhaus in Strathtyrum,
John Blackwood hatte schon alle Vorkehrungen ge-
1 ihnen die Reise schmackhaft gemacht: »Der ›Fly-
.... ɪan‹ braucht nur neun Stunden für die 400 Meilen!
Glock sieben fegen Sie nach Edinburgh hinein – Princes
Street und die Burg, herrlich anzusehen im Sonnenuntergang. Ah! Wir sind eine große Nation!!!« Von ihrem Absage-
brief ist er heftig enttäuscht, fast klingt ein Vorwurf mit; also
schreibt Lewes es ihm geradeheraus: »Sie kennen meinen Zustand nicht.« Er schafft es nicht einmal bis nach London.
Sogar der Besuch seiner drei kleinen Enkelinnen ist ihm unerträglich. »Mit mehr Glück im nächsten Jahr – wie immer ganz
der Ihre . . .« Aus Paris schickt ihm Turgenjew eine Schachtel
mit blauen Pillen. Sie hätten seine Gicht sehr gelindert. Aber
gegen den Krebs, der in Lewes schmächtigem Gehäuse
wühlt, gibt es keine Mittel.

In Witley wird es herbstlich und kühl, doch sie können sich
nicht entschließen, zurück in den gelben Smog und den ras-
selnden Verkehr zu ziehen. Lieber noch einmal in Surrey über
die Hügel schnaufen. Am 1. November fährt – unangemeldet
– Henry James mit einer Dame vor, einer Nachbarin, die Mr.
und Mrs. Lewes gelegentlich zu überfallen und mit belanglosem Geschwätz zu langweilen liebt. Vor zwei Wochen hatte sie
ihnen das neue Buch dieses aufstrebenden Autors geliehen,
Die Europäer, aber die Bewohner von The Heights sind an
diesem verregneten Nachmittag nicht zum Plaudern aufgelegt. »Unsere gütige, freundliche, mitleidige Gastgeberin saß
neben dem Kamin in der kalten Wüstenei des Salons, während
der Herr des Hauses die gegenüberliegende Seite der Feuer-
stelle bewachte.« James hat das Gefühl, daß die beiden »uns
nur willkommen hießen in der Vorfreude auf das größere Vergnügen, uns wieder ziehen zu sehen.« Da ihnen kein Tee
angeboten wird, verabschieden sie sich bald. Als James in die
Kutsche klettert, kommt Lewes noch einmal mit zwei Bänden

angelaufen, die er der Dame in die Hand drückt: »Ah, diese Bücher – nehmen Sie sie mit, weg, weg weg damit!« Es sind *Die Europäer*.

Zwei Wochen später siedeln Mr. und Mrs. Lewes nach London um. George, der glaubt, an Hämorrhoiden zu leiden, meint nun doch einmal Dr. Paget aufsuchen zu müssen. Dieser ebenso ehrenwerte wie unfähige Mediziner diagnostiziert eine Verdickung der Schleimhaut und verschreibt dem Patienten Rizinusöl. Schrecklich. »Nur Blut und Schleim. Stundenlange Qualen.« Mrs. Lewes versichert der Arzt, das aktuelle Leiden werde bald Linderung erfahren. Am 19. November macht Lewes den letzten Eintrag in sein Tagebuch: »Erwachte sehr ruhig. Paget kam vor dem Frühstück. Ich denke, der Sturm ist vorbei. Zum Lunch aufgestanden.«

Aber es ist nur eine kleine Windstille, bevor »die Nacht, da niemand wirken kann«, hereinbricht. Zwei Tage später schreibt er seinen letzten Geschäftsbrief an Blackwood, der das Manuskript von *Theophrastus Such* begleitet. Und er hört auch noch den entzückten Aufschrei aus Edinburgh: »Wie geistreich und weise!« Aber wer kann dem beruhigenden Gemurmel von Dr. Paget jetzt noch Glauben schenken? »Ich fühle einen tiefen Wandel, eine wachsende Nähe zum Tod«, schreibt Marian am 25. November.

Edith Simcox, die am Gartentor lauert, kleine Briefe hineinschickt, die ihr das Hausmädchen ungeöffnet zurückbringt – »Mr. Charles wird antworten« –, paßt am 30. November zwei Ärzte auf der Straße ab. »Die beiden Männer gingen zur Priory hinein. Ihre Fahrer redeten und lachten, Droschken und Kohlenkarren, Männer und Frauen kamen vorbei, während ich hinter den Kutschen stand und das Tor am Ende der nebligen Straße im Auge behielt. Nach zwanzig Minuten erschienen die beiden Gestalten. Ich trat auf sie zu, und als sie stehenblieben und miteinander redeten, fragte ich, ob es Hoffnung gebe. Ein großer Mann, wahrscheinlich Sir

James Paget, erwiderte freundlich: ›Keine – er stirbt – stirbt schnell.‹«

Der Tod kommt am 30. November abends gegen sechs. George Henry Lewes, 61 Jahre alt, stirbt an einem Darmkatarrh, der den Krebs um wenige Monate überholt hat, und nachdem er mit seinem Sohn Charles und seinem Finanzberater John Cross seine Angelegenheiten geregelt hat. Seine Frau bittet er, daß sie das unvollendete Werk *Problems of Life and Mind* zu Ende bringt und ediert. Fünf Tage später wird er auf Highgate in ungeweihter Erde beigesetzt, begleitet von einem Dutzend enger Freunde, darunter John Cross (dessen Mutter wenige Tage später stirbt), Herbert Spencer, der Beerdigungen sonst grundsätzlich fernbleibt, Anthony Trollope, George Smith, das Ehepaar Burne-Jones und Blackwoods Londoner Manager, Mr. Langford. Marian Lewes nimmt nicht teil. Auch Agnes Lewes ist nicht unter den Trauergästen. Der unitarische Geistliche spricht zurückhaltend von einem Weiterleben der Seele nach dem Tode. Aber Marian weiß, daß ihnen kein Wiedersehen geschenkt werden wird. »Die Religion der Zukunft muß uns befähigen, ohne Trost auszukommen.« Diese Ansicht teilte sie mit George, und beide hatten die Krücken des Aberglaubens, den Positivismus als Ersatzreligion und den Spiritismus, in dem viele Freidenker Halt suchten in diesen Zeiten, da die Felle langsam begannen davonzuschwimmen, als Scharlatanerie verachtet.

Nun versucht sie, die Aura seiner Gegenwart noch ein wenig länger um sich zu halten. Sie verläßt das Zimmer nicht, in dem er starb, und Miss Simcox hört von der Köchin hinter vorgehaltener Hand, sie sei völlig zusammengebrochen und ihre Schreie hallten durch das ganze Haus; worauf Edith Simcox ausnahmsweise einmal etwas Gescheites tut. Sie befiehlt der Köchin, den Mund zu halten.

Marian Lewes duldet nur ihr Mädchen Brett und Charles um sich, der liebe Charlie, der nun beinahe in der Priory lebt und ihr alle Gänge und die ganze Korrespondenz abnimmt.

Noch Monate nach Georges Tod kann sie diese Briefe nicht lesen; auch nicht die beiden Zeilen ihrer Schwägerin Sarah aus Griff: »Liebe Schwester, mein Herz fühlt mir Dir ...« Isaac selbst findet keine Worte. John Blackwood schreibt: »Ich sitze hier sehr traurig und denke an Sie ...« Seinen ersten Gedanken, nach London zu fahren und sie zu trösten, muß er wieder aufgeben. Er leidet unter Asthma und ist zu krank zum Reisen. Die beiden sollten sich nicht wieder begegnen. Charles läßt Edith Simcox wissen, sie möge nicht länger dort draußen warten. Seine Mutter könne unter keinen Umständen eine Berührung vertragen ...

Spencer schreibt der alten Freundin auf seine eigentümliche Art, selten berührt, aber bemüht, die Welt der anderen durch sein Guckloch korrekt wahrzunehmen: »Ich begreife nur unvollständig, welch ein Scheiden dies im Normalfall sein muß. Noch unverständlicher ist es mir in einem Fall, in dem zwei Leben so lange, so eng und auf so vielfältige Weise miteinander verbunden waren. Aber ich spüre mit hinreichender Klarheit, daß ich mit mehr als konventioneller Aufrichtigkeit sagen kann, daß ich mit Dir trauere.«

Marian versucht, die Trauer erträglicher zu machen, indem sie sich in den wachen Stunden durch Berge von Notizen und das halbfertige Manuskript der nächsten Serie von Lewes *Problems* arbeitet. Zwei Bände erscheinen 1879, zwei weitere *The Study of Psychology* und *Mind as a Function of the Organism*, in dem Lewes glaubt, »die psychologische Erklärung der Beziehung von Körper und Geist« gefunden zu haben, ein Jahr nach seinem Tod. Wochenlang ist dies ihr einziger Gang: vom Schlafzimmer hinunter in Georges »Study«. Sie tritt nicht einmal vor die Haustür. »Mein ewiger Winter hat begonnen.« Barbara lädt sie zu sich aufs Land ein, aber Marian kann die Priory nicht verlassen, in der noch immer etwas von Georges Energie in den Dingen spürbar ist, die er ansah und berührte. »Las seine Tagebücher und lebte mit ihm den ganzen Tag.« Barbara antwortet sie am 7. Januar: »Gesegnet seist Du für all

Deine Güte zu mir, aber ich bin ein wundes Geschöpf und schrecke selbst vor der zartesten Berührung zurück. Sobald ich mich in der Lage fühle, einen Menschen zu sehen, will ich Dich sehen... Deine Dich liebende, aber halb tote Marian.«

Die vernunftlose Elma Stuart möchte für sie eine Büste des Verstorbenen modellieren, ein Plan, den Marian entsetzt zurückweist. In der ersten Zeit will sie nicht einmal seine Photos betrachten. Sie sind unwahr und tot. (Erst im Mai ersetzt sie ihr Porträt über dem Kamin durch sein Bild.) George lebt für sie in seinen Büchern weiter, und sie will ihm ein lebendiges Denkmal setzen, indem sie in Cambridge ein »George-Henry-Lewes-Stipendium in Physiologie« stiftet. Es ist auf drei Jahre und 5000 Pfund angelegt und steht Frauen sowohl als Männern offen. Dazu muß sie jedoch erst einmal sein Erbe antreten. Lewes, dessen eigenes Vermögen nur rund 2000 Pfund beträgt, hatte ihre Honorare und Einkünfte von seinem Konto aus verwaltet. Zum Zeitpunkt seines Todes liegen dort rund 30000 Pfund, den Besitz an Aktien, Wertpapieren und zwei Häusern nicht gerechnet. In seinem Testament hinterläßt er das Copyright an seinen Werken den Söhnen, und damit dem letzten überlebenden, Charles. Alles übrige ihr, der es sowieso gehört: »Marian Evans – ledig.« (Schwester Fanny schäumt, als Lewes Testament veröffentlicht wird und dieser Tatbestand noch einmal in der Zeitung breitgetreten wird.) Um über ihren Besitz verfügen zu können, nimmt Miss Evans – nach 25 Jahren wilder Ehe und als Witwe – durch einen einseitigen Rechtsakt den Namen Lewes an. Außer Charles sind die Herren vom Stiftungskomitee nun ihre einzigen Besucher.

An einem Januar-Nachmittag bekommt auch die unverwüstliche Miss Simcox ihre Chance: »Ich hatte die Glocke an der Priory gezogen und schaute in Gedanken verloren ostwärts, als ich einen großen rotbärtigen Mann sich nähern sah. Ich starrte, ohne mich zu rühren, und als er auf zwei, drei Schritte herangekommen war, deutete er an, daß er mich erkannte. Es war Johnny. Niemals hätte ich gedacht, daß wir uns so wiedertreffen würden. Es war ein zutiefst schmerzlicher Augenblick ... Wir gingen zusammen hinein, und ich bat ihn, sich bei Brett nach ihr zu erkundigen. Sie war an diesem Morgen kurz im Garten gewesen und fühlte sich ein wenig erfrischt. Johnny sagte: ›Grüßen Sie sie von uns.‹ Ich hörte nur zu und ging schließlich, ohne etwas gesagt zu haben, aber ich war doch ein wenig über diese seltsame Gelegenheit erfreut, die uns zusammengebracht hatte, denn ich dachte, daß Brett ihr nach Art der Dienstboten davon erzählen würde, und ich hoffte, daß sie gern hörte, daß Johnny und ich uns als Freunde getroffen hatten.«

Doch John Cross will mehr, als Grüße ausrichten. Er möchte sie besuchen, sie trösten und für sie tun, was in seinen Kräften steht. Am 22. Januar antwortet sie auf sein Drängen: »Liebster Neffe, irgendwann, falls ich lebe, werde ich Dich sehen können – vielleicht eher als die anderen. Aber jetzt noch nicht. Das Leben scheint schwerer statt leichter zu werden.« Vier Wochen später vermerkt sie in ihrem Tagebuch: »Sah Johnnie zum erstenmal ... Herbert Spencer machte seine Aufwartung. Empfing ihn nicht.« Sie läßt sich mit der Kutsche ein Stück aufs Land fahren und spaziert allein in der linden Vorfrühlingsluft. Am 20. März räumt sie Georges Bücher und Notizen, sein Mikroskop und die übrigen Instrumente in den Schrank und setzt sich an die Korrekturfahnen von *Theophrastus Such*. Sie wird keinen Heiligenschrein um sich errichten. Der Frühling beendet den ewigen Winter.

XXI

Shall we dance or keep on moping?

(Fred Astaire)

In allen Lebensbeschreibungen George Eliots findet der Leser denselben Satz: »Sie war nicht geschaffen, alleine zu stehen; immer brauchte sie einen anderen Menschen, auf den sie sich stützen konnte.« Er ist ein Zitat aus dem phrenologischen Gutachten ihres alten Freundes Charles Bray und dient zur Verdeutlichung einer exemplarischen Lebensuntüchtigkeit. Bezeichnenderweise kam es erst nach ihrem Tod in Umlauf. Ihren Zeitgenossen erschien George Eliot eher als eine autokratische Lady mit einem ausgeprägten Talent, andere für sich einzuspannen.

Lewes' Fürsorge hatte ihr 25 Jahre lang die Probe aufs Exempel erspart. Nun steht sie plötzlich ohne Stütze, und sie hält sich nicht schlecht. Sie eröffnet ein eigenes Konto, und die Zumutungen des Lebens, die sie vor zwei Jahren noch in »Feigheit und Faulheit« retirieren ließen – »lieber ertrage ich still die Unbequemlichkeiten, als mich mit Geschäftsleuten und Handwerkern anzulegen« –, finden Robert Evans Tochter nun gerüstet. Der Chef der Baufirma Harris, die den Weg zum Kohlenkeller der Priory zementieren sollte, erhält einen sehr majestätischen Brief: »Mrs. Lewes ist so frei, Ihnen mitzuteilen, daß sie über den teuren Umbau, der weitaus unbefriedigend ausgefallen ist, stark verärgert ist ... Man hat sie davon unterrichtet, daß der Keller in schlechterem Zustand ist als vorher.«

Charlie macht sich als Privatsekretär nützlich. Bis in die Ferien verfolgt sie ihn mit den Briefen impertinenter Anbeter, die »Miss Evans« um ein Autogramm ersuchen und die er unverzüglich abweisen soll. John Cross stärkt ihr den Rücken gegen die Bittsteller, die sie in den höchsten Tönen umsummen. Lewes' Neffe Vivian möchte 100 Pfund borgen, Bessie braucht 500 . . . »Lieber Neffe, ich bin Deines Rates sehr bedürftig.« Bessie muß sich ihr Darlehen anderswo besorgen.

Times und Athenaeum liegen nun komplett auf dem Frühstückstisch ohne die Scherenspuren von Lewes' Zensorentätigkeit, und sie liest sie furchtlos. Charles Algernon Swinburne beschuldigt sie in seiner Note on Charlotte Brontë (in der er an Eliots Ruhmesfundamenten pickelt und Brontë weit über sie stellt), die Figur der Maggie Tulliver aus einer Geschichte von Mrs. Gaskell entwendet zu haben, und er findet Worte für die Autorin, die auf Mr. Swinburne als keinen feinen Mann zurückfallen: »Eine Amazone, die gespreizt über der Kruppe ihres lahmen und von Sporen zerstochenen Pegasus hängt.« Mrs. Lewes' Stimme zittert nicht, als sie einer Freundin davon erzählt, aber sie schlägt ein paarmal mit der Faust auf die Stuhllehne. Ungeheuerlich! Gaskells Geschichte habe sie nie gelesen.

Was ihr mehr fehlt als ein Schirm gegen die alltäglichen Gemeinheiten, ist das Gefühl, geliebt zu werden – nicht von den »Töchtern«, nicht von Charlie und Familie und gewiß nicht von Edith, die sich ihr als Sekretärin und Gefährtin anbietet. Ihr gegenüber drückt sie den Verlust mit den gleichen Worten wie beim Tod ihres Vaters aus: ER sei ihre moralische Stütze gewesen, habe ihre schlechten Instinkte im Zaum gehalten und ihre guten Seiten leuchten lassen. »Ihre Freude war, zu tun, was er wünschte, und er wünschte immer nur das Rechte . . .« überliefert Edith. Ein wenig Verklärung mag da mitschwingen, die Miss Simcox Küsse auf die schwarzen Bänder der Witwenhaube unterbinden sollen, aber Marian Lewes spürt sehr wohl, daß in der ungewohnten Einsamkeit ihre »Quelle der Zärtlichkeit« vertrocknet und sie lieblos und grätig wird. Sie konnte ohne Stütze leben, aber nicht ohne Mann.

Am 4. April vermerkt sie in ihrem Tagebuch nach einem Besuch auf Highgate: »eine geistige Krise« – wieder eine Formulierung, die ihre Biographen elektrisiert hat. Der schwatzhafte Oscar Browning ist einer der ersten, der mit dem Gerücht zündeln geht, Mrs. Lewes habe nach dem Tod von Mr. Lewes in seinen Tagebüchern Belege seiner Untreue gefunden und ihn seitdem der Vergessenheit anheimgegeben. Er glaubt, das mit einer Stelle aus *Romola* befestigen zu können. Die Liebe der Heldin, die er umstandslos mit der Autorin gleichsetzt, habe sich in Haß verwandelt, nachdem ihr Gatte ein Kebsweib gefreit. Hier irrt Oscar Browning. Romola verläßt Tito aus anderem Anlaß, nämlich als sie seinen Betrug an ihrem Vater entdeckt, dessen Bibliothek er an den Meistbietenden verschachert hat.

Browning teilt sein heißes Ahnen Henry James mit, und obwohl der es in den Bereich der Fabel verweist, reist die stille Post zu George Smith und erreicht bald das gespitzte Ohr von Eliza Lynn Linton. Einmal durch dieses Medium gegangen, verdichtet sich das Gemunkel zur Tatsache: »In den Augenblicken ihres tiefsten Kummers hatte sie Beweise von Lewes' Untreue entdeckt.« Danach, so eine spätere Biographin, wandele sich der Tonfall, in dem Marian von George schreibe, vom ehrerbietigen zum geschäftsmäßigen.

Spekulieren wir mit. – Lewes hatte als Junggeselle und zur Zeit des Phalansteriums zweifellos den Hans Dampf in allen Betten gespielt; und zweifellos hatte er Miss Evans diese Umtriebe gestanden, als die beiden ihren »heiligen Bund« schlossen. Nichts in seinen einsehbaren Schriften deutet darauf, daß er seiner Madonna jemals überdrüssig geworden wäre. Und falls doch: Wäre er allen Ernstes so närrisch gewesen, ein Techtelmechtel oder eine Affaire in seinem Tagebuch zu notieren? In welchen Nischen hätten sie sich abspielen sollen? Außer bei seinen Wasserkuren und Stippvisiten bei alten Freunden war George von Marian unzertrennlich. In Spa? Gepeinigt von bohrenden Geräuschen im Kopf? In Malvern? Blau und schrumpelig unter den kalten Wickeln von Dr. Balbirnie? In Cambridge, Bonn oder München bei den famosen Experimenten mit den Kollegen Physiologen?

Das ominöse Wort taucht noch einmal in überraschendem Zusammenhang in einem Brief an Georgiana Burne-Jones auf, in dem Eliot ein Jahr später ihre rasche Eheschließung verteidigt: Solche »Krisen, die plötzlich hereinzubrechen scheinen, obwohl sie sich langsam und vage vorbereitet haben, lassen sich unmöglich erklären.« Die Krise als Metapher für einen Zustand überwältigender Sehnsucht? »Seine Gegenwart kam wieder«, schreibt sie am 28. Mai zwischen die Auflagen-Zahlen von *Theophrastus* in ihr Tagebuch. Sie hatte nicht vor, George dem Vergessen zu überantworten, aber sie wußte auch, daß er niemals von ihr erwartet hätte, einem Toten treu zu bleiben.

Ende April reisen die »Afrikaner« an. Eliza und die beiden Kinder, von kriegerischen Unruhen aus Natal vertrieben, haben nicht länger auf eine Einladung aus England gewartet, sondern sich selbst auf den Weg gemacht. Die Mutter verschiebt ihren Sommerurlaub in Witley, um sie zu empfangen. Edith Simcox hört es brühwarm vom Hausmädchen: süße Kinder! Und Mrs. Lewes selbst spricht davon, »wie hübsch die beiden seien, und sagte, es sei zwar gegen Recht und Vernunft, aber sie könne keine häßlichen Kinder leiden, obwohl, bei Hunden sei es gerade andersherum. Sie war müde, denn die Kinder waren lebhaft und unruhig, und sie sagte, sie sei froh, nicht in Erwägung gezogen zu haben, sie zu sich einzuladen. Sie lächelte mitleidig über diese lieben Menschen, die glaubten, Berties Kinder könnten ihr ein Trost sein. Natürlich sei sie glücklich, für sie sorgen zu können, aber sie stellten keinen neuen Lebensinhalt für sie dar. Obwohl, wenn das kleine Mädchen alleine auf der Welt stünde, wäre sie vielleicht in Versuchung geraten.«

Eliza ist offenbar enttäuscht, daß man sie nicht bittet, die Priory als ihr Heim zu betrachten, sondern sie vorläufig zu Charles nach Hampstead ausquartiert. Die liebe Mutter, die einst so begeistert von den »selbstlosen Briefen der Witwe« war, findet bei näherer Bekanntschaft kaum Zeit für sie und ist auch nicht bereit, den monatlichen Scheck zu erhöhen, so daß die Schwiegertochter anfängt, von fremden Menschen Geld zu borgen. Peinlich! Es setzt einen ernsten Brief. Nun wünscht Eliza, sie wäre dort geblieben, wo sie herkam. Sogar die Kaffern erscheinen ihr von London aus besehen erträglicher als die unverschämten Cockneys. Dort unten hatte sie wenigstens ein paar Freunde. In England ist sie allen nur eine Last. Und da sie offenbar niemand ausstehen kann, beginnt sie herumzuziehen: Brighton, Cheltenham... »Bitte sehr. Wenn ihr dies einen Eindruck von Kultur vermittelt ...«, schreibt die Mutter maliziös. Der kleine Bertie wird noch gerne auf den Schoß genommen, aber die sechsjährige Marian macht sich sehr unbeliebt, als sie sich weigert, ihre schartige Oma zu küssen. Es kann ihr nur zum Vorteil gereichen, wenn sie mit ihren Cousinen den Kindergarten besucht und recht bald eine Schule. »Vielleicht wird dann doch noch ein nettes Mädchen aus ihr.«

Im Mai siedelt George Eliot nach Witley über. 16 Meilen trennen sie von Weybridge, aber Zug- und Postverkehr waren vor hundert Jahren bedeutend leistungsfähiger, und John Cross macht regelmäßig seine Aufwartung. »Da ich nur ein wenig Italienisch beherrschte, begann ich, Dantes *Inferno* mit Carlyles Übersetzung zu lesen«, schreibt er. »Als ich George Eliot dann wiedersah, fragte sie mich, was ich triebe, und als ich es ihr erzählte, rief sie aus: Oh, das muß ich mit Ihnen lesen! Und so geschah es. In den folgenden zwölf Monaten lasen wir zusammen das *Inferno* und das *Purgatorio* – nicht wie Amateure, sondern genau und sorgsam, den Aufbau jedes einzelnen Satzes studierend. Die wunderbare Stimulanz durch eine solche Lehrerin (cotanto maestro) machte die Lektüre zu einem wirklichen Liebeswerk ... Der göttliche Dichter entführte uns in eine neue Welt. Es war eine Aufrichtung des Lebens. Ende Mai überredete ich sie, wieder auf dem Klavier in Witley zu spielen. Zum erstenmal ...«

Barbara besucht sie im Juni. »Marian war unbeschreiblich

liebreizend, und ich verabschiedete mich mit einem guten Gefühl, obwohl sie schrecklich dünn ist und in ihren langen, losen, schwarzen Kleidern aussieht wie ihr eigener Schatten. Sie sagte, sie hätte so viel zu tun, daß sie sich anstrengen müßte, gesund zu bleiben. Das Leben sei so überaus interessant.« War ihr Gespräch vielleicht auch auf die interessante Mrs. Richmond Ritchie gekommen, über die Marian ihrer Freundin vor zwei Jahren geschrieben hatte?»Miss Thackeray hat heute den jungen Ritchie geheiratet. Ich habe ihn in Cambridge kennengelernt und gefühlt, daß der Altersunterschied von fast zwanzig Jahren von seiner Seite aus durch Solidarität und Ernsthaftigkeit hoffnungsvoll überbrückt wird. Dies ist eines von mehreren Beispielen, die mir in jüngster Zeit zu Ohren gekommen sind, die zeigen, daß junge Männer, sogar solche mit glänzenden Aussichten, oft eine Frau zur Lebensgefährtin wählen, deren Attraktion allein in ihren geistigen Qualitäten besteht.«

John Walter Cross, 39 Jahre alt, mit blauen Augen und roten Haaren, scheint jedoch nicht zu ahnen, daß jenes von ihm verehrte ideale Wesen ihn zum Lebensgefährten erwählt hat – und dies nicht wegen seiner geistigen Qualitäten.»Geliebtester und Liebster«, schreibt sie ihm am 16. Oktober 1879 noch auf Briefpapier mit breitem Trauerrand,»die Sonne scheint so kalt, so kalt, wenn keine Augen da sind, die in Liebe auf mich schauen. Ich kann nicht ertragen, auch nur einen Augenblick mit Betrübnis zu verderben, wenn wir zusammen sind, aber ›wenn Du bist nicht da‹, geht es mir oft schlecht. Es ist eine feierlich-ernste Zeit, Liebster. Und warum sollte ich klagen, daß es eine schmerzliche Zeit ist? Was ich meinen Schmerz nenne, ist fast eine Freude zu nennen, verglichen mit den zahllosen grausamen Leiden in dieser Welt. Du siehst, ich beschwere mich heute – habe mich gestern erkältet und heute Kopfweh. Ein kluger Doktor würde sagen: Das ist alles vollkommen bedeutungslos, liebe gnädige Frau. In allem anderen, lieber Zärtlicher, ruht der Segen, auf Deine Güte zu vertrauen. Du weißt nichts über die Verben in Hiphil und Hophal, oder über die Geschichte der Metaphysik, oder über die Bedeutung Keplers in der Wissenschaft, aber Du weißt bessere Dinge anderer Art, die ein mannhaftes Herz Dir nennt; Geheimnisse von Liebwertheit und Aufrichtigkeit. Oh, ich schmeichle. Vergiß nicht, daß Du vor kurzem noch ein Junge warst in Pantalons und zurückgekämmtem Haar ...« Und sie schließt diesen Brief als Dantes ideale Geliebte und Führerin durch das Paradies der *Göttlichen Komödie*: »Deine zärtliche Beatrice«.

Dr. Paget in seinen unerforschlichen Diagnosen hatte Mrs. Lewes gegen Appetitlosigkeit und allgemeine Härme (im Juli wog sie nur noch 47 Kilo) einen halben Liter Champagner pro Tag verschrieben, und an diesem Oktobertag hatte sie offensichtlich die Dosis eigenmächtig erhöht. Ihr Tagebuch, das sie »geschäftsmäßig« führt, verrät nichts über die Begegnungen mit Cross in dieser Zeit; Freundinnen werden schon gar nicht ins Vertrauen gezogen. Wie Eisbergspitzen ragen die Eintragungen aus einem Meer der Unbekannten und überlassen die verborgenen Partien der Spekulation: »3. Oktober. Tränen, Tränen. – 10. Oktober. Hebräisch und Algebra. – 14. Oktober. Purgatorio. – 17. Oktober. Nachdenken über Schwierigkeiten.«

Am 29. Oktober stirbt John Blackwood, die zweite Stütze ihres Lebens, nach einem Herzanfall. Erst 61 Jahre alt, hatte er die »kapitalen Golfspiele« aufgeben müssen, »zu kurzatmig, um mitzuhalten«, aber er gedachte, noch das Alterswerk seiner erfolgreichsten Autorin einzufahren. »Wenn Sie das nächste Projekt angehen, hoffe ich, daß es in Ihrer leichteren Art geschieht«, hatte er am 2. Oktober geschrieben. Aber George Eliot ging kein literarisches Projekt mehr an, und John Blackwood verlegte auch keines mehr. Nun, da sein Neffe William ihr seinen plötzlichen Tod mitteilt, ist sie dankbar, daß sie ihm vor drei Jahren einmal ohne besonderen Anlaß geschrieben hatte, was ihr seine Freundschaft bedeutete. Der

Brief, den Blackwood für seine Kinder aufheben wollte, damit sie es einmal schriftlich hätten, »daß ihr Vater seinerzeit zu etwas taugte«, ist verlorengegangen, aber aus seiner Antwort wissen wir, daß er ihm die Tränen in die Augen steigen ließ. »Sie schrieb mir, wieviel sie mir schulde; eigentlich ziemlich klar, daß sie ohne mich nicht weitergekommen wäre ... Es ist das größte Kompliment, das ein Mann in meiner Stellung erhalten kann.« George Eliot, deren beste Gefühle sie immer die schlichtesten Worte wählen lassen, schreibt an William: »Sein Tod ist ein unersetzlicher Verlust für mein geistiges Leben ... Er war ein Gentleman und zugleich ein Mensch von ausgezeichneter moralischer Urteilskraft, Integrität und Zartgefühl.«

Am 25. November verzeichnet ihr Tagebuch einen »weiteren Wendepunkt«. Hatte sie ihm, dem »besten Mann« einen Antrag gemacht, den er nicht ablehnen konnte? Und galt es nun, seine rücksichtsvollen Einwände zu entkräften? – Würde es nicht als unschicklich betrachtet, wenn sie kurz nach Ablauf des Trauerjahres eine neue Verbindung einginge? Sie rechnet auf die Toleranz ihrer Freunde. – Beschädigte es nicht ihren Ruf als moralische Instanz? Sie tut ja nichts Unrechtes. – Und Mr. Lewes' Andenken? Das kann er getrost ihr überlassen. – Schließlich: Hielte ihre prekäre Gesundheit diesem Wechsel der Verhältnisse stand? Dr. Paget erklärt sie für rundum tauglich... John Cross, wankend zwischen seiner Pflicht als Gentleman, Ehrfurcht und Schrecken nimmt seinen »hohen Ruf« an. Am 9. April 1880 schreibt Marian Evans Lewes lapidar in ihr Tagebuch: »meine Heirat beschlossen.« Schluß mit der eingebildeten Verantwortlichkeit für anderer Menschen moralisches Wohlergehen! Her mit dem schönen Leben!

Dies ist selbstverständlich nicht die Geschichte, die John Cross in Eliots *Autobiographie* erzählt. Darin ist er der drängende Partner, dessen Antrag von der Zagenden dreimal abgelehnt wird, ehe sie einwilligt, sich seiner sanften Sorge anzuvertrauen. Sein Wort steht gegen das mißtrauischer Biographen, die Cross sonst in allen kritischen Punkten im Leben seiner Frau der Beschönigung und Vertuschung überführt haben. Ein Gerede, daß Eliot ihn zur Heirat gedrängt habe, wäre für beider Ruf vernichtend gewesen. Sonderbarerweise verfiel nicht einmal Eliza Lynn Linton auf die Idee. Lediglich die Familie Cross wirkt zunächst etwas versteinert. Man hatte Johns Verehrung eher für platonisch gehalten.

Einmal beschlossen, entfaltet die Angelegenheit eine furiose Eigendynamik. Schon am nächsten Tag besichtigen die beiden ein Haus am Cheyne Walk in Chelsea, wo sie in Zukunft wohnen wollen, und kaum vier Wochen später, am 6. Mai 1880, wird Marian Evans Lewes Mrs. John Walter Cross. Dafür hätte ein Standesamt gereicht, aber den endgültigen Schritt zurück in die Respektabilität unternimmt Mary Ann, wie sie nach ihrem Namenswechsel wieder zeichnet – (»Nur Mrs. Cross – nicht Evans-Cross«, berichtigt sie d'Albert Durade) in der Church of England – St. George am Hanover Square. Nur Johns Verwandtschaft ist zugegen und Charles Lewes als Brautführer. Anschließend fahren sie zurück zur Priory, unterschreiben ihr Testament – und dann fort nach Dover, Richtung Kontinent.

Die Vorbereitungen zu dieser Eheschließung ähneln den Fluchtbewegungen, mit denen sich Marian und George 1854 nach Weimar absetzten. Liebe Freunde, alle drei... Sie schafft es auch diesmal nicht, ihren Lieben die Neuigkeit beizubringen. Maria Congreve und Elma Stuart werden mit kryptischen Formulierungen auf große Dinge vorbereitet: »Wirst Du mir Deine Liebe und Dein Vertrauen erhalten, wenn ich auf eine Weise handele, die völlig unerwartet kommt? Es gibt Gründe, die mein Handeln rechtfertigen, obwohl Dir diese Gründe nicht einsehbar erscheinen werden.« Edith fühlt sich wie betäubt, als Eliot ihr eröffnet, sie werde den Sommer nicht in Witley, sondern auf Reisen verbringen, und selbst Barbara erhält eine Rätselnote: »Ich habe meine Pläne geändert; ich werde für ein Weilchen ins Ausland gehen. Aber ich werde Dir bald wieder schreiben.« Nicht einmal Charles kann sie in die Augen sehen. John Cross muß es ihm eröffnen. Der gute Sohn eilt sofort zu Mutter und zeigt »bezauberndes Verständnis«, was sie sehr tröstet. An Barbara, Cara Bray, Georgiana Burne-Jones und William Blackwood schreibt sie einen Tag vor der Hochzeit, so daß sie schon jenseits von Dover ist, als die Post einschlägt. Der Brief an Barbara wird in der Aufregung in die Schublade statt in den Postsack gesteckt und erreicht die Adressatin mit sechswöchiger Verspätung, aber diese wahre Freundin schickt ihre Glückwünsche aus freien Stücken, als sie die Annonce in der *Times* sieht: »Du hast es richtig gemacht, mein Liebes!« Und John Cross auch. »Weißt Du, jede Liebe ist so verschieden, daß ich es nicht unnatürlich finde, auf eine neue Art zu lieben, ohne dabei einer Erinnerung untreu zu werden. Mr. Lewes wäre genauso froh, wie ich es bin, daß Du einen neuen Freund im Leben hast.«

Charles bleibt in London mit dem Auftrag zurück, Maria Congreve, Edith und Elma den erstaunlichen Vorgang zu vermitteln und den gesellschaftlichen Schaden zu begrenzen. Aber was konnte dieser gutherzige Mann schon gegen das Geplapper unternehmen? Annie Thackeray-Ritchie rückt sogar in Hampstead an, um es haarklein von ihm zu erfahren. Dem Gatten berichtet sie: »Ich bin noch ganz errrrrregt von einem Gespräch, das ich gestern mit Charles Lewes hatte. Lionel Tennyson war gerade hier. Er versicherte, daß seine Haare noch immer zu Berge stünden von diesen Neuigkeiten . . . Ich fragte Lewes, ob sie ihn um seinen Rat gebeten hatte, und er sagte nein, sie habe es ihm lediglich vor ein paar Wochen mitgeteilt. Sie hatte sich Paget anvertraut, der ihr zuriet und versicherte, es würde ihrem Einfluß keinen Abbruch tun. Das konnte ich so nicht durchgehen lassen, und ich sagte, selbstverständlich würde es ihrem Einfluß Abbruch tun, aber es wäre besser, aufrichtig zu sein als irgendwelchen Einfluß zu haben, und daß ich nicht annahm, sie würde sich selbst als erleuchtet betrachten, obwohl ihre Clique so tat. Das schokkierte ihn beträchtlich, und er grummelte vor sich hin. Der junge Lewes sieht die Eheschließung gelassen. Er sagt, er schulde ihr alles, seine Gertrude eingeschlossen, und daß sein Vater keinen Funken Eifersucht in sich hatte und sein einziger Wunsch gewesen wäre, sie glücklich zu sehen... Er sprach vertraulich über seine eigene Mutter, aber seine Augen füllten sich mit Tränen, als er über George Eliot sprach... Sie ist eine aufrechte Frau, die alles drangesetzt hat, um zu erreichen, was sie wollte. Herbert Spencer hat sie nichts erzählt. Sie haben ein bezauberndes Haus in Cheyne Walk gekauft.«

Mrs. Ritchie vermutete zu Recht, daß diese neue Ehe George Eliots Ruf beschädigte. War sie nicht eine unwürdige Witwe? 20 Jahre Altersunterschied! Und dazu ein intellektueller Nobody – ein Bankier! William Blackwood ist schockiert und dankt dem Himmel, daß sein Onkel dies nicht mehr miterleben muß. Henry James' Schwester Alice beklagt den »Verrat an der perfekten Liebe«, und Eliza Lynn Linton bläst auf großen Instrumenten: »Ihre zweite Ehe entwürdigte die Vergangenheit, gab sie der Lächerlichkeit preis und nahm ihr den mildernden Schleier aus Poesie und Quasi-Heiligkeit, den ihr innigste Leidenschaft und unwandelbare Treue bis zum Ende verliehen hätten.«

Auch die »Töchter« sind nicht leicht zu versöhnen. Mehr als die Person John Walter Cross kränkt sie die Einsicht, daß sie ihr Vertrauen einem Menschen geschenkt hatten, der es nicht zu erwidern wußte und keine Worte für sie fand. Georgiana Burne-Jones entringt sich ein: »Ich liebe Dich – damit genug – Du bist Du in allen Wechselfällen... ich glaube nicht, daß ich Dich jetzt verliere... Laß mir Zeit.« Edith bricht in Tränen aus. Maria schweigt. Der Bruch mit den Congreves ist endgültig. Nach Comtes Lehre war in ihrer Lebensphilosophie nur die Einehe und »dauerhafte Witwenschaft« vorgesehen. Mr. Congreve trägt Eliot mangelnde Loyalität und fehlenden Respekt gegenüber Mr. Lewes nach; Maria hat die Frau, die sie »wie ein Liebhaber liebte«, verloren.

Nur einem Mann bereitet das Ereignis ungetrübte Genugtuung. Nach 23 Jahren des Schweigens richtet Isaac Evans sieben Zeilen der Gratulation und der guten Wünsche zu dem »glücklichen Ereignis« an Mary Ann und grüßt als »Dein Dich liebender Bruder.« Sie antwortet ihm von unterwegs: »Unser langes Schweigen hat meiner Liebe, die ich für Dich fühlte, seit wir Kinder waren, niemals Abbruch getan. Mein Gatte . . . ist von höchst solidem, bewährtem Charakter und hat große Erfahrung. Der einzige Punkt, den ich bedauere, ist, daß ich viel älter bin als er, aber seine Liebe hat ihn dieses Schicksal wählen lassen . . . Deine Dich liebende Schwester Mary Ann Cross.«

Die Frischvermählten sind dem Gegacker in London entkommen – aber wohin? Mrs. Cross führen die Flitterwochen in bekannte Regionen, die »köstliche Erinnerungen an die Zeit vor 15, 16 Jahren wiederbeleben.« Es sind die Straßen, auf denen sie mit George reiste, dieselben Städte, Kirchen und Galerien und in Dover sogar dasselbe Hotel. Ein Schatten begleitet sie nach Paris, durch die Schweiz und Oberitalien, den Mary Ann nicht ungern um sich fühlt, der John jedoch zunehmend irritiert. Liegt er vielleicht im selben Bett? An Barbara schreibt sie, wie gesund und stark sie sich fühle, Hitze und lange Spaziergänge mit wunderbarer Kraft bewältige. »Ich dachte, mein Leben wäre zu Ende und daß mein Sarg sozusagen schon im Nebenzimmer stünde. Ganz tief in mir ist ein Quell der Traurigkeit . . . aber ich werde ein besserer und liebevollerer Mensch sein, als ich es in meiner Einsamkeit gewesen wäre.« Mr. Cross macht jedoch einen etwas angespannten Eindruck, und seine Frau bemerkt, wie sehr er abgenommen habe und daß die Kleider unvorteilhaft an seinem langen Gestell schlotterten. An Elma Stuart schreibt er: »Wie wunderbar gesegnet ist mein Schicksal – fürs Leben mit einer Frau vereint zu sein, die so lange mein Ideal war . . . die große Aufgabe meines Lebens wird sein, ihr Vertrauen zu rechtfertigen und mich des hohen Rufs würdig zu erweisen ...« Und aus Italien an seine Schwester Eleanor: »Unsere Hochzeitsreise ist voller Genüsse, und es werden derer immer mehr. Ich hoffe, daß es so bis zum Schluß weitergehen wird. Mia Donna ist ein unerschöpfliches Lager an Wissen ... Ich fühle mich oft wie in einem Traum. Es ist so überaus seltsam, wenn ich an sie als Mrs. Cross denke.«

Am 2. Juni treffen sie in Venedig ein. Ihr Hotel liegt am Canal Grande, »*Hôtel de l'Europe*, Du erinnerst Dich?« schreibt »Grandmama Cross« an Charlie. Die Stadt ist entzückend, ihre linden Lüfte werden in jedem Brief angenehm vermerkt. Die Tage vergehen in »tiefer Zurückgezogenheit«, bei Besichtigungen und Gondelfahrten. Seit sie England verlassen, haben sie mit keiner fremden Menschenseele gesprochen. Sie dinieren auf ihrem Zimmer und meiden auch den abendlichen Korso, bei dem sie Gefahr laufen, ein bekanntes Gesicht grüßen zu müssen. Am Lido möchte Johnnie gerne schwimmen gehen, aber »mia Donna« findet es dafür noch zu kühl. Im Sonnenuntergang gondeln sie über die Lagune zurück. Mr. Cross fühlt sich sonderbar beengt.

Am 16. Juni springt er vom Balkon seines Zimmers in den Kanal und wird trotz Gegenwehr von zwei Gondolieri herausgezogen. Mrs. Cross telegrafiert panisch seinem Bruder Willie, der am 18. aus England eintrifft und mit beträchtlichen Summen die Klatschmäuler im Hotel und wohl auch die Ärzte, die John mit Chloral ruhigstellen, zum Schweigen bringt. Das Gerücht, John Cross sei in Venedig an Typhus erkrankt, ist Willie allerdings auf schnellen Füßen nachgerannt, gefolgt von der erregenderen Variante, er habe sich in geistiger Umnachtung das Leben nehmen wollen. In London hat man sich wieder etwas zu erzählen. Alle Crossens seien verrückt wie die Hutmacher, heißt es. Der älteste war nun offenbar komplett übergeschnappt.

In Eliots *Autobiographie* streift Cross seine plötzliche »Erkrankung« nur kurz, spricht von der schlechten Luft aus den Kanälen und dem Mangel an körperlicher Bewegung, die sie hervorgerufen hätten. Marian erläutert Barbara: ».. . dazu blies auch noch ständig der Schirokko. Diese Bedingungen fanden ihn nicht ganz auf der Höhe. Lang hinausgeschobene Sorgen und Aufregungen vor unserer Heirat trugen dazu bei.« Niemals durfte ausgesprochen werden, daß John in einem Alptraum erwacht war, daß er die Verwandlung des idealen Wesens in seine Ehefrau nicht heil überstanden hatte. Ein panischer Sprung sollte ihn aus der Gesellschaft Mary Anns befreien, einer überwältigenden Frau, die erwartete, daß er alles mit ihr teilte: ihre geliebte Solitude, ihre Gewohnheiten, ihren Schlenderschritt, ihre überragenden Kenntnisse, ihre Erinnerungen – und, am unerträglichsten wohl, ihr Bett.

Sie brechen ihre Zelte ab, sobald Johnnie reisefähig ist, und fahren, begleitet von Willie Cross und mit Stationen in Innsbruck, München und Stuttgart, nach Wildbad zur Nachkur. »Deine Mutter ist wunderbar gesund und stark«, schreibt sie an Charlie. Einmal mehr ist sie die robustere Hälfte eines Paars.

Am 26. Juli treffen sie in England ein und ziehen umgehend aufs Land. Ein-, zweimal in der Woche fährt John nach London, um in der Priory und in Cheyne Walk Nr. 4 nach dem Rechten zu sehen. Es müssen neue Möbel gekauft werden, und das richtige Verpacken der Bücher nimmt Tage in Anspruch. Mr. Cross kehrt oft sehr erschöpft vom Überwachen der Arbeiten nach Witley zurück, wo Mrs. Cross schon in der Kutsche am Bahnhof wartet. Sie wird John nun nicht mehr aus den Augen lassen. Auf schwankendem Boden scheint sich ihre Ehe zu befestigen. Venedig wird nie wieder erwähnt. Mr. Cross kommt langsam zu Kräften. Er spielt Tennis und rodet in dem Fichtendickicht, das den Blick vom Haus über die Hügel verstellt. Mehr Licht! »Einen dicken Baum hackt er in einer halben Stunde um«, berichtet seine Frau stolz. In ihren Briefen spricht sie von der »zauberhaften Zärtlichkeit« ihres

»Schutzengels«. Der Sommer vergeht mit Besuchen bei Johns Familie in Surrey. Mary Ann wird liebevoll, aber auch etwas befangen begrüßt. Sie hat so eine unvergleichliche Art, ihre jungen »Schwestern« zu schicken: Bring mir diese Spitze mit und jene Bordüre, und wenn du schon in der Stadt bist, schau, ob du etwas Passendes zu den cremefarbenen Manschetten findest ...

Eine mit den Crossens befreundete Lady schreibt über einen solchen Besuch: »George Eliot, so alt und häßlich wie sie ist, sah trotzdem reizend und gewinnend aus. Sie trug ein Tageskleid ohne Schleppe aus weichem dunklen Satin mit einem Spitzenüberwurf, der halb ihre Figur verbarg – ein künstlerisch ausgedachtes Gewand, das ihre Schlankheit hervorhob und die harten Konturen des Alters verbarg. Am Abend tat sie mir sehr leid. Von jedem und jeder im Salon, einschließlich Mr. Cross, hätte sie die Mutter sein können, und ich glaubte zu bemerken, daß sie dieses Wissen – nichts werde sie wieder jung machen – deprimierte ... Sie betet ihren Mann an, und mir schien, es kränkte sie ein wenig, daß er so viel mit mir plauderte. Es irritierte sie und ließ sie schnippisch werden, aber das störte mich nicht, denn ich fühlte, daß die Ursache ihres Ärgers nicht behoben werden konnte. Er mag die zwanzig Jahre Altersunterschied vergessen, sie wird es niemals können ... Nicht daß Mr. Cross ihr nicht ergeben wäre, aber eine solche Ehe ist wider die Natur. Männer waren ihr immer lieber als Frauen, und sie versteht sich sehr auf die Kunst, attraktiv zu erscheinen. Dabei fühlt sie die ganze Zeit bitterlich, wie hart es ist, ohne Schönheit zu sein. Sie überschätzt die Schönheit, wie alle häßlichen Menschen.«

Männer urteilten gnädiger, und es war ihr Wort, ihr Lächeln, ihr geneigtes Auge, auf das George Eliot Wert legte. Das Alter steht ihr gut. Der amerikanische Schriftsteller Bret Harte ist einer der wenigen Fremden, den sie vor ihrer Eheschließung in der Priory empfängt. (Es gibt keine Sonntagnachmittags-Audienzen mehr. »Ich bin für meine Freunde jeden Tag nach 4.30 Uhr zu sprechen. Aber bitte nicht mehr als einer oder zwei zugleich«.) »Ich war angenehm überrascht von ihrer Erscheinung, nachdem ich so oft von ihrer Häßlichkeit gehört hatte. Ich fand ihre Züge lediglich stark, intellektuell und edel – in der Tat. Selten habe ich ein großartigeres Gesicht gesehen. Irgendwo habe ich gelesen, sie sähe aus wie ein Pferd – falsch! Obwohl ihr Gesicht lang und schmal ist, gleicht es eher dem Dantes. Es drückt Würde der Gedanken aus, Freundlichkeit, Stärke und Humor . . . Sie erinnert einen ständig an einen Mann – einen gescheiten, sanften, liebenswürdigen, philosophischen Mann, ohne daß sie im geringsten vermännlicht wirkte.«

Im September ereilen sie wieder Nierenschmerzen. Bis Ende Oktober quält sie sich; dann bringt ein kurzer Aufenthalt in Brighton Erleichterung. Ihr 61. Geburtstag am 22. November geht wie üblich ohne Fest und Torte vorbei: »Schöner frostiger Tag. Beendete Spencers *Sociology*. Begann mit Max Müllers Vorlesungen über Sprachwissenschaft.« Bevor sie für den Winter nach London umsiedeln, bringt sie Ordnung in ihre Angelegenheiten. Schon im vergangenen November, am Jahrestag von Lewes' Tod, hatte sie seine Briefe noch einmal gelesen und zusammengepackt, damit sie mit ihr begraben werden. Nun verbrennt sie Teile ihrer Korrespondenz und so manches liebe Andenken. Die Vorstellung, daß heilige Erinnerungsstücke gierigen oder gedankenlosen Sortierern in die Hände fallen sollten, ist ihr unerträglich.

Am 29. November ziehen sie in die Stadt, und da Cheyne Walk Nr. 4 noch nicht frei von Handwerkern und Umzugskisten ist, steigen sie zunächst im Hotel ab. Am 3. Dezember nimmt Mrs. Cross ihr neues Haus im Künstlerviertel Chelsea in Besitz. Es ist ein schmales, georgianisches Gebäude, unweit Battersea Bridge an der Themse; vom Fluß nur durch die Straße und eine Reihe Bäume getrennt. Thomas Carlyle – ohne Jane – lebt noch immer um die Ecke in Cheyne Row. Vor

45 Jahren hatte Leigh Hunt mit seinem »Hottentotten-Kral« in der Nähe gehaust; später eröffneten Rossetti, Swinburne und George Meredith eine chaotische Wohngemeinschaft in Nr. 16. Und nach George Eliot sollte Oscar Wilde die Nachbarschaft zieren.

An Bessie schreibt sie am 17. Dezember: »Ich bin wieder ein wenig aufgeblüht auf meine wackelige Fasson – ein repariertes antikes Möbelstück.« Zwei Tage später macht Spencer einen Antrittsbesuch und hält einen langen Plausch mit seiner alten Freundin. »Sie sah erschöpft aus, aber sonst schien sie wohlauf.« Am Tag zuvor hatte sie nach alter Gewohnheit das Samstagskonzert in St. James's Hall besucht, und sich dabei verkühlt – nichts Ernstes, nur eine leichte Halsentzündung, sagt der Arzt. Am Dienstag scheint sie sich bereits davon erholt zu haben, aber in der Nacht beginnt ihre linke Seite zu schmerzen, und am Mittwochmorgen, dem 22. Dezember 1880, ist sie fiebrig und schwach. Edith Simcox kommt auf ein halbes Stündchen. »Sie hatte Halsschmerzen. Ich wollte morgen noch einmal vorbeikommen und ihr ein paar Schneeglöckchen bringen.« Mittags nippt sie an kalter Bouillon und Brandy mit Ei verkleppert, ehe sie wieder einschläft. Dr. Mackenzie glaubt noch immer, daß Schlaf die beste Medizin für sie sei. Der hinzugezogene Kollege findet sie mit aschgrauem Gesicht, flatterndem Puls und kalten Händen. Er erklärt, daß die Erkältung den Herzbeutel angegriffen habe, ein gefährlicher Zustand bei ihrer geringen Widerstandskraft. Um sechs wacht sie auf, sieht zwei Ärzte an ihrem Bett stehen und flüstert John zu: »Sag ihnen, daß ich starke Schmerzen in der linken Seite habe«, ehe sie das Bewußtsein verliert. Er sitzt bei ihr und hält ihre Hand, als das Herz aufhört zu schlagen »und sie schmerzlos um zehn Uhr verschied.«

»Die Krone meines Lebens ist gegangen«, schreibt er noch in derselben Nacht. »Und nun bin ich allein in diesem neuen Haus, in dem wir so glücklich sein wollten.« Ihre Ehe hatte sieben Monate gedauert.

Eine Woche später bewegt sich der Trauerzug durch Matsch und Schneeregen nach Highgate hinauf. Ein Kind, beeindruckt von den vielen Kutschen, den Kränzen und Blumen, fragt Edith Simcox am Rand der Menge: »Ist das die Frau des verstorbenen George Eliot, die da begraben wird? – Ich glaube, ich sagte Ja.« Neben John Cross und Charles Lewes geht ein großer gebeugter Herr von bemerkenswerter Ähnlichkeit mit der Verstorbenen, Isaac Evans. Als der Sarg vorbeigetragen wird, drängt Edith sich vor und drückt einen letzten Kuß auf das Bahrtuch. Sie folgt ihm, nachdem er von der Kapelle und unter der Straße hindurch auf den östlichen Teil zur ungeweihten Erde befördert wurde. Nur wenige Fußbreit trennen die offene Grube, die bis zum Rand mit Blumen gefüllt ist, von Lewes' Grab an ihrem Kopfende. »Ich wandte mich um und ging mit den ersten«, schreibt Edith, »lief im Regen eine fremde Straße den Hügel hinauf nach Hampstead zu einer Bahnstation und weiter durch die Dämmerung laut weinend und klagend.«

Epilog

Wir wissen nichts – es fällt uns nur immer
etwas ein.

(Wilhelm Genazino)

George Eliot hinterließ 43 000 Pfund. Ihr Alleinerbe war
Charles Lewes, der aus ihrem Vermögen Legate für ihre
Nichte Emily Clarke (5000 Pfund), Lewes' Neffen Vivian
(1000 Pfund), Berties Witwe Eliza und die Kinder (12 000
Pfund in Treuhand) und Cara Bray (jährlich 100 Pfund)
zahlte. Emilys Legat wurde wie selbstverständlich von ihrem
Onkel Isaac verwaltet. Erinnerungsstücke an Freunde, Ver-
wandte und »Töchter« gab es nicht. John Cross hatte bereits
bei seiner Eheschließung geregelt, daß er nichts von seiner
Frau erbte. Er verkaufte das Haus in Cheyne Walk und lebte
in einer kleinen Wohnung in London, bei seinen Schwestern
in Surrey oder in Hotels in Südfrankreich. Als ihm zu Ohren
kam, daß Edith Simcox Recherchen zu einer Biographie anstellte, eilte er, sie wissen zu lassen, daß er selbst gedachte eine
Autobiographie zu verfassen, eine Idee, die sich, um ein Zitat
aus *Middlemarch* zu variieren, »gerade in diesem Augenblick in
der Hitze der Entrüstung erst ausbildete, wie es oft bei Ideen
der Fall ist.« Simcox steckte ihren Plan auf.

Isaac erwies sich bei Cross' Vorhaben als wenig hilfreich.
Am 24. Dezember hatte er ihm geschrieben: »Ihre Nachricht
vom Tod meiner lieben Schwester hat mir tiefen Kummer
bereitet. Obwohl wir so viele Jahre lang so wenig voneinander
gesehen hatten, war das alte Gefühl der Zuneigung nicht gestorben. Dies fühle ich nun schmerzlich, da sie dahingegan-
gen ist ...« Für Schwester Fanny war es »ein entsetzlicher
Schock, von dem ich mich nicht so bald erholt habe«, teilt sie
Isaac mit. »Manchmal bedrückt es mich immer noch. Wir
dürfen dankbar sein, daß sie einen guten Mann gefunden hatte
und damit einen Namen. Es tröstet mich, zu wissen, daß nicht

Mary Ann Evans auf ihrem Sarg geschrieben stand . . . Dieser Mann (Lewes) hat ihr Leben verhunzt und alle, die ihr nahe standen, bitterlich gedemütigt.« Aus diesen Quellen floß wenig nützliches biographisches Material. Cross besann sich auf die Jugend von Tom und Maggie in *Die Mühle am Floss* und richtete sie für seine Zwecke zu.

Isaac starb im Oktober 1890, 74 Jahre alt, tief betrauert von allen, die ihn weniger gut gekannt hatten. Der Pastor rief ihm nach, er sei ein Vorbild gewesen für ein tugendhaftes und gottgefälliges Leben, »freundlich besorgt um alle, mit denen er Umgang hatte, immer großzügig bereit zu guten Werken.«

Charles Lewes ließ sich mit 44 Jahren wegen schwacher Gesundheit vom Postdienst befreien. Mit seiner Schwägerin Octavia Hill, einer der Initiatorinnen des National Trust, stritt er in einer Bürgerinitiative gegen die Bebauung von Hampstead Heath und wurde in den Londoner Grafschaftsrat für St. Pancras gewählt. Wegen seines Asthmas reiste er nach Ägypten. Er starb dort im Februar 1891, 49 Jahre alt, an Typhus und ist in Luxor begraben.

Für Barbara Bodichon waren die Reisen nach Algerien im Alter sehr beschwerlich geworden. Mit 50 erlitt sie einen Schlaganfall, der sie für mehrere Monate lähmte. Dr. Bodichons Gegenbesuche in England, wo er sich nie recht heimisch gefühlt hatte, wurden ebenfalls selten. 1880 sahen sie sich zum letztenmal, als der Doktor bereits »ein wenig zerstreut« war. Barbara starb nach einem weiteren Schlaganfall im Juni 1891 in ihrem Sommerhaus in England und hinterließ Girton College ein Legat über 10000 Pfund. Ihrer Freundin Emily Davies hatte sie versprochen: »Das Frauenstimmrecht wird kommen. Du wirst an Krücken zur Urne laufen, und ich werde aus meinem Grab aufsteigen und in meinem Leichenhemd wählen gehen.« Wie recht sie hatte. Davies war 88, als sie 1919 zum erstenmal wählte, und Barbara Bodichon seit 30 Jahren tot.

Charles Bray verabschiedete sich 1884, Sara, von der ebenfalls hochbetagten Cara gepflegt, 1899, und Cara mit 90 Jahren als letzte des »geliebten Trios« 1905.

John Chapman, der seit 1874 mit einer schottischen Witwe in Paris lebte, auf wundersame Weise von dort aus die *Westminster Review* edierte, Salon hielt und als Quacksalber praktizierte, wurde 1894 von einem Taxi überfahren.

Herbert Spencer bereitete sich früh auf den Tod vor. 1875 hatte er seine Autobiographie begonnen; 1896 veröffentlichte er sein bedeutendstes Werk, *Synthetic Philosophy*. »Der alte Philosoph... ist das Opfer einer merkwürdigen Krankheit des Körpers und des Geistes«, schreibt seine Freundin Beatrice Webb in *Meine Lehrjahre*. »Er sitzt in seinem Stuhl und wagt nicht mehr, Leib oder Seele zu bewegen.. Als ich gestern da saß, hörte ich ihn plötzlich ächzen ... ›Haben Sie Schmerzen?‹ ›Nein‹, stöhnte der arme alte Mann, ›nur einen Anfall von Ungeduld. Warum muß ich noch mehr Tage wie heute aushalten?‹« Spencer mußte noch weitere 16 Jahre bis 1903 aushalten, »von Morphium und Selbstversunkenheit vergiftet, verquält und verzerrt von der merkwürdig rüden Vorstellung, das ganze menschliche Leben sei nur eine Kette harter Geschäfte... Dennoch, wenn wir von den Irritationen und der oberflächlichen Egozentrik in Herbert Spencers Leben absehen ... dann bleibt der kompromißlose Wahrheitssucher, dann bleibt sein unerschütterliches Vertrauen, daß ein hohes Maß an Wahrheit erreichbar sei und der Menschheit Trost und Veränderung bringen könne, wenn man sich nur ernsthaft bemüht ... Wenn er eine Spur wirklicher Demut besessen hätte – was für ein großer, bewundernswerter Mensch hätte er dann sein können.«

Schräg gegenüber von Marx liegt Spencer auf Highgate begraben, nur ein paar Schritte von George Henry Lewes und George Eliot entfernt.

John Walter Cross veröffentlichte 1885 sein *George Eliot's Life as related in her Letters and Journals, arranged and edited by her husband, J. W. Cross* bei Blackwood. Damit hatte er seine Frau wieder dort, wo sie am sichersten war: auf ihrem Piedestal. Nach ihrem Tod hatte er vergeblich um einen Platz in Westminster Abbey nachgesucht. Dekan Stanley hatte ihn wissen lassen, es handele sich in erster Linie um ein Gotteshaus und nicht um ein Pantheon. Erst sehr viele Jahre später wurde die abtrünnige Tochter durch eine Plakette in der Ecke der Dichter geehrt.

John Cross, den man hämisch George Eliots Witwe nannte, verschwand bald aus dem Gedächtnis der Öffentlichkeit. Als man 1919 in Eliots Geburtsort Nuneaton ihren 100. Geburtstag feierte, vergaß man, ihn einzuladen. Er starb unverheiratet mit 84 Jahren im November 1924, ein einsames Fossil, das seinen Platz in einer weniger würdelosen Zeit hatte. Seine Nichten verbrannten hunderte von Briefen. Er hatte niemals mit ihnen über seine Ehe gesprochen, niemals ihren Namen genannt. Daß Marian Evans Lewes einmal Mrs. Cross gewesen war, erschien ihm mehr denn je als ein Traum. Für die Welt war sie George Eliot, für ihn und seine Familie »eure Tante George«.

*

John Cross' rufmörderischem *Life* stand lange wenig aufklärende biographische Literatur entgegen. Die kurzen Lebensbeschreibungen von Mathilde Blind (1883) und Oscar Browning (1890) brachten kaum neue Aspekte zutage. Es stünde beklagenswert um die Eliot-Forschung, wenn sich 1920 nicht ein 19jähriger amerikanischer Student an der Yale Universität, Gordon Sherman Haight, in die Autorin verliebt hätte. Dieser erstaunliche Mann las zu seinem Plaisier die 600 Briefe, die Eliot an die Brays und Sara Hennell geschrieben und die die Yale-Bibliothek kurz zuvor angekauft hatte. Ihm dämmerte bald, daß er sich dabei »mehr als eine nette Lektüre für die Semesterferien« eingehandelt hatte. In den folgenden Jahren erwarb und hortete er weitere Briefe, ihr unveröffentlichtes Spinoza-Manuskript, den Großteil ihrer Tagebücher, zwei von John Chapmans Journalen und mit Hilfe von Mrs. Carrington Ouvry, Lewes' Enkeltochter, eine Anzahl der großväterlichen Papiere, sowie den weißen Porzellan-Mops, den der Verleger seiner Autorin zur Erinnerung an ihren verschollenen Pug geschenkt hatte.

»Während eines Sabbatjahrs« in England stöberte er in Museen und Archiven die Korrespondenz mit John Blackwood auf, Briefe der Evans-Familie, von Elma Stuart, Barbara Bodichon und Bessie Parkes. Diese Schnitzeljagd kostete ihn beträchtliche Energie und brachte neben Augenblicken schwebender Beglückung beim Lösen alter Kladdenbänder auch Einbußen an Lebensfreude; zum Beispiel bei der Verfolgung von Miss Emily Geddes, die Maria Congreves Briefe geerbt hatte, und die ihr zu entreißen ihm nicht vergönnt war: »Jahrelang spürte ich den Manuskripten, die Mrs. Congreves Nichte geerbt hatte, nach: von Hampstead nach Leamington, durch Stifte in Warwickshire und Kent bis nach Folkstone, wo es mir 1953 nicht gelang, Miss Geddes zu einer Einsicht meinerseits zu überreden. Nach ihrem Tod setzte ich mit Hilfe von Mr. Norman Ouvry, dem öffentlichen Treuhänder, die Jagd fort, bis eine Sichtung ihrer Papiere am letzten Aufbewahrungsort, einer Bank in Maidstone, uns zu der unvermeidlichen Einsicht zwang, daß Miss Geddes, wie angedroht, die Briefe zerstört hatte.«

Professor Gordon S. Haight veröffentlichte zwischen 1954 und 1978 fast 3000 Schreiben von und an George Eliot, einen Gutteil von Lewes' Korrespondenz sowie Ausschnitte aus beider Tagebücher; dazu ein Werk über die Beziehung Marian Evans' zu John Chapman und 1968 eine 600 Seiten starke Biographie. Dies sind die Fundamente, auf denen jede moderne Lebensbeschreibung der alten Dame ruht. Keiner der Autoren und Autorinnen, die Gordon S. Haight heute keß beerben oder falsch zitieren, hat außer einer kritischeren Interpretation ihrer Person etwas wirklich Neues beizutragen.

Haights Lebenswerk, die neunbändige Briefausgabe, stellt noch immer das Entzücken jedes »literarischen Trüffelschweins« (Mara Mauermann) dar. Er hat jedes Datum und jedes Zitat, sei es aus der Bibel, den griechischen Klassikern, der *Göttlichen Komödie* oder Goethes *Faust*, überprüft und notfalls richtiggestellt. Er hat Einsicht in Wetterberichte und vergilbte Zeitungen genommen; die Farbschattierungen der Erstausgaben verglichen (»meine ist kastanienbraun«), und anhand von Briefen und Gästelisten für jede Nase, die sich in der Priory zeigte, einschließlich Hausarzt und Handschuhmacher, eine Winz-Biographie oder zumindest die aktuelle Adresse geliefert. (»GE an Mme Eugène Bodichon, London 16. Mai 1878 ... Es fiel mir nicht ein, als wir über die Goldsmids sprachen, daß ich diesen Julien kenne, der den Titel geerbt hat ...« – Dazu Haight: »Sir Julian Goldsmid, Baron de Goldsmid und de Palmeira (1838-96), folgte seinem Onkel Sir Francis Henry Goldsmid, der am 2. Mai 1878 an den Verletzungen starb, die er sich beim Aussteigen aus einem Zug in Waterloo Station zugezogen hatte (Burke, Peerage 1880). Er lebte in Somerhill in der Nähe von Tunbridge ...«)

Über solchen Fußnoten möchte man – je nach Stimmungslage – neben dem Schreibtisch in die Knie sinken oder den Mond anheulen. Schreibt George Eliot am 6. 12. 1852: »welch ein Wetter!«, erläutert Haight: »Die Durchschnittstemperatur betrug am 6. Dezember 1852 35,5 Grad Fahrenheit, Nordwind.« Das Datum eines Briefes vom »Dienstag Morgen« mit der Auskunft »schlechtes Wetter« präzisiert er auf den 29.11.: »Während der letzten fünf Tage im November 1853 regnete es heftig. Kein Dienstag im Dezember war verregnet.« Autographensammler sollen sich für die Fetzen, die sie ihm hinterlassen haben, schämen: »Dieses verstümmelte MS ist ein typisches Beispiel dafür, wie Dilke GEs Briefe behandelte!« Wer möchte einem solchen Mann nicht mitfühlend die Hand drücken, wenn er über den deutschen Besucher, der im April 1871 sein Empfehlungsschreiben in der

Priory abgegeben hat und den aufzufinden der Professor gewiß keine Recherche gescheut hat, betrübt anmerkt: »I cannot identify Mr. Lültze.«

Nachdem Haight seine Edition abgeschlossen hatte, tauchte neues Material auf. Dies führte nicht nur zur Veröffentlichung zweier Supplement-Bände der *George Eliot Letters*, sondern auch zur Durchsicht der bereits erschienenen, in denen der Emeritus zahllose Druckfehler und Schnitzer als »Beispiele meiner eigenen Unwissenheit« dingfest machen mußte. »Einige waren so lange unbeachtet durchgegangen, daß ich versucht war, darüber hinwegzugehen, anstatt meine Schmach öffentlich zu machen. Aber nachdem ich mehr als 40 Jahre gearbeitet hatte, um die Briefe von George Eliot getreulich zu dokumentieren, konnte ich keine Korrektur – wie demütigend auch immer – auslassen, und für die vielen, die noch verblieben sind, kann ich nur um Nachsicht wegen meines nachlassenden Augenlichts bitten.« Gordon S. Haight starb 1985.

*

LITERATURNACHWEIS

Adams, Kathleen: Those of us who loved her. The Men in George Eliot's Life. Coventry. The George Eliot Fellowship, 1980.

Ashton, Rosemary: G. H. Lewes – A Life. Oxford, Clarendon Press, 1991.

Beer, Patricia: Reader I married him – A Study of Women Characters of Jane Austen, Charlotte Brontë, Elizabeth Gaskell and George Eliot. London and Basingstoke, The Macmillan Press, 1974.

Blind, Mathilde: George Eliot, London, W. H. Allen, 1883.

Boumelha, Penny: George Eliot and the End of Realism. In: Women Reading Women's Fiction, Edited by Sue Roe, Brighton, The Harvester Press, 1987.

Browning, Oscar: Life of George Eliot, London, Walter Scott, 1890.

Cross, John Walter: George Eliot's Life as related in her Letters and Journals – 3 Vol., New York, Harper & Brothers, 1935.

Comer Emery, Laura: George Eliot's Creative Conflict. Berkeley, Los Angeles, London, University of California Press, 1974.

Courth, Franz: Das Leben Jesu von David Friedrich Strauss in der Kritik Johann Evangelist Kuhns, Göttingen, Vandenhoeck & Ruprecht, 1975.

Dodd, Valerie A.: George Eliot: An Intellectual Life, Houndmills, Basingstoke, Hampshire and London, The Macmillan Press, 1990.

Eliot, George: Adam Bede. The English Comédie Humaine, New York, The Century Company, 1902.

Eliot, George: Adam Bede. Aus dem Englischen von Eva-Maria König. Stuttgart, Philipp Reclam, 1987.

Eliot, George: Brother Jacob, Reading, Virago Press, 1989.

Eliot, George: Bruder Jakob. In: Englische Erzähler von Daniel Defoe bis Oscar Wilde, Manesse Verlag.

Eliot, George: Daniel Deronda. Edited with an Introduction by Graham Henley, Oxford, New York, Oxford University Press, 1988.

Eliot, George: Felix Holt – The Radical. Edited with an Introduction by Peter Coveney, Harmondsworth, Penguin Books, 1972.

Eliot George, The Letters, Volume I-IX, Edited by Gordon S. Haight. New Haven, Yale University Press, 1954-1978.

Eliot, George: Middlemarch – A Study of Provincial Life. New York, The Mershon Company, o. J.

Eliot, George: Middlemarch – Eine Studie über das Leben in der Provinz. Aus dem Englischen von Rainer Zerbst. Stuttgart, Philipp Reclam, 1985.

Eliot, George: Romola. Edited and with an Introduction by Andrew Sanders. Harmondsworth, Penguin Books, 1980.

Eliot, George: Romola – ein Renaissance-Roman, frei nach dem Englischen von H. Riesch, Regensburg, J. Habbel, 1908.

Eliot, George: Scenes of Clerical Life. Edited by David Lodge, Harmondsworth, Penguin Books, 1987.

Eliot, George: Selected Essays, Poems and other Writings. Edited by A. S. Byatt and Nicholas Warren, Harmondsworth, Penguin Books, 1990.

Eliot, George: Silas Marner. Aus dem Englischen von Kuno Weber. Zürich, Manesse Verlag, 1957.

Eliot, George: The Mill on the Floss, Edinburgh, William Blackwood and Sons, 1902.

Eliot, George: Die Mühle am Floss, aus dem Englischen von Eva-Maria König, Stuttgart, Philipp Reclam, 1983.

Eliot, George: Three Months in Weimar, George Eliot's Works, Boston Edition, Vol. VI, Essays, Miscellanies, and Poems, Boston, o. J.

Ewbank, Inga-Stina: Their proper Sphere, London, Edward Arnold, 1966.

Foster, Shirley: Victorian Women's Fiction – Marriage, Freedom and the Individual, Breckenham 1985.

Gaskell, Elizabeth: The Life of Charlotte Brontë, Harmondsworth, Penguin Books, 1975.

Haight, Gordon S.: George Eliot – A Biography. Oxford, The Clarendon Press, Oxford University Press 1968.

Handley, Graham: State of the Art – George Eliot, Bristol, The Bristol Press, 1990.

Herstein, Sheila R.: A Mid-Victorian Feminist, Barbara Leigh Smith Bodichon, New Haven and London, Yale University Press, 1985.

Kitchel, Anna Theresa: George Lewes and George Eliot – A Review of Records. New York, The John Day Company, 1933.

Kitchen, Paddy: »Poet's London«, London and New York, Longman, 1980

Laski, Marghanita: George Eliot. London, Thames and Hudson, 1987.

Lesbian History Group: ... Und sie liebten sich doch! Lesbische Frauen in der Geschichte 1840-1985. Aus dem Englischen von Katharina Kappe und Susanne Amrain, Göttingen, Daphne Verlag, 1991.

Levitt, Ruth: George Eliot: The Jewish Connection, Jerusalem, Massada Ltd. 1975.

Lewes, George Henry: The Life and Works of Goethe with Sketches of his Age and Contemporaries, from published and unpublished Sources, London, 1855.

Longford, Elizabeth: Eminent Victorian Women, London, Weidenfeld and Nicolson, 1981.

Martineau, Harriet: Autobiography, 2 vol., London, Smith and Elder, 1877.

Maurois, André: Lord Byron, München, Nymphenburger Verlagshandlung, 1979.

Naumann, Ursula: Das launischste Wetter und Professoren aller Art – Die englische Schriftstellerin George Eliot und ihre München Zeit, Sendung des Bayerischen Rundfunks II, 9. Juni 1991.

Nestor, Pauline: Female Friendships and Communities – Charlotte Brontë, George Eliot, Elizabeth Gaskell. Oxford, The Clarendon Press, 1985.

O'Brien, Kate: George Eliot: A moralizing Fabulist. In: Essays by Divers Hands, London, Oxford University Press, 1955.

Raabe, Paul: Spaziergänge durch Goethes Weimar, Zürich, Arche Verlag, 1990.

Rose, Phyllis: Parallele Leben – Fünf viktorianische Ehen. Aus dem Englischen von Rosemarie K. Lester, Reinbek, Rowohlt Verlag, 1987.

Sadoff, Dianne F.: Monsters of Affection – Dickens, Eliot and Brontë on Fatherhood. Baltimore and London, The John Hopkins University Press, 1982.

Showalter, Elaine: Sexual Anarchy – Gender and Culture at the Fin du Siècle, Harmondsworth, Penguin Books, 1990.

Sitwell, Edith: Englische Exzentriker. Aus dem Englischen von Kyra Stromberg. Berlin, Wagenbach Verlag, 1987.

Sitwell, Edith: Englische Frauen. Aus dem Englischen von Karl A. Klewer. Frankfurt, Frankfurter Verlagsanstalt, 1992.

Strachey, Lytton: Eminent Victorians, London, Bloomsbury Publishing, 1988.

Southerland, John: The Longman Companian to Victorian Fiction, Harlowe, Longman 1988.

Taylor, Ina: George Eliot – Woman of Contradictions. London, Weidenfeld and Nicolson, 1989.

The George Eliot Fellowship Review 1983-1992, Edited by Kathleen Adams and Graham Handley. Coventry, Published by the George Eliot Fellowship.

Webb, Beatrice: Meine Lehrjahre. Frankfurt, Insel Verlag, 1988.

Weerth, Georg: Skizzen aus dem sozialen und und politischen Leben der Briten (1843-1848) In: Weerths Werke in zwei Bänden, Berlin und Weimar, Aufbau Verlag, 1974.

Wiesenfarth, Joseph: George Eliot's Mythmaking, Heidelberg 1977; zitiert in Lorent, Angela: Funktionen der Massenszene im viktorianischen Roman, Frankfurt, Verlag Peter D. Lang, 1980.

Williams, David: Mr. George Eliot – A Biography of George Henry Lewes. London and Sydney, Hodder and Stoughton, 1983.

Wocker, Karl Heinz: Königin Victoria – Die Geschichte eines Zeitalters. Düsseldorf, Claassen, 1978.

Woolf, Virginia: Frauen und Literatur. Aus dem Englischen von Hannelore Faden und Helmut Viebrock. Frankfurt, Fischer Verlag, 1989.

PERSONENVERZEICHNIS

Blackwood, William (1810-61), Johns Bruder, »der Major« 175, 177, 211 f., 215, 243, 238

Blackwood, William (1836-1912), Johns Neffe und Nachfolger 245, 250, 281, 316, 372 f, 375 f., 387

Blanc, Louis (1813-82), Sozialist und Historiker (»Histoire de dix ans«), 1848 Mitglied der provisorischen Regierung; Exil in England bis 1870 85

Blind, Mathilde, Zeitgenossin von George Eliot, erste Biographin, die sich auf eigene Ideen und Material von den Brays, Sara Hennell, Mary Sibree, Edith Simcox und W. M. W. Call, Rufa Brabants zweitem Mann, stützte 232, 384

Bodenstedt, Friedrich von (1819-92), Dichter (»Lieder des Mirza Schaffy«), Kaukasus-Experte, in München Professor für slawische Sprachen 193

Bodichon, Barbara, geb. Leigh Smith (1827-91) 69 f., 86 f., 116, 133, 146 f., 160 ff., 180, 183 f., 210, 219, 228 f., 233, 235, 240, 258, 285 f., 301, 308 f., 311 f., 313, 363, 370 f, 374 f., 377, 379, 385, 388 f.

Bodichon, Eugène (1810-86) 161 f., 309, 385

Brabant, Elizabeth Rebecca (Rufa) (1811-98), in erster Ehe mit Charles Christian Hennell verheiratet, in zweiter Ehe Mrs. Call 41, 51, 53 f., 145

Brabant, Dr. Robert Herbert (1781 ?-1866) 13, 51 ff., 60, 74, 77, 89, 118 f., 129

Bracebridge, Charles Holte, Amateurpolitiker und Friedensrichter in Atherstone, möglicherweise Vorbild für Mr. Brooke in *Middlemarch* 56, 177 f., 212 f.

Bray, Caroline (Cara), geb. Hennell (1814-1905) 38 ff., 51, 55 f., 58 f., 61 ff., 65 ff., 72, 74, 81, 87, 90, 95, 108, 112 f., 114, 138, 145 f., 150, 162, 178, 181, 194 f., 222, 263, 274, 311, 325, 375, 384, 386 f.

Bray, Charles (1811-84) 38 ff., 51, 55 f., 58 f., 63, 65 ff., 71 ff., 74, 81, 90, 95, 98, 108, 112 f., 114, 119, 122, 128, 129, 135, 138, 145, 150 f., 153, 178, 181 f., 205, 222, 234 f., 274, 311, 325, 366, 386 f.

Bray, Elinor Mary (Nelly) (1844 ?-1865), Charles außereheliche Tochter 40, 274

Brentano, Clemens (1778-1842), romantischer Dichter, später zum Wunderglauben konvertiert 54

Brett, George Eliots Hausmädchen 362, 365

Brezzi, Joseph, Mary Ann Evans' Sprachlehrer 32, 37

Brontë, Anne (1820-49), Schriftstellerin (*Die Herrin von Wildfell Hall*) 16, 179

Brontë, Charlotte (1816-1855), Schriftstellerin, Pseudonym Currer Bell (*Jane Eyre*) 16, 62, 84, 90, 106f., 118, 158f., 170, 173, 182, 248

Brontë, Emily (1818-1848), Schriftstellerin (*Die Sturmhöhe*) 16, 179, 334

Browning, Oscar, Lehrer in Eton, Mitglied des King's College in Cambridge 264f., 273, 313, 332, 356, 368, 387

Browning, Robert (1812-89), Dichter (*The Ring and the Book*), entfloh 1846 nach heimlicher Heirat mit Elizabeth Barrett nach Italien 9, 230, 237, 248, 254f.

Buff, Charlotte, Tochter des Deutschordensamtmanns Buff in Wetzlar, ein »wünschenswertes Frauenzimmer« (Goethe), Vorbild der Lotte im *Werther* 294f.

Bulwer-Lytton, Sir Edward – s. Lytton

Bunsen, Robert (1811-99), Chemiker, Mitentdecker der Spektralanalyse 303

Bunyan, John (1628-88), Geistlicher und Schriftsteller (*The Pilgrim's Progress*) 20, 42

Burne-Jones, Edward (1833-98), Mitbegründer des präraffaelitischen Kreises. Seine Liebesaffäre mit einer unberechenbaren Griechin fiel in die Zeit der Bekanntschaft mit George Eliot 9, 157, 262, 352, 362

Burne-Jones, Georgiana, geduldige Ehefrau und Vertraute von William Morris. Eliot und Lewes besuchten die Burne-Jones' gelegentlich in ihrem Landhaus in Rottingdean/ Sussex 262, 320, 352, 358, 362, 369, 375f.

Burton, Sir Frederic William (1816-1900), Maler, Direktor der National Gallery, Gefährte auf der Italienreise 1864 262, 268, 318

Byron, Lady, Annabella, geb. Milbank (1792-1860). Ihre Ehe mit Lord Byron dauerte nur ein Jahr und war für beide ein grausamer Irrtum 40, 117, 197

Byron, Lord George Gordon Noel (1788-24), Dichter (*Childe Harold's Pilgrimage*) 16, 23, 100, 197

Calderon de la Barca, Pedro (1600-81), spanischer Dramatiker (*Das Leben ist ein Traum*) 294

Carl August, Herzog zu Sachsen-Weimar-Eisenach (1757-1828), Goethes Förderer, Freund der Künste 124

Carlyle, Jane geb. Welsh (1801-66), eine Vatertochter wie George Eliot, die ihr Talent und ihren »Federneid« an der Seite Thomas

gesehen habe, denn niemand konnte hinein und auch für mich war keine ›Ordre‹ hinterlassen.« 121, 123

Smith, Benjamin Leigh (1783-1860), Reformpolitiker 86f., 133, 161f.

Smith, George (1824-1901), Verleger von Smith & Elder 103, 106, 213, 231, 235, 248ff., 275, 280, 362, 368

Smith, W. H. (1825-91), führender britischer Sortimenter (»Old Morality«) mit ausgesuchter Lektüre an allen Bahnhöfen präsent. Produzierte selbst Paperbackausgaben 311

Solmar, Fräulein von 140f.

Southey, Robert (1774-1843), gehörte mit Wordsworth und Coleridge zur ersten Romantikergeneration; schrieb Versdramen und historische Epen (*Roderich, der letzte der Goten*). 1813 Poet Laureate 23

Spencer, Herbert (1820-1903), der erste Systematiker konkreter soziologischer Tatsachen, Begründer der Soziologie (*System der synthetischen Philosophie*) 85, 89, 91-98, 105f., 108, 112, 129, 145, 163, 173, 179, 203, 207, 216, 230, 314, 327, 349, 358, 362f., 365, 376, 381f., 386

Spinoza, Baruch (Benedikt) (1632-77), Philosoph aus jüdischportugiesischer Familie, in Amsterdam geboren (*Ethik*) 72, 142, 144, 290, 388

Stahr, Adolf Wilhelm Theodor (1805-76), Kunstgeschichtler, Ehemann von Fanny Lewald-Stahr 140f.

Staël, Germaine de (1766-1817), französische Schriftstellerin (*De l'Allemagne*), antichambrierte 1804 bei Goethe 121

Stanley, Arthur Penrhyn (1815-81), Dekan von Westminster 354, 387

Steane, Hannah, »Mrs. Gray«, († 1894) 40, 138

Stein, Charlotte von (1742-1827), Goethes Vertraute 121

Stephen, Sir Leslie (1822-1904), Herausgeber des *Dictionary of National Biography*. Heiratete 1878 Julia Duckworth. Virginia Woolf ist ihre Tochter 335

Stevenson, Robert Louis (1850-1894), schottischer Schriftsteller (*The strange Case of Dr. Jekyll and Mr. Hyde*), starb auf Samoa 10

Stowe, Harriet Beecher (1811-96), amerikanische Schriftstellerin (*Onkel Toms Hütte*), Anhängerin des Spiritismus, Verfechterin von Lady Byrons Seite in der Schmutzschlacht um ihre Ehe (*Lady Byron Vindicated*). 197, 300, 314, 331, 348

Strauss, David Friedrich (1808-74), Philosoph (*Das Leben Jesu, kritisch bearbeitet* erschien 1835) 54f., 118f., 124, 166

Stuart, Elvorilda Eliza Maria (Elma), geb. Fraser (1837?-1903). »Tochter«, Schnitzerin, Autorin (*What must I do to get well? and*

WERKVERZEICHNIS

Die Übersetzungen aus »Adam Bede«, »Middlemarch« und »Die Mühle am Floss« sind im Literaturverzeichnis vermerkt. Alle übrigen Zitate aus Werk, Briefen und Tagebüchern wurden von Mara Mauermann oder der Autorin übertragen.